管理会计

理论、实务与案例

程 柯 编著

前言 PREFACE

习近平总书记指出,思政课是落实立德树人根本任务的关键课程,办好思政课要放在世界百年未有之大变局、党和国家事业发展全局中来看待。面对复杂的国内外形势,李克强总理强调,要坚持以习近平新时代中国特色社会主义思想为指导,把创新创业教育融入人才培养,深入实施创新驱动发展战略。思政教育和双创教育的职责,要求教师在教学中须以统编教材作为依据,确保教育教学的规范性、科学性、权威性。与此同时,在"大数据""人工智能""移动互联""云计算"等诸多时代元素裹挟下,传统会计工作已面临严峻挑战。2014年财政部颁布《关于全面推进管理会计体系建设的指导意见》,明确管理会计体系建设的指导思想,客观上要求传统管理会计教材内容必须做出相应调整。为此,我们在充分学习、领会相关文件精神基础上,结合时代发展要求而编写本书。

本书系统重点地介绍了管理会计的基本理论、主要实务和典型案例。内容分5篇18章,具体为:第1篇基本理论,包括管理会计总论、成本核算原理、成本性态分析、变动成本法、本量利分析;第2篇预测与决策,包括预测分析、短期经营决策、存货决策、长期投资决策;第3篇规划与控制,包括全面预算管理、作业成本法与作业成本管理、标准成本管理;第4篇业绩评价、考核与激励,包括责任会计、管理控制系统与平衡计分卡、经济增加值与全要素生产率激励计划;第5篇发展与转型,包括战略成本管理、财务转型与财务共享服务中心。每章内容包括思政导语、学习目标、情境案例、本章小结、问题讨论和创新创业训练等部分;正文部分对一些重要或有难度的概念或方法,通过实务例题、案例分析等形式给予进一步的解释与强调。

本书具有以下特色:

(1)思政教育融入。思政教育是一项宏大的系统工程,为学习贯彻习近平总书记关于"要坚持把立德树人作为中心环节,把思想政治工作贯穿教育教学全过程,实现全程育人、全方位育人,努力开创我国高等教育事业发展新局面"的指示精神,本书创新性地在每章开篇设立"思政导语",运用马克思主义基本原理和习近平新时代中国特色社会主义理论对专业内容予以深刻解读,尝试将知识学习与思政教育有机契合起来。每章结尾部分单独设置"道德问题思考",通过实务中可能遇到的个人职业道德或商业伦理道德问题,启发读者思考,以树立正确的职业观、道德观、价值观。

(2)内容框架新颖。传统教材以管理会计工作职能为基础,内容框架主要包括预测、决策、考核与控制等部分;本书在传统管理会计框架基础上增加了发展与转型部分,以反映"大智移云"时代管理会计工作的发展和要求。具体到章节内容方面,本书结合近年来财政部颁布的《关于全面推进管理会计体系建设的指导意见》《管理会计基本指引》《管理会计应用指引》等纲领性文件精神,对传统教材相关内容进行重新安排、整合与表述;同时借鉴西方主流教材做法,将成本核算原理、要素生产率计量与评价等内容纳入管理会计教材知识体系。

(3)案例贯穿始终。本书基于管理会计实践视角,每章均以情境案例导入,创新创业案例分析结尾。通过情境案例,使读者感受到管理会计工作现实场景,激发读者学习管理会计理论和方法的热情;通过结尾部分的创新创业案例分析,促使读者理论认知和实践能力进一步提升。

(4)应用导向明确。本书编写紧扣"以生为本"理念,突出应用导向,以满足读者在学习和工作中的潜在诉求。例如,重要概念给出对应英文,以便于学习英文教材;实务例题、不定项选择题以及创新创业案例等,多从历年我国注册会计师(CPA)、美国注册管理会计师(CMA)、英国特许公认会计师(ACCA)等考试真题中选取,以便于工作深造;案例选取尽可能凝练出管理会计的具体问题,以增强解决问题的能力。每章均设置"创新创业案例",以期为读者在创新创业过程可能遇到的管理会计问题提供有益启示。

本书获得南京信息工程大学会计学国家一流专业建设点、2019年专业学位研究生案例教学课程建设、2020年管理会计专创融合课程建设、2021年课程思政示范课程建设等项目经费资助,编写和出版工作过程中得到南京信息工程大学胡明保总会计师,商学院邱玉琢院长、何正全副院长、姚晖主任以及其他领导同事的关心与支持,同时得到复旦大学出版社谢同君老师、于佳老师的协调和帮助,在此表示衷心的感谢!

特别感谢南京大学冯巧根老师、陈柳老师,东南大学陈志斌老师、张向阳老师、吴芃老师,西安财经大学赵卫斌老师,南京财会教育中心王益民先生、王琳女士等专家学者给予的指导、关心与帮助!

编者在编写过程中参考了国内外大量资料,虽然"手不停披于百家之编""提要钩玄",但受水平所限,错漏之处在所难免,恳请广大读者不吝指正。

程 柯
2021年8月于南京

目录 CONTENTS

第 I 篇 基 本 理 论

第一章 管理会计总论 ……………………………………………………… 3
- 第一节 管理会计的产生、发展及其职能 ……………………………… 4
- 第二节 管理会计的基本内容 …………………………………………… 9
- 第三节 商业环境与管理会计新发展 …………………………………… 11
- 第四节 职业组织与职业道德 …………………………………………… 13

第二章 成本核算原理 ……………………………………………………… 20
- 第一节 生产费用的归集与分配 ………………………………………… 21
- 第二节 产品成本核算的主要方法 ……………………………………… 31

第三章 成本性态分析 ……………………………………………………… 51
- 第一节 成本分类 ………………………………………………………… 52
- 第二节 混合成本的分解 ………………………………………………… 56

第四章 变动成本法 ………………………………………………………… 64
- 第一节 变动成本法概述 ………………………………………………… 65
- 第二节 变动成本法与完全成本法比较 ………………………………… 66

第五章 本量利分析 ………………………………………………………… 74
- 第一节 本量利分析概述 ………………………………………………… 75
- 第二节 保本点计算 ……………………………………………………… 76
- 第三节 保利点计算 ……………………………………………………… 82
- 第四节 敏感性分析 ……………………………………………………… 83

第Ⅱ篇 预测与决策

第六章 预测分析 ... 91
第一节 预测分析概述 ... 92
第二节 销售预测 ... 95
第三节 成本预测 ... 98
第四节 利润预测 ... 99
第五节 资金需要量预测 ... 101

第七章 短期经营决策 ... 107
第一节 经营决策概述 ... 108
第二节 与决策有关的成本概念 ... 111
第三节 经营决策分析的常用方法 ... 115
第四节 生产决策分析 ... 119
第五节 定价决策分析 ... 127

第八章 存货决策 ... 137
第一节 存货决策概述 ... 138
第二节 经济订货批量基本模型 ... 140
第三节 经济订货批量基本模型的扩展 ... 143
第四节 存货管理方法 ... 149

第九章 长期投资决策 ... 156
第一节 长期投资决策概述 ... 157
第二节 影响长期投资决策的重要参量 ... 159
第三节 长期投资决策的评价指标 ... 174
第四节 长期投资决策评价指标的运用 ... 181
第五节 长期投资决策的敏感性分析 ... 186

第Ⅲ篇 规划与控制

第十章 全面预算管理 ... 195
第一节 全面预算管理概述 ... 196
第二节 全面预算编制方法和原理 ... 199

第三节	全面预算的执行、控制与调整	210
第四节	全面预算的分析与考核	212

第十一章　作业成本法与作业成本管理　219

第一节	作业成本法	220
第二节	运营作业成本管理	226
第三节	战略作业成本管理	230

第十二章　标准成本管理　240

第一节	标准成本法概述	241
第二节	标准成本的制定	243
第三节	成本差异计算与分析	244
第四节	标准成本法的账务处理	251

第Ⅳ篇　业绩评价、考核与激励

第十三章　责任会计　259

第一节	责任会计概述	260
第二节	责任中心设置	262
第三节	内部转移价格	264
第四节	责任中心的业绩评价与考核	267

第十四章　管理控制系统与平衡计分卡　275

第一节	管理控制系统概述	276
第二节	财务指标、非财务指标和关键业绩指标	278
第三节	标杆管理	281
第四节	平衡计分卡与战略地图	284
第五节	基于平衡计分卡的绩效管理体系	287

第十五章　经济增加值与全要素　293

第一节	经济增加值基本原理	294
第二节	经济增加值与业绩评价体系	297
第三节	经济增加值与激励机制	302
第四节	生产率的计量与评价	303

第十六章 激励计划 ... 313
第一节 激励理论 ... 314
第二节 股票期权激励计划 ... 318
第三节 股票期权的业绩评价体系 ... 321

第Ⅴ篇 发展与转型

第十七章 战略成本管理 ... 331
第一节 战略成本管理概述 ... 332
第二节 战略定位分析 ... 335
第三节 价值链分析 ... 338
第四节 目标成本法 ... 341

第十八章 财务转型与财务共享服务中心 ... 347
第一节 财务转型 ... 348
第二节 财务共享服务中心基本原理和类型 ... 351
第三节 财务共享服务中心实施流程 ... 355

主要参考文献 ... 361

基本理论

아리스토텔레스

第一章　管理会计总论

思政导语

马克思在《资本论》中指出,"过程越是按社会的规模进行,越是失去纯粹个人的性质,作为对过程的控制和观念总结的簿记就越是必要"。2001年4月,国务院总理朱镕基考察上海国家会计学院时,破例题词"不做假账",彰显恪守会计职业道德底线的重要性。然而,从当年的"银广夏"事件,到当下的瑞幸咖啡造假事件,公司财务造假的情况仍然时有发生。树立良好的会计职业道德和职业操守,成为一名"让党放心"的会计人,对于管理会计职能的发挥具有强烈的现实意义。

学习目标

- 掌握管理会计的理论体系
- 了解管理会计的基本内容
- 理解商业环境对管理会计的影响
- 理解管理会计师及其职业能力框架和职业道德

清华大学会计学本科停招!

2020年7月23日,清华大学招生办公室宣布:会计学专业停止本科招生。此消息一经发出便备受关注。原本相当主流的专业,为何会被停招?作为中国顶尖高校,清华此举意味着什么?停招的原因尽管官方并没有说明,但这个操作传递了强烈信号:会计行业要变了!

会计真的要被人工智能取代吗?财务行业如何应对人工智能危机?每一个财务人又该如何提升自己?其实,人工智能并不能完全替代财务人员,但会逼着我们进行转型。从政策上看,政府一直在推广管理会计,2014 年 11 月,财政部《关于全面推进管理会计体系建设的指导意见》正式出台,开启了会计改革与发展的新篇章。该指导意见中提到:未来十年内,会计行业的人才结构将发生根本转变。

云计算、大数据、人工智能、区块链等新技术,给我们财务人员带来了挑战,但是也让我们从基础的财务工作中解放出来,我们可以更加聚焦于公司的战略财务和业财融合方面。重复的、可标准化、涉及大量数据计算、知识记忆、逻辑关系简单的流程和事项将不再需要大量人工。

会计专业可以停招,但会计职能不会因此"停摆"。随着人工智能与会计信息系统的不断结合,财务行业中广泛涉及分析、预测和统筹领域的管理会计才是财务人未来的发展方向。

(资料来源:编者根据相关资料整理)

第一节 管理会计的产生、发展及其职能

现代管理会计是从传统会计系统中分化出来的,现已成为一门相对独立的会计学科,拥有比较完整的理论和方法体系,且随着科技进步和社会经济的发展而逐步发展。

一、管理会计的产生、形成与发展

(一)管理会计的萌芽期

管理会计的起源可以追溯到受产业革命影响而产生的层级式组织,如创立于 19 世纪初期的美国纺织工厂和钢铁公司。在此之前,美国传统公司是单一的企业,通常这种类型的公司只具有一种经济职能,经营单一的产品系列,且仅在一个地区内经营,其各项经营活动由市场和价格机制来协调和控制,客观上并不需要管理会计信息。层级式组织使经营和交易活动内部化,从而使内部产品缺乏相应的"市场价格",由此产生了既能满足衡量劳动效率、又能激励和评价管理者业绩的管理会计信息需求。当时的管理会计重视加工成本,提供诸如每种加工工序及每名劳工的每小时成本,以及衡量加工工序效率的标准。同时,利用管理会计信息,激励员工实现生产力目标。

现代企业的特点是将许多不同经济活动置于其控制之下。这些经营活动于不同地点,处理不同类型的产品和服务,由此也对管理会计信息提出了新的要求。于是,现代企业管理开始对管理会计有所创新。例如,铁路业为监督多样且分散的经营活动,创造了控制现金收支的新程序,以及汇总其内部营运与业绩的考核指标。19 世纪末至 20 世纪初,管理会计技术进一步发展,且与科学管理运动相联系。以泰罗为代表的科学管理研究表明:企业内部可以通过各项生产和工作的标准化,来提高生产和工作效率,尽

可能地减少一切可避免的浪费,从而达到提高企业利润的目的。

20世纪初期,集权功能式企业体制(U型组织结构)开始出现,为管理会计系统的创新提供了机会。其中,影响最深远的管理会计创新是投资报酬率指标。投资报酬率为企业整体及各部门业绩评价提供了依据,同时也为管理当局资源分配提供了依据。

20世纪20年代,被威廉姆森(O. Williamson)称为"美国资本主义在20世纪最重要的一项创新"的分权式企业组织结构——事业部制(M型组织结构)开始出现。事业部制可以在很大程度上克服集权功能式企业体制存在的弱点,以杜邦公司、通用公司为代表的事业部制公司,进一步发展管理会计的技术与方法,使之更好地适应事业部制公司管理要求。

(二) 管理会计的形成期

管理会计大致形成于20世纪40年代至60年代,推动管理会计从原始萌芽状态到相对成熟阶段的重要动力,是以西蒙为代表的管理科学理论的发展。

第二次世界大战结束后,随着科学技术的快速发展,社会生产力迅速提高,跨国公司不断涌现,市场的竞争日益激烈。与此同时,通货膨胀、银根紧缩、筹资困难、经济危机越来越频繁,企业经营管理的难度越来越大。经营环境的日益恶化,使企业管理当局开始重视加强内部管理、提高产品质量、降低成本消耗和重要性。人们日益发现,以泰罗制为核心的科学管理理论存在着重大缺陷,即只注重提高生产效率而忽视目标决策;强调物而忽视人的主观作用。这些缺陷使之在新的环境下必然要被管理科学理论所取代。

现代管理科学的发展及其在企业管理中的成功应用,为管理会计奠定了理论和方法基础。一方面,早期管理会计的技术方法得到了进一步的发展,标准成本系统发展为以目标管理为前提的标准成本制度,利润坐标图发展为更科学更实用的本-量-利分析技术。另一方面,管理科学理论进一步拓展了会计的管理职能,即从解释过去转向控制现在和筹划未来,并借助运筹学中的有关理论和技术,建立了经营决策会计和投资决策会计的方法体系;借助职能管理和行为科学理论,建立了责任会计的方法体系。

至此,一个以强化内部管理、提高经济效益为目标的管理会计体系终于形成。1952年在伦敦举行的国际会计师联合会代表大会上,正式通过"管理会计"这一专门术语,会计也因此进一步分为财务会计和管理会计两大领域。

(三) 管理会计的发展期

从20世纪60年代末至今大致都可称作管理会计的发展时期。作为一门新兴学科,管理会计学通过不断吸收现代管理科学,特别是系统论、控制论、信息论、决策论和代理理论等研究成果,使管理会计理论和方法体系日臻完善,在改革企业内部管理、提高经济效益方面显示了极大的优势。

1980年4月,国际会计师联合会在巴黎举行了第一次欧洲会议,其主题是讨论如何应用和推广管理会计。会议认为,任何企业要在复杂多变的环境中生存并发展,应用和推广管理会计是应考虑的一个战略性问题。自 1980 年以来,由美国管理会计师协会发布一系列《管理会计公告》,旨在为解决管理会计问题提供指导原则,建立起管理会计体系。其中将管理会计的内容归纳为价值观与道德规范、跨职能团队建设、竞争情报管理、会计信息化建设、作业成本管理、目标成本管理、精益成本管理、资源环境会计、供应链成本、价值链分析、绩效管理、标杆管理、质量成本管理、风险管理等多个方面。

(四) 管理会计在我国的发展

管理会计理论于 20 世纪 70 年代末 80 年代初从西方引进,发展大体经历了学习吸收、消化理解、改革创新等主要过程。2012 年 2 月全国会计管理工作会议提出建设"会计强国"的宏伟目标。2013 年《企业产成本核算制度(试行)》的发布,拉开了管理会计体系建设的序幕。2014 年 1 月财政部印发《关于全面推进管理会计体系建设的指导意见(征求意见稿)》(同年 10 月正式印发),在全国范围部署推进,这是我国管理会计发展史上的一个里程碑,标志着我国管理会计迎来新的发展阶段。2016 年 6 月,《管理会计基本指引》制定并正式发布,同年 10 月财政部发布《会计改革与发展"十三五"规划纲要》,该文件明确了管理会计应用的三大具体目标:一是加强管理会计指引体系建设;二是推进管理会计广泛应用;三是提升管理会计工作管理效能。同年 12 月 14 日,财政部发布了《管理会计应用指引第 100 号——战略管理》等 22 项征求意见稿,并于 2017 年 9 月 29 日印发首批 22 项管理会计应用指引。2018 年下半年财政部分先后又印发 12 项管理会计应用指引,标志着我国管理会计应用指引体系基本框架搭建完成。

二、管理会计的职能

作为现代企业管理重要内容的管理会计,其职能受到企业管理职能的约束。现代企业管理具有预测、决策、规划、控制和考核评价等五项职能,因而可以将管理会计的主要职能概括为以下五个方面。

(一) 预测经济前景

管理会计发挥预测经济前景的职能,就是按照企业未来的总目标和经营方针,充分考虑经济规律的作用和经济条件的约束,选择合理的量化模型,有目的地预计和推测未来企业销售、利润、成本及资金的变动趋势和水平,为企业经营决策提供信息。

(二) 参与经济决策

管理会计发挥参与经济决策的职能,主要体现在根据企业决策目标,收集、整理有关信息资料,选择科学的方法计算有关长短期决策方案的评价指标,并做出正确的财务评价,最终筛选出最优的行动方案。

(三)规划经营目标

管理会计的规划职能是通过编制各种计划和预算实现的,它要求在最终决策方案的基础上,将事先确定的有关经济目标分解落实到各有关预算中去,从而合理有效地组织协调供、产、销及人、财、物之间的关系,并为控制和责任考评创造条件。

(四)控制经济过程

管理会计控制职能的发挥,要求将对经济过程的当前控制同事中控制有机地结合起来,即事前确定科学可行的各种标准,并根据执行过程中的实际与计划发生的偏差进行原因分析,以便及时采取措施进行调整、改进工作,确保经济活动的正常进行和经营目标实现。

(五)考核评价业绩

管理会计履行考核评价经营业绩的职能是通过建立责任会计制度来实现的,即在各部门各单位及每个人均明确各自责任的前提下,逐级考核责任指标的执行情况,找出成绩和不足,为奖惩制度的实施和未来改进措施的形成提供必要的依据。

三、管理会计与成本会计、财务会计之间的关系

现行会计的主要领域包括成本会计、管理会计和财务会计,共同构成企业的会计信息系统。会计信息系统提供的信息主要为企业内部与外部使用者使用,由此产生财务会计、管理会计两个子系统。

财务会计主要为股东、债权人、政府机构以及其他企业外部使用者提供财务信息,发挥会计信息的社会职能,接受资本市场监管部门的管制,会计事项处理要遵守会计准则或会计制度要求。而管理会计主要为企业内部管理人员的计划、控制、决策等活动提供管理信息,发挥会计信息的管理职能。管理会计拥有与财务会计不同的信息分析视角和信息处理方法,不受会计准则完全限制和严格约束。企业只有一个基本的会计信息系统,在此会计信息系统中,财务会计与管理会计这两大分类是同源而分流的。尽管管理会计与财务会计的主要信息使用者不同,所发挥的职能不同,但归根到底,管理会计要尽可能利用财务会计提供的信息,以财务信息为基础,对其进行适当的加工、改制和延伸,使之能更有效地为企业服务。

成本会计是会计信息系统的一个子系统,它记录、计量和报告有关成本的各项信息。成本会计所产生的成本信息主要用于决策制订和业绩评价,具体地说,它既为管理会计也为财务会计提供信息。财务会计要依据成本会计所提供的有关资料进行资产计价和收益确定,而成本的形成、积累和结转的整个程序则也要纳入以复式簿记为基础的财务会计总框架中。同样,成本会计所提供的成本数据往往被用作决策制定的依据或用于对企业内部经理人员的业绩评价。成本会计、管理会计和财务会计之间的关系如图1-1所示。

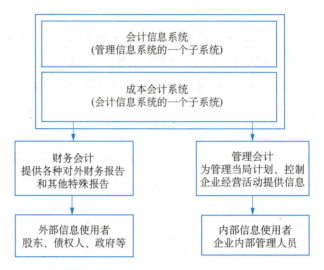

图1-1 管理会计与成本会计、财务会计之间关系

"多本账"炒出天价商铺

"各地的'黄金商铺'超过80%以上都是炒作出来的,'铺王''铺皇''铺后'……多本账才能炒出几倍甚至几十倍的利润。"如今,各地商铺销售炒作愈演愈烈,曾在多个城市进行过商铺营销策划的业内人士吴晶英,向记者坦陈了"黄金商铺"的炒作内幕。

"卖房的利润要到3倍至4倍,卖商铺的利润则要高到10倍以上才算是合格,20倍至40倍很正常,50倍以上才算成功。"吴晶英说,"我给你算个账,楼盘建设需要大量的钢筋水泥,但商铺建设几乎就是沿街铺设,一般只有2层楼高,地基、防震、消防、地下车库等等需要投入的成本很少,只有同等地域楼盘成本的十分之一,但商铺单位面积的价钱几乎是楼盘价格的10倍,一来二去,利润就要比成本高出10倍到50倍。"

记者近日在南宁市凤翔路商铺开盘前进行暗访发现,被商家炒作为"每平方米租金65元"的"黄金商铺",实际租金不过每平方米30元。接受记者采访的租户说:"如果不是老乡,我也不愿告诉你,商家给我们这个价格,就是要求我们对外一律说每平方米65元。"

吴晶英向记者透露:这几乎是所有商铺开发商和营销人员的惯用伎俩。"给客户看的是一本账,给租户的是一本账,给税务局的又是一本账。"

搞多本账就是为了最大限度地获得利润。客户重视的是投资收入回报状况,将实际租金翻一番,将原来需要20年才能收回的资金算成8年回本,容易吸引客户;租户的那本账不仅打了折,而且折扣很低,就是为了稳定租户,造成场面繁荣、人气旺盛的假象；给税务局的账就不用说了，最大限度地降低税收成本。

（资料来源：编者根据相关资料整理）

四、管理会计与其他管理的关系

企业管理除了财务管理以外，还有营销管理、供应链管理、人力资源管理三大管理。管理会计职能与企业三大管理职能是有机融合在一起的，以计划、控制、决策职能等管理会计职能为例，表1-1为管理会计与营销管理、供应链管理、人力资源管理之间的关系提供了适当的例证。

表1-1　管理会计与企业三大管理的关系

管理职能	营销管理	供应链管理	人力资源管理
计划	电视、报纸、互联网营销需要多少预算？ 新的市场开发需要雇用多少营销人员？	在下一生产期内，我们应当生产多少产品？ 下一个生产期我们应当预算出多少管理费用？	我们应当在职业安全培训方面花费多少钱？ 我们应当在员工招聘广告上花费多少钱？
控制	降价是否提高了产品销售量？ 在购物季期间，我们是否积压太多的库存？	实际生产的产品耗费属于超支还是节约？ 在完成计划产量过程中，次品产出是否减少？	我们的员工保持率是否超过计划？ 根据及时绩效报告结果，我们是否达标？
决策	我们提供的服务应当捆绑销售还是分开销售？ 我们应采用直销方式还是通过分销商来销售产品？	我们是否需要通过境外供应商释放部分组件占用的生产力？ 我们是否需要重新设计制造流程以降低库存水平？	我们是否应当雇用现场医疗人员以减少医疗保障费用？ 我们应当用临时工还是全职工？

第二节　管理会计的基本内容

管理会计的基本内容大致可分为：以对企业生产经营决策的预期效果进行综合分析为主要内容的"决策会计"；以对企业生产经营的整个过程和各个方面进行严格控制和考评为主要内容的"执行会计"。

一、决策会计

决策会计也称为预测决策会计，是指管理会计系统中侧重于发挥预测经济前景和实施经营决策职能的最具有能动作用的会计子系统。它处于现代管理会计的核心地位，又是现代管理会计形成的关键标志之一。其主要内容包括：

（一）经营预测

经营预测是指企业根据现有的经济条件和掌握的历史资料以及客观事物的内在联系，对生产经营活动的未来发展趋势和状况进行的预计和测算。通过经营预测，确定企业未来一定期间的各项具体经营目标。

（二）短期经营决策

短期经营决策是指决策的结果只会影响或决定企业一年或一个经营周期经营实践的方向、方法和策略，它是通过对有关可行性方案的经济性进行计量、分析和比较，为最大限度地改善经营管理、提高经济效益而选取的最优决策行动方案。短期经营决策以尽可能取得最大的经济效益为直接目标。

（三）长期投资决策

长期投资决策是指那些需要企业投入大量资金，获取报酬或收益的持续时间超过一年，能在今后相当长的一段时间内影响企业经营能力的投资决策。进行正确的企业长期投资，对企业的生产经营具有长远的意义。它从总体上确定了企业未来的经营方向、规模、资源配备以及长期发展目标等重大问题。

二、执行会计

执行会计主要是以现代管理科学中的行为科学原理为基础，运用一系列特定的工具与手段，通过编制计划、制定标准、划分责任、考评业绩等，为执行既定的决策方案而卓有成效地实施决策、执行计划、评价工作成绩，以确保预期目标顺利实现的管理会计子系统。其主要内容包括预算管理、责任会计、成本控制、绩效评价等内容。

（一）预算管理

预算是企业经营目标的具体化，它是从"决策会计"到"执行会计"的桥梁。它既是对已经选定的各个决策方案进行综合和概括，又是进一步分解、落实企业的总体目标，使总体目标具体化到企业内部各部门、各单位，以此作为它们开展日常生产经营活动和进行业绩评价的依据。

（二）责任会计

责任会计是以强化企业内部控制为目的，将经济责任同会计数据相结合，全面评价和考核各责任单位的工作业绩的内部会计控制制度。通过实施责任会计，可以明确有关责任单位的权利和责任，并借助于有关指标的计算和分析，来评价各责任单位的工作业绩以便进一步改善未来的经营管理工作。

（三）成本控制

成本控制是管理会计的重要内容，主要包括标准成本系统、作业成本管理等内容。

(四)绩效评价

绩效评价是责任会计的延伸,主要包括企业整体绩效评价、部门绩效评价、员工绩效评价等。战略管理会计和环境管理会计理论的发展为绩效评价提供了新的研究领域。

管理会计内容框架概括如图 1-2 所示。

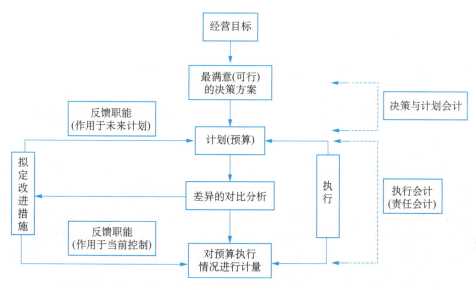

图 1-2　管理会计内容框架

第三节　商业环境与管理会计新发展

企业经营环境日新月异,以信息化、大数据、业务流程再造以及竞争全球化等为代表的时代元素对传统管理会计产生深远影响,以"利润最大化"为目标的传统管理会计越来越不能满足企业管理对会计信息的需求。结合时代特征,探讨其中蕴含的一些关键因素对管理会计创新和发展的影响尤为必要。

一、信息技术

信息技术促成两项重大进步。一是自动化制造。在自动化制造环境下,计算机被用于监督和控制各项操作,有关工作现场情况的大量有用信息几乎可以在发生的同时就收集、汇报给管理层。产品生产过程中可以连续地跟踪,并就产量、耗用的材料、废料和产品成本等进行及时的报告。这样的结果便是一种全新的信息系统,它将制造和营销及会计数据完全整合起来。自动化不仅增加了信息的数量,而且还增强了信息的及时性。

二是大数据技术。信息技术的不断发展促进大数据时代到来,企业信息化架构强调云计算、大数据、社交网络和移动应用。以大数据为代表的新信息技术不断颠覆传统企业的运营模式,帮助企业实现差异化创新。当大数据与财务碰撞时,大数据在管理会计上发挥的作用尤为明显。对于管理会计来说,大数据理念为企业管理层合理配置资源和优化决策并对当前和未来的经济活动进行预测、决策、规划、控制和考核评价等,提供更多可能。

二、顾客导向

当前许多公司将"顾客至上"奉为圭臬,纷纷致力于为顾客创造更多价值,谋求竞争优势。顾客价值(customer value)是顾客所得到的利益(顾客实现)和顾客所支付成本(顾客牺牲)之间的差额。增加顾客价值意味着增加顾客实现,或降低顾客牺牲,或同时实现这两步。

(一) 战略成本管理

提高客户价值以创造可持续竞争优势是通过审慎的战略选择来实现,在此过程中,成本信息发挥着关键性的作用。根据迈克尔·波特竞争理论,企业的战略地位选择总是与三种卓有成效的竞争战略相符合,它们是总成本领先战略、差别化战略和专一化战略。不同的战略需要不同的成本信息,这意味着企业采取的战略不同,则其采用的成本系统也相应有所不同,战略成本管理(strategic cost management)就是运用成本数据来识别和制定能够带来持续的竞争优势的优秀战略。

(二) 价值链管理

顺利实施战略成本管理要求了解企业的内部价值链(internal value chain)和产业价值链(industrial value chain)。

内部价值链是由一系列作业构成,这些作业包括设计、开发、生产、推销和向客户交付产品与服务。对内部价值链的有效管理是提高客户价值的基础,当企业的目标是以尽可能低的成本使顾客利得最大化时尤其如此。对顾客价值的重视要求管理者必须确定价值链中哪些作业对顾客是重要的,管理会计系统必须跟踪内部价值链内与大量不同作业相关的信息。

产业价值链对于战略成本管理同样至关重要。产业价值链是指产品从原材料到终端消费者过程中,由原料供应商、生产商、分销商、顾客等多方参与,对其一系列相互关联的价值创造作业的集合。分析企业内部价值链和产业价值链之间存在的复杂的相互联系,是价值链管理的根本意义所在。

三、职能关联

价值链管理意味着现在的管理会计人员必须了解企业多种职能,从采购到生产制造,到渠道选择到销售,再到顾客服务等,将这些职能综合分析考察。为什么要将管理会计和营销、管理、工程、财务及企业的其他职能联系起来呢?当企业采用价值链法并强调顾客价值,我们会发现这些领域是相互关联的,影响其中某个领域的决策也会影响到其他领域。例如,许多制造商热衷于频繁地大量出货,即通过提供高额折扣来鼓励批发商和零售商大量地进货。由于无法迅速地转售出去,而导致存货积压下来,这些批发商和零售商就必须停止一段时间购货。当销售停止时,生产也就随之停止。而职能关联的视角能使管理会计人员对会计信息的分析与处理更为全面、深刻,避免只见树木,不见森林。

第四节 职业组织与职业道德

一、管理会计人员的职业组织和职业证书

(一)管理会计人员的职业组织

1. 特许管理会计师公会(The Chartered Institute of Management Accountants,CIMA)

该公会为全球最大的国际性管理会计师组织,同时它也是国际会计师联合会(IFAC)的创始成员之一,拥有17万会员和学员,遍布170多个国家和地区。CIMA成立于1919年,总部设在英国伦敦,在澳大利亚、新西兰、爱尔兰、斯里兰卡、南非、赞比亚、印度、马来西亚、新加坡等国家均设有分支机构或联络处。

CIMA一直以来紧密结合充满活力和挑战的商界需求,坚持不懈地致力于企业财务管理及战略决策的研究和开发,提供了世界上极具权威性的高端财务职业资格认证。CIMA资格认证不仅为企业衡量和提升财务管理人员素质和业务水平提供依据,也为各行各业的高级财务人员和管理精英创造展示实力的平台和个人发展的通途。

2. 美国管理会计师协会(The Institute of Management Accountants,IMA)

该协会为一家全球领先的国际管理会计师组织,一直致力于支持企业内部的财会专业人士推动企业的整体绩效和表现。IMA成立于1919年,由美国成本会计师协会(NACA)衍生而来,总部设立在美国新泽西州,拥有遍布全球265个分会的超过8万会员。

在国际上,作为COSO委员会(The Committee of Sponsoring Organizations of the Treadway Commission,COSO)的创始成员及国际会计师联合会(IFAC)的主要成员,IMA在管理会计、公司内部规划与控制、风险管理等领域均参与到全球最前沿实践。此外,IMA还在美国财务会计准则委员会(FASB)和美国证券交易委员会(SEC)等组织中起着非常重要的作用。

3. 中国总会计师协会(简称"中总协")

该协会为财政部下属机构,是我国总会计师队伍唯一的、具有一定权威性和影响力的全国性行业组织。

《中国总会计师协会章程》明确中总协"组织开展总会计师任职资格认证和总会计师后备人员的职业资质培训认证工作"。中总协以《会计行业中长期人才发展规划（2010—2020）》《财政部关于全面推进管理会计体系建设的指导意见》《管理会计基本指引》以及《会计改革与发展"十三五"规划纲要》等文件为依据，将总会计师行业建设与中央深化改革的战略部署紧密结合，主动融入管理会计改革，加强管理会计人才培养，推出"管理会计师专业能力培训项目"以促进管理会计师履行其工作职责具备必要的专业知识和能力水平，推动会计工作由核算向理财、管理和决策转变。

（二）管理会计人员的职业证书

1. CIMA 证书

CIMA 资格考试不局限于会计内容，而是涵盖了管理、战略、市场、人力资源、信息系统等方方面面的商业知识和技能。它将使会计人员具备高级决策管理人员的素质，顺利实现财务人员的角色转换，晋身国际商界精英之列。CIMA 特许管理会计师受到一致认可，许多世界知名跨国企业，如联合利华、壳牌、福特、埃森哲等，都对 CIMA 资格推崇备至。

2. 美国 CMA 证书

美国注册管理会计师（certified management accountant，CMA）是美国管理会计师协会设立的专业资格。CMA 证书是一个财务管理综合能力考核的证书，考试涉及经济、金融、管理、会计等多方面内容，考试主要以基础知识、实用知识为主，知识覆盖面很广；具有很强的实用性、可操作性。目前美国 CMA 考试内容包括四部分：经济学、理财和管理学（economics，finance and management）；财务会计及报告（financial accounting and reporting）；管理报告、分析与行为问题（management reporting analysis and behavioral issues）；决策分析与信息系统（decision analysis and information systems）。每部分涵盖不同内容和不同等级，且保持动态调整性。

3. 中国注册管理会计师证书

在借鉴国际上注册管理会计师考试经验基础上，中总协结合我国具体实际情况，已经初步设计了中国注册管理会计师证书考试的六门课程：企业内部控制——方法、技术、案例，金融工具应用与资本运营，管理会计实务操作与应用，商业模式创新与企业战略管理，企业法律风险防范与应对与企业信息化管理与应用。这六门课程涵盖我国注册管理会计师应具备的知识和技能，反映了一个合格注册管理会计师应有的知识结构。

阅读材料

会计证取消预示着财务人员将向管理会计升级！

这次我们真的要对会计证说再见了！谢谢你，陪伴我们这么久！

这些日子被会计证取消的各种消息给刷屏了，这曲折的一年时间，财政部也算是为了我国会计人员怎样才能够紧跟世界的脚步花了不少心思。如今,财政部这一步大棋总算是尘埃落定,为什么这么说?这几种现象,预示着财务人员必将向管理会计升级:

财政部连续发文力推。显然,国家需要管理会计,国家需要培养管理会计。财政部多次在讲话中指出财政是国家治理的基础和重要支柱,会计是财政的组成部分,而管理会计是我国的短板,因此我国要通过发展管理会计打造我国会计工作的升级版。可见,政府把管理会计提到了很高的位置。

管理会计将写入新《会计法》。专家指出,将管理会计写进《会计法》十分必要。因为我国的管理会计实践目前仍处于自发状态,整体应用水平还很低,能够为单位管理高层提供有效经营决策信息的管理会计人才匮乏。因此,将管理会计地位上升一个台阶,是顺应会计科学发展,推动中国会计工作转型的必然选择。

电子发票、电子会计档案的应用。电子发票的出现,已不需要财务人员购票和人工开票了。同时,国家已承认会计档案电子化具有法律效力,不需要财务人员进行纸质凭证的人工装订。

无纸化报销的技术发展。现在许多企业都采用集成化方式解决采购、出行、酒店预订、订餐等问题,员工不需要贴票填单了,企业直接和平台进行结算,财务人员审核工作全部交给系统完成了,这是消灭人工报账的时代。

新型业财一体化软件等系统集成发展。通过这些业财一体化软件和各种系统的集成,核算会计这种基础岗位全部被软件的电子记账代替,全过程系统自动化处理,人只是辅助操作而已。

财务共享服务中心的快速发展。分公司和子公司的财务相关操作性事务大量减少,随之而来的是大量的裁员。根据现有财务共享实施案例,将有30%~70%的财务人员减少。

人工智能在财务领域的应用。随着四大财务机器人的陆续推出上市和人工智能在国内的快速发展,财务人工智能已可部分承担财务规划与预测、财务决策、财务预算、财务控制和财务分析等工作。

(资料来源:编者根据相关资料整理)

二、管理会计人员的职业道德

管理会计实务最初的发展目的是为了帮助管理层实现企业利润最大化。利润最大化目标实现应该遵循一项潜在的要求,即应该通过合乎法律和合乎道德规范的途径来获取利润。

道德行为(ethical behavior)涉及选择"正确"、"适当"和"公正"的行动。尽管人们对道德行为的判断经常存有分歧,不过,所有的道德体系都具有一条相同的信念:组织中的每位成员对其他成员的利益都负有一定的责任,道德行为的核心是愿意为了集体利益而牺牲个人利益。个人利益是集体利益的组成部分，但个人利益有时会与集体利益发生冲突。事实上，为集体利益而暂时牺牲个人利益不仅正确，有助于实现个人长远利益，而且还具有商业价值。具有强烈道德感和明确道德规范的企业，会使顾客和员工产生忠诚。

管理会计人员履行职责时承担必须遵循最高的职业道德规范的义务。为使这一义务得到公认，有关专业机构通常会颁布相关的职业道德准则。如美国最大的管理会计机构——美国全国会计师协会于1982年颁布了《管理会计师职业道德标准》(Standards of Ethical Conduct for Management Accountants)，遵守这些标准是实现管理会计目标的有机部分。2002年6月，美国国会通过《萨班斯－奥克斯利法案》(Sarbanes-Oxley Act，SOX)，要求公司高级财会人员必须遵守道德准则，或者必须公开披露未能遵守这些准则的信息。这些职业道德标准包括道德原则、行为准则以及道德行为冲突解决措施等，概括如表1-2所示。

表1-2 IMA协会职业道德准则行为准则

道德原则	CMA考生与持证者应该无违反职业道德的行为 IMA的道德原则包括诚实、公正、客观与责任担当等
行为准则	（一）业务技能(competence) 1. 要不断地学习知识以及相关的职业技能，保持甚至提高自身职业能力水平 2. 必须依据有关的法律、规定以及相关的技术标准，完成自身岗位的任务 3. 对于一切的可靠信息或者资料，必须是在进行了合适的分析以后才能给出完整并且条理清晰的报告或者建议 （二）保密责任(confidentiality) 1. 除非是授权，否则禁止泄露通过工作得到的一切机密资料；在法律赋有责任的时候可以破例这么做 2. 除了自身，还要保证自己的所属工作人员也能够对通过工作得到的资料保密，并要监督他们的言行 3. 禁止利用工作得到一切机密资料，不管是通过本人还是第三者，更加严禁因为这些机密资料获取非法利益 （三）道德正直(integrity) 1. 要有效地避免任何方面的利益冲突，并监督各方杜绝任何潜在的冲突 2. 不能够参与任何有损于正当履行职责的活动 3. 不能接受任何会影响行动的礼物以及恩惠 4. 禁止破坏组织达到它的合法的、正当的目的 5. 承认并传达交流职业禁例或者其他约束 6. 传达交流不利的信息与有利的信息及其职业判断或意见 7. 禁止参与支持任何影响职业信任的活动 （四）客观性(objectivity) 1. 公允而客观地沟通信息 2. 充分披露信息，帮助使用者对各项报告、评论和建议获得正确的理解

(续表)

冲突解决	（一）上报讨论 当遇到这些相矛盾的问题时，应该先和上司讨论这些问题，这是最直接的行为。如果这个上司也在事件之中，就必须与更高一层的上司进行讨论。如果讨论结果仍是不行的话，就需要再向上一级乃至最高管理层上报 （二）求助顾问 可与律师或立场相对公正的顾问进行讨论，但要说清楚相关的所有事项，这样才能有效地了解、处理这种事件，并采取措施方法 （三）辞职 在用尽一切办法之后，如果这些与职业道德相矛盾的问题仍然存在，管理会计师也没有其他更好办法的时候，就必须向组织提出辞职；并有义务向继任者移交所有的情况备忘录资料

本 章 小 结

管理会计作为一门学科，经历了萌芽、形成和发展不同阶段，具有预测、决策、规划、控制和考核评价等职能。管理会计与成本会计、财务会计之间既有区别又有联系。管理会计基本内容包括决策会计和执行会计两大部分，其实践内容随着商业环境的发展而不断创新和发展。管理会计在英美等西方发达国家具有职业化、专业化特征，拥有管理会计师专业机构，申请加入须通过一系列资格考试。管理会计人员履行职责必须遵循职业道德原则和行为准则。

 简答论述

1. 管理会计的形成与发展经历了哪些主要阶段？概括每一阶段主要特征。
2. 管理会计具有哪些职能？与财务会计职能有哪些不同？试分析说明。
3. 谈谈注册管理会计师与注册会计师的区别与联系。

 不定项选择题

1. 管理会计提供的信息服务侧重于（   ）。
   A. 股东　　　　B. 外部集团　　　C. 债权人　　　　D. 企业内部的经营
2. 财政部于（   ）发布《关于全面推进管理会计体系建设的指导意见（征求意见稿）》。
   A. 1978 年　　　B. 1992 年　　　C. 2014 年　　　D. 2016 年
3. 下列不属于 IMA 职业道德行为准则的基本道德原则的是（   ）。
   A. 保密　　　　B. 正直　　　　C. 诚实　　　　D. 客观

4. 下列各项能够揭示管理会计与财务会计之间共性特征的表述是(　　)。
   A. 两者相互制约、相互补充　　B. 两者的具体目标相同
   C. 两者共享部分信息　　D. 两者都是现代会计的组成部分
5. 管理会计的职能包括(　　)。
   A. 参与经济决策　　B. 控制经济过程
   C. 规划经营目标　　D. 预测经济前景

参考答案

1. D　2. C　3. A　4. ACD　5. ABCD

道德问题思考

M 经理的奖金

M 经理正在考虑一件事:"如果在上个季度我能把成本削减 4 万元,企业利润就会比计划提高 10%,而我也会得到 1 万元奖金。然而从第四季度的预测看,前景并不乐观。但我确实很想拿到这 1 万元奖金,现在可行的办法就是解雇 3 名工资最高的销售人员。毕竟,第四季度的大部分订单都已收到,而我可在明年初招聘新的销售人员;而且,我的聘期快结束了,下家待遇比现在要好很多。"

要求:

1. 你认为 M 经理这一想法符合道德规范吗?
2. 你认为 M 经理的正确做法是什么?

创新创业案例

小白的陈述

双创集团拥有多家工厂,每家工厂都生产一种不同的产品。在今年年初小白被选为一家工厂的新经理。年末所有工厂的经理都被要求在公司董事会上总结其所管理工厂的经营状况。小白陈述时用表 1-3 汇报了下列信息:

表 1-3　存货盘存简表

项目	今年		去年	
	数量(件)	金额(元)	数量(件)	金额(元)
年初产成品存货	30 000	255 000	10 000	85 000
年末产成品存货	20 000	202 000	30 000	255 000
完工成品的成本	?	909 000	?	1 020 000

小白对董事会作了如下陈述:"正如你们看到的,我们工厂的销售量保持不变。今年和去年销售量都是 100 000 件。但是我们在成本控制方面取得了实质性的进步。通过高效的工厂经营,我们已经较大幅度地降低了产品成本,已售产品的单位成本从去年的 10.20 元(1 020 000 元/100 000 件)下降到今年的 9.09 元(909 000 元/100 000 件)。"

要求:请你结合相关计算,评价小白的陈述。

第二章 成本核算原理

思政导语

马克思再生产理论认为,社会总产品根据经济用途划分为生产资料(第Ⅰ部类)和生活资料(第Ⅱ部类)两大部类;两大部类按照合理比例的平衡发展,是社会产品得以实现、社会再生产得以顺利进行的前提。具体到生产企业而言,同一种产品既可以用作生产资料,也可以用作消费资料,即同一种产品既可能属于一个部类,也可能同时属于两个部类。科学地归集与核算企业生产的产品、产量和成本费用,是考察和分析两大部类产品比例关系是否合理的重要基础。

学习目标

- 掌握辅助生产费用各种分配方法,了解不同方法适用情况及优缺点
- 掌握约当产量比例法,理解不同情形下投料程度、完工率计算方法
- 掌握品种法、分批法、分步法等成本核算方法,理解不同成本核算方法的优缺点

成本核算助力新产品成功

iRobot 是一家由美国麻省理工学院教授罗德尼·布鲁克斯、科林·安格尔和海伦·格雷纳于 20 世纪 80 年代晚期创立的全球顶尖的消费类机器人生产和研发公司。公司声称不仅要赚钱,还要打造"非常酷的产品"把世界变得更加美好。公司创始人长期以来深受麻省理工学院的人工智能实验室学术环境的熏陶,为大公司或政府工作,这些机构希望他们"设计一些客户感兴趣的独一无二的东西,就像画家应邀为人作画"。合同包括很多各不相同的项目,比如为国防部设计能像蟹一样移动的扫雷舰或者为 Halliburton 公司设计一个可以行走于高低不平的路面、修油井的机器人。很显然,这

些项目的成本计算适合采用订单成本法。

20世纪90中期,iRobot为玩具制造商Hasbro公司推销一种新想法,欲设计一种会讲故事的机器人。该机器人是一个塑料人,能把故事表演出来,还会对话和身体语言。这个想法是"非常了不起的,简直令人难以置信"。不幸的是,成本也高得难以想象。仅直接材料一项就要3 000美元。很显然这个玩具并不是为20美元左右普通玩具的买家设计。Hasbro公司并不看好这个项目,但也让iRobot公司进一步重视对成本的核算与控制。公司开发了一种人工智能清洁机器人——一种小型的像磁盘一样的真空吸尘器。这种人工智能清洁机器人目前已经投产,这反映了iRobot公司对于这类项目从高成本样机设计到对一分钱一分货的大规模生产的转变。

第一节　生产费用的归集与分配

一、概述

企业的各种行为最终归结为成本、费用或利润,有效的成本费用控制意味着增加利润。企业生产经营过程发生的不同要素费用,如外购材料、外购燃料与动力、职工薪酬、折旧费用、利息支出、各种税金等,应按其用途和发生地点,进行分配和归集。以下从企业成本核算一般应设置的会计科目和产品成本项目角度加以概述。

(一) 基本生产成本

对于基本生产车间直接用于产品生产且专设成本项目的各项费用,即专设成本项目的直接生产费用,如构成产品实体的原材料费用、产品生产工人的薪酬费用等,应记入"基本生产成本"(生产成本的二级明细科目)科目,并直接记入或分配记入有关产品成本明细账的相关成本项目,即凡是能够根据原始凭证直接认定是某种产品消耗的费用,应直接记入该种产品成本明细账的相关成本项目。

(二) 制造费用

对于基本生产车间用于产品生产但没有专设成本项目的各项费用(如生产设备的折旧费用),或者多种产品共同耗用但不能直接确认各种产品实际消耗数额的费用(如车间管理人员的薪酬费用),应先记入"制造费用"科目及其所属明细账有关的项目,然后采取适当的分配方法,转入或分配转入"基本生产成本"科目及其所属明细账的相关成本项目。

(三) 辅助生产成本

对于辅助部门(如大型企业供电部门、运输部门)发生用于辅助生产的费用,应视不同情况分别进行处理:

若辅助生产车间未设"制造费用"明细账，则对于各项辅助生产费用，均记入"辅助生产成本"(生产成本的二级明细科目)科目及其所属明细账的相关费用项目。

若辅助部门设有"制造费用"明细账，则其费用的处理可以比照上述基本生产车间费用的处理办法进行。

对辅助生产费用应按照其用途，采用适当的方法进行分配。

（四）"销售费用""管理费用""财务费用"等科目

对企业经营管理过程中发生的产品销售费用、行政管理部门费用以及筹资费用等各项期间费用，不应计入产品成本，而应分别记入"销售费用""管理费用""财务费用"等的总账科目及其所属明细账，期末转入"本年利润"科目，计入当期损益。

不同要素费用的归集与分配通常是采用编制不同费用分配表进行，根据分配表据以登记各种成本、费用科目及其所属明细账。

二、辅助生产费用的分配方法

如果企业有两个或两个以上的辅助生产车间，辅助车间除了为基本生产车间、管理部门等单位服务外，各辅助生产车间之间也会相互提供劳务。各辅助生产车间发生的辅助生产费用，不仅要对辅助生产车间以外的受益单位进行分配，还应在各辅助生产车间之间进行分配，而且在各辅助生产车间之间的分配应先于对辅助生产车间以外的单位和部门。辅助生产费用分配的方法有直接分配法、顺序分配法、交互分配法、计划成本分配法和代数分配法五种。

（一）直接分配法（direct method）

直接分配法是指将各辅助生产车间发生的辅助生产费用直接分配给辅助生产以外的各受益单位，而不考虑各辅助生产之间相互提供产品或劳务的情况。由于辅助生产车间内部相互提供的劳务不分配费用，因此，在计算费用分配率时需将其他辅助生产车间的劳务耗用量从总供应量中扣除。费用分配率（单位成本）得到后，则各部门分担的辅助费用为部门耗用量乘以分配率。

（二）顺序分配法（sequential or step method）

顺序分配法是指各辅助生产车间之间的费用按照辅助生产车间受益多少的顺序依次排列，受益少的排列在前，先将费用分配出去并不再参加以后的费用分配，受益多的排列在后，后将费用分配出去的方法。通常假定，某辅助生产车间发生的辅助生产费用越大，则该车间受益越少（施惠越多），应优先分配。

（三）交互分配法（reciprocal method）

交互分配法是指先将辅助生产车间发生的费用在相互提供劳务的各辅助生产车间之间进行分配（对内分配），然后再将各辅助生产车间交互分配后的实际费用在辅助生产车间以外的各受益单位之间进行分配（对外分配）的方法。采用交互分配法计算分配

率时,对内分配和对外分配的分配率计算如下:

对内分配率(单位成本)＝待分配的辅助生产费用总额／辅助生产供应总量

对外分配率(单位成本)＝(待分配的辅助生产费用总额＋交互分配转入费用
　　　　　　　　　　－交互分配转出的费用)/(辅助生产供应总量
　　　　　　　　　　－辅助生产车间内部耗用量)

(四) 计划成本分配法(planned-cost distribution method)

计划成本分配法是指按照辅助生产车间提供劳务的计划单位成本计算分配辅助生产费用的方法。采用计划成本分配法分配时需要分三步进行:

首先,将各辅助生产车间待分配的生产费用按计划成本进行分配,即按辅助生产单位产品的计划单位成本和实际耗用量,计算各受益对象(包括各辅助生产单位在内)的计划成本;

其次,调整成本。即计算辅助生产单位实际发生的费用,为实际费用加上其他辅助生产单位按计划成本分配转入的费用;注意不用减除向其他辅助车间转出的费用。

最后,将调整后的成本(实际发生的生产费用加上交互分配转入的费用)与计划成本之间的差额,追加分配给辅助生产车间以外的单位;或者为了简化计算,将其全部计入管理费用。

(五) 代数分配法(algebraic distribution method)

代数分配法是指运用代数中求解多元一次联立方程的原理,通过计算辅助生产劳务的单位成本来分配辅助生产费用的方法。采用这种分配方法,应先根据各辅助生产单位相互提供劳务的数量求解联立方程式,计算辅助生产劳务的单位成本,然后根据各受益单位(包括辅助生产内部和外部各单位)耗用劳务的数量和单位成本,计算分配辅助生产费用。

以上五种方法分配特点、优缺点及适用条件概括如表 2-1 所示。

表 2-1　辅助生产费用分配方法比较

比较项目	直接分配法	顺序分配法	交互分配法	计划成本分配法	代数分配法
分配特点	直接分配,不考虑相互之间的产品供应或劳务耗用	按受益多少排序,前面的先分,不承担后面车间的费用	先进行交互分配,然后以调整后的实际费用对外分配	先按计划成本分配,然后将成本差异追加分配或计入管理费用	建立联立方程求解单位成本,然后一次进行分配
优缺点	计算工作简便;分配结果正确性差	计算工作量有所增加;分配准确性有所提高	增加计算工作量;也提高了分配结果的准确性	简化计算工作;便于考核和分析;能反映成本差异	计算复杂;但分配结果最准确

(续表)

比较项目	直接分配法	顺序分配法	交互分配法	计划成本分配法	代数分配法
适用条件	相互提供产品或劳务不多或差异不大	各辅助车间相互受益程度有明显顺序	各辅助车间相互受益程度无明显顺序	计划单位成本比较准确	计算工作已实现会计电算化

【实务例题 2-1】 假设 M 企业设有供电和机修两个辅助生产车间,在分配费用前,供电车间本月生产费用为 7 040 元,机修车间为 6 720 元。供电车间与机修车间相互提供劳务,假定供电车间受益少,机修车间受益多;计划单位成本供电车间为 0.16 元/度,机修车间为 1.8 元/小时。供电车间与机修车间本月提供的劳务量如表 2-2 所示。

表 2-2 供电车间与机修车间劳务量

车间或部门		用电度数（单位:度）	修理工时（单位:小时）
供电车间		—	200
机修车间		4 000	—
第一车间	生产耗用	18 500	—
	一般耗用	1 500	1 800
第二车间	生产耗用	17 000	—
	一般耗用	1 000	2 100
行政部门		2 000	100
合计		44 000	4 200

[要求] 分别采用直接分配法、顺序分配法、交互分配法、计划成本分配法和代数分配法分配辅助车间发生的生产费用。

[分析]

(一) 直接分配法

计算辅助生产费用分配率,注意到其他辅助生产车间的耗用量应从总供应量中扣除:

电力费用分配率＝7 040/(44 000－4 000)＝0.176(元/度)

机修费用分配率＝6 720/(4 200－200)＝1.68(元/小时)

由此,第一车间产品耗用分担的电费为 18 500×0.176＝3 256 元,记入基本生产成本;一般耗用分担的电费为 1 500×0.176＝264 元,记入制造费用。其他数据计算和说明从略。

直接分配法对应的辅助生产费用分配表编制如表 2-3 所示。

表 2-3　直接分配法辅助生产费用分配表　　　　　单位:元

	项目	供电车间	机修车间	分配金额合计
	待分配费用	7 040	6 720	
	待分配劳务作业总量	40 000	4 000	
	单位成本	0.176	1.68	
第一车间	产品耗用	3 256		3 256
	一般耗用	264	3 024	3 288
第二车间	产品耗用	2 992		2 992
	一般耗用	176	3 528	3 704
管理部门		352	168	520

(二) 顺序分配法

计算辅助生产费用分配率,根据假定应先分配供电车间的生产费用:

$$电力费用分配率 = 7\,040/44\,000 = 0.16(元/度)$$
$$机修费用分配率 = 7\,360/(4\,200 - 200) = 1.84(元/小时)$$

由此,第一车间产品耗用分担的电费为 18 500×0.16=2 960 元,记入基本生产成本;一般耗用分担的电费为 1 500×0.16=240 元,记入制造费用。机修车间待分配费用 7 360 元为本车间发生的 6 720 元加上供电车间转入的电费 4 000×0.16=640 元。其他数据计算和说明从略。

顺序分配法对应的辅助生产费用分配表编制如表 2-4 所示。

表 2-4　顺序分配法辅助生产费用分配表　　　　　单位:元

	项目	供电车间	机修车间	分配金额合计
	待分配费用	7 040	7 360	
	待分配劳务作业总量	44 000	4 000	
	单位成本	0.16	1.84	
第一车间	产品耗用	2 960		2 960
	一般耗用	240	3 312	3 552
第二车间	产品耗用	2 720		2 720
	一般耗用	160	3 864	4 024
管理部门		320	184	504
机修车间		640		

(三) 交互分配法

须先计算对内分配率(交互分配率),在此基础上对各个辅助车间费用进行交互调整,然后再计算对外分配率。

对内分配率：

$$电力费用分配率=7\,040/44\,000=0.16(元/度)$$
$$机修费用分配率=6\,720/4\,200=1.6(元/小时)$$

对外分配率：

$$电力费用分配率=6\,720/40\,000=0.168(元/度)$$
$$机修费用分配率=7\,040/4\,000=1.76(元/小时)$$

其中，供电车间调整后的待分配费用为 7 040＋320－640＝6 720 元；机修车间调整后的待分配费用为 6 720＋640－320＝7 040 元。

由此，第一车间产品耗用分担的电费为 18 500×0.168＝3 108 元，记入基本生产成本；一般耗用分担的电费为 1 500×0.168＝252 元，记入制造费用。其他数据计算说明从略。

交互分配法对应的辅助生产费用分配表编制如表 2-5 所示。

表 2-5　交互分配法辅助生产费用分配表　　　　单位：元

部门	项目	供电车间	机修车间	部门	供电车间	机修车间	分配金额合计
	待分配费用	7 040	6 720		6 720	7 040	
	待分配劳务作业总量	44 000	4 200		40 000	4 000	
	单位成本	0.16	1.6		0.168	1.76	
				第一车间产品耗用	3 108	0	3 108
				第一车间一般耗用	252	3 168	3 420
				第二车间产品耗用	2 856	0	2 856
				第二车间一般耗用	168	3 696	3 864
				管理部门	336	176	512
供电车间			320				
机修车间		640					

（四）计划成本分配法

按照单位计划成本分配：

$$供电车间计划成本合计=44\,000×0.16=7\,040(元)$$
$$机修车间计划成本合计=4\,200×1.8=7\,560(元)$$

辅助生产车间的实际成本：

$$供电车间实际成本=7\,040+200×1.8=7\,400(元)$$
$$机修车间实际成本=6\,720+4\,000×0.16=7\,360(元)$$

供电车间辅助成本差异为 7 400－7 040＝＋360 元(超支差异),记入"管理费用"科目借方;机修车间辅助成本差异为 7 360－7 560＝－200 元(节约差异),记入"管理费用"科目借贷方。

计划成本分配法对应的辅助生产费用分配表编制如表 2-6 所示。

表 2-6　计划分配法辅助生产费用分配表　　　　单位:元

部门	项目	供电车间	机修车间	分配金额合计
	待分配费用	7 040	6 720	
	待分配劳务作业总量	44 000	4 200	
	计划单位成本	0.16	1.8	
第一车间产品耗用		2 960		2 960
第一车间一般耗用		240	3 240	3 480
第二车间产品耗用		2 720		2 720
第二车间一般耗用		160	3 780	3 940
管理部门		320	180	500
供电车间			360	360
机修车间		640		640
按照计划成本分配合计		7 040	7 560	14 600
辅助生产实际成本		7 400	7 360	14 760
辅助生产成本差异		＋360	－200	＋160

(五) 代数分配法

假设供电车间的单位成本为 x 元,机修车间单位成本为 y 元,依题意建立如下二元一次方程组:

$$7\,040 + 200y = 44\,000x$$
$$6\,720 + 4\,000x = 4\,200y$$

解得:$x = 0.168$(元/度),$y = 1.76$(元/小时)

根据 x、y 的值以及各受益单位的耗用量,即可求得各受益单位应负担的费用金额(计算过程从略)。代数分配法对应的辅助生产费用分配表编制如表 2-7 所示。

表 2-7　代数分配法辅助生产费用分配表　　　　单位:元

部门	项目	供电车间	机修车间	小计
	待分配劳务作业总量	44 000	4 200	
	单位成本	0.168	1.76	
第一车间产品耗用		3 108		3 108
第一车间一般耗用		252	3 168	3 420
第二车间产品耗用		2 856		2 856

(续表)

部门	项目	供电车间	机修车间	小计
第二车间一般耗用		168	3 696	3 864
管理部门		336	176	512
供电车间			352	
机修车间		672		
合计		7 392	7 392	

三、生产费用在完工产品与在产品之间的分配思路与方法

企业月末如果既有完工产品又有在产品,产品成本明细账中归集的月初在产品生产成本与本月发生的成本之和(通常情况下为已知条件),则应当在完工产品与月末在产品之间,采用适当的分配方法进行分配,从而计算完工产品和月末在产品的成本。月初在产品生产成本、本月生产费用与月末在产品成本、完工产品成本的关系是:

月初在产品生产成本 ＋ 本月生产费用 ＝ 本月完工产品成本 ＋ 月末在产品成本

生产费用在完工产品和月末在产品之间的分配思路有两条:一是先确定月末在产品成本,再"倒挤"出月末完工产品成本;二是将生产费用在完工产品和月末在产品之间采用适当的方法进行分配,同时计算完工产品成本和月末在产品成本。

生产费用在月末在产品和完工产品之间分配的方法主要包括:不计算在产品成本法、在产品按固定成本计算法、在产品按所耗直接材料成本计价法、约当产量比例法、在产品按定额成本计价法、定额比例法等。不同方法依存不同的假设条件,企业根据具体情形,选择简便合理的分配方法。本教材重点介绍约当产量比例法。

四、约当产量比例法

简称约当产量法,指将月末实际结存的在产品数量,按其投料程度或加工程度折算成相当于完工产品产量(即约当产量,equivalent units of output),然后将生产费用按完工产品产量和在产品约当产量之间的比例进行分配,计算完工产品成本和在产品成本的一种方法。采用这一分配方法,在产品既要计算直接材料费用,又要计算直接人工、制造费用等其他加工费用。

(一)在产品投料程度的确定

投料程度又称投料率或投料进度,是指在产品已投料占完工产品应投料的百分比。在产品的投料率计算一般分为四种情况。

(1)原材料在生产开始时一次投入,在产品的投料程度为100%。即完工产品与在

产品在一次投料的情况下,不管之后加工程度如何,在产品和完工产品对直接材料成本分摊"地位"等同。

（2）原材料在生产过程中是陆续、均衡地投入的,各工序在产品的投料程度按50%计算。

（3）原材料在生产过程中是陆续、均衡地投入的,但投料程度与加工程度不一致。投料率可按下式计算：

投料率＝(前面各工序投料定额之和＋本道工序投料定额×本道工序投料率)
　　　　÷完工产品材料消耗定额×100%

（4）原材料于各工序开始时一次投入。投料率可按下式计算：

投料率＝到本道工序为止的累计投料定额之和÷完工产品材料消耗定额×100%

（二）在产品完工率的确定

完工率又称完工程度或加工程度,是指在产品实耗(或定额)工时占完工产品应耗(或定额)工时的百分比。计算在产品完工率计算方法一般有两种：

（1）按工序分别确定。如果各道工序的在产品数量和加工量差别较大,则应分工序分别计算确定在产品的完工程度,即按照各工序在产品的累计工时定额占完工产品工时定额的比率计算。其计算公式为：

完工率＝(前面各道工序的累计工时定额＋本道工序工时定额
　　　　×本道工序完工率)÷完工产品工时定额×100%

（2）按50%计算。即统一按50%作为各工序在产品的完工程度。这一方法适用于企业生产进度比较均衡,各工序在产品数量和单位产品在各工序的加工量相差不多,后面各工序在产品多加工的程度可以抵补前面各工序少加工的程度。

（三）期初在产品成本处理方法

期初在产品成本由于包含前期投入成本,在将生产费用在完工产品与在产品成本之间分配时,通常有两种方法来处理期初在产品的产量和成本,即加权平均法和先进先出法。

1. 加权平均法(weighted average costing method)

这一方法不考虑生产费用的发生与产品实物流转的对应关系,而将全部生产费用在本期完工产品的数量和期末在产品的约当产量之间,按照数量比例进行分配。基本计算公式如下：

各项成本费用分配率＝(期初该项在产品费用＋本期该项生产费用)
　　　　÷(完工产品产量＋期末在产品约当产量)
完工产品该项成本费用＝完工产品数量×该项成本费用分配率
期末在产品成本费用＝期末在产品约当产量×该项成本费用分配率
　　　　＝(期初该项在产品费用＋本期该项生产费用)
　　　　－完工产品该项成本费用

2. 先进先出法(First In First Out，FIFO costing method)

这一方法假设先投产的产品先行完工，并以此作为生产费用的流转顺序，将本期生产费用在本期完工产品与期末在产品之间进行分配的一种方法。基本计算公式如下：

本期完工产量＝期末完工产品数量＋期末在产品的约当产量－期初在产品的约当产量
本期各项成本费用分配率＝本期该项生产费用÷本期产量
期末在产品该项成本费用＝期末在产品约当产量×该项成本费用分配率

由于期末完工产品包含期初"完工"部分，而本期分配率针对的是本期生产费用，因此期末完工产品成本费用不能直接用期末完工产品数量乘以本期分配率计算，而是将期初和本期的生产费用分别计算然后加总；或采用"倒挤"方法。

期末完工产品该项成本费用
＝期初该项在产品费用＋本期完工产量×该项成本费用分配率
＝(期初该项在产品费用＋本期该项生产费用)－期末在产品该项成本费用

【实务例题2-2】 已知甲产品201×年3月初在产品数量为200件，加工程度为60%；当月投产甲产品500件，月末完工产品600件，月末在产品100件，月末在产品加工程度50%。甲产品所耗直接材料在生产开始时投入70%，其余30%在加工程度达到70%时投入。甲产品月初在产品成本为直接材料47 300元；直接人工38 840元；制造费用52 240元。本期发生生产耗费为直接材料153 700元；直接人工91 160元；制造费用207 760元。

[要求] 分别采用加权平均法和先进先出法分配各项生产费用，计算完工产品和在产品成本。

[分析]

1. 加权平均法

直接材料费用分配率＝(47 300＋153 700)÷(600＋100×70%)＝300(元/件)
直接人工分配率＝(38 840＋91 160)÷(600＋100×50%)＝200(元/件)
制造费用分配率＝(52 240＋207 760)÷(600＋100×50%)＝400(元/件)
完工产品直接材料费用＝600×300＝180 000(元)
月末在产品直接材料费用＝70×300＝21 000(元)
完工产品直接人工费用＝600×200＝120 000(元)
月末在产品直接人工费＝50×200＝10 000(元)
完工产品制造费用＝600×400＝240 000(元)
月末在产品制造费用＝50×400＝20 000(元)

因此，完工产品总成本＝180 000＋120 000＋240 000＝540 000(元)
月末在产品总成本＝21 000＋10 000＋20 000＝51 000(元)

2. 先进先出法

直接材料费用分配率＝153 700÷(600＋100×70％－200×70％)＝290(元/件)

直接人工分配率＝91 160÷(600＋100×50％－200×60％)＝172(元/件)

制造费用分配率＝207 760÷(600＋100×50％－200×60％)＝392(元/件)

月末在产品直接材料费用＝70×290＝20 300(元)

完工产品直接材料费用＝47 300＋153 700－20 300＝180 700(元)

月末在产品直接人工费用＝50×172＝8 600(元)

完工产品直接人工费用＝(38 840＋9 1 160)－8 600＝121 400(元)

月末在产品制造费用＝50×392＝19 600(元)

完工产品制造费用＝(52 240＋207 760)－19 600＝240 400(元)

因此，月末在产品总成本＝20 300＋8 600＋19 600＝48 500(元)

完工产品总成本＝180 700＋121 400＋240 400＝542 500(元)

第二节 产品成本核算的主要方法

一、概述

产品成本计算是会计核算中成本费用科目的明细核算，将归集的直接材料、直接人工、制造费用等各种生产费用进一步分配到基本生产成本账户及其所属的各种产品成本明细账中，从而计算各种产品的总成本和单位成本。根据成本核算对象，产品成本计算方法主要有品种法、分批法、分步法三种。

(一) 品种法(variety costing method)

品种法是以产品品种作为成本计算对象来归集生产费用、计算产品成本的一种方法。品种法虽然不需要按批别计算成本，也不需要按步骤来计算半成品成本，但却是分批法和分步法的基础。因为无论是采取分批法还是分步法，最终都要计算各种产品的具体成本。上节"生产费用在完工产品与在产品之间的分配"就是品种法的具体运用，体现出成本核算的一般程序。

(二) 分批法(job-order costing method)

分批法也称订单法，是以产品的批次或订单作为成本计算对象来归集生产费用、计算产品成本的一种方法。分批法主要适用于单件和小批的多步骤生产，如重型机床、船舶、精密仪器和专用设备等。

(三) 分步法(process costing method)

分步法是以产品生产步骤和产品品种为成本计算对象，来归集和分配生产费用、计算产品成本的一种方法,适用于连续、大量、多步骤生产的工业企业,如钢铁、水泥、纺织、酿酒等企业。这些企业从原材料投入到产品完工,要经过若干连续的生产步骤,除最后一个步骤生产产成品外,其他步骤生产的都是完工程度不同的半成品。这些半成品既可作为下一步骤加工的对象,也可直接对外出售。因此,应按步骤、按产品品种设置产品成本明细账,分别成本项目归集生产费用,将生产费用在产成品和半成品之间进行分配。

二、分批法

采用分批法计算产品成本的企业,虽然各批产品的成本计算单仍按月归集生产费用,但是只有在该批产品全部完工时才能计算其实际成本。由于各批产品的生产复杂程度不同、质量数量要求也不同,生产周期就各不相同。有的批次当月投产,当月完工;有的批次要经过数月甚至数年才能完工,完工产品的成本计算因各批次的生产周期而异。所以,分批法的成本计算期与产品的生产周期一致,与会计报告期并不完全一致。值得一提的是,产品生产的批别与客户的订单也可能并不完全一致,企业可以将一张订单分成若干批组织生产,也可将不同订单对应相同的产品合为一个批别组织生产。根据间接计入费用分配方法的不同,分批法可分为一般分批法和简化分批法。

采用当月分配率来分配间接计入费用(即分批计算在产品成本)的分批法称为一般分批法。采用累计分配率来分配间接计入费用(即不分批计算在产品成本)的分批法称为简化分批法。

(一)一般分批法计算示例

【实务例题 2-3】 M企业根据客户订单组织生产甲、乙、丙三种产品,该企业202×年11月有关成本资料如表2-8所示。

表2-8 月初在产品成本　　　　　　　　　　　　　　　　　　单位:元

	订单号	直接材料	燃料和动力	直接人工	制造费用	合计
月初在产品成本	Ⅰ	63 000	70 500	38 400	25 900	197 800
	Ⅱ	37 950	28 670	17 610	11 670	95 900
本月发生费用	Ⅰ		31 500	32 625	9 710	73 835
	Ⅱ		13 702	18 360	9 054	41 116
	Ⅲ	65 180	47 150	34 780	19 250	166 360

各订单对应产品产量资料:(1)Ⅰ号甲产品15台,9月投产,本月全部完工。(2)Ⅱ号乙产品10台,10月份投产,本月完工6台,未完工4台。(3)Ⅲ号丙产品,本月投产,计划12月份完工,本月提前完工5台。

其他资料:(1)Ⅱ号乙产品,采用约当产量法将本月累计生产费用在完工产品与月末在产品之间分配。原材料均在生产开始时一次投入,月末在产品完工程度为70%。

(2) Ⅲ号丙产品的完工产品按定额成本结转。每台完工产品定额成本为直接材料 2 800 元,燃料和动力 2 100 元,直接人工 1 850 元,制造费用 950 元,合计 7 700 元。

[要求] 根据上述资料采用一般分批法登记各产品成本明细账。

[分析]

Ⅰ号甲产品全部完工,产品成本明细账如表 2-9 所示。

表 2-9 产品成本明细账

产品批别:Ⅰ　　　　投产批量:15 台　　　　投产时间:9 月
产品名称:甲产品　　本月完工批量:15 台　　完工时间:11 月　　　　单位:元

项　目	直接材料	燃料和动力	直接人工	制造费用	合计
月初在产品成本	63 000	70 500	38 400	25 900	197 800
本月生产费用		31 500	32 625	9 710	73 835
合计	63 000	102 000	71 025	35 610	271 635
转出完工产品成本	63 000	102 000	71 025	35 610	271 635
单位成本	4 200	6 800	4 735	2 374	18 109

Ⅱ号乙产品费用分配率(单位成本)计算如下:

直接材料分配率=37 950÷(6+4)=3 795(元/台);燃料和动力分配率=42 372÷(6+4×70%)=4 815(元/台),直接人工分配率=35 970÷(6+4×70%)=4087.5(元/台),制造费用分配率=20 724÷(6+4×70%)=2 355(元/台)。因此,完工产品成本原料为 3 795×6=22 770 元,其他成本项目计算从略。Ⅱ号乙产品产品成本明细账如表 2-10 所示。

表 2-10 产品成本明细账

产品批别:Ⅱ　　　　投产批量:10 台　　　　投产时间:10 月
产品名称:乙产品　　本月完工批量:6 台　　 完工时间:　　　　　　单位:元

项　目	直接材料	燃料和动力	直接人工	制造费用	合计
月初在产品成本	37 950	28 670	17 610	11 670	95 900
本月生产费用		13 702	18 360	9 054	41 116
合计	37 950	42 372	35 970	20 724	137 016
单位成本(分配率)	3 795	4 815	4 087.5	2 355	—
月末在产品成本	15 180	13 482	11 445	6 594	46 701
转出完工产品成本	22 770	28 890	24 525	14 130	90 315
完工产品单位成本	3 795	4 815	4 087.5	2 355	15 052.5

Ⅲ号丙产品按定额成本结转,其中 5 台完工产品直接材料成为 2 800×5=14 000 元,月末在产品直接材料成本为 65 180−14 000=51 180 元。其他成本项目计算从略。Ⅲ号丙产品成本明细账如表 2-11 所示。

表 2-11　产品成本明细账

产品批别：Ⅲ　　　　　　　投产批量：20 台　　　　　　投产时间：11 月
产品名称：丙产品　　　　　本月完工批量：5 台　　　　　完工时间：　　　　　　单位：元

项目	直接材料	燃料和动力	直接人工	制造费用	合计
生产费用合计	65 180	47 150	34 780	19 250	166 360
单位定额成本	2 800	2 100	1 850	950	7 700
转出完工产品成本	14 000	10 500	9 250	4 750	38 500
月末在产品成本	51 180	36 650	25 530	14 500	127 860

（二）简化分批法应用示例

【实务例题 2-4】 M 企业根据客户订单组织生产多种产品，产品批别较多，为了简化核算，采用简化分批法计算产品成本。该企业 202×年 9 月各批产品有关资料如下。

(1) 各批产品投入产出情况

第Ⅰ批 A 产品 6 件，7 月投产，本月全部完工。第Ⅱ批 A 产品 8 件，8 月投产，尚未完工。第Ⅲ批 B 产品 12 件，8 月投产，本月完工 2 件；假设 B 完工产品单件定额工时为 5 230 小时。第Ⅳ批 C 产品 4 件，9 月投产，尚未完工。

(2) 基本生产成本二级账中各批产品总生产费用情况如表 2-12 所示。

表 2-12　基本生产成本二级账（各批产品总成本）　　　　　　　　　　单位：元

202×年		摘要	直接材料	生产工时（小时）	直接人工	制造费用	成本合计
月	日						
8	31	在产品	30 020	62 000	585 250	901 000	1 516 270
9	30	本月发生	24 100	100 500	1 039 750	1 130 250	2 194 100
	30	本月累计	54 120	162 500	1 625 000	2 031 250	3 710 370

(3) 各批产品成本明细账完工产品资料如表 2-13、表 2-14、表 2-15、表 2-16 所示。

表 2-13　产品成本明细账

生产批号：Ⅰ　　　　　　　投产时间：7 月
产品名称：A 产品　　　　　批量：6 件　　　　　完工时间：9 月　　　　　　单位：元

202×年		摘要	直接材料	生产工时（小时）	直接人工	制造费用	成本合计
月	日						
7	31	本月发生	5 800	5 430			
8	31	本月发生	1 030	8 870			
9	30	本月发生	1 210	15 700			
	30	本月累计数	8 040	30 000			

表 2-14　产品成本明细账

生产批号：Ⅱ　　　　　　　　投产时间：8 月
产品名称：A 产品　　　　　　批量：8 件　　　　　完工时间：　月　　　　　单位：元

202×年		摘要	直接材料	生产工时（小时）	直接人工	制造费用	成本合计
月	日						
8	31	本月发生	9 840	19 070			
9	30	本月发生	2 980	42 080			

表 2-15　产品成本明细账

生产批号：Ⅲ　　　　　　　　投产时间：8 月
产品名称：B 产品　　　　　　批量：12 件　　　　完工时间：9 月　完工 2 件　　单位：元

202×年		摘要	直接材料	生产工时（小时）	直接人工	制造费用	成本合计
月	日						
8	31	本月发生	13 350	28 630			
9	30	本月发生		14 140			
	30	本月累计数	13 350	42 770			

表 2-16　产品成本明细账

生产批号：Ⅳ　　　　　　　　投产时间：9 月
产品名称：C 产品　　　　　　批量：4 件　　　　　完工时间：　　　　　　　单位：元

202×年		摘要	直接材料	生产工时（小时）	直接人工	制造费用	成本合计
月	日						
9	30	本月发生	19 910	28 580			

[要求] 根据上述资料采用简化分批法登记完工批次产品成本明细账。

[分析]

简化分批法下对于没有完工产品的月份，通常只登记直接材料费用和生产工时，如Ⅱ和Ⅳ两批产品；对于批内产品全部完工或部分完工，除登记本月发生的直接材料费用和生产工时及其累计数外，还应结合各项累计分配率、定额工时等已知条件，计算完工产品的转出成本等内容。

$$直接人工费用累计分配率 = \frac{1\,625\,000}{162\,500} = 10（元/小时）$$

$$制造费用累计分配率 = \frac{2\,031\,250}{162\,500} = 12.5（元/小时）$$

Ⅰ批 A 产品应分担的直接人工成本 = 30 000×10 = 300 000（元），应分担的制造费用 = 30 000×12.5 = 375 000（元）。

Ⅲ批B产品应分担的直接人工成本＝5 230(定额工时)×2×10＝104 600(元)，应分担的制造费用＝5 230(定额工时)×2×12.5＝130 750(元)。其他计算从略。

完工的Ⅰ批A产品和Ⅲ批B产品成本明细账如表2-17和表2-18所示。

表2-17　产品成本明细账

生产批号：Ⅰ　　　　　　　　投产时间：7月
产品名称：A产品　　　　　　批量：6件　　　　　完工时间：9月　　　　　单位：元

202×年		摘要	直接材料	生产工时(小时)	直接人工	制造费用	成本合计
月	日						
7	31	本月发生	5 800	5 430			
8	31	本月发生	1 030	8 870			
9	30	本月发生	1 210	15 700			
	30	本月累计数及分配率	8 040	30 000	10	12.5	—
	30	本月完工产品转出	8 040	30 000	300 000	375 000	683 040
	30	完工产品单位成本	1 340	—	50 000	62 500	113 840

表2-18　产品成本明细账

生产批号：Ⅲ　　　　　　　　投产时间：8月
产品名称：B产品　　　　　　批量：12件　　　　完工时间：9月　完工2件　单位：元

202×年		摘要	直接材料	生产工时(小时)	直接人工	制造费用	成本合计
月	日						
8	31	本月发生	13 350	28 630			
9	30	本月发生		14 140			
	30	本月累计数及分配率	13 350	42 770	10	12.5	
	30	本月完工产品转出	2 225*	10 460*	104 600	130 750	237 575
	30	在产品	11 125*	32 310*			

注：2 225＝13 350÷12×2；10 460＝5 230×2；104 600＝10 460×10；130 750＝10 460×12.5；11 125＝13 350－2 225；32 310＝42 770－10 460。

三、分步法

(一) 分步法种类

根据成本管理对于各生产步骤成本资料的不同要求(是否计算各生产步骤的半成品成本)，以及各生产步骤成本的计算和结转方式不同，分步法可分为逐步结转(sequential transfer)分步法和平行结转(parallel transfer)分步法两种。

逐步结转分步法是按照产品的生产步骤逐步计算并结转半成品成本，最后算出产成品成本的一种方法;按照半成品成本在下一步骤产品成本明细账中的反映方式(成本项目是否分项反映),进一步分为综合结转分步法和分项结转分步法。

平行结转分步法指半成品成本并不随半成品实物的转移而结转,而只计算本步骤发生的原材料或半成品、加工费用等各项成本费用,以及这些成本费用中应计入产成品的"份额",将各步骤成本明细账中的这些份额平行结转汇总,即可计算出产成品成本,也称为不计列半成品成本法。以上方法之间的逻辑关系如图 2-1 所示。

图 2-1 分步法种类

(二) 逐步综合结转分步法

逐步综合结转分步法简称综合结转分步法,是将各步骤所耗用的上一步骤半成品成本,综合记入各该步骤产品成本明细账的"直接材料"或专设的"半成品"项目中。半成品既可以按实际成本结转,也可以按照计划成本(或定额成本)结转。

由于上一步骤所包括的"半成品""直接人工""制造费用"等成本项目"综合"反映在"半成品"项目中,和本步骤发生的"直接人工""制造费用"等成本费用"综合"构成下一步骤的"半成品"成本项目。原始成本各项目构成(直接材料、直接人工、制造费用等)及其水平,会随着生产加工步骤的增多而难以单独分辨。

为考察最终产成品的原始成本项目的构成及其水平,需要对最后步骤的"半成品"的"综合成本"逐步进行还原、追溯,以便获取按原始成本项目反映的产成品资料。通常采用的方法是按照上一步骤所产半成品的成本结构逐次还原。还原分配率计算方法有两种:

① 还原分配率＝上一步骤完工半成品各项目成本÷上一步骤完工半成品成本合计

② 还原分配率＝需要还原的半成品综合成本÷上一步骤完工半成品成本合计

两种方法只是计算顺序有所不同,所得到的还原结果是相同的。

【**实务例题 2-5**】 假设甲产品分三个步骤顺序生产,第一车间生产 A 半成品,完工后全部交给半成品仓库;第二车间从半成品仓库领出 A 半成品继续加工,生产 B 半成品完工后全部交给半成品仓库;第三车间从半成品仓库领出 B 半成品继续加工,完工后即为产成品。三个车间生产所耗的原材料或者半成品均是在生产开始时一次性投入。半成品通过半成品仓库收发。第二车间、第三车间所耗半成品费用按全月一次加权平均单位成本计算。各生产步骤(车间)的完工产品和月末在产品之间的费用分配,均采用约当产量比例法。有关资料如表 2-19 和表 2-20 所示。

表 2-19 生产数量记录

产品：甲产品　　　　　　　　　　　202×年×月　　　　　　　　　　　单位：件

项目	第一车间	第二车间	第三车间
月初在产品数量	400	300	300
本月投产数量	1 800	1 700	1 700
本月完工产品数量	2 000	1 800	1 800
月末在产品数量	200	200	200
在产品完工程度	50%	50%	50%

表 2-20 生产费用记录

产品：甲产品　　　　　　　　　　　202×年×月　　　　　　　　　　　单位：元

项目		直接材料	半成品	直接人工	制造费用	合计
月初 在产品成本	第一车间	48 000		10 200	15 000	73 200
	第二车间		70 300	7 940	8 420	86 660
	第三车间		95 000	7 200	8 640	110 840
本月 生产费用	第一车间	227 000		78 000	96 300	401 300
	第二车间		*	64 260	82 780	*
	第三车间		*	63 100	78 760	*

注：表中*需结合具体假设条件计算确定。

其他资料：×月初半成品库结存 A 半成品 200 件，实际总成本为 46 200 元；结存 B 半成品 300 件，实际总成本为 94 800 元。

[要求]

（1）完成第一车间成本明细账并列示计算过程。

（2）完成第二车间成本明细账并列示计算过程。

（3）完成第三车间成本明细账并列示计算过程。

（4）对甲产品成本进行成本还原。

[分析]

（1）计算第一车间 A 半成品成本

将生产费用在 A 半成品和月末在产品之间进行分配：

直接材料费用分配率：(48 000+227 000)÷(2 000+200)=125(元/件)

完工 A 半成品直接材料成本=2 000×125=250 000(元)

月末在产品直接材料成本=200×125=25 000(元)

直接人工费用分配率=(10 200+78 000)÷(2 000+200 00)=42(元/件)

完工 A 半成品直接人工成本=2 000×42=84 000(元)

月末在产品直接人工成本＝100×42＝4 200(元)

制造费用分配率＝(15 000＋96 300)÷(2 000＋200 300)＝53(元/件)

完工 A 半成品制造费用＝2 000×53＝106 000(元)

月末在产品直接人工成本＝100×53＝5 300(元)

第一车间成本明细账如表 2-21 所示。

表 2-21 第一车间成本明细账

产品：半成品 A 单位：元

项 目	直接材料	直接人工	制造费用	合 计
月初在产品成本	48 000	10 200	15 000	73 200
本月发生费用	227 000	78 000	96 300	401 300
生产费用合计	275 000	88 200	111 300	474 500
本月完工产品数量	2 000	2 000	2 000	—
月末在产品约当量	200	100	100	—
约当总产量	2 200	2 100	2 100	
费用分配率	125	42	53	
本月完工半成品成本	250 000	84 000	106 000	440 000
月末在产品成本	25 000	4 200	5 300	34 500

(2) 计算第二车间 B 半成品成本

本月发生费用为从半成品仓库领用的半成品 A 成本。半成品库期末转入 A 半成品 2 000 件，实际成本为 440 000 元。得到：

加权平均单位成本＝(46 200＋440 000)÷(200＋2 000)＝221(元/件)

第二车间领用的半成品 A 成本＝1 700×221＝375 700(元)

因此：

半成品 A 费用分配率＝(70 300＋375 700)÷(1 800＋200)＝223(元/件)

完工半成品 B 应分担的半成品费用＝1 800×223＝401 400 元，在产品应分担的半成品费用＝200×223＝44 600 元。其他计算从略，第二车间成本明细账如表 2-22 所示。

表 2-22 第二车间成本明细账

产品：半成品 B 单位：元

项 目	半成品	直接人工	制造费用	合 计
月初在产品成本	70 300	7 940	8 420	86 660
本月发生费用	375 700	64 260	82 780	522 740
生产费用合计	446 000	72 200	91 200	609 400

(续表)

项目	半成品	直接人工	制造费用	合 计
本月完工产品数量	1 800	1 800	1 800	—
月末在产品约当量	200	100	100	—
约当总产量	2 000	1 900	1 900	—
费用分配率	223	38	48	309
本月完工半成品成本	401 400	68 400	86 400	556 200
月末在产品成本	44 600	3 800	4 800	53 200

(3) 计算第三车间成品成本

本月发生费用为从半成品仓库领用的半成品B成本。半成品库期末转入B半成品1 800件,实际成本为556 200元。得到:

加权平均单位成本=(94 800+556 200)÷(300+1 800)=310(元/件)

第三车间领用的半成品B成本=1 700×310=527 000(元)

因此:

半成品B费用分配率=(95 000+527 000)÷(1 800+200)=311(元/件)

完工产品应分担的半成品费用=1 800×311=559 800元,在产品应分担的半成品费用=200×311=62 200元。其他计算从略,第三车间成本明细账如表2-23所示。

表2-23 第三车间成本明细账

产品:甲产品   单位:元

项目	半成品	直接人工	制造费用	合 计
月初在产品成本	95 000	7 200	8 640	110 840
本月发生费用	527 000	63 100	78 760	668 860
生产费用合计	622 000	70 300	87 400	779 700
本月完工产品数量	1 800	1 800	1 800	—
月末在产品约当量	200	100	100	—
约当总产量	2 000	1 900	1 900	—
单位成本(费用分配率)	311	37	46	394
本月完工产品成本	559 800	66 600	82 800	709 200
月末在产品成本	62 200	3 700	4 600	70 500

(4) 对甲产品成本进行成本还原

从第三车间完工产品明细账可以看到,产成品成本项目中不仅包括直接人工、制造费用,还包括第二车间生产的半成品B成本。但是生产半成品B所消耗的直接人工和制造费用已无法直接分辨出来。因此,需要对半成品成本559 800元进行成本还原。

本例中,甲产品生产经过三个步骤,需要进行两次还原:第一次按照第二车间产品成本明细账中的成本结构,对 559 800 元进行成本还原;第二次针对上步还原得到的半成品,按照第一车间产品成本明细账的成本结构进行还原。成本还原计算过程如表 2-24 所示。

表 2-24 成本还原计算表 单位:元

项目	分配率	半成品 B	半成品 A	直接材料	直接人工	制造费用	合计
还原前产成品成本		559 800			66 600	82 800	709 200
本月所产 B 半成品结构			401 400		68 400	86 400	556 200
第一次还原	1.0064725	−559 800	403 998		68 843	86 959	559 800
本月所产 A 半成品结构				250 000	84 000	106 000	440 000
第二次还原	0.9181773		−403 998	229 544	77 127	97 327	403 998
最终原始成本项目				229 544	212 570	267 086	709 200
还原后单位成本				127.52	118.09	148.39	394

表中,第一次还原分配率 1.0064725 得到 559 800÷556 200 原得到的半成品,半成品 B 还原得到成本构成是半成品 A 为 401 400×1.0064725=403 998 元,直接人工 68 400×1.0064725=68 843 元,制造费用 86 400×1.0064725=86 959 元,第二次还原分配率 0.9181773=403 998÷440 000 原得到的半成品。半成品 A 还原得到的直接材料费用为 250 000×0.9181773=229 544 元,其他计算从略。

经过两次还原后,1 800 件产成品成本项目所包括的直接材料为 229 544=403 998×$\frac{250\ 000}{440\ 000}$ 元,直接人工为 66 600+68 843=212 570 元,制造费用为 82 800+86 959+97 327=267 086 元。

(三) 逐步分项结转分步法

逐步分项结转分步法简称分项结转分步法,是将上一步骤半成品成本按原始成本项目,即"直接材料""直接人工""制造费用"数额分别转入下一步骤成本计算单的相应的成本项目内。这样,下一步骤成本计算单中的"原材料"项目中反映的就是真正的原材料成本,下一步骤成本计算单中的"直接人工""制造费用"项目分别包含了上一步骤的"直接人工""制造费用"。这样计算出来的完工产品成本的成本项目是真实的、原始的成本结构,因而不需要进行成本还原。

【实务例题 2-6】 假设甲产品生产分两个步骤,分别由两个车间进行。第一车间生产半成品,交半成品库验收;第二车间按所需数量从半成品库领用,所耗半成品费用按全月一次加权平均单位成本计算。两个车间的月末在产品均按定额成本计价。有关资料如表2-25和表2-26所示。

表2-25　生产数量记录　　　　　　　　　　　　　　　　　　　　　单位：件

项　目	第一车间	第二车间
月初在产品数量	120	150
本月投产数量	580	630
本月完工产品数量	560	700
月末在产品数量	140	80

表2-26　生产费用资料　　　　　　　　　　　　　　　　　　　　　单位：元

项　目	车间	直接材料	直接人工	制造费用	合　计
月初在产品成本	第一车间	18 000	3 840	4 200	26 040
	第二车间	22 500	7 500	9 000	39 000
本月发生费用	第一车间	122 000	20 240	23 100	165 340
	第二车间		14 924	18 452	33 376
月末在产品（定额成本）	第一车间	150	32	35	217
	第二车间	150	60	60	260

自制半成品明细账记录：甲半成品期初数量为140件，直接材料为30 100元，直接人工为5 040元，制造费用为5 320元，合计40 460元。

[要求] 根据上述资料，采用分项结转分步法计算产品成本，并将计算结果登记第一车间和第二车间生产成本明细账。

[分析]

第一车间月末在产品所含直接材料的定额成本为140×150＝210 000元，应计入甲半成品直接材料费用金额为18 000＋122 000－140×150＝119 000元，单位半成品所包含的直接材料成本为119 000÷560＝212.50元。其他项目计算从略，第一车间成本明细账如表2-27所示。

表2-27　第一车间成本明细账

第一车间：甲半成品　　　　　　　　　　　　　　　　　　　　　　　单位：元

项　目	直接材料	直接人工	制造费用	合　计
月初在产品成本（定额成本）	18 000	3 840	4 200	26 040
本月发生费用	122 000	20 240	23 100	165 340
生产费用合计	140 000	24 080	27 300	191 380

(续表)

项 目	直接材料	直接人工	制造费用	合 计
月末在产品成本定额成本(140件)	21 000	4 480	4 900	30 380
本月完工半成品成本(560件)	119 000	19 600	22 400	161 000
单位成本	212.50	35	40	287.50

自制半成品明细账如表2-28所示。

表2-28 自制半成品明细账

产品:甲半成品　　　　　　　　　　　　　　　　　　　　　　　　　单位:元

项 目	数量(件)	直接材料	直接人工	制造费用	合 计
月初余额	140	30 100	5 040	5 320	40 60
本月增加	560	119 000	19 600	22 400	161 000
合计	700	149 100	24 640	27 720	201 460
单位成本	—	213	35.20	39.60	287.80
本月减少	630	134 190	22 176	24 948	181 314
月末余额	70	14 910	2 464	2 772	20 146

第二车间从仓库领用半成品生产甲产成品所包含的直接材料成本为(30 100＋11 900)÷700×630＝134 190元。其他项目计算从略,第二车间成本明细账如表2-29所示。

表2-29 第二车间成本明细账

第二车间:甲产成品　　　　　　　　　　　　　　　　　　　　　　　单位:元

项 目	直接材料	直接人工	制造费用	合 计
月初在产品成本(定额成本)	22 500	7 500	9 000	39 000
本月发生费用		14 924	18 452	33 376
耗用上一步骤半成品费用	134 190	22176	24 948	181 314
生产费用合计	156 690	44 600	52 400	253 690
月末在产品成本定额成本(80件)	12 000	4 000	4 800	20 800
本月完工产品成本(700件)	144 690	40 600	47 600	232 890
单位成本	206.70	58	68	332.70

(四) 平行结转分步法

平行结转分步法也称不计算半成品成本分步法,是指在计算各步骤成本时,不计算各步骤所产半成品的成本,也不计算各步骤所耗上一步骤的半成品成本,而只计算本步骤发生的各项其他成本,以及这些成本中应计入产成品的份额,将相同产品的各步骤成本明细账中的这些份额平行结转、汇总,即可计算出该种产品的产成品成本。

平行结转分步法下,各步骤的生产费用也要在完工产品与月末在产品之间进行分配。此处的完工产品指最终产成品;在产品是指广义的在产品,即站在产品生产流程角度来看,尚未完工的全部在产品和半成品。

【实务例题 2-7】 假设甲产品生产需要经过三个生产步骤,第一步骤生产 A 半成品,第二步骤将 A 半成品加工成 B 半成品,第三步骤将 B 半成品加工成乙产成品。产品生产耗用的直接材料在加工开始时一次全部投入,采用平行结转分步法,按约当产量比例法计算完工产品成本和在产品成本。相关资料如表 2-30 和表 2-31 所示。

表 2-30 各加工步骤的产量记录　　　　　　　　　　　　　　　　单位:件

项目	第一步骤	第二步骤	第三步骤	产成品
月初在产品数量	10	30	20	—
本月投入数量	90	80	100	—
本月完工产品数量	80	100	110	—
月末在产品数量	20	10	10	—
完工程度	50%	50%	50%	—

表 2-31 各加工步骤的成本资料　　　　　　　　　　　　　　　　单位:元

项目	步骤名称	直接材料	直接人工	制造费用	成本合计
月初在产品成本	第一步骤	10 800	2 500	2 250	15 550
	第二步骤	—	650	580	1 230
	第三步骤	—	160	195	3 025
本月本步发生费用	第一步骤	16 200	4 500	4 050	24 750
	第二步骤	—	3 100	2 920	6 020
	第三步骤	—	2 140	2 450	4 590

[要求] 计算各步骤应计入最终完工产成品成本的份额,编制产成品成本汇总表。

[分析]

计算第一步骤、第二步骤、第三步骤应计入最终完工产成品成本的份额,计算过程如表 2-32、表 2-33 和表 2-34 所示。

表 2-32　产品成本明细账

步骤名称：第一步骤　　　产品名称：A 半成品　　　　　　　　　　　　　单位：元

项　目	直接材料	直接人工	制造费用	成本合计
月初在产品成本	10 800	2 500	2 250	15 550
本月发生生产费用	16 200	4 500	4 050	24 750
生产费用合计	27 000	7 000	6 300	40 300
最终产成品数量	110	110	110	—
月末在产品约当产量	40	30	30	—
约当产量合计	150	140	140	—
单位成本	180	50	45	275
应计入产成品成本份额	19 800	5 500	4 950	30 250
月末在产品成本	7 200	1 500	1 350	10 050

表 2-33　产品成本明细账

步骤名称：第二步骤　　　产品名称：B 半成品　　　　　　　　　　　　　单位：元

项　目	直接材料	直接人工	制造费用	成本合计
月初在产品成本	—	650	580	1 230
本月发生生产费用	—	3 100	2 920	6 020
生产费用合计	—	3 750	3 500	7 250
最终产成品数量	—	110	110	—
月末在产品约当产量	—	15	15	—
约当产量合计	—	125	125	—
单位成本	—	30	28	58
应计入产成品成本份额	—	3 300	3 080	6 380
月末在产品成本	—	450	420	870

表 2-34　产品成本明细账

步骤名称：第三步骤　　　产品名称：甲产成品　　　　　　　　　　　　　单位：元

项　目	直接材料	直接人工	制造费用	成本合计
月初在产品成本	—	160	195	355
本月发生生产费用	—	2 140	2 450	4 590
生产费用合计	—	2 300	2 645	4 950
最终产成品数量	—	110	110	—
月末在产品约当产量	—	5	5	—

(续表)

项目	直接材料	直接人工	制造费用	成本合计
约当产量合计	—	115	115	—
单位成本		20	23	43
应计入产成品成本份额	—	2 200	2 530	4 730
月末在产品成本	—	100	115	215

根据各生产步骤产品成本计算资料,平行汇总产成品成本,编制甲产品的"产品成本汇总表"如表2-35所示。

表 2-35 产品成本汇总表(完工产量 110 件)

产品名称:甲产成品 　　　　　　　　　　　　　　　　　　　　　　　　　　　单位:元

项目	直接材料	直接人工	制造费用	成本合计
第一步骤应计入产成品成本份额	19 800	5 500	4 950	30 250
第二步骤应计入产成品成本份额	—	3 300	3 080	6 380
第三步骤应计入产成品成本份额	—	2 200	2 530	4 730
完工产品总成本	19 800	11 000	10 560	41 360
单位成本	180	100	96	376

(五)不同分步法主要优缺点比较

综合结转分步法、分项结转分步法和平行结转分步法三种方法主要优缺点比较概括如表2-36所示。

表 2-36 不同分步法比较

项目	逐步结转分步法		平行结转分步法
	综合结转分步法	分项结转分步法	
主要优点	可在各生产步骤的产品成本明细账中反映各该步骤完工产品所耗半成品费用的水平和本步骤加工费用的水平,有利于各生产步骤的成本管理	可直接、准确地提供按原始成本项目反映的企业产品成本资料,无需成本还原	能够直接提供按原始成本项目反映的产成品成本资料
主要缺点	不能按原始成本项目反映产品的成本构成,必须进行成本还原,从而增加工作量	成本结转工作较复杂;各步骤完工产品成本不能反映所耗上一步骤半成品费用和本步骤加工费用信息,不便于进行各步骤完工产品的成本分析	不能提供各步骤半成品成本资料及各步骤所耗上一步骤半成品费用资料,不利于各步骤的成本管理

本 章 小 结

生产部门生产供出售的产品,辅助部门为生产部门提供支持服务。将辅助成本分摊至生产部门可采用直接法、顺序法、交互法、计划分配法和代数分配法,不同分配方法建立在不同假设基础上,主要区别在于辅助部门间相互提供服务的考虑程度不同。

生产费用需要采取约当产量法,将其在完工产品与在产品之间分配。约当产量指将月末实际结存的在产品数量,按其投料程度或加工程度折算成相当于完工产品产量。采用这一分配方法,在产品既要计算直接材料费用,又要计算直接人工、制造费用等项目加工费用。

根据成本核算对象不同,成本计算基本方法分为品种法、分批法、分步法等。分批法可分为一般分批法和简化分批法;分步法分为逐步结转分步法和平行结转分步法,前者可进一步分为综合结转分步法和分项结转分步法。综合结转分步法算出来的综合成本需采取一定方法进行成本还原,以求得按照直接材料、直接人工、制造费用等原始成本项目反映的产成品成本信息。

简答论述

1. 辅助生产费用分配方法有哪些?这些方法适用假设条件是什么?
2. 什么是约当产量?简要说明约当产量计算方法。
3. 概括说明成本计算的分批法、分步法主要分类及其区别。
4. 什么是成本还原?为什么要进行成本还原?成本还原采取的方法是什么?

不定项选择题

1. 辅助生产费用交互分配的方法有(　　)。
   A. 直接分配法　　　　　　　　B. 顺序分配法
   C. 计划成本分配法　　　　　　D. 代数分配法
2. S公司生产销售高档定制家具,该公司适用(　　)成本计算方法。
   A. 品种法　　　B. 分批法　　　C. 分步法　　　D. 平行结转法
3. S公司采用分步成本法。所有材料成本在期初一次性投入,加工成本在生产过程中平均投入。上月投入生产 10 000 件产品,完工并转入下一道工序 8 000 件。假设没有期初存货。月末期末存货完工程度为 70%,存货计价采用加权平均法。若S公司耗用的直接材料成本为 15 000 元,发生的加工成本为 25 000 元,转入下一道工序的存货成本为(　　)元。

A. 32 000　　　　B. 32 160　　　　C. 33 280　　　　D. 36 280

4. 简化分批法与一般分批法的主要区别是（　　）。
   A. 不分配间接费用　　　　　　B. 分批计算直接材料成本
   C. 不分批计算在产品成本　　　D. 不分批计算完工产品成本

5. 在平行结转分步法下,完工产品与在产品之间的费用分配,是指（　　）之间的费用分配。
   A. 库存商品与狭义的在产品
   B. 库存商品与广义的在产品
   C. 库存商品与半成品
   D. 前面各步骤的库存商品与广义在产品,最后步骤的库存商品与狭义的在产品

参考答案

1. BCD　2. B　3. C　4. C　5. ABD

第3题提示:材料成本在期初一次性投入,上月投入生产10 000件产品,故材料成本的约当产量为10 000件。加工成本的约当产量＝完工产品8 000件＋期末存货2 000件×70％＝9 400件。单位材料成本＝15 000/10 000＝1.50(元);单位加工成本＝25 000/9 400＝2.66(元)。因此,转出成本＝8 000×(1.50＋2.66)＝33 280(元)。

 道德问题思考

部门经理的提议

部门经理M和主管会计K正在谈话。

经理M:企业真的发生了问题。现在流动现金太少,急需贷款。你知道,我们只是勉强维持现在的财务状况。我们需要看到尽可能多的收益,资产也需要增加。

会计K:我明白问题所在,但我不知道现在该做些什么。现在已是本年度的最后一个星期,而且看上去我们要报告的收益仅略高于盈亏平衡点。

经理M:这些我知道,我们需要对会计技术处理一下。我有个提议,我想知道你是不是愿意那样做。我们有200台半成品的机器,完工率大约是20％。这一年完工并卖出的机器是1 000台。你用的约当产量是1 040台,这样算出的单位制造成本是1 500元。这个单位成本使我们的销货成本达到150万元,期末在产品价值6万元。如果我们把在产品完工率调整为80％,约当产量就能提高到1 160台。这样可以把单位成本降到1 345元左右,销货成本降到134.5万元。在产品价值将会增加到21.52万元。有了这些财务数据,向银行申请贷款就是小菜一碟。

会计K:你说得太冒险了。稍微审计一下都可以发现这个花招。

经理M:这你不用担心。审计人员最快也要6～8星期之后才会来。到那时,我们就能把这些半成品制造完成并卖掉。我可以多发点奖金让员工加班,加班时间永远不

会上报。而且你知道,奖金出自公司预算并会被分配给间接制造费用——下年的间接制造费用。如果我们看起来没问题,并且又能得到贷款,公司总部不会对我们怎样的。如果我们不这样做,就会丢掉饭碗。

要求:
1. 会计 K 应该同意经理的提议吗?为什么?
2. 假设会计 K 拒绝合作,但经理坚持自己的提议,会计 K 应该怎么办?

创新创业案例

M 老板动了心

M 是一家营养保健品公司的老板,正在查看上年度的利润表。利润比上年度增长 30%,M 对这一业绩非常满意。创办这个公司的最初想法是他在数年前患病康复之后产生的,在与保健工作者合作的过程中,他学会了在治疗处方中糅合一些不同草药,这一配方有着意想不到的疗效。为了与他人分享其发现,M 开始在家中地下室里生产多种这样的药品。多年过去了,M 尽管事业有成,却不愿安于现状,他反复考虑最近遇到的事情。

一周之前,同行的朋友告诉他,因竞争过于激烈,无利可图,一些供应商已停止生产一些产品。他问 M 企业所有产品是否都赚到钱,还是仅仅将提供全系列产品视为营销策略?M 不得不承认,自己其实并不知道每种产品是否都赚钱,他甚至不知道每种产品的生产成本,他所知道的只是总体利润相当不错。前天,M 拜访过一位零售店经理想进一步了解行情,这个经理说现在市场上缺少适合运动员和健身者的个性化营养品,配制出这种补品应该不难,因为市面上营养品的营养成分都差不多,只是比例不同而已,M 立刻对零售经理的话动了心。碰巧 M 的儿子刚从营养学本科毕业,正打算创业。M 认为把自己摸索多年的制造经验和儿子的专业知识结合起来,可以让儿子创办的新公司有利可图。

经过一番考虑之后,M 认为弄清楚每一种产品的成本对有关生产方法、销售价格和产品组合等决策应该会有助益。不仅如此,M 认为如果抓住这个新机会,还需要有人帮助儿子建立一个会计系统。于是,M 向当地一家会计师事务所求教。相关工作人员进行数次拜访之后,向 M 提交了如下一份调查报告。

亲爱的 M 先生:
　　如您所知,贵公司现行的会计系统并未收集计算生产的各种产品成本的必要信息。贵公司目前有三类主要产品:矿物产品、草药和维生素。每一品种的所有产品都历经三个生产工序:选料、装胶囊和装瓶。在选料中,要对配料进行计量、筛选并混合;在装胶囊的工序中,把上一工序制成的混合药粉装入胶囊;然后要把胶囊转至瓶装部装瓶、贴标签、封口上瓶盖。每瓶有50粒胶囊,三类产品的材料成本各不相同,但同一类产品中不同产品的材料成本大同小异。按工厂的布局结构,三类产品的生产同时进行。因此,共有三个选料部,每大类产品各一个。

   基于此,我们建议分步累计某一特定时期内的制造成本,同时计量该期间的产出量。用这一期间累计的成本除以这一期间的产量就可以得到各种产品成本可靠的计量数据。该成本系统只需要贵公司稍微增加一些簿记工作量。如果贵公子决定组建新公司,我们会很高兴和他一起去开发合适的成本体系。

请思考:

1. 你认为M原先为何没有实行可提供具体产品成本信息的会计制度?
2. 请为M企业各生产部门分别设立一个在产品账户,描述成本流程。
3. 为什么拟新成立企业还需要开发成本会计系统?

第三章　成本性态分析

思政导语

马克思劳动价值学说根据资本的不同部分在剩余价值生产中所起的作用,将资本区分为不变资本(C)和可变资本(V)。产品成本为消耗的不变资本(C)与可变资本(V)之和;商品价值由不变资本(C)、可变资本(V)和剩余价值(m)三部分组成;剩余价值(m)由活劳动(V)所创造,被资本家无偿占有。西方部分经济学家将成本按照性态划分为固定成本和变动成本,掩盖了劳动力创造剩余价值、剩余价值被无偿占有的事实。

学习目标

- 理解成本按性态的分类
- 了解常用混合成本分解方法
- 掌握混合成本分解高低点法

情境案例

美食店的成本性态

当你经过面包店的柜台时,是否有被新出炉的面包或自制饼干的香味吸引而停下脚步的经历?如果有的话,恐怕成本性态是你此刻最不可能想起的概念,但是对于美食店而言,成本性态是提高利润率决策中的关键。

总的来说,美食店追踪并管理多种成本。美食店关注的变动成本,如其在制作热可可蛋糕时所用的可可粉,还有随淡旺季而变化的小时工的规模。美食店也密切关注大量固定成本,如贯穿于不同生产和销售水平的食谱研发和烤箱等固定成本,以免做出成本增加至大于收入的错误决策。一些成本是混合成本,必须将其划分为变动部分和固定部分,以便于编制未来期间预算、定价和计划未来增长目标。所以,下次当你在吃巧克力蛋糕时想一想在美味食品的生产、包装、销售、分发过程中出现的全部成本性态,相信定会别有一番滋味在心头。

第一节 成本分类

成本是为生产产品或者提供服务而发生各种资源耗费的货币表现。根据不同领域、不同目的对成本分析角度不同,成本有多种分类方法。本节将成本按经济用途、与特定归集对象关系、成本性态等三个方面进行分类。

一、成本按经济用途分类

按经济用途进行分类,成本可以区分为生产成本(制造成本)和非生产成本(非制造成本)。这一分配方法与传统财务会计相同。

(一)生产成本

生产成本也称为制造成本(manufacturing cost),是指产品生产过程中所发生的有关资源耗费,是与产品成本相对应的。按其经济用途可以细分为直接材料、直接人工和制造费用三个子成本项目。其中直接材料是直接用于产品生产,构成产品主要实体或与产品主要实体相结合的材料成本;直接人工是在生产中对材料进行直接加工,使之转为产成品所耗用的人工成本;制造费用是除直接材料和直接人工之外的其他耗费,它可以进一步细分为间接材料、间接人工和其他制造成本三个明细项目。

(二)非生产成本

非生产成本即非制造成本(non-manufacturing cost),也称期间成本、期间费用,是与特定期间相联系,但与产品的生产数量没有直接联系的成本。在计算成本的过程中,因为期间成本与收入的取得不存在直接的因果关系,而不必追到特定产品之上,是"不可储存的成本"。期间成本一般包括销售费用、管理费用、财务费用、研发费用四项,其中销售费用主要包括营销成本、配送成本和客户服务成本;管理费用主要包括行政管理成本;财务费用主要包括利息、银行手续费和汇兑损益等;研发费用指研究与开发某项目所支付的费用,主要包括企业在产品、技术、材料、工艺、标准的研究开发过程中发生的各项费用。

二、成本按与特定归集对象关系分类

(一)直接成本(direct cost)

直接成本是指与特定的归集对象有直接联系,能够明确判断其归属的成本,又称可追溯成本。

(二) 间接成本(indirect cost)

间接成本是指与特定的归集对象并无直接联系或无法追踪其归宿的成本,又称为不可追溯成本。

区分直接成本和间接成本有助于确定成本归集和成本分配时的计算对象,提高成本计算的准确性,为企业管理提供更为具体、有针对性的成本信息。

需要说明的是,直接成本与间接成本是一对相对概念,有时一项成本可能同时是直接成本又是间接成本,这完全取决于考察成本的角度。例如,以分公司为成本考察对象时,分公司经理的工资是直接成本;但以该公司的部门为成本考察对象时,该成本属于间接成本。

三、成本按成本性态分类

成本性态(cost behavior)也称为成本习性,即成本总额对业务量(产量或销售量)的依存关系。它首先对成本性态进行分类,然后将混合成本予以分解,为管理会计中各种分析方法的实际应用奠定基础。按照成本性态可将企业的全部成本分为变动成本、固定成本和混合成本三大类。

(一) 变动成本(variable cost)

变动成本是指成本总额在一定时期和一定业务量范围内随产量的变动而变动的成本,但就每一业务量的单位成本而言,是固定不变的(单位变动成本是固定不变的)。财务会计中的直接材料、直接人工、变动制造费用等都属于变动成本。变动成本(总)和单位变动成本如图3-1所示。

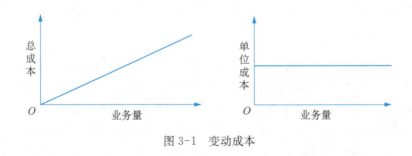

图 3-1 变动成本

变动成本可进一步分为两大类:约束性变动成本和酌量性变动成本。

1. 约束性变动成本(committed variable cost)

约束性变动成本也称技术性变动成本,是指与产量有明确的技术或实物关系的变动成本。如生产一台汽车需要耗用一台引擎、一个底盘和若干轮胎等,这种成本只要生产就必然会发生;若不生产,其技术变动成本便为零。

2. 酌量性变动成本(discretionary variable cost)

酌量性变动成本是指通过管理当局的决策行动可以改变的变动成本。如按销售收入的一定百分比支付的销售佣金、技术转让费等。这类成本的特点是其单位变动成本的发生额可由企业最高管理层决定。

(二) 固定成本(fixed cost)

固定成本是指成本总额在一定时期和一定业务量范围内不受业务量增减变动影响而固定不变的成本,但若就单位产品中的固定成本而言,则与业务量的增减变动成反比例变动,如固定资产的折旧费、差旅费、办公费等。固定成本(总)和单位固定成本如图3-2所示。

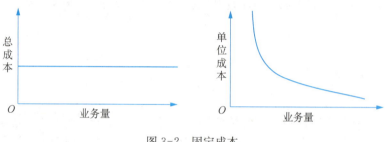

图 3-2　固定成本

根据管理行为能否改变支出数额可将固定成本分为约束性固定成本和酌量性固定成本。

1. 约束性固定成本(committed fixed cost)

管理者的决策行动不能改变其支出数额的固定成本,如固定资产折旧费、管理人员薪金、租金、财产税等,只要企业存在就必须开支,对企业有很大的约束性。

2. 酌量性固定成本(discretionary fixed cost)

管理者的决策行动可以改变其支出数额的固定成本,如广告费、研究和开发费、推销费、员工培训费等,支出这部分费用对企业有好处,但支出数额可以根据管理者的决策而改变。

(三) 混合成本(mixed cost)

混合成本是指介于固定成本与变动成本之间的各项成本,它同时包含了固定成本与变动成本两种因素,所以也将其称之为混合成本。这类成本的基本特征是,在一定时期和一定业务量范围内,其发生额虽受产量变动的影响,但其变动的幅度并不同产量的变动保持严格的比例关系。混合成本可进一步细分为半变动成本、半固定成本、延期变动成本和曲线变动成本四种类型。

1. 半变动成本(semi-variable cost)

半变动成本也称为标准式混合成本,是指在有一定初始量基础上,随着产量的变化而呈正比例变动的成本。这些成本的特点是通常有一个初始的固定基数,在此基数内与业务量的变化无关,这部分成本类似于固定成本;在此基数之上的其余部分,则随着业务量的增加成正比例增加。例如,固定电话座机费、水费、煤气费等均属于半变动成本。如图3-3所示。

2. 半固定成本(semi-fixed cost)

半固定成本也称阶梯式变动成本,这类成本在一定业务量范围内的发生额是固定的,但当业务量增长到一定限度,其发生额就突然跳跃到一个新的水平,然后在业务量增长的一定限度内,发生额又保持不变,直到另一个新的跳跃。例如,企业的管理员、运货员、检验员的工资等成本项目就属于这一类。如图 3-4 所示。

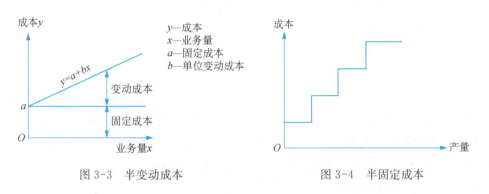

图 3-3　半变动成本　　　　　图 3-4　半固定成本

3. 延期变动成本(delayed variable cost)

延期变动成本也称低坡式混合成本,是指在一定的业务量范围内有一个固定不变的基数,当业务量增长超出了这个范围,成本就与业务量的增长成正比例变动。例如,职工的基本工资,在正常工作时间情况下是不变的;但当工作时间超出正常标准,则需按加班时间的长短成比例地支付加班薪金。如图 3-5 所示。

4. 曲线变动成本(curve variable cost)

曲线变动成本通常有一个不变的初始量,相当于固定成本,在这个初始量的基础上,随着业务量的增加,成本也逐步变化,但它与业务量的关系是非线性的。这种曲线成本又可以分为两种类型:一是递增曲线成本,如累进计件工资、违约金等,随着业务量的增加,成本逐步增加,并且增加幅度是递增的。二是递减曲线成本,如有价格折扣或优惠条件下的冰箱空调耗电成本、"费用封顶"的通信服务费等,其曲线达到高峰后就会下降或持平。如图 3-6 所示。

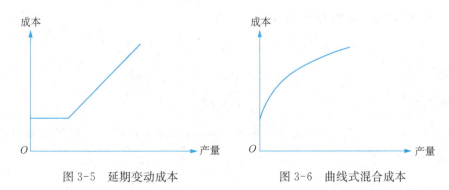

图 3-5　延期变动成本　　　　　图 3-6　曲线式混合成本

第二节 混合成本的分解

按照一定的方法把混合成本(或总成本)分解为变动成本和固定成本,叫做混合成本的分解(或总成本的分解)。分解混合成本可选用的方法通常有四类:历史成本分析法、账户分析法、工程分析法、合同确认法。

一、历史成本分析法

历史成本分析法即根据混合成本在过去一定期间内的业务量与混合成本的历史数据,采用适当的数学方法加以分解,以确定其中的固定成本和变动成本的方法。通常有高低点法、回归直线法和散布图法,本部分只介绍前面两种。

(一)高低点法

高低点法是根据历史资料中最高业务量与最低业务量的相应混合成本,测算混合成本中的固定成本和变动成本各占多少的方法。这里,高点是指资料中业务量最大值对应的混合成本;低点是指资料中业务量最小值对应的混合成本。高低点法的基本原理,从几何意义上讲是两点决定一条直线。从经济意义上讲,是因为混合成本历史资料属于相关范围(relevant range),这样,高点的混合成本与低点的混合成本都包含有相同的固定成本和单位变动成本,二者的差别仅仅是由于业务量不同引起的变动成本之差。即有如下关系:

$$Y_{高} = a + bX_{高}$$

$$Y_{低} = a + bX_{低}$$

两式相减得: $Y_{高} - Y_{低} = b(X_{高} - X_{低})$

所以, $b = (Y_{高} - Y_{低}) \div (X_{高} - X_{低})$

再将 b 代入高点(或低点)的混合成本模型:

$$Y_{高} = a + bX_{高} \quad 或 \quad Y_{低} = a + bX_{低}$$

求得 $a = Y_{高} - bX_{高} \quad 或 \quad a = Y_{低} - bX_{低}$

从而得到 $Y = a + bX$

【实务例题 3-1】 假定 M 企业一车间 1—6 月份相关范围内的机器设备维修工时和维修费如表 3-1 所示:

表 3-1　机器设备维修费表

月份	维修工时(x)	维修费(y)
1	5 500	745
2	7 000	850
3	5 000	700
4	6 500	820
5	7 500	960
6	8 000	1 000

机器设备维修费是一项混合成本,现要求用高低点法对维修费用进行分解。
根据上表中的资料可知:

高点业务量　　　　　　　$X_{高}=8\,000$
高点混合成本　　　　　　$Y_{高}=1\,000$
低点业务量　　　　　　　$X_{低}=5\,000$
低点混合成本　　　　　　$Y_{低}=700$

则 $b=(Y_{高}-Y_{低})\div(X_{高}-X_{低})=(1\,000-700)\div(8\,000-5\,000)=0.1$
将 b 代入高点混合成本模型,得:

$$1\,000=a+0.1\times 8\,000$$

所以　　　　　　　　　$a=1\,000-0.1\times 8\,000=200$
混合成本维修费模型为　　$Y=200+0.1X$

采用高低点法分解混合成本简便易懂,但由于该方法只利用两个极端的数据资料来建立成本模型,因而当极端值受偶然因素的影响,会使成本模型不准确。所以,这种方法只适用于历史资料中混合成本比较稳定的情况。

(二) 回归直线法

回归直线法是根据过去一定期间业务量(X)和混合成本(Y)的历史资料,运用最小平方方法确定混合成本中固定成本与变动成本的方法。回归直线法的基本原理是将各历史混合成本数据在直角坐标系中逐一描点,形成散布图。在图中,人为拟合一条最合理的近似直线 $Y=a+bX$,使 Y 上各点的数据,与实际的混合成本资料 Y 形成的误差,先平方后加总,使之达到最小值,满足这个条件下的直线是一条唯一的直线。故此,这种方法又称为"最小二乘法"或"最小平方法"。这条最合理的直线 $Y=a+bX$,其中 a,b 称为回归参数。它是根据已知资料(X_i,Y_i)按误差平方和为最小值的条件,计算出来的参数。回归分析法简单的推导如下:

设直线为:

$$Y=a+bX \tag{1}$$

先以合计数形式表示 $Y = a + bX$ 的每一项,即

$$\sum Y = na + b\sum X \tag{2}$$

可以推导出

$$a = \left(\sum y - b\sum x\right) \div n \tag{3}$$

以 X 乘以(1)式的各项然后求和,即得

$$\sum XY = a\sum X + b\sum X^2 \tag{4}$$

将(3)式代入(4)式,得到:

$$\sum XY = \left[\left(\sum Y - b\sum X\right) \div n\right] \times \sum X + b\sum X^2$$

推导出:

$$b = \left(n\sum XY - \sum X \sum Y\right) \div \left[n\sum X^2 - \left(\sum X\right)^2\right] \tag{5}$$

【实务例题 3-2】 M 企业有连续 6 个月的混合成本与业务量的对应资料,如表 3-2 所示:

表 3-2　混合成本与业务量统计资料

月份	业务量 X(机器小时)	混合成本 Y(维修费)
1	30	270
2	40	330
3	50	450
4	40	370
5	60	460
6	80	520

首先将上表中的已知资料进行整理,如表 3-3 所示:

表 3-3　资料整理

月份	x	y	x^2	xy	y^2
1	30	270	900	8 100	72 900
2	40	330	1 600	13 200	108 900
3	50	450	2 500	22 500	202 500
4	40	370	1 600	14 800	136 900
5	60	460	3 600	27 600	211 600

(续表)

月份	x	y	x^2	xy	y^2
6	80	520	6 400	41 600	270 400
$n=6$	$\sum x = 300$	$\sum y = 2\,400$	$\sum x^2 = 16\,600$	$\sum xy = 127\,800$	$\sum y^2 = 1\,003\,200$

将有关数据代入回归系数 a，b 计算公式得

$$b = \left(n\sum xy - \sum x \sum y\right) \div \left[n\sum x^2 - \left(\sum x\right)^2\right] = 4.875(元/时)$$

$$a = y - bx = 156.25(元)$$

维修费混合成本的模型为：

$$y = 156.25 + 4.875X$$

用回归分析法分解混合成本，结果较为准确，但手工计算过程比较复杂，可借助 Excel、Stata、Eviews 等统计软件来完成。

混合成本的分解方法完全适用于对总成本的分解。把总成本分解为固定成本和变动成本，不仅可以帮助找寻不同的成本计算方法，如变动成本法；还可以方便经营决策，如本量利分析。

二、账户分析法

账户分析法是根据各个成本、费用账户（包括明细账户）的内容，直接判断其与业务量之间的依存关系，从而确定成本性态的一种成本分解方法。此方法是混合成本分解的诸多方法中最为简便的一种，同时也是相关决策分析中应用比较广泛的一种。

例如，大部分管理费用、制造费用中的间接人工、固定资产折旧费、设备租金、保险费、房产税等项目在正常产量范围内与产量变动的关系不明显，就可按固定成本处理，而企业的间接材料费用（如燃料费等），虽然不与产量成正比例变动，但费用的发生与产量的关系比较大，就可视其为变动成本。至于不宜简单地划入固定成本或变动成本的项目，则可通过一定比例将它们分解为固定和变动两部分。账户分析法对于混合成本中的阶梯式成本比较适合。

使用账户分析法必须注意：一定要把在会计期间发生的一切不正常的或无效的支出都排除在外。另外，账户分析结果的可靠性在很大程度上取决于分析人员的判断能力，因而不可避免地带有一定程度上的片面性和局限性。

三、工程分析法

工程分析法也称为技术测定法，是根据物质消耗的工艺过程确定相应费用性质，

也就是根据生产过程中各种材料和人工成本消耗量的技术测定来划分固定成本和变动成本的方法。

工程分析法的基本步骤:确定成本研究项目;对导致成本形成的生产过程进行观察和分析;确定生产过程的最佳操作方法;以最佳操作方法为标准方法,测定标准方法下成本项目的每一构成内容,并按成本性态分别确定为固定成本与变动成本。例如,热处理的电炉设备在预热过程中的耗电成本,可通过技术测定划归为固定成本;至于预热后对零部件进行热处理的耗电成本,则可划归为变动成本。采用这种方法测定的结果比较准确,但工作量较大。

工程分析法的优点:是一种独立的分析方法,具有准确性强、客观性、科学性与先进性的特点。但此种方法的难度较大,分析成本较高。此方法应用起来比较复杂,需要耗费较多的时间和精力。

四、合同确认法

合同确认法是指根据企业单位签订的合同、契约或者规定的管理和核算制度来确认、测算混合成本中固定成本与变动成本的方法。合同确认法的分析比较准确,划分标准明晰,但是应用范围较小,只限于签有合同的成本性态分析,如电话费成本、租赁成本。

本 章 小 结

不同领域、不同目的对成本有着不同的分类。成本按性态分类是管理会计中"硬核"分类方法,按此标准可将成本分为变动成本、固定成本和混合成本三类。对于混合成本可采用历史成本分析法(包括高低点法、回归直线法等)、账户分析法、工程分析法、合同确认法等方法,将其分解为固定成本和变动成本。

 简答论述

1. 什么是成本性态?为什么说成本性态在管理决策中很重要?
2. 举例说明约束性固定成本和酌量性固定成本的区别。
3. 假设某快递公司的运输成本为每月30 000元加上每运送一个包裹5元,写出月度运输成本方程,指出自变量、因变量、固定成本和变动比率。
4. 混合成本分解有哪些方法?简要说明每种方法主要过程及其优缺点。

不定项选择题

1. 下列各项中属于变动成本的是（　　）。
   A. 广告费　　　　　　　　　　B. 生产工人工资
   C. 管理人员工资　　　　　　　D. 房产税
2. 混合成本分解的高低点法中的"低点"是指（　　）。
   A. 业务量最小的点　　　　　　B. 单位成本最小的点
   C. 成本总额最小的点　　　　　D. 成本与业务量都最小的点
3. 电信运营商推出"手机29元不限流量，可免费通话1 000分钟，超出部分主叫国内通话每分钟0.1元"套餐，若选用该套餐，则消费者每月手机费属于（　　）。
   A. 固定成本　　　　　　　　　B. 阶梯式成本
   C. 延期变动成本　　　　　　　D. 半变动成本
4. 在相关范围内，产量与成本的关系呈一条平行X轴直线的有（　　）。
   A. 固定成本　　　　　　　　　B. 单位产品固定成本
   C. 变动成本　　　　　　　　　D. 单位变动成本
5. 以下属于酌量性固定成本的有（　　）。
   A. 厂房租赁费　　　　　　　　B. 差旅费
   C. 职工培训费　　　　　　　　D. 研究开发费用

参考答案

1. B　　2. A　　3. C　　4. AD　　5. CD

道德问题思考

福特汽车的沉默

1972年，在美国一条高速公路上，13岁的理查德·格林萧坐在邻居驾驶的一辆福特汽车上。本来正常行驶的汽车突然减速停止，随后被后面高速行驶而来的汽车追尾。之后是油箱爆炸，汽油外溢，接着马上汽车起火、爆炸。事故除了造成司机当场死亡外，小格林萧也严重烧伤，面积达90%。在此后的六年里，孩子先后接受了60多次修复损伤的手术治疗。

事故发生后不久，孩子的家庭委托律师将福特汽车告上法庭，官司持续5年多。委托律师指出，该次事故是由于汽车的设计错误所致，因为油箱安装在车辆的后座下部，距离离合器只有8厘米多一点，一旦有中等强度的碰撞就能引起爆炸。紧接着原告方又提供了一个惊人的事实：在第一批平托车投放市场之前，福特公司的两名工程师曾经明确地提出过要在油箱内安装防震的保护装置。福特汽车通过计算认为：如果要对这

款车加装安全装置,则每辆车增加的成本约为 11 美元。按 1 100 万轿车和 150 万卡车的产量估算,其成本大约为 1 亿 3 750 万美元。可如果不采取任何措施,按追尾事故致死率等算,充其量有 180 个福特平托车车主死亡,180 位烧伤,另外预计会有 2 100 辆汽车烧毁。按当时的赔偿水平,每位死者的赔偿额约为 20 万美元,烧伤者的赔偿额约为 6.7 万美元,汽车成本为 700 美元,总计预估损失金额为 4 953 万美元。对比安装油箱保护装置所要花费的 1 亿 3 750 万美元,成本相差了 8 797 万美元之多,因此福特汽车就平托车油箱设计缺陷保持了沉默。

(资料来源:https://36kr.com/p/1722793852929)

请思考:

1. 运用成本性态概念,分析福特汽车成本计算的逻辑。
2. 你认为资本在成本面前权衡时如何避免道德缺失?

M 辞职创业值得吗?

M 是一家制造企业装配部门的主管,数周以来,M 发现 A 号零件如果在装配方法上稍加修正,则生产效率可以大幅提高。M 向公司的主管提出这项建议,但该主管却不假思索地加以否决。

长久以来,M 梦想自行创业,他认为以较低成本来生产 A 号零件,是一个千载难逢的机会,而且公司的采购部门答应 M,只要其供应价低于自行生产的单位成本 1.65 元的 10%~15%,将向 M 采购,以取代目前自行生产的方式。基于这些原因,M 创办了一个小型工厂,购置了一些新设备进行试验,结果令人相当满意,M 开始拟定大规模生产 A 号零件的计划,内容如下:

1. 新设备可在当地以每套 4 000 元购得。生产时,每一位工人操作一套设备。

2. 装配工人很容易雇得,不管全日工或临时工,工资率皆是每小时 3.75 元。M 估计除了薪资以外,尚需支付 20% 的福利津贴。依 M 预估,每一位工人每小时(含休息时间)可完成装配、检验及包装 15 单位的零件。

3. 预计明年 A 号零件单位原料成本为 0.85 元,运输成本每单位约为 0.05 元。

4. 装配场所租金为每月 2 500 元,须签订为期 24 个月的合同。

5. 装配工人使用的桌椅及各种设备,估计每位工人需耗费 200 元。

6. M 身为总经理,每月支领薪水 8 000 元。

7. 聘请一位总务兼会计,每月薪水 3 000 元。

8. 包括维修、物料及公共设施等的杂项费用,预计每月 400 元。

9. 公司每年零件采购量在 400 000~525 000 单位之间,若 M 愿以单价 1.40 元供应,据采购人员估计,其数量当在 450 000 单位之上。

M 将上列计划告诉一位有经验的朋友,他的朋友告诉他这些估计基本合理,但除了安装新设备及其他配备的资金外，尚需准备大约 20 000 元作为应收账款及存货的周转金，同时，又劝他所购置的设备必须在一班制(假设每一装配工人每年 2 000 人工小时)情况下，足够供应最大需要量(每年 525 000 单位)。M 听了之后，认为是一项很好的建议而欣然接受。

请思考：

1. M 预估的单位变动成本是多少？每月固定成本是多少？假若产量为 400 000 单位、450 000 单位、525 000 单位时，全年总成本分别为多少？(仅考虑现金支出成本，不计设备之折旧及所有贷款项的利息费用)在上述三种产量下，零件平均单位成本分别为多少？

2. 假设将折旧计入费用并假定设备的耐用年限为 6 年，在以直线法计提折旧的情况下，重新分析问题 1。

3. 你认为 M 辞掉公司工作而自行创业是否值得？

第四章 变动成本法

 思政导语

英国古典经济学家威廉·西尼尔提出的"最后一小时"论认为,工人给资本家生产的剩余价值是在最后一小时生产出来的,如果工作日缩短到工时,不仅没有利润,甚至机器的损耗也无法补偿。马克思在《资本论》中利用劳动二重性原理对此做出深刻批判,揭示了其逻辑荒谬和自我矛盾之处。撇开西尼尔分析荒谬性不谈,仅就西尼尔关于损益计量的步骤和形式而言,充分体现了变动成本法的基本思想。变动成本法将产品价值由空间上并存切换为时间上继起,直观、清晰地揭示了产品产销量与成本、利润之间的量的变化规律,为预测、决策、控制和考核等职能的实施带来了较大便利。事实上,采用方法的科学性掩盖或模糊思想理论的阶级本质,是西方部分资产阶级思想家的惯用伎俩。

学习目标

- 了解变动成本法的产生与发展,理解变动成本法概念
- 理解变动成本法与完全成本法的主要区别
- 掌握变动成本法核算营业利润的过程

 情境案例

销售经理的困惑

销售经理拿到企业的利润表时非常失望,因为过去的一年在他的带领下,企业的销售收入增加了20%,并且成本很稳定,但利润表却显示企业的利润并没有大幅增长,相反有稍微的下降,这意味着当年的奖金可能泡汤。于是他去找财务经理。

销售经理:我今年的奖金没了,是不是会计搞错了?

财务经理：会计没错，你如果看下存货的变动就明白什么原因了。

销售经理：我不明白，我们把前几年积压的存货都卖了，现在存货大幅下降，这是好事啊！

财务经理：很遗憾你不能拿到奖金，我们采用的是完全成本法，所以存货对利润有影响。而你可能在使用另一种方法——变动成本法。

销售经理：这两种方法有区别吗？

财务经理：变动成本法不让存货的变化影响利润，而且会使你今年的利润高些，但过去几年的利润会降低。但从长期看，拉平了。

（资料来源：编者根据相关资料整理）

第一节　变动成本法概述

一、变动成本法的概念

变动成本法（variable accounting），亦称直接成本法（direct costing），是指在计算产品成本时，只包括产品生产过程直接消耗的直接材料、直接人工和变动制造费用，不包括固定制造费用。

与变动成本法相对应的是完全成本法（full costing），亦称吸收成本法（absorption costing）是指产品成本的组成应包括直接材料、直接人工和制造费用（包括变动性和固定性的制造费用）的全部。

《管理会计应用指引》第 303 号指出，变动成本法是指企业以成本性态为前提条件，仅将生产过程中消耗的变动成本作为产品成本的构成内容，而将固定成本和非固定成本作为期间成本，直接由当期收益予以补偿的一种成本管理方法。

二、变动成本法的产生与发展

关于变动成本法的起源，现有文献并未取得一致意见。据考证，早在 1836 年英国的曼彻斯特工厂就出现了它的雏型。1837 年威廉·西尼尔在其《关于工厂法对棉纺织业的影响的书信》中认为，工人每天劳动 11.5 小时，其中 10 小时生产的产品价值补偿了预付资本价值（可变成本），0.5 小时生产的产品价值补偿了工厂和机器的损耗（固定成本），最后 1 小时生产资本家的利润（即最后一小时论）。

1906 年，美国《制度》杂志曾刊登过一段话，与变动成本法思想有很多相似之处：在生产经营活动的抉择中，为估计其所期望的净损益，第一步就要找出适合衡量一定的生产经营活动效果的单位费用，单位直接收入减去单位直接费用得到单位直接净收入或单位净贡献,然后以它来抵偿不影响生产经营活动的费用(这些不影响生产经营活动的费用是指不管选择什么生产经营活动方式都一样固定或不变)。

据柯勒《会计辞典》记载,第一篇专门论述直接成本法的论文是由美籍英国会计学家乔纳森·哈里斯撰写并刊于1936年1月15日的《全国会计师联合会公报》。文章追溯了1934年哈里斯在杜威-阿尔末化学公司设计"直接标准成本制造计划"中所发现的问题。当时该公司销售量上升利润反而下降的现象,引起了哈里斯的注意。哈里斯发现问题的根源在于采用传统的完全成本法,依据此资料对比新旧两种方法对营业净利润的不同影响,揭示直接成本法的优点。

20世纪50年代,随着企业环境的改变、竞争的加剧、决策意识的增强,人们逐渐认识到传统的完全成本法提供的会计信息越来越不能满足企业会计内部管理的需要,必须重新认识变动成本法,充分发挥其积极作用。20世纪60年代,变动成本法风靡欧美。

三、变动成本法的适用范围

变动成本法一般适用于同时具备以下特征的企业:①固定成本比重较大,当产品更新换代较快时,分摊计入产品成本中的固定成本比重大,采用变动成本法可以正确反映产品盈利状况;②企业规模大,产品或服务的种类多,固定成本分摊存在较大困难;③企业作业保持相对稳定。

第二节　变动成本法与完全成本法比较

变动成本法与完全成本法相比,在产品成本构成内容、存货估价、计算损益过程与结果等方面存在差异。两种方法本质区别在于对固定制造费用的处理不同。

一、产品成本和期间成本的构成内容不同

变动成本计算法与完全成本计算法在产品成本、期间成本构成内容上的差异如表4-1所示,差异的关键在于对固定性制造费用的认识和处理方法不同。变动成本计算法认为,于产品生产过程中发生的固定性制造费用只是与生产经营持续期直接关联,不应纳入产品成本,而应作为期间成本处理。而完全成本计算法则认为,在生产过程中发生的固定性制造费用,也是生产或形成产品不可缺少的先决条件,应当与变动性制造费用一起纳入产品成本。

表 4-1　变动成本法与完全成本法在成本构成上的差异

成本构成	变动成本法	完全成本法
产品成本	直接材料 直接人工 变动制造费用	直接材料 直接人工 全部制造费用
期间成本	固定性制造费用 全部非生产成本	全部非生产成本

二、存货计价原则不同

存货成本的计价应以产品成本的构成内容为依据。在变动成本的计算法下,产成品、半成品和在产品存货价值上的确定,应按变动性生产成本即直接材料、直接人工和变动制造费用进行计价;而在完全成本计算法下,存货价值的确定应按全部生产成本即直接材料、直接人工、变动制造费用和固定制造费用进行计价。

三、计算盈亏公式不同

(一) 变动成本法盈亏计算公式

贡献毛益(contribution margin)＝销售收入总额－变动成本总额

其中,

变动成本总额＝变动生产成本＋变动营销费用＋变动管理费用
　　　　　　＝单位变动生产成本×销量＋变动营销费用＋变动管理费用

营业利润＝贡献毛益－固定成本

其中,

固定成本＝固定生产成本＋固定营销费用＋固定管理费用

(二) 完全成本法盈亏计算公式

销售毛利(grosss profits)＝销售收入总额－销售成本总额

其中,

销售成本总额＝期初存货成本＋本期成产成本－期末存货成本
营业利润＝销售毛利总额－期间成本

其中,

期间成本＝营销费用＋管理费用

【**实务例题 4-1**】 假设 M 企业没有期初存货。当期只产销甲产品,产量为 50 件,期末结存 20 件。甲产品销售单价为 1 000 元。该种产品的有关成本资料如下:

直接材料 5 000 元;直接人工 3 500 元;变动制造费用 1 500 元;固定制造费用 2 000 元;管理费用 4 000 元(其中变动管理费用 1 000 元);营销费用 2 000 元(其中变动营销费用 1 000 元)。采用变动成本法和完全成本法两种方法分别计算:

(1) 本期产品成本和单位产品成本;

(2) 期末存货成本;

(3) 本期盈亏。

[分析]

变动成本法:

(1) 产品成本=直接材料+直接人工+变动制造费用

=5 000+3 500+1 500

=10 000(元)

单位产品成本=产品成本÷生产量

=10 000÷50

=200(元/件)

(2) 期末存货成本=单位产品成本×期末库存量=200×20

=4 000(元)

(3) 贡献毛益=销售收入总额-变动成本总额=1 000×30-(200×30+1 000+1 000)

=22 000(元)

营业利润=贡献毛益-固定成本=22 000-(2 000+3 000+1 000)

=16 000(元)

完全成本法:

(1) 产品成本=直接材料+直接人工+全部制造费用

=5 000+3 500+1 500+2 000

=12 000(元)

单位产品成本=产品成本÷生产量

=12 000÷50

=240(元/件)

因为在变动成本法下,产品成本中不包括固定制造费用,所以计算出来的产品成本、单位产品成本较完全成本法要低。两者产品成本的差额 2 000 元即为固定制造费用,单位产品成本之差额 40 元为当期的单位固定制造费用(2 000 元÷50 件)。

(2) 期末存货成本=单位产品成本×期末库存量=240×20

=4 800(元)

可见,在变动成本法下,期末存货计价必然小于完全成本法下的期末存货计价,其差额 800 元是期末存货所吸收的固定性制造费用(40 元/件×20 件)。

(3) 销售毛利总额＝销售收入总额－销售成本总额

$$= 1\,000 \times 30 - [0 + (240 \times 50) - (240 \times 20)]$$

$$= 22\,800(元)$$

营业利润＝销售毛利总额－期间成本＝22 800－(4 000＋2 000)

$$= 16\,800(元)$$

四、损益计算结果不同

本期产量与销量的不同，以及固定制造费用处理的差异会导致变动成本法和完全成本法核算营业利润产生差异。下面通过数理模型对二者差异存在的规律性做以下分析。①

1. 模型基本假设

假定一家制造企业某期生产并销售一种产品，售价为 p 元，产量为 x_1 件，销量为 x_2 件，产品生产成本包括直接材料、直接人工和制造费用等三项，其中固定制造费用为 a_0 元，单位变动制造费用为 b_0 元，单位直接人工和直接材料合计为 b 元，期间费用为 F 元。

2. 模型构建

(1) 完全成本法下营业利润核算

营业收入＝px_2

营业成本＝$[a_0 + (b_0 + b)x_1]/x_1 \times x_2$

营业毛利＝营业收入－营业成本＝$px_2 - [a_0 + (b_0 + b)x_1]/x_1 \times x_2$ ①

期间费用＝F

营业利润＝营业毛利－期间费用＝$px_2 - [a_0 + (b_0 + b)x_1]/x_1 \times x_2 - F$

(2) 变动成本法下营业利润核算

营业收入＝px_2

变动成本＝$(b_0 + b)x_2$

贡献边际＝营业收入－变动成本＝$px_2 - (b_0 + b)x_2$ ②

固定成本＝$a_0 + F$

营业利润＝贡献边际－固定成本＝$px_2 - (b_0 + b)x_2 - (a_0 + F)$

两种方法下营业利润之差（ΔP）：

$$\Delta P = ① - ② = a_0 \times (x_1 - x_2)/x_1$$ ③

以上计算过程概括如表 4-2 所示。

---

① 王昕婷，程柯. 变动成本法与完全成本法下营业利润核算差异比较分析[J]. 中国乡镇企业会计，2015 年第 12 期。

表 4-2 完全成本法与变动成本法核算营业利润比较

完全成本法	变动成本法
营业收入：px_2	营业收入：px_2
变动成本：$(b_0+b)x_2$	营业成本：$[a_0+(b_0+b)x_1]/x_1 \times x_2$
营业毛利：$px_2-(b_0+b)x_2$	贡献边际：$px_2-[a_0+(b_0+b)x_1]/x_1 \times x_2$
固定成本：a_0+F	期间费用：F
营业利润①：$px_2-(b_0+b)x_2-(a_0+F)$	营业利润②：$px_2-[a_0+(b_0+b)x_1]/x_1 \times x_2-F$
两种方法营业利润之差(①-②)：$\Delta P = a_0 \times (x_1-x_2)/x_1$	

3. 结果讨论

根据③式考察两种方法核算的营业利润之差 ΔP，可以得到以下结论：

当 $x_1=x_2$，即产量＝销量时，$\Delta P=0$，表明完全成本法与变动成本法计算营业利润相同，两种方法不存在差异。

当 $x_1>x_2$，即产量＞销量时，$\Delta P>0$，表明完全成本法下计算出的营业利润大于变动成本法下计算出的营业利润。

当 $x_1<x_2$，即产量＜销量时，$\Delta P<0$，表明完全成本法下计算出的营业利润小于变动成本法下计算出的营业利润。

【实务例题 4-2】 M 企业本年度计划产销甲产品 18 万件，固定成本总额为 45 万元，计划利润为 18 万元。实际执行结果是产销该种产品 20 万件，成本与售价均无变动，实现利润 20 万元。

[要求] 试对该企业本年度的利润计划完成情况做出评价。

[分析]

(1) 从财务会计的观点来看，由于每件产品的计划利润为 1 元，当产销 2 万件时，增加利润 2 万元，就是超额完成了利润计划，实现了利润与产量的同步增大。

(2) 从管理会计的观点来看，由于本年度实际产量 20 万件，较计划产量增长，固定成本总额不变，因此，原计划单位固定成本为：450 000÷180 000＝2.5(元)。

现实际每件产品的固定成本(即单位固定成本)为：450 000÷200 000＝2.25(元)，即每件产品就降低固定成本：2.5－2.25＝0.25 元。

由此，企业本年度的利润增加数应为两个部分：一部分是出于单件产品固定成本降低而增加的利润：0.25×200 000＝50 000(元)；另一部分是由于产量增加而增加的利润：1×20 000＝20 000(元)，合计为 70 000(元)。

可见，企业实际实现利润应比计划增加 70 000 元，即达到 250 000 元，才能同企业的产量相适应；而实际上企业只实现了 200 000 元的利润，相差 50 000 元。因此，可以得出结论，该企业本年度利润计划的完成情况是不够理想，企业还有潜力可挖。

本 章 小 结

变动成本法建立在成本性态分析基础上,与传统完全成本法相比,在产品成本构成内容、存货估价、计算损益过程与结果等方面存在差异。两种方法本质区别在于对固定制造费用的处理不同。

简答论述

1. 什么是变动成本法？简述变动成本法核算利润的主要过程。
2. 变动成本法与完全成本法有哪些不同？

不定项选择题

1. 在变动成本法下,当单价和成本水平不变时,与营业净利润额直接挂钩的是(   )。
   A. 生产量   B. 销售量
   C. 期初存货量   D. 期末存货量
2. 在变动成本法下,产品生产成本和存货成本的成本项目包括(   )。
   A. 直接材料   B. 直接人工
   C. 变动性制造费用   D. 固定性制造费用
3. 下列关于变动成本法的优点表述正确的包括(   )。
   A. 所提供的成本资料比较符合生产经营的实际情况
   B. 能提供每种产品盈利能力的资料,有利于管理人员的决策
   C. 便于分清各部门的经济责任,有利于成本控制和业绩评价
   D. 所提供的成本数据能适应长期决策的需要
4. 变动成本法与完全成本法结合应用时,企业应另设账户(   )。
   A. 产成品   B. 制造费用
   C. 销售费用   D. 存货中的固定性制造费用
5. 当期初的库存量为零,而期末的库存量不为零时,以完全成本法确定的净收益比以变动成本法确定的净收益(   )。
   A. 多   B. 少   C. 相等   D. 无法确定

参考答案

1. B   2. ABC   3. ABC   4. D   5. A

销路不畅为何仍要扩大生产?

K是某一分部的主管会计,近来因接到分部P经理的一个电话有些心烦意乱。K打算在一个星期后向总部递交分部的财务业绩报告,电话中,P经理要求编制报告要重点强调分部利润的显著增长。然而,K知道分部业绩并没有什么根本性的改善,要这么说实在很为难,而且分部的利润增长是P经理有意为存货而生产的决策造成的。

在早先的会议中,P经理要求生产车间尽可能扩大生产量,虽然近来销路不畅,仓库里已有产品积压。他认为通过推迟本期的固定成本,报告利润会大幅上升。他指出这有两方面的好处:首先,通过提高利润,分部的业绩就能超过总部要求的最低业绩水平,这样所有管理人员都能得到年度奖金。其次,如果实现预计的利润目标,分部就能从总部获得更多的资金。K当时反对这样做,但意见被驳回。P经理的理由是随着经济增长,所增加的存货在明年就可变现。不过,K会计认为这不可能,因为根据过去经验,至少要两年市场需求增长才有可能超过分部的生产能力。

要求:
1. 请讨论P经理的行为,其为存货而生产的决定符合道德规范吗?
2. K会计应该服从P经理的授意吗?如果不,应该怎么办?

扭亏为盈的"捷径"

双创企业专门生产A产品,原设计生产能力为每年1 000台,但由于市场竞争激烈,过去两年每年只能生产和销售500台,每台售价为2 500元。而产品单位成本为2 600元,有关资料如下:

单位变动生产成本	1 000元
固定制造费用	800 000元
固定销售及管理费用	250 000元

企业已经连续2年亏损,去年亏损300 000元,若今年不能扭亏为盈,则势必面临停产。

销售部门的经理认为:问题的关键在于每台产品的制造成本太高。但由于竞争的关系,不能够提高售价,只能按2 500元每年销售500台,因此企业的出路只能是请生产部门的工程技术人员想办法,改进工艺减少消耗,降低制造成本。

生产部门经理提出:问题的关键在于设计生产能力只用了一半,如果能充分利用生产能力就能够把单位固定成本降低,单位产品成本自然会下降。对策是要销售人员千方百计去搞促销活动,如果能够每年销售出100台,就一定能够扭亏为盈。

总会计师则认为企业目前编制利润表的方法——完全成本计算法为企业提供了一条扭亏为盈的"捷径":充分利用企业生产能力,一年生产 1 000 台 A 产品。虽然市场上只销售一半,但是企业却可以将固定成本的半数转为存货成本。这样即使不增加销售数量,也能使收益表上扭亏为盈。

要求:

(1) 根据上述资料按照变动成本法编制企业去年的收益表。

(2) 根据总会计师的建议计算企业今年税前净利,并对该建议做出评价。

(3) 生产和销售部门的经理意见是否正确?请做出评价。

(4) 你认为应该采取什么样的方法比较合适呢?请阐明自己的观点及理由。

第五章 本量利分析

思政导语

马克思在《资本论》中指出："像自然惧怕真空一样,资本惧怕没有利润或利润过于微小的情况。一有适当的利润,资本就会非常胆壮起来。只要有 10% 的利润,它就会到处被人使用;有 20%,就会活泼起来;有 50%,就会引起积极的冒险;有 100%,就会使人不顾一切法律;有 300%,就会使人不怕犯罪,甚至不怕绞首的危险。"新时代中国特色社会主义下的企业生产不会也不允许唯利是图,科学进行保本分析或保利分析具有重要意义。

学习目标

- 了解本量分析方法的前提假设
- 掌握保本点、保利点计算方法
- 确定为实现盈亏平衡或者获取目标利润所需的销售量、销售收入
- 在多元产品环境中运用本量利分析
- 掌握本量利敏感性分析的方法

本量利分析对福特公司的重要性

福特汽车公司的北美洲业务在 2013 年和 2014 年都赚了钱,但接下来的两年材料和能源成本提高了,而它们的市场份额却下降了。该分公司处于远远低于盈亏平衡点的状态。为了扭转这一局面,福特公司宣布了一项重组计划,该计划将大大地减少变动成本和固定成本。例如,计划中提出将北美公司的生产量减少 26%(120 万辆);有 14 家工厂被关闭,解雇多达 3 万名员工,并且裁员对象是领取年薪的雇员和公司官员。为

了提高收入公司决定通过增加汽油-电力混合动力的汽车销量来调整它们的产品销售组合。这些混合燃料汽车,包括福特500、水星蒙迪欧、福特翼虎和林肯MKX系列。如果北美公司能够按照计划实施,它们将有可能重新盈利。本量利分析对于分析确定公司所面临的经济问题的严重程度和大小并帮助确定必要的解决办法是一个很有用的工具。

第一节 本量利分析概述

一、本量利分析的基本原理

即成本-产量(或销售量)-利润(Cost-Volume-Profit Analysis,CVP)依存关系分析的简称,是指在变动成本计算模式的基础上,以数学化的会计模型来揭示固定成本、变动成本、销售量、单价、销售额、利润等变量之间的内在规律性的联系,为企业预测、决策和规划提供必要财务信息的一种定量分析方法。

二、本量利分析的假设条件

在现实经济生活中,成本、销售数量、价格和利润之间的关系非常复杂。例如,成本与业务量之间可能呈线性关系也可能呈非线性关系;销售收入与销售量之间也不一定是线性关系,因为售价可能发生变动。作为重要理论工具,本量利分析需要对依存的外部环境做一些抽象假设。

(一)相关范围和线性关系假设

即在相关范围内,固定成本总额保持不变,变动成本总额随业务量变化成正比例变化,前者用数学模型来表示就是 $y=a$,后者用数学模型来表示就是 $y=bx$,所以,总成本与业务量呈线性关系,即 $y=a+bx$。相应的,假设售价也在相关范围内保持不变,这样,销售收入与销售量之间也呈线性关系,用数学模型来表示就是以售价为斜率的直线 $y=px$。

(二)品种结构稳定假设

该假设是指在一个生产和销售多种产品的企业里,每种产品的销售收入占总销售收入的比重不会发生变化。但在现实经济生活中,企业很难始终按照一个固定的品种结构来销售产品,如果销售产品的品种结构发生较大变动,必然导致利润与原来品种结构不变假设下预计的利润有很大差别。有了这种假定,就可以使企业管理人员关注价格、成本和业务量对营业利润的影响。

（三）产销平衡假设

该假设是指企业生产出来的产品总是可以销售出去，能够实现产量等于销售量。在这一假设下，本量利分析中的量既可为销售量也可为生产量。现实中，生产量可能不等于销售量，当期生产量的增加并不必然带来当期销售收入的增加。

三、本量利分析有关概念界定

本量利分析涉及的概念主要有税前利润、变动成本率和边际贡献率（也称边际毛益率）。

（一）税前利润

本量利分析是以成本性态分析和变动成本法为基础，其基本公式是变动成本法下计算税前利润的公式，该公式反映了价格、成本、业务量和税前利润等因素之间的相互关系。即：

税前利润＝销售收入－总成本＝销售价格×销售量－（变动成本＋固定成本）
　　　　＝销售单价×销售量－单位变动成本×销售量－固定成本

即：

$$P = px - bx - a = (p-b)x - a$$

式中：P 代表税前利润；p 代表销售单价；b 代表单位变动成本；a 代表固定成本；x 代表销售量。该公式是本量利分析的基本工具。

此处的税前利润一般不考虑利息费用，通常称之为息税前利润（Earnings Before Interest and Tax，EBIT）。除特别说明，本教材对这一概念及其相关计算不做严格界定。

（二）变动成本率和边际贡献率

变动成本率＝单位变动成本/单价；

边际贡献率＝单位边际贡献/单价＝（单价－单位变动成本）/单价＝1－变动成本率。

两者数量关系为：变动成本率＋边际贡献率＝1。

第二节　保本点计算

保本点（breakeven point，BP 或 BEP）又称为盈亏临界点、盈亏平衡点、损益两平点，是指刚好使企业经营达到不盈不亏状态的销售量（额）。此时企业的销售收入恰好弥补全部成本，企业的利润等于零。盈亏临界点分析就是根据销售收入、成本和利润等因素之间的函数关系,分析企业如何达到不盈不亏状态。通过盈亏临界点分析,企业可以预测售价、成本、销售量以及利润情况并分析这些因素之间的相互影响,从而加强经营管理。

一、单一产品的盈亏临界点

(一) 保本量与保本额

假设企业只销售单一产品,根据本量利分析的基本公式:

税前利润＝销售收入－总成本＝销售价格×销售量－(变动成本＋固定成本)
　　　　＝销售单价×销售量－单位变动成本×销售量－固定成本

$$P = px - bx - a = (p-b)x - a$$

企业不盈不亏、利润为零时,此时的销售量即为企业的保本销售量(保本量);此时的销售额即为企业的保本销售额(保本额)。即

$$x^* (保本量) = a \div (p-b)$$
$$px^* (保本额) = pa \div (p-b)$$

【实务例题 5-1】 假设 M 企业只生产和销售一种产品,该产品的市场售价预计为 100 元,该产品单位变动成本为 20 元,固定成本为 32 000 元,计算盈亏临界点的销售量。

［分析］

$$x = a \div (p-b) = 32\,000/(100-20)$$

进一步可以算出盈亏临界点的销售额:$px = 100 \times 400 = 40\,000(元)$

(二) 保本作业率与安全边际率

边际贡献是随着销售量的增加而扩大的,当达到保本点时,企业处于盈亏相抵的状态;当实际销售量超过保本点的时候,企业就进入了盈利的状态。安全边际是指预计企业的销售量超过保本销售量的差额。当企业销售量低于保本销售量时,企业的销售方式需要加以调整。此处界定:

保本作业率＝盈亏临界点销售额/销售额;
安全边际率＝安全边际额/销售收入＝(实际销售额－盈亏临界点销售额)/销售额＝1－保本作业率。

两者数量关系为:保本作业率＋安全边际率＝1

单一产品本量利分析中的成本、业务量和利润三者之间关系可通过直角坐标系示意出来。如图 5-1 所示。

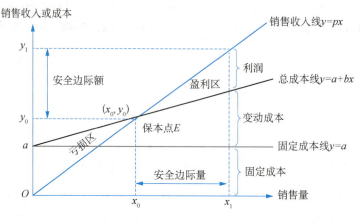

图 5-1　本量利分析基本图

【**实务例题 5-2**】　假定保本作业率为 70%，变动成本率为 60%，安全边际量为 1 200 台，单价为 700 元，实际销售额为多少？

[分析]

安全边际率＝1－70%＝30%；实际销售量＝1 200/30%＝4 000（台）

实际销售额＝4 000×700＝280（万元）

二、多品种的盈亏临界点

在现实经济生活中，大部分企业生产经营的产品不止一种。在这种情况下，企业的盈亏临界点就不能用实物单位表示，因为不同产品的实物计量单位是不同的，把这些计量单位不同的产品销量加在一起没有意义。所以，企业在产销多种产品的情况下，只能用金额来表示企业的盈亏临界点。即只能计算企业盈亏临界点的销售额。通常计算多品种企业盈亏临界点的方法有综合贡献毛益率法、联合单位法、分配法和主要品种法等方法。

（一）综合贡献毛益率法

综合贡献毛益率法是指将各种产品的贡献毛益率按照其各自的销售比重这一权数进行加权平均，得出综合贡献毛益率，然后再据此计算企业的盈亏临界点销售额和每种产品的盈亏临界点的方法。

（二）联合单位法

联合单位法是指企业各种产品之间存在相对稳定的产销量比例关系，这一比例关系的产品组合可以视同一个联合单位，然后确定每一联合单位的售价和单位变动成本，以进行多品种的盈亏临界点分析。这种方法主要适用于有严格产出规律的联产品生产企业。如企业生产 A、B、C 三种产品，其销量比为 1∶2∶3，则这三种产品的组合就构成一个联合单位。然后按照这种销量比来计算各种产品共同构成的联合单价和联合单位变动成本。

$$联合销售单价 = A单价 \times 1 + B单价 \times 2 + C单价 \times 3$$
$$联合单位变动成本 = A单位变动成本 \times 1 + B单位变动成本 \times 2$$
$$+ C单位变动成本 \times 3$$

计算出联合保本量：

$$联合保本量 = 固定成本 \div (联合单价 - 联合单位变动成本)$$
$$某产品保本量 = 联合保本量 \times 该产品销量比$$

【**实务例题 5-3**】 M 企业销售甲、乙、丙三种产品，全年预计固定成本总额为 210 000 元，预计销售量分别为 8 000 件、5 000 台和 10 000 件，预计销售单价分别为 25 元、80 元、40 元，单位变动成本分别为 15 元、50 元、28 元。

[**要求**] 分别采用综合贡献毛益率法和联合单位法计算该企业的盈亏临界点。

[**分析**]
（1）综合贡献毛益率法

首先，计算综合贡献毛益率。

第一步，计算全部产品销售总额 = 8 000 × 25 + 5 000 × 80 + 10 000 × 40 = 1 000 000（元）

第二步，计算每种产品的销售比重

$$甲产品的销售比重 = 8\,000 \times 25 \div 1\,000\,000 = 20\%$$
$$乙产品的销售比重 = 5\,000 \times 80 \div 1\,000\,000 = 40\%$$
$$丙产品的销售比重 = 10\,000 \times 40 \div 1\,000\,000 = 40\%$$

第三步，综合贡献毛益率

$$甲产品的贡献毛益率 = (25 - 15) \div 25 = 40\%$$
$$乙产品的贡献毛益率 = (80 - 50) \div 80 = 37.5\%$$
$$丙产品的贡献毛益率 = (40 - 28) \div 40 = 30\%$$
$$综合贡献毛益率 = 40\% \times 20\% + 37.5\% \times 40\% + 30\% \times 40\% = 35\%$$

其次，计算企业盈亏临界点销售额

$$企业盈亏临界点销售额 = 企业固定成本总额 / 综合贡献毛益率$$
$$= 210\,000 \div 35\% = 600\,000（元）$$

再次，将企业盈亏临界点销售额分解为各种产品盈亏临界点销售额和销售量

$$甲产品盈亏临界点销售额 = 600\,000 \times 20\% = 120\,000（元）$$
$$乙产品盈亏临界点销售额 = 600\,000 \times 40\% = 240\,000（元）$$
$$丙产品盈亏临界点销售额 = 600\,000 \times 40\% = 240\,000（元）$$

相应的,可以计算出每种产品盈亏临界点销售量

$$甲产品盈亏临界点销售量 = 120\ 000 \div 25 = 4\ 800(件)$$
$$乙产品盈亏临界点销售量 = 240\ 000 \div 80 = 3\ 000(台)$$
$$丙产品盈亏临界点销售量 = 240\ 000 \div 40 = 6\ 000(件)$$

综合贡献毛益率的大小反映了企业全部产品的整体盈利能力高低,企业若要提高全部产品的整体盈利水平,可以调整各种产品的销售比重,或者提高各种产品自身的贡献毛益率。

(2) 联合单位法

确定产品销量比:

$$甲:乙:丙 = 8\ 000:5\ 000:10\ 000 = 1:0.625:1.25$$
$$联合单价 = 25 \times 1 + 80 \times 0.625 + 40 \times 1.25 = 125(元/联合单位)$$
$$联合单位变动成本 = 15 \times 1 + 50 \times 0.625 + 28 \times 1.25 = 81.25(元/联合单位)$$
$$联合保本量 = 210\ 000 \div (125 - 81.25) = 4\ 800(联合单位)$$

计算各种产品保本量:

$$甲产品保本量 = 4\ 800 \times 1 = 4\ 800(件)$$
$$甲产品保本额 = 4\ 800 \times 25 = 120\ 000(元)$$
$$乙产品保本量 = 4\ 800 \times 0.625 = 3\ 000(台)$$
$$乙产品保本额 = 3\ 000 \times 80 = 240\ 000(元)$$
$$丙产品保本量 = 4\ 800 \times 1.25 = 6\ 000(件)$$
$$丙产品保本额 = 6\ 000 \times 40 = 240\ 000(元)$$

(三) 分配法

分配法是指在一定条件下,企业可以将全部固定成本按一定标准在各种产品之间进行分配,然后再对每一个品种分别进行盈亏临界点分析的方法。全部固定成本中的专属固定成本直接划归某种产品负担,而共同固定成本则要按照一定标准(如产品重量、体积、长度、工时、销售额等)分配给各种产品。这种方法要求企业能够客观分配固定成本,如果不能做到客观,则可能使计算结果出现误差。

(四) 主要品种法

如果企业生产经营的多种产品中,有一种产品能够给企业提供的贡献毛益占企业全部贡献毛益总额的比重很大,而其他产品给企业提供的贡献毛益比重较小,则可以将这种产品认定为主要品种。此时,企业的固定成本几乎由主要产品来负担,所以,可以根据这种产品的贡献毛益率计算企业的盈亏临界点。当然,用这种方法计算出来的企业的盈亏临界点可能不十分准确。如果企业产品品种主次分明,则可以采用这种方法。

阅读材料

调和油的隐秘配方

中储粮油脂营销公司透露,市场上的冠名油种调和油,冠名油种不会超过10%,有些企业甚至不到1%。记者在北京和上海市场上看到,目前调和油产品五花八门,包括花生调和油、浓香花生调和油、原香花生调和油、橄榄调和油、橄榄葵花油、橄榄香调和油、大豆调和油、山茶调和油、芝麻香调和油、花生芝麻香调和油、核桃花生芝麻调和油、芥花调和油、葵花籽调和油,等等,市场上以其中一油种冠名的调和油不下十余种,再加上未冠名主打特色等调和油,市场上的调和油不下20多种。

但是目前令消费者感到困惑的是,尽管食用调和油市场品类繁多,但一直以来各家粮油企业的产品配方却从"不为外人道也"。以益海嘉里公司旗下金龙鱼品牌推出的一款以鱼油为卖点的食用调和油为例,其配料表仅显示含有:大豆油、菜籽油、花生油、鱼油、芝麻油及食品添加剂。鱼油的成分究竟有多少,该公司未做出标注,消费者也无法从其他渠道获得成分信息。一位在成分配方领域从事研究工作多年的人士告诉记者,虽然没有体现出具体的成分比例,但是根据一般的惯例,该产品中越是靠前的配料,表明其成分就越多。以此来看,金龙鱼的该款产品"鱼油"成分排在第四位,几乎可以判定其成分比例一定在25%以下。

而国内一家粮油企业的工作人员告诉记者说,食用调和油配方的前两位占到最大比例,后面的配方成分几乎都不足10%。目前主流品牌都未公布原料所占比例,仅有后来者中储粮金鼎小包装食用油在去年8月公布了其食用调和油的配料比例:大豆油、菜籽油、花生油、玉米油、葵花籽油、芝麻油、橄榄油和茶籽油八种油种,成分比例分别为47.5%、41.40%、6%、2.5%、1%、0.4%、0.6%和0.6%。这款5L的调和油市场售价在65元左右。

而市场上主流品牌调和油主要配料大豆油、菜籽油含量跟金鼎的配料比例差不多,区别就是其他油种多少。据业内人士透露,其他品牌花生油、葵花籽油等价格仍相对高的油种含量会更少,也不会添加0.6%的橄榄油和0.6%的茶油,各大主流品牌类似的调和油都在70元以上,而花生调和油或者葵花籽调和油价格都在5L每桶80元以上。

作为行业潜规则的挑战者,中储粮油脂营销公司更是指出,市场上的冠名油种调和油,冠名油种不会超过10%,有些企业甚至不到1%,此前有"加一滴橄榄油也能叫橄榄调和油"的说法。"现在食品调和油的产品要看卖点,像橄榄油、鱼油的调和油卖得很好,而普通的大豆调和油买的人越来越少。"中储粮油脂营销公司的员工表示,市场上的5L橄榄调和油售价在120多元,实际上橄榄油的成分不到10%,企业都是定价就高不就低。通过各油种的价格,大体上可算出这种调和油价格是否定价过高。

中储粮油脂公司人士表示,为了计算出1桶5L的橄榄调和油价格高低,可以拿

1L装橄榄油对比。市场上1L橄榄油售价在100元左右,5 L装橄榄调和油按照含10%橄榄油计算就是含有0.5升橄榄油,价格在50元,而市场上普通5 L调和油在60元左右,二者相加也就110元左右,并且有利可图。而实际上,市场售价高出这个价格10多元,这意味着价格虚高。知情人士告诉记者,"某主打花生油为主的知名食用油企业的花生调和油,实际上花生油在该调和油中所占比例不到5%。"

今年8月份,中储粮又推出一款金鼎3D芥花调和油,5 L售价129.9元。这款油芥花油占比50%、玉米油占33.3%、橄榄油占16.7%,其中橄榄油的含量有0.84升,如果按照该配比去超市各购买1桶售价30元/1.8L芥花油、玉米油和1L橄榄油调和,实际价格超过140元,高出金鼎售价10元多。"公布了调和油的配方比例,也就公开了成本,就无法借概念新颖、炒作风味调和油概念来提高利润了。"

正因为对于调和油配方比例的不明确和质疑,消费者对食用调和油的信心正在衰退。AC尼尔森近几年的统计数据显示,作为国内第一大食用油消费品类,2010年调和油占比40.6%,2011年下降到37.1%,2012年下降到33.7%,已经连续两年下滑。

(资料来源:编者根据相关资料整理)

第三节 保利点计算

一、保利点及其计算

保利点是指企业为实现目标利润而要达到的销售量或销售额。此处目标利润是指尚未扣除所得税的利润。保利点具体可用保利量和保利额两个指标表示。根据基本公式:

目标利润＝销售单价×保利量－单位变动成本×保利量－固定成本

可得:

保利量＝(固定成本＋目标利润)/(销售单价－单位变动成本)
　　　＝(固定成本＋目标利润)/(单位贡献毛益)

保利额＝销售单价×保利量＝(固定成本＋目标利润)/贡献毛益率
　　　＝(固定成本＋目标利润)/(1－变动成本率)

二、保净利点及其计算

由于税后利润(即净利润)是影响企业生产经营现金流量的真正因素,所以进行税后利润的规划和分析更符合企业生产经营的需要。因此应该进行保净利点的计算。保净利点是指实现目标净利润的业务量。其中目标净利润就是目标利润扣除所得税后的利润。保净利点可以用保净利量和保净利额两个指标表示。

$$目标利润＝目标净利润/(1－所得税税率)$$

相应的保净利点公式可以写成：

保净利量＝[固定成本＋目标净利润/(1－所得税税率)]/(销售单价－单位变动成本)

保净利额＝[固定成本＋目标净利润/(1－所得税税率)]/贡献毛益率

【实务例题 5-4】 假设 M 企业只生产和销售一种产品，该产品售价为 80 元，单位变动成本为 30 元，固定成本为 30 000 元。分两种情形计算保利量和保利额：(1)目标利润为 20 000 元；(2)假定目标净利润为 15 000 元，所得税税率为 25％。

[分析]

情形(1)：保利量＝(固定成本＋目标利润)/(销售单价－单位变动成本)＝(30 000＋20 000)/(80－30)＝1 000(件)

保利额＝(固定成本＋目标利润)/贡献毛益率＝(30 000＋20 000)/62.5％＝80 000(元)

情形(2)：保净利量＝[30 000＋15 000/(1－25％)]/(80－30)＝1 000(件)

保净利额＝[30 000＋15 000/(1－25％)]/62.5％＝80 000(元)

第四节 敏感性分析

一、敏感性分析基础

本量利关系中的敏感性分析，主要是研究销售单价、单位变动成本、固定成本和销售量这些因素变动对盈亏临界点和目标利润的影响程度。

具体说来，本量利关系中的敏感性分析就是分析由盈利转为亏损时各因素变化情况和分析利润敏感性。由盈利转为亏损时各因素变化情况分析就是分析确定那些使得企业由盈利转为亏损的各因素变化的临界值，也就是计算出达到盈亏临界点的销售量、销售单价的最小允许值以及单位变动成本和固定成本的最大允许值。

分析利润的敏感性是分析销售量、销售单价、单位变动成本和固定成本各因素变化对利润的影响程度，在这些因素中，有的因素微小的变化导致利润变化很大，说明利润对该因素很敏感，该因素被称为敏感因素；而有的因素发生很大变化却导致利润变化不大，说明利润对该因素不敏感，该因素被称为不敏感因素。

二、相关因素临界值的确定

根据实现目标利润公式 $P = px - bx - a = (p-b)x - a$,当 P 等于零时,可以求出公式中各因素的临界值(最大或最小值)。确定某一相关因素临界值时,通常假定其他因素不变。所以:

$$销售量\ x = a/(p-b)$$
$$销售价格\ p = b + a/x$$
$$变动成本\ b = p - a/x$$
$$固定成本\ a = (p-b)x$$

【**实务例题 5-5**】 假定 M 企业只生产和销售一种产品,产品计划年度内预计售价为每件 20 元,单位变动成本为 8 元,固定成本总额为 24 000 元。预计销售量为 10 000 件。全年利润为 96 000 元。

销售量 x 的临界值(最小值)$= a/(p-b) = 24\ 000 \div (20-8) = 2\ 000$(件)

说明销售量最小允许值为 2 000 件。销量只要达到预计销量的 1/5,企业就可以保本。

销售单价 p 的临界值(最小值)$= b + (a/x) = 8 + 24\ 000 \div 10\ 000 = 10.4$(元)

说明单价不能低于 10.4 元这个最小值,否则便会亏损。

单位变动成本 b 的临界值(最大值)$= p - (a/x) = 20 - 24\ 000 \div 10\ 000 = 17.6$(元)

说明单位变动成本达到 17.6 元时,也就是比 8 元高出 120% 时,企业的利润就为零。

固定成本 a 的临界值(最大值)$= (p-b)x = (20-8) \times 10\ 000 = 120\ 000$(元)

说明固定成本的最大允许值为 120 000 元,如果超过这个临界值企业就会发生亏损。

三、敏感系数比较

销量、销售单价、单位变动成本和固定成本各因素变化对利润的影响程度是不同的,为了测量利润对这些因素变动的敏感程度,可使用敏感系数这一指标。

敏感系数 = 目标值变动百分比/因素值变动百分比

单价 p 的敏感系数 $= p_0 x / P_0$

销售量 x 的敏感系数 $= (p_0 - b)x / P_0$

单位变动成本 b 的敏感系数 $= -bx / P_0$

固定成本 a 的敏感系数 $= -a / P_0$

公式中 p_0 为基期价格，P_0 为基期利润，推导过程从略。从中看出，各公式分母相同（均为基期利润 P_0），所以公式值的大小完全取决于分子的大小。

从单价和销售量的敏感系数公式的分子来看，$p_0 x > (p_0 - b)x$，所以单价的敏感系数一定大于销售量的敏感系数；从单价和变动成本的敏感系数公式的分子来看，在正常盈利条件下，$p_0 x > bx$，所以单价的敏感系数一定大于单位变动成本的敏感系数；同样的，单价的敏感系数也大于固定成本的敏感系数。

所以，一般来说，单价的敏感系数应该是最大，也就是利润对单价变动的反应最为敏感。换言之，与其他因素相比，销售价格变动对企业利润的影响最大。

根据敏感系数公式，并在已知各因素变动幅度时，企业容易预测利润变动幅度，从而计算出各因素变动后的利润值。

本 章 小 结

本量利分析是在变动成本计算基础上，通过系列假设条件，建立会计数理模型来揭示固定成本、变动成本、销售量、单价、销售额、利润等变量之间的内在规律性联系，为企业预测、决策和规划提供必要财务信息的一种定量分析方法。根据产品种类不同，可以进行单一品种本量利分析和多品种本量利分析。保利分析和保净利分析是保本分析的延伸和拓展。以保本点或保利点作为参照系，找到影响盈亏均衡点或目标利润的敏感因素，有利于提高短期经营决策有效性。本量利分析可进一步运用于预测、决策、规划和控制等领域。

 简答论述

1. 本量利分析假设条件有哪些？
2. 什么是保本点、保利点？
3. 你认为大公司和小公司都要做盈亏平衡分析吗？
4. 多品种情况下如何进行本量利分析？
5. 运用相关公式推导相关因素的临界值及其敏感系数。

 不定项选择题

1. 如果产品单价与单位变动成本上升的百分率相同，其他因素不变，则保本销售量（   ）。
   A. 上升　　　　　B. 下降　　　　　C. 不变　　　　　D. 不确定
2. 在下列指标中，可据以判断企业经营安全程度的指标是（   ）。

A. 保本作业率　　　B. 贡献毛益　　　C. 保本量　　　D. 保本额

3. 甲公司销售收入 50 万元,边际贡献率 40%。该公司仅设 M 和 N 两个部门,其中 M 部门的变动成本 26 万元,边际贡献率 35%。下列说法错误的是(　　)。

　A. M 部门边际贡献 14 万元　　　B. M 部门销售收入 40 万元
　C. N 部门销售收入 10 万元　　　D. N 部门变动成本 6 万元

4. 下列两个指标之和为 1 的有(　　)。

　A. 安全边际率与贡献毛益率　　　B. 安全边际率与保本作业率
　C. 保本作业率与变动成本率　　　D. 变动成本率与贡献毛益率

5. 某企业只生产一种产品,当年的税前利润为 20 万元。运用本量利关系对影响税前利润的各因素进行敏感分析后得出,单价的敏感系数为 4,单位变动成本的敏感系数为 −2.5,销售量的敏感系数为 1.5,固定成本的敏感系数为 −0.5。下列说法中,正确的有(　　)。

　A. 单价是最敏感的,固定成本是最不敏感的
　B. 当单价提高 10% 时,税前利润将增长 8 万元
　C. 当单位变动成本的上升幅度超过 40% 时,企业将转为亏损
　D. 企业的安全边际率为 66.67%

参考答案

1. B　2. A　3. D　4. BD　5. ABCD

第 3 题分析:M 部门销售收入 = 26/(1−35%) = 40(万元);M 部门边际贡献 = 40−26 = 14(万元);N 部门销售收入 = 50−40 = 10(万元);N 部门变动成本 = 50×(1−40%)−26 = 4(万元)。

第 5 题分析:敏感系数的绝对值越大,敏感性越强,选项 A 正确;由于单价的敏感系数为 4,当单价提高 10% 时,税前利润提高 40%,因此税前利润增长额 = 20×40% = 8(万元),选项 B 正确;单位变动成本上升 40%,则利润变动率 = −2.5×40% = −100%,选项 C 正确;销售量下降 2/3 时,税前利润下降 2/3×1.5 = 100%,即销售量下降 2/3 时企业盈亏平衡,安全边际率为 66.67%,选项 D 正确。

 道德问题思考

预计销售量的下调

M 是一家生产纸品分公司的销售人员,目前正答应经理要求对新的纸产品进行销售预测。经理正在收集有关数据,以便对两种不同的生产工序进行选择。第一种生产工序每箱变动成本为 60 元,固定成本为 600 000 元。第二种生产工序每箱变动成本 36 元,固定成本为 200 000 元。每箱销售价格为 180 元。

M 已经完成了销售分析,预计年度销售量将为 30 000 箱。不过是否将这一结果告

诉经理，M 非常犹豫。M 知道第一种生产工序为手工生产程序，而第二种生产工序为自动化生产，只需少数工人，无需现场管理人员。如果选择第一种生产工序，自己的一位好友就会被任命为生产主管。而如果选择第二种生产工序，好友和生产线的工人都会被解雇。经过一番考虑后，M 决定把预计销售量下调至 22 000 箱，因为这样下调会让经理选择手工系统。

要求：
1. 计算两种生产工序的盈亏平衡点。
2. M 的行动合乎职业道德吗？不考虑决策对其他员工的影响就不道德吗？

新开的礼品店

小白经过一番思考和调研之后在大学校园里新开一家礼品店。新开礼品店一次性投入（种子投资）为 100 000 元，主要包括购置礼品加工机、收银机、门店装修、经营许可费用、创建期存货等。每月主要固定成本资料如表 5-1 所示。每件礼品定价为 10 元左右，包括主件 8 元和饰品 2 元。每件成本 4 元，包括主件 3.5 元和饰品 0.5 元。假设礼品店每月经营 30 天，不考虑所得税。

表 5-1 礼品店每月固定成本 （单位：元）

主要项目	金额
设备折旧	2 000
门面租金	3 500
水电费用	500
广告营销	1 000

请思考：
1. 计算新开礼品店的盈亏平衡点。
2. 计算收回种子资本的时间。
3. 在估算盈亏平衡点和收回种子资本时间时，你认为应考虑哪些因素？

第 II 篇 预测与决策

陳樹菊傳

第六章 预测分析

思政导语

马克思在回答资本主义发展提出的现实问题和剖析资本主义的过程中,对未来社会的组织状况、发展方向和基本特征等问题,作了科学的历史的预测和天才的设想。他对未来社会的预测是以严格的历史经验为依据,不是空想和教条式地预测未来。马克思对空想社会主义者醉心于描绘未来社会的蓝图的做法持否定态度,他明确指出,"我们的任务不是推断未来和宣布一些适合将来任何时候的一劳永逸的决定","对未来的革命的行动作纯学理的、必然是幻想的预测"。马克思关于社会发展的预测分析方法,可为企业经营预测提供重要的指导与借鉴意义。

学习目标

- 了解预测分析的概念
- 理解预测分析的内容
- 掌握预测分析基本方法

大数据分析为企业预测决策助力

大数据(big data),相信你一定有所了解;大数据分析也已在我们日常生活中无声无息地被广泛应用。大数据分析已成为当下企业决策中不可或缺的分析工具。

例如,基于用户搜索行为、浏览行为、评论历史和个人资料等数据,互联网业务可以洞察消费者的整体需求,进而进行针对性的产品生产、改进和营销。如影视剧选择演员和剧情、百度基于用户喜好进行精准广告营销、阿里根据天猫用户特征包下生产线定制产品、亚马逊预测用户点击行为提前发货均是受益于互联网用户行为预测。

再如，受益于传感器技术和物联网的发展，线下的用户行为分析正在酝酿。免费商用 WiFi、iBeacon 技术、摄像头影像监控、室内定位技术、NFC 传感器网络、排队叫号系统，可以探知用户线下的移动、停留、出行规律等数据，进行精准营销或者产品定制。

商品价格预测更加容易，尤其是机票这样的标准化产品，去哪儿网软件提供的"机票日历"就是价格预测，告知用户几个月后机票的大概价位。商品的生产、渠道成本和大概毛利在充分竞争的市场中是相对稳定的，与价格相关的变量相对固定，商品的供需关系在电子商务平台可实时监控，因此价格可以预测。基于预测结果，可指导商家进行动态价格调整和营销活动。

第一节　预测分析概述

一、预测分析的特征

预测是指用科学的方法预计、推断事物发展的必然性或可能性的行为，即根据过去和现在预计未来，是决策的基础和前提。预测分析的主要特征有以下几个方面。

（一）依据的客观性

预测分析是以客观准确的历史资料和合乎实际的经验为依据所进行的分析，而不是毫无根据的、纯主观的臆测。

（二）时间的相对性

预测分析事先应明确规定某项预测对象的时间期限范围。预测分析的时间越短，受不确定性因素的影响越小，预测结果越准确。反之，预测分析的时间越长，受不确定性因素的影响越大，预测结果的精确性就相对差一点。

（三）结论的可检验性

预测分析应考虑到可能产生的误差，且能够通过对误差的检验进行反馈，调整预测程序的方法，尽量减少误差。

（四）方法的灵活性

预测分析可灵活采用多种方法，在选择预测方法时，应事先进行（测试）试点，选择那些简便易行、成本低、效率高的一种或几种方法配套使用，才能达到事半功倍的效果。

二、预测分析的内容

（一）销售预测

销售预测是其他各项预测的前提，是根据市场调查所得到的有关资料，通过有关因素的分析研究，预测和计算特定产品在一定时期内的市场销售量及变化趋势，进而预测本企业产品未来销售量的过程。

（二）成本预测

成本预测是指根据企业未来发展目标和有关资料，运用专门方法推测与估算未来成本水平及发展趋势的过程。

（三）利润预测

利润预测是指在销售预测的基础上，根据企业未来发展目标和其他相关资料，预计、推测或估算未来应当达到和可望实现的利润水平及其变动趋势的过程。

（四）资金预测

资金预测是指在销售预测、利润预测和成本预测的基础上，根据企业未来发展目标并考虑影响资金的各项因素，运用一定方法预计、推测企业未来一定时期内或一定项目所需要的资金数额、来源渠道、运用方向及其变动趋势的过程。

三、预测分析的步骤

（一）明确预测目标和要求

预测目标不同，预测的内容和项目所需要的资料以及运用的方法都会有所不同。根据经营活动的需要明确预测的具体要求，并根据具体要求拟定预测项目，制定预测计划，以保证预测顺利进行。

（二）确定预测对象

预测必须首先搞清预测目标，确定预测对象，即确定预测分析的内容、范围，进而有针对性地做好各阶段的工作。

（三）收集整理资料

预测目标确定后，应着手收集有关经济的、技术的、市场的计划资料和实际资料。这是开展经营预测的前提条件。在收集资料的过程中要尽量保证资料的完整全面。在占有大量资料的基础上，对资料进行加工、整理、归集、鉴别，找出各因素之间的相互依存、相互制约的关系，从中发现事物发展的规律，作为预测的依据。

（四）选择预测方法

不同的预测对象和内容，应选择不同的预测方法。对于那些资料齐全、可以建立数学模型的预测对象,应在定量预测方法中选择合适的方法;对于那些缺乏定量资料的预测对象,应当结合以往的经验选择最佳的定性预测方法。

(五)分析预测误差并修正预测值

任何方法的预测都不可能完全准确,特别是中、长期预测。尤其是根据数学模型计算预测值,可能没有将非计量因素考虑进去,这就需要对其进行修正,使预测值能切实为决策提供科学依据。

四、预测分析的方法

(一)定性分析法

定性分析法亦称"非数量分析法"。它是一种直观性的预测方法,主要是指依靠预测人员的丰富实践经验以及主观的判断和分析能力,在不用或少量应用计算的情况下,就能推断事物的性质和发展趋势的分析方法。当然这种方法在量的方面不易准确,一般是在企业缺乏完备、准确的历史资料的情况下,首先邀请熟悉该行业经济业务和市场情况的专家,根据他们过去所积累的经验进行分析判断,提出初步预测意见,然后再通过召开调查会或座谈会的方式,对上述初步意见进行修正补充,并作为提出预测结论的依据。

1. 判断分析法

判断分析法是指销售人员根据直觉判断进行预估,然后由销售经理加以综合,从而得出企业总体的销售预测的一种方法。销售人员由于接近和了解市场,熟悉自己所负责区域的情况,因此,用这种方法得出的预测数据比较接近实际情况。另外,采用这种方法,便于确定分配给各销售人员的销售任务,发挥其积极性,激励他们努力完成各自的销售任务。但是,由于受多种因素的影响,销售人员的预测也会出现偏差,因此对销售人员的预测往往需要进行修正。

2. 调查分析法

调查分析法是指通过对有代表性顾客的消费意向的调查,了解市场需求的变化趋势,进行销售预测的一种方法。公司的销售取决于顾客的购买,顾客的消费意向是消费预测中最有价值的信息。通过调查,可以了解到顾客明年的购买量,顾客的财务状况和经营成果,顾客的爱好、习惯和购买力的变化,等等,有助于销售预测更好地进行。

在调查时应当注意以下几点。首先,选择的调查对象要具有普遍性和代表性,调查对象能反映市场中不同阶层或行业的需要及购买需要;其次,调查的方法必须简便易行,使调查对象乐于接受调查;此外,对调查所取得的数据与资料要进行科学的分析。

(二)定量分析法

定量分析法亦称"数量分析法"。它主要是应用现代数学方法(包括运筹学、概率论和微积分等)和各种现代化计算工具对与预测对象有关的各种经济信息进行科学的加工处理,并建立预测分析的数学模型,充分揭示各有关变量之间的规律性联系,最终还要根据计算结果计算出结论。定量分析法根据具体做法不同,又可分为以下两种类型。

1. 趋势预测分析法

趋势预测分析法即根据预测对象过去的、按时间顺序排列的一系列数据,应用一定的数学方法进行加工、计算,借以预测其未来发展趋势的分析方法,亦称"时间序列分析法"或"外推分析法"。它的实质就是遵循事物发展的"延续性原则",并采用数理统计的方法,来预测事物发展的趋势。例如,算术平均法、移动加权平均法、指数平滑法、回归分析法、二次曲线法等都属于这种类型。

2. 因果预测分析法

因果预测分析法是根据预测对象与其他相关指标之间相互依存、相互制约的规律性联系,来建立相应的因果数学模型所进行的预测分析方法。它的实质就是遵循事物发展的相关性原则,来推测事物发展的趋势。例如,本量利分析法、投入产出分析法、经济计量法等都属于这种类型。

因果预测分析法最常用的方法是回归分析法。影响预测值的因素很多,既有企业外部因素,也有企业内部因素;既有客观因素,又有主观因素。在这些因素中,有些因素对预测值起着决定性的作用,回归分析法的原理就是找到与预测值相关的主要因素,建立回归方程描述它们之间的规律,利用这种变化规律进行预测。

定性分析法和定量分析法在实际应用中并非相互排斥,而是相互补充、相辅相成。定量分析法虽然较精确,但许多非计量因素无法考虑,这就需要通过定性分析法将一些非计量因素考虑进去。

第二节 销 售 预 测

销售预测又称需求量预测,是指根据有关资料,通过对相关因素分析研究,预计和测算特定产品在未来一定时期内的市场销售量水平及变化趋势,进而预测本企业产品未来销售量的过程。销售预测的基本方法可以分为定性分析和定量分析两大类。

一、销售的定性预测分析

定性销售预测是指依靠预测人员丰富的实践经验和知识以及主观的分析判断能力,在综合考虑政治经济形势、市场变化、经济政策、消费倾向等各项因素对经营影响的前提下,对事物的性质和发展趋势进行预测和推测的分析方法。定性销售预测方法又分为判断分析法和调查分析法两类。其中判断分析法可分为德尔菲法(Delphi method)、专家小组法、主观判断法等。

以德尔菲法为例。这一方法是采用通信方式,通过向各有关专家发出预测问题调查表的方式来收集专家们的意见,然后由企业有关部门把各专家意见综合、整理和归纳,做出预测判断。

【实务例题 6-1】 M 企业拟推向市场的新产品在本地销售数量预测如表 6-1 所示(单位/台)。

表 6-1 专家预计销售量和概率

专家编号	第一次预测			第二次预测			第三次预测		
	最低	可能	最高	最低	可能	最高	最低	可能	最高
1	1 000	1 500	1 800	1 200	1 500	1 800	1 100	1 500	1 800
2	400	900	1 200	600	1 000	1 300	800	1 000	1 300
3	800	1 200	1 600	1 000	1 400	1 600	1 000	1 400	1 600
4	1 500	1 800	3 000	1 200	1 500	3 000	1 000	1 200	2 500
5	200	400	700	400	800	1 000	600	1 000	1 200
6	600	1 000	1 500	600	1 000	1 500	600	1 000	1 500
7	500	600	800	500	800	1 000	800	1 000	1 200
8	500	600	1 000	700	800	1 200	700	800	1 200
9	800	1 000	1 900	1 000	1 100	2 000	600	800	1 200
10	900	1 100	1 800	1 000	1 200	1 900	900	1 200	1 600
11	500	900	1 200	1 000	1 000	1 300	700	1 000	1 400
平均	700	1 000	1 500	800	1 100	1 600	800	1 100	1 500

用加权算术平均法,分别将第三次预测值的最可能销售量平均数、最低销售量平均数和最高销售量平均数按 0.60、0.20 和 0.20 的概率加权平均,则预测该新产品的年销售量为:

$$Y = 800 \times 0.20 + 1\,100 \times 0.60 + 1\,500 \times 0.20 = 1\,120(台)$$

二、销售的定量预测分析

企业预测销售量和销售额,可采用的定量预测方法主要有算术平均法、移动平均法、指数平滑法、加权平均法和直线回归分析等,本部分主要介绍前三种方法。

(一)算术平均法

算术平均法又称简单平均法,是根据企业过去按时间顺序排列的销售量(或销售额)的历史数据,计算其平均数,以算术平均数作为销售量预测的一种预测方法,其计算公式为:

$$销售量预测数 = \sum 各期销售量(额) / 期数$$

【**实务例题 6-2**】 M 企业 202×年 1—8 月份产品销售量如表 6-2 所示,用算术平均法预测 9 月份的销售量。

表 6-2　202×年 1—8 月份产品销售量　　　　　单位:件数

月份	1	2	3	4	5	6	7	8
销售量	590	560	550	590	590	580	610	620

销售量预测数=(590+560+550+590+590+580+610+620)/8=586.25,为 587 件。

这种方法的优点是计算简便,但由于它是将不同时期的销售量(额)平均计算,没有考虑远近期实际销售量(额)对预测期销售量的不同影响,其结果往往误差较大,因而一般只适用于常年销售情况比较稳定的产品。

(二) 移动平均法

移动平均法是指企业从过去若干时期(n 期)的实际销售资料中选取一组 m 期 ($m<n/2$)的数据作为观察值,求其算术平均数,并逐期推移,连续计算观测其平均数,以最后移动期观察值的平均数作为未来销售预测数的方法。其公式为:

$$预测销售量 = 最后\ m\ 期算术平均销售量$$
$$= \sum 最后\ m\ 期销售量 / m$$

移动平均法强调了近期的实际销售量(额)对计划期预测数的影响,计算也比较简便。但由于选用历史资料中的部分数据作为计算依据,因而代表性较差。该法适用于销售情况略有波动的产品。

(三) 指数平滑法

指数平滑法是在前期销售量的实际数和预测数的基础上,利用平滑指数预测未来销售量的一种方法。指数平滑法也是加权平均法的一种,是一个以指标本身过去变化的趋势作为预测未来的依据,同时考虑实际值和预测值的影响。其计算公式如下:

$$S_t = aX_{t-1} + (1-\alpha)S_{t-1}$$

式中:S_t——t 期销售预测值;

S_{t-1}——t 期上一期的销售预测值;

X_{t-1}——t 期上一期的销售实际值;

α——平滑系数,$0<\alpha<1$。

平滑指数 α 的取值越大,则近期实际销售量对预测结果的影响越大;取值越小,则近期实际销售量对预测结果的影响越小。一般情况下,如果销售量波动较大或要求进行短期预测,则应选择较大的平滑指数;如果销售量波动较小或要求进行长期预测,则应选择较小的平滑指数。

与其他方法相比,指数平滑法系数设定更加灵活,且在不同程度上考虑了以往所有各期的观察值,避免对前后各个时期同等看待的缺点。

第三节 成本预测

成本预测是以现有条件为前提,在历史成本资料的基础上,根据未来可能发生的变化,利用科学的方法,对未来的成本水平及其发展趋势进行描述和判断的成本管理活动。

一、成本预测的作用

(一)成本预测是进行成本决策和编制成本计划的基础

预测是为决策服务的。成本预测是成本决策的前提,成本计划是成本决策的具体化。通过成本预测,可以为成本决策和计划提供科学的依据,使其建立在客观实际的基础上。

(二)成本预测有利于加强成本管理和提高经济效益

搞好成本预测,不仅可以帮助企业选择成本最低、经济效益最好的产品,充分发挥企业的优势,而且便于加强对成本的事前控制,克服盲目性,增强预见性,尽可能消除生产活动中可能发生的损失和浪费因素,达到提高经济效益的目的。

二、成本预测的方法

(一)定量预测法

定量预测法是指根据历史资料以及成本与影响因素之间的数量关系,通过建立数学模型来预计推断未来成本的各种预测方法的统称。主要有:

1. 趋势预测法

趋势预测法是指按时间顺序排列有关的历史成本资料,运用一定的数学模型和方法进行加工计算并预测的各类方法。趋势预测法包括简单平均法、平均法和指数平滑法等。

2. 因果预测法

因果预测法是指根据成本与其相关因素之间的内在联系,建立数学模型并进行分析预测的各种方法。因果预测法包括本量利分析法、投入产出分析法、回归分析法等。

(二)定性预测法

定性预测法是指预测者根据掌握的专业知识和丰富的实践经验,运用逻辑思维方法对未来成本进行预计推断的方法的统称。

第四节 利润预测

利润预测是按照企业经营目标的要求,根据企业未来发展目标和其他相关资料,通过对影响利润变化的成本、产销售量等因素的综合分析,预计、推测或估算未来应当达到或可望实现的利润水平及其变动趋势的过程。它主要是对企业目标利润的预测。

一、利润预测的作用

(一)有助于规划企业的目标利润

利润预测的主要目的是预测目标利润。目标利润预测是根据企业经营目标的要求,在市场预测基础上,根据企业的具体情况,采用一定的预测方法合理地预测目标利润的过程。科学的利润预测,有利于规划好企业的目标利润。

(二)有利于企业寻求增加盈利的途径

影响利润的变动因素是多方面的,如销售量、价格、成本费用、相关税费等。通过利润预测,认真分析各种因素的影响方向和影响程度,有利于企业在生产经营活动中合理选择增加盈利的途径。

二、利润预测的方法

(一)直接预测法

直接预测法是指根据本期的有关数据,直接推断出预测期的利润数额。预测时可根据利润的构成方式。先分别预测营业利润、营业外收支净额,然后将各部分预测数相加,得出利润预测数额。即:

利润总额＝营业利润＋营业外收支净额

营业利润是由主营业务利润和其他业务利润组成的,这两部分预测利润的公式分别为:

预测主营业务利润＝预计产品销售收入－预计产品销售成本－预计产品销售税金
　　　　　　　　＝预计产品销售数量×(预计产品销售单价－预计单位产品成本
　　　　　　　　　－预计单位产品销售税金)

预测其他业务利润＝预计其他业务收入－预计其他业务成本－预计其他业务税金

预测营业外收支净额是用预计营业外收入减去预计营业外支出后的差额。

最后,将所求出的各项预测数额加总,便可计算出下一期间的预测利润总额。

【实务例题6-3】 M企业生产A、B、C三种产品,本期有关销售价格、单位成本及下期产品预计销售量如表6-3所示,预测下期其他业务利润的资料为:其他业务收入为20 000元,其他业务成本14 000元,其他业务税金4 000元。

表6-3 产品销售明细　　　　　　　　　　　　　　　　单位:元

产品	销售单价	单位产品		预计下期产品销售量
		销售成本	销售税金	
A	100	50	20	5 000
B	240	170	40	2 000
C	80	50	12	8 000

[要求] 根据资料,预测下一会计期间的营业利润。

[分析]

预测各产品销售利润额为:

A产品:5 000×(100－50－20)＝150 000(元)

B产品:20 000×(240－170－40)＝60 000(元)

C产品:80 000×(80－50－12)＝144 000(元)

A产品、B产品和C产品的合计额为354 000元。

预测其他业务利润为:

$$20\ 000－14\ 000－4\ 000＝2\ 000(元)$$

所以,预测下一会计期间的营业利润为:

$$预测营业利润＝预测产品销售利润＋预测其他业务利润$$
$$＝354\ 000＋2\ 000＝356\ 000(元)$$

(二) 比例预测法

比例预测法就是根据各种利润率指标来预测计划期产品销售利润的一种方法。具体有:

1. 根据销售利润率预测

$$预计产品销售利润＝预计产品销售收入×销售利润率$$

销售利润率表明用每单位的销售收入可以获得多少的利润,可以根据以前年度的销售利润占产品销售收入的比重求得。

2. 根据销售成本利润率预测

$$预计产品销售利润＝预计产品销售成本×成本利润率$$

$$成本利润率＝\frac{产品销售利润额}{产品销售成本}$$

成本利润率说明了每单位销售成本取得的利润,可以反映销售成本升降的经济效果。

3. 根据产值利润率预测

$$预计产品销售利润＝预计产品总产值×产值利润率$$

产值利润率说明了每单位工业总产值提供利润的情况，产值利润率可根据以前年度的产品销售利润占产品总产值的比重求得。

4. 根据资金利润率预测

$$预计产品销售利润率＝预计资金平均占用额×资金利润率$$

资金利润率可根据以前年度的产品销售利润率与资金平均占用额的比重求得。

（三）因素分析法

因素分析法又称指数因素分析法，是利用统计指数体系分析现象总变动中各个因素影响程度的一种统计分析方法，具体包括连环替代法、差额分析法、指标分解法、定基替代法等多种情形。

该方法是在本期已实现的利润水平基础上，充分估计预测期影响产品销售利润的各因素增减变动的可能，来预测企业下期产品销售利润的数额。影响产品销售利润的主要因素有产品销售数量、产品品种结构、产品销售成本、产品销售价格及产品销售税金等。

（四）经营杠杆预测法

经营杠杆系数（degree of operating leverage，DOL）是指利润变动率与销售量变动率的比率，简化公式为：经营杠杆系数＝基期贡献毛益÷基期利润。在一定业务量范围内，经营杠杆系数确定后，即可结合计划期的销售增长率来预测计划期的目标利润。计算公式为：

预测期商品销售利润额＝前期实际销售利润额×(1±预测期产销量变动百分比×经营杠杆系数)。

实现目标利润应达到的产销量变动百分比＝(目标利润额－前期实际销售利润额)/(前期实际销售利润额×经营杠杆系数)×100％。

第五节 资金需要量预测

以预测期企业生产经营规模的发展和资金利用效果的提高等为依据，在分析有关历史资料、技术经济条件和发展规划的基础上，运用数学方法，对预测期资金需求量进行的科学预计和推测。

一、资金需求量预测的作用

企业持续的生产经营活动，不断地产生对资金的需求，同时，企业进行对外投资和调整资本结构,也需要筹措资金。企业所需要的这些资金,一部分来自企业内部,另一部分通过外部融资取得。由于对外融资时,企业不但需要寻找资金提供者,而且还需要做出还本付息的承诺或提供企业盈利前景,使资金提供者确信其投资是安全的并可获利,这个过程往往需要花费较长的时间。因此,企业需要预先知道自身的财务需求,确定资金的需要量,提前安排融资计划,以免影响资金周转。

二、资金需要量预测的方法

(一) 销售百分比法

销售百分比法是一种在分析报告年度资产负债表有关项目与销售额关系的基础上,根据市场调查和销售预测取得的资料,确定资产、负债和所有者权益的有关项目占销售额的百分比,然后依据计划及销售额及假定不变的百分比关系预测计划及资金需求量的一种方法。

采用这种方法就是根据资金各个项目与销售额之间的依存关系,按照预测期销售额的增长情况来预测需要相应追加多少资金。具体的计算方法有两种:一种是根据销售总额预计资产、负债和所有者权益的总额,然后确定追加资金需要量;另一种是根据销售增加额预计资产、负债和所有者权益的增加额,然后确定追加资金需要量。

【**实务例题 6-4**】 M 企业 20×0 年销售收入 1.2 亿元,净利润 480 万元,股利发放率 50%,厂房设备利用已呈饱和状态。该企业 20×0 年度简化的资产负债表如表 5-4 所示。

表 5-4 资产负债表

20×0 年 12 月 31 日 单位:万元

资产		负债	
货币资金	120	应付账款	600
应收账款	400	应交税费	300
存货	2 600	长期负债	1 310
固定资产净额	4 800	股本	5 400
无形资产	40	留存收益	350
资产总计	7 960	负债和所有者权益合计	7 960

如果该企业 20×1 年销售收入增至 1.5 亿元,销售净利率与 20×0 年相同,该企业仍按 20×0 年股利发放率支付股利。请预测该企业 20×1 年需要追加的资金数额。

[分析] (1) 根据销售总额确定资金追加量。

第一步,确定销售百分比。

资产项目的销售百分比=(120+400+2 600+4 800)/12 000=7 920/12 000=66%

负债项目的销售百分比=(600+300)/12 000=900/12 000=7.5%

这一步骤的关键是将资产负债表中预计随销售额变动而变动的项目分离出来,即区分直接随销售额变动的资产、负债项目与不随销售额变动的资产、负债项目。不同企业销售额的变动引起资产、负债变化的项目及比率是不同的,需要根据历史数据逐项研究决定。就本例而言,资产项目除无形资产外,负债项目除长期负债外,其余都随销售额变动而变动。

第二步,计算预计销售额下的资产和负债。

预计资产=预计销售额×资产项目的销售百分比+不随销售额变动的资产项目的金额

预计资产=15 000×66%+40=9 940(万元)

预计不增加借款情况下的负债=15 000×7.5%+1 310=2 435(万元)

第三步,预计留存收益增加额。

留存收益是企业内部融资来源。只要企业有盈利,并且不是全部支付股利,留存收益会使所有者权益自然增长。留存收益可以满足或部分满足企业的资金需求。这部分资金的多少、取决于收益的多少和股利支付率的高低。

留存收益增加额=预计销售额×计划销售净利率×(1-股利支付率)
=15 000×(480/12 000)×(1-50%)=300(万元)

第四步,计算追加资金需要量。

追加资金需要量=预计资产-预计负债-预计所有者权益
=9 940-2 435-(5 400+350+300)
=1 455(万元)

(2) 根据销售增加额确定追加资金需要量。

追加资金需要量=资产增加-负债自然增加-留存收益增加
=(新增销售额×资产项目的销售百分比)-(新增销售额
×负债项目的销售百分比)-预计销售额×计划销售净利率
×(1-股利支付率)
=(15 000-12 000)×66%-(15 000-12 000)×7.5%
-15 000×(480/12 000)×(1-50%)
=1 455(万元)

在实际工作中,运用销售百分比法进行资金需要量预测时,应充分重视市场价格因素以及资产实际运营状况的影响,有必要根据企业内外各种因素的影响对预测结果做出修正,以提高预测的准确性。

第六章 预测分析

(二) 因素分析法

$$资金需要量＝(基期资金平均占用额－不合理资金占用额)×(1±预测期销售增长率)×(1±预测期资金周转速度增长率)$$

式中,如果预测期销售增加,则用(1+预测期销售增长率);反之用"－"。如果预测期资金周转速度加快,则应用(1－预测期资金周转速度增长率);反之用"+"。

【**实务例题6-5**】 M企业20×0年度资金平均占用额为4 500万元,其中不合理部分占15%,预计20×1年销售增长率为20%,资金周转速度不变,要求:采用因素分析法预测20×1年度的资金需求量。

[分析] 资金需要量＝(4 500－4 500×15%)×(1+20%)×(1－0)＝4 590(万元)

(三) 资金习性法

所谓资金习性,是指资金占用量与产品产销售量之间的依存关系。按照这种关系,可将占用资金区分为不变资金、变动资金、半变动资金。

不变资金是指在一定的产销规模内不随产量(或销售量)变动的资金,主要包括为维持经营活动展开而占用的最低数额的现金、原材料的保险储备、必要的成品储备和厂房、机器设备等固定资产占用的资金。

变动资金是指随产销售量变动而同比例变动的资金,一般包括在最低储备以外的现金、存货、应收账款等所占用的资金。

半变动资金是指虽受产销售量变动的影响,但不成同比例变动的资金,如一些辅助材料占用的资金等,半变动资金可采用一定的方法划分为不变资金和变动资金两部分。

本 章 小 结

预测分析是企业决策的重要依据,预测分析方法有定性与定量两类,应用在销售预测、成本预测、利润预测和资金需求量预测等方面。企业应合理选择预测方法,提高预测的准确性和决策的科学性。

简答论述

1. 定量分析和定性分析两类方法的特点是什么?"定量分析方法一定优于定性分析方法",这一认识对吗? 试简要分析。
2. 销售预测方法有哪些? 各有何特点?
3. 资金需求量预测有何意义?

不定项选择题

1. 下列属于定性分析法的有（　　）。
   A. 德尔菲法　　　　　　　　　　B. 平滑指数法
   C. 回归分析法　　　　　　　　　D. 调查分析法
2. 一般来说,资产项目中不随销售收入变化而变化的项目有（　　）。
   A. 货币资金　　B. 应收账款　　C. 存货　　D. 无形资产
3. 平滑指数法实质上属于（　　）。
   A. 算术平均法　　　　　　　　　B. 因果预测分析法
   C. 趋势外推分析法　　　　　　　D. 特殊的加权平均法
4. 已知上年利润为20万元,下一年的经营杠杆系数为1.8,预计销售量变动率为20%,则下一年利润预测额为（　　）万元。
   A. 20　　　　B. 24.4　　　　C. 27.2　　　　D. 36
5. 经营杠杆系数通过下列（　　）公式计算。
   A. 利润变动率/业务量变动率　　　B. 业务量变动率/利润变动率
   C. 基期贡献边际/基期利润　　　　D. 基期利润/基期贡献边际

参考答案

1. AD　2. D　3. CD　4. C　5. AC

道德问题思考

M经理放弃新项目

　　双创集团设有六个分部,专门从事服饰用品的生产,护发用品分部是其中之一。总部根据分部的成本利润率对其进行考核和奖励。只有成本利润率最高的分部经理才能获得奖金并得到提升的机会。护发用品分部的M经理一直表现突出,在过去的两年里,他的分部的成本利润率都是最高的。去年该分部的净利润为256万元,而平均营业资产为1 600万元。M经理对分部的业绩很满意,而且他已得知,如果今年能再创佳绩,自己将被提升到总部工作。

　　分部今年可获得的经营资本预算额为150万元。企业要求所有的项目必须有9%以上的利润率。经过认真论证,该分部的营销和工程人员建议他将可获得的资本用于烫发夹的生产,该产品以前未进行生产。其生产设备估计将投入120万元,而产品每年预计能带来15.6万元的利润。听取并研究了这项建议后,M经理否定了这个新项目。接着,他向总部提交了一份报告,说明他的分部在8至10个月内不须追加资本;同时指出,在年底分部的营销和工程人员将研究出新项目,届时他将申请追加资本。

请思考：

1. 解释 M 经理放弃新的项目的原因。列示有关计算过程进行说明。
2. 新项目对企业整体的利润有何影响？分部是否该进行这个项目？
3. 考虑 M 经理的行为动机，他的行为是否恰当？

创新创业案例

实际销量与预测销量为何会大相径庭？

双创童装公司近年来生产销售连年稳定增长。谁料公司主管 M 经理近日却在为产品推销、资金搁置大伤脑筋。原来，年初公司设计了一批童装新品种，有男童的香槟衫、迎春衫，女童的飞燕衫、如意衫等。借鉴成人服装的镶、拼、滚、切等工艺，在色彩和式样上体现了儿童的特点，活泼、雅致、漂亮。由于工艺比原来复杂，成本较高，价格比普通童装高出 80% 以上，比如一件香槟衫的售价在 160 元左右。为了摸清这批新产品的市场吸引力如何，在春节前夕公司与大卖场联合举办了"新颖童装迎春展销"，小批量投放市场十分成功，柜台前顾客拥挤，购买踊跃，一片赞誉声。许多商家主动上门订货。连续几天亲临柜台观察消费者反映的 M 经理，看在眼里，喜在心上。不由想到，"现在家长为了能把孩子打扮得漂漂亮亮的，谁不舍得花些钱？只要货色好，价格高些看来没问题"，决心趁热打铁，尽快组织批量生产，及时抢占市场。

为了确定计划生产量，以便安排以后的月份生产，M 经理根据去年以来的月销售统计数，运用加权移动平均法，计算出以后月份预测数，考虑到这次展销会的热销场面，他决定按生产能力的 70% 安排新品种，30% 为老品种。二月份的产品很快就被订购完了。然而，现在已是四月初了，三月份的产品还没有落实销路。询问了几家老客户，他们反映有难处，原以为新品种童装十分好销，谁知二月份订购的那批货，卖了一个多月还未卖出三分之一，他们现在既没有能力也不愿意继续订购这类童装。对市场上出现的近 180 度大转弯的需求变化，M 经理感到十分纳闷。他弄不明白，这些新品种都经过试销，自己亲自参加市场调研和预测，为什么会事与愿违呢？

请思考：

1. 你认为双创童装公司产品滞销的问题出在哪里？
2. 为什么市场的实际发展状况会与 M 经理市场调查与预测的结论大相径庭？

第七章　短期经营决策

 思政导语

习近平总书记提出中国经济在"战略上坚持持久战""战术上打好歼灭战"。对于歼灭战的精要,"必须突出重点、聚焦问题"。市场犹如战场,企业要在激烈的市场竞争中取得优势,必须重视战略与战术的运用,找准问题,科学分析,合理决策。

 学习目标

- 了解短期经营决策的意义和重要作用
- 理解相关成本的概念和种类
- 掌握确定性短期经营决策的常用方法
- 理解定价决策方法

情境案例

纳威司达公司(Navistar)的相关决策

美国卡车制造商 Navistar 公司成立于 1902 年,一百多年后的今天,这家公司已经闻名世界,为各地不同的客户生产各种车辆和电子产品,包括公交车、拖拉机、军用车辆和卡车。

Navistar 公司运用相关分析决定是扩大其卡车配厂的车轴产量,还是将追加的车轴生产要求承包给外部的供应商。在进行分析之前,Navistar 公司的管理会计必须确定所有相关因素,包括定性因素和定量因素,以及这些因素的影响。有些因素相对容易被识别和测量,如自制追加的车轴需要的人工成本或者增加的生产空间成本;而其他因素则使内部生产分析变得更为复杂,如消除因自制的车轴可能带来的生产瓶颈问题。

此外,如果公司决定自制追加的车轴,它将需要大量的、与其生产能力相关的资本

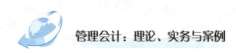

支出，这将带来一定的危险，因为目前这种追加的车轴需求可能不会长期持续下去。在这种情形下，额外的生产容量会使公司产生损失，因为不能取得额外的收入来支付这些成本。同时，如果外包这些追加的车轴产量，公司必须确保它的新车轴厂应与加拿大汽车工人联合会合作，以减少外包对Navistar公司现有劳动力协议的影响，此外，公司还要培训供应商按其紧张的日程安排提供零部件和半成品。对于Navistar公司来说，这项培训费用也是一项大的外包成本。

第一节　经营决策概述

企业在日常的生产经营活动中，无时无刻不在进行着与生产经营活动有关的决策，在市场竞争非常激烈的今天，一个企业决策的对错直接关系到企业经营的成败。

一、决策的概念与意义

1. 决策的概念

决策就是在充分考虑各种可能的前提下，人们基于对客观规律的认识，对未来实践的方向、目标、原则和方法做出决定的过程。

管理会计中的经营决策分析是指：为实现企业的预定目标，在科学预测的基础上，结合企业内部条件和外部环境，对与企业未来经营战略、方针或措施有关的各种备选方案进行成本效益分析的过程。

2. 决策分析的意义

决策是现代企业管理的关键和核心，管理的重心在经营，经营的重心在决策。能否制定正确的经营决策，关系到企业经济效益的好坏甚至成败盛衰，更严重的会影响整个国民经济建设的顺利进行。企业的管理层在生产经营过程中每天都在做出或正或误的决策，正确的决策能引导企业走向良性发展，而错误的决策往往会给企业造成不必要的损失，使企业财务状况不断恶化甚至危及企业的生存。所以，对企业经营过程中的问题进行正确决策，是企业顺利有效地开展生产经营活动的前提和基础。

从管理会计角度来看，决策在管理会计的预测、决策、控制、考核中占有极其重要的地位。管理会计的工作重心是面向未来，而决策是事先做出的抉择，因此决策理论和方法是管理会计的核心内容。这种决策不是依靠个人经验和主观判断制定出来的，而是根据多方信息，采取科学的决策分析方法，通过周密的计算与分析，全面衡量得失后做出的最佳选择，因而具有较高的科学性和可靠性。这对促进企业改善经营管理，提高经济效益起着积极的推动作用。

二、决策的种类

决策分析贯穿于生产经营的始终,涉及的内容比较多,按照不同的标准可将其分为若干不同的种类。

(一) 按决策规划时期的长短分类

按此分类,决策可分为短期决策与长期决策。

1. 短期决策

短期决策一般是指在一个营运年度或营运周期内能够实现其目标的决策,主要包括生产决策和定价决策等内容。例如,产品零部件自制或外购的决策,产品品种最优组合的决策,亏损产品停产或转产的决策等。

短期决策一般不涉及大量资金的投入,且时间短、见效快,一般不考虑货币的时间价值,因而又称为战术性决策。

2. 长期决策

长期决策是指在较长时期内(超过一年)才能实现的决策。例如,固定资产的购置决策,更新改造固定资产决策,新产品开发方案决策,扩大生产能力、生产规模决策等。

长期决策涉及企业未来的发展方向,一般需投入大量资金,且时间长、见效慢,往往依靠企业外部的资金来源,需考虑货币的时间价值,因而又称为战略性决策。

(二) 按决策条件的肯定程度划分

按此分类,决策可分为确定型决策,风险型决策和不确定型决策。

1. 确定型决策

这类决策所涉及的各种备选方案的各项条件都是已知的,且一个方案只有一个确定的结果。这类决策比较容易,只要进行比较分析即可。例如,企业手头的一笔钱不论是存入银行还是投资证券,其结果都会取得收益,这时只需比较收益大小即可做出决策。通常对这类决策的选择标准是最大限度地满足预期目的,如利润最大、成本最低、质量最好等。

2. 风险型决策

这类决策所涉及的备选方案的各项条件虽然是已知的,但表现出若干种变动趋势,每一方案的执行都会出现两种或两种以上的不同结果,可以依据有关数据通过预测来确定其客观概率。这类决策由于结果的不唯一性,存在一定的风险。例如,企业下年度的单位变动成本可能是 10 元,也可能是 9 元,或者 11 元,其概率分别是 0.7、0.2、0.1,这时就需要运用一定的数学方法按照事先确定的决策标准求得最佳方案。由于结果的不唯一性,这类决策方案实施的结果通常不能完全符合实际情况。

3. 不确定型决策

与风险型决策不同,这类决策所涉及的各种备选方案的各项条件只能以决策者的经验判断确定的主观概率作为依据。做出这类决策难度较大,需要决策人员具有较高的理论知识水平和丰富的实践经验,并根据大量调查研究的资料,经过分析来确定采用的决策标准,然后才能根据经验做出决策。

(三) 按决策解决的问题分类

以此分类,可将决策分为生产决策、定价决策、建设项目决策、新增固定资产决策和更新改造决策等。

决策除按上述标准进行分类外,还可按其他标准进行分类,如按决策者所处的管理层次不同,可分为高层决策、中层决策和基层决策;按决策的侧重点不同,可分为计划决策与控制决策;按决策出现的频率不同,可分为程序性决策和非程序性决策等。

研究决策的分类,是为了从各个不同的侧面认识决策。不同类别的决策常相互联系,如短期决策通常属于战术决策,它往往是由中层管理者做出的决策,但有时这类决策也涉及战略问题。

三、决策分析的一般程序

决策是一个提出问题、分析问题并解决问题的复杂过程,在这一过程中怎样利用相关信息资料,依据正确的决策标准确定最优方案,是决策者考虑的核心问题。决策通常按以下程序进行。

(一) 确定经营目标

确定经营目标应以发现并明确经营问题为前提,企业处于不停的运转之中,需要决策的经营问题是很多的。经营目标的制定应尽量做到定量化、具体化,这样有利于进行具体的定量分析。例如,企业扩大生产应采取哪种途径,扩大销售的数额为多少,单位变动成本要降低多少,盈亏临界点是多少。这些最好有明确的量化目标,使许多模糊不清的整体目标变为详细、具体并便于分析的目标。

(二) 提出备选方案

确定经营目标后,要有针对性地提出解决问题的各种可供选择的方案,以便从中优选。备选方案的提出,一般要经过形成基本设想,做出初步方案,最后形成备选方案的反复修改的过程。在这个过程中,应充分体现解放思想、鼓励创新和集思广益的精神。备选方案提出后,要深入分析,淘汰不可行的方案,选出可行方案。

(三) 收集相关的信息资料

备选方案确定后,要收集诸如成本、收入、利润、产量、价格等多种与之相关的信息资料。与企业经营、投资决策相关的资料是非常广泛的,可以广泛收集,比如人力资源、技术、资金、人口、市场等方面,只要相关均可集中起来运用。同时对这些资料有针对性地使用,避免不相关的信息阻碍决策者对目标的透视。

(四)对备选方案进行评价

利用收集到的信息资料,对其进行整理、分析、计算,逐个对备选方案进行评价。例如,产品的零部件是自制还是外购,可以利用收集到的自制与外购的成本费用资料,与其相关的收入相比较,考察各方案的得失,以便决策者据以做出最佳选择。通常,评价时可结合构造的模型,采用科学、系统的方法对各方案从技术上的先进性、经济上的合理性和客观条件的可行性出发,进行正确可靠的评价。

(五)考虑非计量因素的影响

对于备选方案的评价,首先按照可计量因素进行优劣排序,但许多非计量因素对方案的影响不容忽视,这些非计量因素的范围相当广泛,而且在不同时期表现无规律,如国际国内经济政治形势的变化、消费者心理和消费结构改变、企业信誉状况、时效和季节等。所以决策者应将定量分析与定性分析结合起来,综合考虑有关因素,除了科学的计算分析,还要凭借一定的经验和判断能力,权衡得失利弊,最终做出合理而正确的决策。

(六)选择最优方案

这一步骤是决策的最终目的。在上述考虑计量和非计量因素的基础上,将各种备选方案进行比较,权衡得失,从中选出最理想的方案。这种理想是相对而言的,只要选择的方案是所有备选方案中相对最好的,那么做出的决策就是最优决策。

(七)组织决策方案实施,跟踪反馈

选择最优方案并不是决策的终点。从控制的角度来讲,决策是一个循环往复的过程,在实施方案时,要不断地发现问题,并反馈到原来的方案上,不断改进,反复决策。实施方案时,现实中的条件并不会与评价方案时的条件完全一致,常常会发生一些未预测到的情况,加之人为判断也可能出错,所以在执行过程中会有许多方面不尽如人意。这些信息反馈回来,就可使决策者审时度势,重新建立模型进入下一轮的决策循环,从而不断完善决策机制,力争获得最佳经济效益。

第二节 与决策有关的成本概念

成本作为评价经营决策方案优劣程度的一个重要依据,根据与决策方案的相关性,可以分为相关成本和无关成本。

一、相关成本(relevant cost)

又称有关成本,是指与特定决策方案相联系的、能对决策产生重大影响的、在短期经营决策中必须予以充分考虑的成本。如果某项成本只属于某个经营决策方案,即若

这个方案存在就会发生这种成本,若该方案不存在就不会发生这项成本,那么,这项成本就是相关成本。相关成本包括增量成本、边际成本、机会成本、估算成本、重置成本、付现成本、专属成本、加工成本、可分成本、可延缓成本和可避免成本等。

(一) 增量成本(incremental cost)

增量成本又称狭义的差量成本,是指单一决策方案,由于生产能力利用程度的不同而表现在成本方面的差额。在一定条件下,某一决策方案的增量成本就是该方案的相关变动成本,即等于该方案的单位变动成本与相关业务量的乘积。

在短期经营决策的生产决策中,增量成本是较为常见的相关成本。如在亏损产品是否停产、是否转产或增产某种产品、是否接受特殊价格追加订货等决策中,最基本的相关成本就是增量成本。

(二) 边际成本(marginal cost)

经济学中的边际成本,是指成本对业务量无限小变化的变动部分,在数学上可用成本函数的一阶导数来实现。但在实际经济生活中业务量无限小的变化是相对的,只能小到一个经济单位(如一批、一只、一件等)。因此,在管理会计中,边际成本是指当业务量以一个最小经济单位变动时所引起的成本差量。在相关范围内,增量成本、单位变动成本和边际成本的概念内涵大体一致。

(三) 机会成本(opportunity cost)

决策时从多种可供选择的方案中选取一种最优方案,必须有一些次优以至更差的方案被放弃。基于这种情况,应把已放弃的次优方案可能取得的利益看作是被选取的最优方案的机会成本。因为企业一定的经济资源,在一定时空条件下又总是相对有限的,用在某一方面,就不能同时用在另一方面,有所得,也一定有所失。只有把已失去的"机会"可能产生的效果也考虑进去,才能对最优方案的最终效果进行全面的评价,但由于机会成本并非构成企业的实际支出,所以在财务会计实务中对机会成本并不在任何会计账户中予以登记。

(四) 估算成本(imputed cost)

估算成本又称假计成本,是机会成本的特殊形式,凡是需要经过假定推断才能确定的机会成本就是估算成本。估算成本的典型形式就是利息。如在货币资金使用的决策中,不论该项资金是借入的还是自有的,也不管其是否真的存入银行,均可将可能取得的存款利息视为该项资金的机会成本,这种假设存在的利息就属于估算成本。

(五) 重置成本(replacement cost)

重置成本是指目前从市场上重新取得某项现有资产所需支付的成本。在短期经营决策的定价决策以及长期投资决策的以新设备替换旧设备的决策中,需要考虑以重置成本作为相关成本。

(六) 付现成本(outlay cost)

付现成本又称现金支出成本。在进行短期经营决策时,付现成本就是动用现金支付的有关成本。当资金紧张时,特别要把现金支出成本作为考虑的重点。在某些情况下,管理部门宁可用现金支出成本最少的方案来取代总成本最低的方案。

案例分析

房贷还款方式怎么选,等额本金还是等额本息?

辛辛苦苦存了首付贷款买房,买完房后一切就安定了?或许你还会栽在还款方式这个问题上。银行还款方式分为等额本金法和等额本息法,很多小白看得一头雾水,就会征求银行工作人员或者售楼人员的建议,通常他们就会建议你采取等额本息的方式还款。简单地说,等额本息就是每月的还款数额一样,一部分拿去还利息,一部分拿去还本金;等额本金就是每月需要还的本金一样,由于本金逐渐减少,利息也会逐渐减少。

还是很懵?举个例子来说明:如果贷款 1 000 000,选择 20 年还清,年利率 6.15%,则月利率为 0.5125%。

采取等额本金,则月还款本金为:1 000 000/240 个月,即每月为 4 167 元。(1)第一个月还款利息为:1 000 000×0.5125%=5 125 元,则第一个月的实际还款额为 4 167+5 125=9 625 元。(2)第二个月剩余本金为 1 000 000−4 167=995 833 元,则第二个月要还的利息为:995 833×0.5125%=5 103.64 元,则第二个月的实际还款额为 4 167+5 103.64=9 270.64 元。以此类推,20 年共还款约 161.7 万元,共支付利息 61.7 万元。

采取等额本息,则每月还款额(含本、息)为 7 251.12 元。(1)第一个月计算出的利息同样为 5 125 元,第一个月只归还了本金 7 251.12−5 125=2 126.12 元;(2)第二个月计息的基础是上个月的本金余额,即 1 000 000−2 126.12=997 873.8 元,则第二个月应还的利息是 5 114.10 元,即第二个月归还的本金为 2 137.01 元。以此类推,20 年共还款约 174 万元,共支付利息 74 万元。总的来算,等额本息比等额本金多付 12.3 万元。

那么,这是否意味着等额本金比等额本息还款方式总成本最低、最划算?不能简单地下结论。等额本金前期付现成本较高,但后期还款压力小;而对于想要利用资金做一些能超出银行借款利息的回报的借款人,采取等额本息则更适合,因为前期付现成本较低,能让本金在手中多停留一会,发挥资金边际使用效益。

(资料来源:https://www.sohu.com/a/138911493_791925)

(七) 专属成本(dedicated cost)

专属成本是指那些能够明确归属于特定决策方案的固定成本或混合成本。它往往是为了弥补生产能力不足的缺陷,增加有关装置、设备、工具等长期资产而发生的。专属成本的确认与取得上述装置、设备、工具的方式有关。若采用租入方式,则专属成本就是与此相关联的租金成本;若采用购买方式,则专属成本的确认还必须考虑有关装置、设备、工具本身的性质;如果取得的装备等是专用的,即只能用于特定方案,则专属成本就是这些装备的全部取得成本;如果取得的装备等是通用的,则专属成本就是与使用这些装备有关的主要使用成本(如折旧费、摊销费等)。

(八) 加工成本(conversion cost)

加工成本是指在半成品是否深加工决策中必须考虑的,由于对半成品进行深加工而追加发生的变动成本。它的计算通常要考虑单位加工成本与相关的深加工业务量两大因素。至于深加工所需要的固定成本,在经营决策中应当列作专属成本。

(九) 可分成本(separable cost)

可分成本是指在联产品或半成品的生产决策中,对于已经分离的联产品或已经产出的半成品进行深加工而追加发生的成本。联产品在分离点之后或半成品在产出后,有些需要进一步加工后才能出售,有些则既可以直接对外销售,也可以进一步加工后出售。可分成本就是进一步加工方案必须考虑的相关成本。

(十) 可延缓成本(deferrable cost)

可延缓成本又称可递延成本,是指管理部门已决定要实施某方案,但若这一方案推迟实施,对目前的经营活动并不会产生较大的不利影响,那么,与该方案有关的成本即称为可延缓成本。即在短期经营决策中对其暂缓开支不会对企业未来的生产经营产生重大不利影响的那部分成本。如广告费、培训费、职工培训费、管理人员奖金、研究开发费等。可延缓成本是决策中必须考虑的相关成本。

(十一) 可避免成本(avoidable cost)

可避免成本是指如果选择某个特定方案就可以消除的成本。例如酌量性成本属于可避免成本。可避免成本通常用于决定是否停止某产品的生产或终止某部门的经营业务等的决策。如果采纳该方案,有些成本就不会再继续发生,因而可以消除;如果不采纳该方案,则这些成本还会继续发生,这类成本也称为可避免成本。

二、无关成本(irrelevant cost)

与相关成本相对立的概念是无关成本。凡不受决策结果影响,与决策关系不大,已经发生或注定要发生的成本即为无关成本。无关成本主要包括沉没成本、共同成本、联合成本、不可延缓成本和不可避免成本等。

(一) 沉没成本(sunk cost)

沉没成本又称沉入成本或旁置成本,是指由于过去决策结果而引起并已经实际支付过款项的成本。企业大多数固定成本(尤其是其中的固定资产折旧费、无形资产摊销费)均属于沉没成本。值得强调的是,并不是所有的固定成本或折旧费都属于沉没成本,如与决策方案有关的新增固定资产的折旧费就属于相关成本。另外,某些变动成本也属于沉没成本,如在半成品是否深加工的决策中,半成品本身的固定成本和变动成本均为沉没成本。

(二) 共同成本(common cost)

与专属成本相对应的成本,是指应当由多个方案共同负担的注定要发生的固定成本或混合成本。由于它的发生与特定方案的选择无关,因此,在决策中可以不予以考虑,也属于比较典型的无关成本。

(三) 联合成本(joint cost)

与可分成本相对应的成本,是指在未分离前的联产品生产过程中发生的、应由所有联产共同负担的成本。

(四) 不可延缓成本(undeferrable cost)

与可延缓成本相对应的成本,是指在短期经营决策中若对其暂缓开支就会对企业未来的生产经营产生重大不利影响的那部分成本。由于不可延缓成本具有较强的刚性,马上就要发生,所以必须保证对它的支付,没有什么选择的余地。

(五) 不可避免成本(unavoidable cost)

与可避免成本相对应的成本,是指在短期经营决策中若削减其开支就会对企业未来的生产经营产生重大不利影响的那部分成本。约束性成本属于不可避免成本。

第三节 经营决策分析的常用方法

经营决策主要是一年以内的生产经营决策,它与长期决策的最大区别在于不考虑货币的时间价值,因此,经营决策的分析评价总是直接或间接地计算不同方案的差量收入和差量成本,确定差量收益,从而做出理想的决策。从实际工作来看,常用的决策方法有差量分析法、边际贡献分析法、成本无差别点分析法。

一、差量分析法

差量分析法又称为差别损益法,是指在决策过程中分析两个备选方案的相关收入和相关成本,在确定差量收入和差量成本的基础上,计算两个方案的差量损益,据以判断方案优劣的一种方法。

差量收入是一个备选方案的预期收入与另一个备选方案的预期收入的差额。差量成本是一个备选方案的预期成本与另一个备选方案的预期成本的差额。差量损益,是指差量收入与差量成本之间的差额。

如果差量收入大于差量成本,即差量损益为正数,则前一个方案是较优的;反之,如果差量收入小于差量成本,即差量损益为负数,则后一个方案是较优的。

【**实务例题 7-1**】 M 企业现有生产规模可加工 A 产品和 B 产品,这两种产品的预期销售量、销售单价和单位变动成本,如表 7-1 所示。

表 7-1 预期销售量、销售单价和单位变动成本

项 目	加工 A 产品	加工 B 产品
预期销售量/件	1 500	1 000
预期销售单价/元	11	15
预期单位变动成本/元	6	8

试根据上述资料做出选择生产 A 产品还是 B 产品的有利决策。

解:利用差量分析法进行计算。

(1) 计算差量收入。

加工 A 产品与加工 B 产品的差量收入 = 1 500×11 − 1 000×15 = 1 500(元)

(2) 计算差量成本。

加工 A 产品与加工 B 产品的差量成本 = 1 500×6 − 1 000×8 = 1 000(元)

(3) 计算差量损益。

加工 A 产品与加工 B 产品的差量损益 = 1 500 − 1 000 = 500(元)

(4) 评价。根据上述结果,发现生产 A 产品比生产 B 产品多获利 500 元,应该选择生产 A 产品。

差异分析法广泛应用于各种经营决策,如企业选择出售半成品还是出售产成品,产品零件自制还是外购等。对于只有两个备选方案的决策,运用差量分析法比较简单。如果有两个以上的方案,分析评价的过程就比较麻烦,工作量较大,因此对于多个备选方案的决策可结合运用其他分析方法。此外,由于此种方法需要以各个有关方案的相关收入和相关成本作为基本数据,因此一旦相关收入和相关成本的内容界定得不准确、不完整,就会直接影响决策质量。

二、边际贡献分析法

在短期经营决策中,由于一般不改变生产能力,则固定成本保持不变,因而只要对产品所创造的边际贡献进行分析,就可确定哪个备选方案最优,即所谓边际贡献法。

边际贡献法又可进一步分为单位资源边际贡献法、边际贡献总额分析法、相关损益分析法及相关成本分析法。

(一) 单位资源边际贡献法

单位资源边际贡献法是指以有关方案的单位资源贡献边际指标作为决策评价指标

的一种方法。当企业生产只受到某一项资源（如某种原材料、人工工时或机器台时等）的约束，并已知备选方案中各种产品的单位贡献边际和单位产品资源消耗额（如材料消耗定额、工时定额）的条件下，可按下式计算单位资源所能创造的贡献边际指标，并以此作为决策评价指标。

$$单位资源边际贡献＝单位边际贡献/单位产品的资源消耗定额$$

单位资源边际贡献是个正指标，根据它做出决策的判断标准是：哪个方案的该项指标大，哪个方案为优。

单位资源边际贡献法经常被应用于生产经营决策中的互斥方案决策，如新产品开发的品种决策。

（二）边际贡献总额分析法

边际贡献总额分析法是指以有关方案的边际贡献总额指标作为决策评价指标的一种方法。当有关决策方案的相关收入不为零，相关成本全部为变动成本，可以将边际贡献总额作为决策评价指标。

边际贡献总额是一个正指标。根据它做出决策的判断标准是：哪个方案的该项指标大，哪个方案为优。边际贡献总额分析法经常被应用于生产经营决策中不涉及专属成本和机会成本的单一方案决策或多方案决策中的互斥方案决策，如亏损产品决策。

（三）相关损益分析法

相关损益分析法是指在进行短期经营决策时，以相关损益指标作为决策评价指标的一种方法。某方案的相关损益是指该方案相关收入与相关成本之差。

相关损益分析法是边际贡献分析法的一种特例，当决策方案中设计追加专属成本时，就无法继续使用单位资源边际贡献或边际贡献总额指标，而应该使用相关损益指标，相关损益也是一种增量的边际贡献。

相关损益分析法通常也需要编制相关损益分析表，如表 7-2 所示。

表 7-2 相关损益分析表

项　目	A 方案	B 方案
相关收入	R_A	R_B
相关成本	C_A	C_B
相关损益	P_A	P_B

相关损益指标是个正指标，根据它做出决策的判断标准是：哪个方案的相关损益最大，哪个方案最优。此种方法比较科学、简单、实用，但一旦各有关方案的相关收入、相关成本的内容确定得不合适，便会影响决策质量，甚至会得出错误结论。因此，必须细致地进行相关分析。另外，对于两个以上的互斥方案只能逐次应用此法，筛选择优。

（四）相关成本分析法

相关成本分析法是指在短期经营决策中，当各备选方案的相关收入均为零时，通过比较各方案的相关成本指标,做出方案选择的一种方法。该方法实质上是相关损益分析法的特殊形式。

相关成本是一个负指标,根据它做出决策的判断标准是:哪个方案的相关成本最低,哪个方案最优。

相关成本分析法也可以通过编制相关成本分析表进行决策,其格式如表7-3所示。

表7-3 相关成本分析表

项 目	A方案	B方案
增量成本	C_{A1}	C_{B1}
机会成本	C_{A2}	C_{B2}
专属成本	C_{A3}	C_{B3}
相关成本合计	$\sum C_A$	$\sum C_B$

三、成本无差别点分析法

成本无差别点分析法是指在各备选方案的相关收入均为零,相关的业务量为不确定因素时,通过判断不同水平上的业务量与无差别业务量之间的关系,来做出互斥方案决策的一种方法。

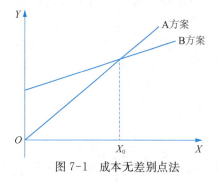

图7-1 成本无差别点法

成本无差别点是指在该业务量水平上两个不同方案的总成本相等,但当高于或低于该业务量水平时,不同方案就具有不同的业务量优势区域。通过应用于业务量不确定的零部件取得方式的决策和生产工艺技术方案的决策,选取成本最低的方案。

成本无差别点分析法要求各方案的业务量单位必须相同,不同方案的成本曲线存在唯一的交点,否则无法运用该法。如图7-1所示。

成本无差别点分析法的业务量是指能使两方案总成本相等的业务量,记作X_0。

设A方案的成本为:$Y_1 = a_1 + b_1 X$

B方案的成本为:$Y_2 = a_2 + b_2 X$

令

$$Y_1 = Y_2$$
$$a_1 + b_1 X = a_2 + b_2 X$$

解得成本平衡点:$X_0 = \dfrac{a_1 - a_2}{b_2 - b_1}$

当业务量$X > X_0$时,则固定成本较低的B方案优于A方案;

当业务量 $X < X_0$ 时,则固定成本较低的 A 方案优于 B 方案;
当业务量 $X = X_0$ 时,则两方案的成本相等,效益无差别。

第四节 生产决策分析

生产决策是经营决策的一项重要内容,在生产领域中,围绕是否生产、生产什么、怎么生产以及生产多少等方面而展开。具体包括新产品投产的决策分析,亏损产品是否停产或转产,零部件自制还是外购,联产品是否需要进一步加工,是否接受特殊价格追加定价等问题。

一、新产品投产的决策分析

如果企业有剩余的生产能力可供使用,在有几种新产品可供选择而每种新产品都不需要增加专属固定成本时,应选择提供边际贡献总额最多的方案。

【实务例题 7-2】 M 企业现有 A、B 两种新产品可投入生产,但剩余生产能力有限,只能生产一种新产品,两种产品的资料如表 7-4 和表 7-5 所示。

表 7-4　A、B 两种产品相关资料

产品	销售量/件	售价/元	单位变动成本/元	固定成本总额/元
A 产品	300	60	30	8 000
B 产品	400	45	20	8 000

表 7-5　边际贡献总额计算表

项　目	A 产品	B 产品
销售量/件	300	400
售价/元	60	45
单位变动成本/元	30	20
单位边际贡献/元	30	25
边际贡献总额/元	9 000	10 000

以上计算表明,在固定成本不变的情况下,B 产品的边际贡献总额比 A 产品的边际贡献总额高 1 000 元,因此,生产 B 产品优于 A 产品。

二、亏损产品是否停产或转产的决策

当企业的一个部门或一种产品处于亏损经营时,管理者就应当考虑是否停产的问题。但是对于亏损产品绝对不能简单地予以停产,而应该综合考虑企业各种产品的经营状况、生产能力的利用以及变动成本减少对固定成本是否产生影响等有关因素。在此基础上,做出停产、继续生产、转产等最优决策。

【实务例题 7-3】 M 企业本月生产销售 A、B、C 三种产品,有关资料如表 7-6 所示。

表 7-6 A、B、C 三种产品的相关资料

项 目	A 产品	B 产品	C 产品
产销售量/件	2 000	1 000	3 000
销售单价/元	50	80	100
单位变动成本/元	30	60	80
单位产品生产工时/件	15	30	10
固定成本/元	90 000(按各产品生产工时分配)		

年终按完全成本法计算三种产品的损益后,公司经理认为 B 产品为亏损产品,应当停产以增加公司的盈利水平。但如此决定过于草率,以下运用边际贡献分析法做出有关亏损产品是否停产或转产的决定。根据上述资料编制边际贡献和营业利润计算表,如表 7-7 所示。

表 7-7 边际贡献和营业利润计算表 单位:元

项 目	A 产品	B 产品	C 产品	合计
销售收入	100 000	80 000	300 000	480 000
变动成本	60 000	60 000	240 000	360 000
边际贡献	40 000	20 000	60 000	120 000
固定成本	30 000	30 000	30 000	90 000
营业利润	10 000	−10 000	30 000	30 000

其中:

A 产品生产工时 = 2 000 × 15 = 30 000(小时)

B 产品生产工时 = 1 000 × 30 = 30 000(小时)

C 产品生产工时 = 3 000 × 10 = 30 000(小时)

$$固定成本分配率 = \frac{90\,000}{30\,000 + 30\,000 + 30\,000} = 1(元/小时)$$

A 产品负担的固定成本 = 30 000 × 1 = 30 000(元)

B 产品负担的固定成本 = 30 000 × 1 = 30 000(元)

C 产品负担的固定成本 = 30 000 × 1 = 30 000(元)

从表 7-7 可以看出，B 产品全年亏损 10 000 元，为了增加企业盈利，似乎应该停产 B 产品。但是应用边际贡献分析法可以看出，B 产品本身有边际贡献 20 000 元，之所以亏损是因为它分担的固定成本 30 000 元大于其所创造的边际贡献。如果盲目将 B 产品停产，不但不能使企业增加利润反而会使其损失更多利润，损失额相当于该亏损产品所能提供的边际贡献，结果如表 7-8 所示。

表 7-8　边际贡献和营业利润计算表　　　　　　　　　　　单位：元

项　目	A 产品	C 产品	合计
销售收入	100 000	300 000	400 000
变动成本	60 000	240 000	300 000
边际贡献	40 000	60 000	1 000 000
固定成本	45 000	45 000	90 000
营业利润	−5 000	15 000	10 000

由此可见，停止生产 B 产品，企业不但没有增加利润，反而使整个企业的利润减少了 20 000 元，为 B 产品所创造的边际贡献。

由此得出以下结论：

（1）当亏损产品的生产能力无法转移时，只要亏损产品能提供边际贡献就不应当停产。本例中 B 产品提供边际贡献 20 000 元，故不应停产。

（2）如果亏损产品的生产能力可以转移，即亏损产品停产后其闲置下来的生产能力可以转向生产其他产品，只要转产产品所创造的边际贡献大于亏损产品所创造的边际贡献，那么这项转产方案就是可行的。相反，如果转产产品所创造的边际贡献小于亏损产品所创造的边际贡献，就不应当转产而应继续生产亏损产品。

在实际工作中，对于亏损产品是否应当停产的决策，需要考虑许多因素。如亏损产品停产是否对客户关系造成损害，是否对企业产品配套问题造成不利影响。由于钢材涨价，自行车制造厂生产车轮无利可图，但车轮是自行车必不可少的配件，因此必须坚持生产。

三、自制还是外购的决策

对于那些具有机械加工能力的企业而言，常常面临所需零配件是自制还是外购的决策问题。由于所需零配件的数量对自制方案或外购方案都是一样的，因而这类决策通常只需考虑自制方案和外购方案的成本高低，在相同质量并保证及时供货的情况下，就低不就高。

影响自制或外购的因素很多，因而所采用的决策分析方法也不尽相同，但一般都采用增量成本分析法。

(一) 外购不减少固定成本的决策

如果企业可以从市场上买到现在由企业自己生产的某种零配件,而且质量相当,这时一般都会考虑是否停产外购。在由自制转为外购,而且其剩余生产能力不能利用(固定成本并不因停产外购而减少)的情况下:当自制单位变动成本大于购买价格时,应该外购;自制单位变动成本小于外购价格时,应该自制。

【实务例题 7-4】 M 企业生产甲产品每年需要 A 零件 58 000 件,由车间自制时每件成本为 78 元,其中单位变动成本为 60 元,单位固定成本为 18 元。现市场上销售的 A 零件价格为每件 65 元,而且质量更好,保证按时送货上门。该公司应该自制还是外购?

由于自制单位变动成本小于外购单位价格 65 元,所以应选择自制。这时每件 A 零配件的成本降低 5 元,总共降低 290 000 元。但如果停产外购,则自制时所负担的一部分固定成本(外购价格与自制单位成本的差额)将由其他产品负担,此时企业将减少利润:

$$(58\,000 \times 18) - (78 - 65) \times 58\,000 = 2\,990\,000(元)$$

(二) 自制增加固定成本的决策

在企业所需零配件由外购转为自制时需要增加一定的专属固定成本(如购置专用设备而增加的固定成本),或由自制转为外购时可以减少一定的专属固定成本的情况下,自制方案的单位增量成本不仅包括单位变动成本,而且包括单位专属固定成本,因此,当外购增量成本大于自制增量成本,应该自制;反之,应该外购。

【实务例题 7-5】 M 企业每年需要用甲零件 1 000 件,以前一直外购,购买价格每件 9 元。现该公司有无法移作他用的多余生产能力可以用来生产甲零件,但将增加专属固定成本 2 400 元,自制变动成本 6 元。

成本分界点的公式为:

$$成本分界点 = \frac{自制增加的专属固定成本}{购买价格 - 自制单位变动成本}$$

设外购增量成本为 y_1,自制增量成本为 y_2,甲零件的年需求量为 x,则

$$外购增量成本\ y_1 = 9x$$
$$自制增量成本\ y_2 = 2\,400 + 6x$$

外购增量成本与自制增量成本相等时的年需求量,即成本分界点为:

$$9x = 2\,400 + 6x$$
$$x = 800(件)$$

由此,

当年需求量>800 件时,外购增量成本>自制增量成本,应该自制;

当年需求量<800 件时,外购增量成本<自制增量成本,应该外购。

(三) 外购时有租金收入的决策

在零配件外购时,如果出租剩余生产能力能获得租金收入,将自制方案与外购方案对比时,就必须将租金收入作为自制方案的一项机会成本。当自制方案的变动成本与租金收入之和大于外购成本时,应该外购;反之,应该自制。

【实务例题 7-6】 M 企业每年需要 C 零件 5 000 件,若要自制,则自制单位变动成本为 10 元;若要外购,则外购单位价格为 12 元。若外购 C 零件,则腾出来的生产能力可以出租,每年租金收入为 3 200 元。

在计算、比较外购和自制这两个方案的增量成本时,应将租金收入 3 200 元作为自制方案的机会成本,如表 7-9 所示。

表 7-9 增量成本对比表　　　　　　　　　　单位:元

项　目	自制增量成本	外购增量成本
外购成本	—	12×5 000＝60 000
自制变动成本	10×5 000＝50 000	—
外购时租金收入	3 200	—
合计	53 200	60 000
自制收益	60 000－53 200＝6 800	

计算结果表明,选择自制方案有利,比外购方案减少成本 6 800 元。

四、联产品是否需要进一步加工

联产品是指用同一种原料,经过同一个生产过程,生产出两种或两种以上的不同性质和用途的产品。如原油经过炼油厂同一加工过程,从中提炼出汽油、煤油、柴油等联产品。有的联产品可在分离后直接销售,有的则需要在分离后进一步加工后再销售。分离点前发生的成本称为联合成本或共同成本。联产品是否进一步加工不会引起联合成本的变化,因此联合成本属于决策无关成本。联产品在分离后进一步加工而支付的成本称为可分成本。可分成本是决策相关的成本,决策时应予以考虑。如果:

进一步加工后的销售收入－分离后的销售收入>可分成本,应进一步加工;
进一步加工后的销售收入－分离后的销售收入<可分成本,应分离后即出售。

【实务例题 7-7】 M 企业生产的甲产品在继续加工的过程中,可分离出 A、B 两种联产品。甲产品售价 200 元,单位变动成本 140 元。A 产品分离后即予以销售,单位售价 160 元;B 产品单位售价 240 元,可进一步加工成子产品销售,子产品售价 360 元,需追加单位变动成本 62 元。

(1) 分离前的联合成本按 A、B 两种产品的售价分配。

$$A\text{产品分离后的变动成本} = \frac{140}{160+240} \times 160 = 56(元)$$

$$B\text{产品分离后的变动成本} = \frac{140}{160+240} \times 240 = 84(元)$$

(2) 由于 A 产品分离后的售价大于分离后的单位变动成本 160－56＝104 元,故分离后销售是有利的。

(3) B 产品进一步加工成子产品的可分成本为 62 元,进一步加工后的销售收入为 360 元,分离后 B 产品的销售收入为 240 元,则

$$\text{差异收入} = 360 - 240 = 120(元)$$

差异收入大于可分成本 120－62＝58 元,可见,B 产品进一步加工成子产品出售是有利的。

五、是否接受特殊价格追加订货的决策

在企业尚有一定剩余生产能力可以利用的情况下,如果外单位要求以低于正常价格甚至低于计划产量的平均单位成本的特殊价格追加订货,企业是否可考虑接受这种条件苛刻的追加订单,主要应该分以下几种情况考虑。

(一) 只利用剩余生产能力,且剩余生产能力无法转移,也不影响正常销售

当追加订货不冲击正常订货,又不要求追加专属成本而且剩余能力无法转移时,只要特殊订货单的单价大于该产品的单位变动成本,就可以接受该追加订货。此时企业的固定成本已由正常销售的产品负担,则特殊订货带来的边际贡献将全部形成额外利润。

(二) 利用剩余生产能力,且剩余生产能力无法转移,但会减少部分正常销售

若特殊订货会妨碍企业原有计划任务的完成,因而减少部分正常销售,应将因减少正常销售而损失的边际贡献作为追加订货方案的机会成本。当追加订货的边际贡献额足以补偿这部分机会成本且有剩余时,则可以接受订货,即

(特殊订货价格－单位变动成本)×特殊订货数量＞因减少正常销售而损失的边际贡献
特殊订货价格＞单位变动成本＋因减少正常销售而损失的边际贡献/特殊订货数量

(三) 利用剩余生产能力,且剩余生产能力无法转移,但要追加专属成本

若特殊订货要求追加专属成本,如需要增添部分设备、工具等,则接受此追加订货方案的可行条件是:该特殊价格追加订货的边际贡献大于专属成本。

(四) 企业有关的剩余生产能力可以转移

当企业有关的剩余生产能力可以转移时,则应将与此有关的可能收益作为追加订

货方案的机会成本综合考虑,当特殊价格追加订货的边际贡献大于机会成本时,则可接受订货。

【实务例题 7-8】 M 企业生产甲产品,最大生产能力 1 200 台,正常销售 1 000 台,剩余生产能力 200 台,正常价格为 1 000 元/台,固定成本总额为 300 000 元,单位变动成本为 600 元/台。根据下列不同假设情形请回答:

(1) 现有客户订货 200 台,最高只能出价 800 元/台,请问是否接受此订货?

(2) 如果企业接到的特别订单是 500 台,这时必须减少正常销售 300 台,才能接收这批订货,那么企业的特别订货价格为多少,才能为企业增加利润?

(3) 假设特殊订货量为 200 台,接受特殊订货需要从企业外部租入一台设备,年租金为 30 000 元,企业是否接受此特殊订货?

(4) 假设特殊订货量为 200 台,接受特殊订货需要从企业外部租入一台设备,年租金为 30 000 元,但不接受特殊订货,剩余生产能力可以对外出租,获取年租金 20 000 元,是否应该接受追加订货?

[分析]

(1) 该订货只是利用剩余生产能力,只要特殊订货价格高于单位变动成本,就会为企业提供边际贡献。本情形中,特殊订货价格 800 元高于单位变动成本 600 元,因此可以接受此追加订货,由此可多获利润 $(800-600) \times 200 = 40\ 000$(元)。

(2) 特殊订货价格>单位变动成本+因减少正常销售而损失的边际贡献/特殊订货数量

特殊订货价格 $= 600 + (1\ 000 - 600) \times 300/500 = 840$(元/台)

企业的特殊订货价格必须在 840 元/台以上,接受特殊订货才能增加企业利润,此时特殊订货价格为 800 元/台,相关损益分析如表 7-10 所示。

表 7-10 相关损益分析表 单位:元

项目	接受特殊订货
相关收入	$800 \times 500 = 400\ 000$
相关成本	420 000
其中:变动成本	$600 \times 500 = 300\ 000$
机会成本	$(1\ 000 - 600) \times 300 = 120\ 000$
相关损益	-20 000

在此情况下,接受特殊订货的相关损益为 -20 000 元,所以不接受此追加订货。

(3) 相关损益分析如表 7-11 所示。

表 7-11 相关损益分析表　　　　　　　　　　　　单位：元

项　目	接受特殊订货
相关收入	800×200=160 000
相关成本	150 000
其中：变动成本	600×200=120 000
专属成本	30 000
相关损益	10 000

可见，接受特殊订货的相关损益为 10 000 元，因此应该接受此追加订货。

（4）剩余生产能力对外出租获取的租金收入为 20 000 元，是追加订货方案的机会成本，也是接受特殊订货的相关成本。编制相关损益分析表，如表 7-12 所示。

表 7-12 相关损益分析表　　　　　　　　　　　　单位：元

项　目	接受特殊订货
相关收入	800×200=160 000
相关成本	170 000
其中：变动成本	600×200=120 000
专属成本	30 000
机会成本	20 000
相关损益	−10 000

由此可知，不应该接受特殊订货。接受特殊订货的相关损益比拒绝特殊订货的相关损益少 10 000 元。

六、产品生产工艺决策

生产工艺是指加工制造产品或零件所使用的机器、设备及加工方法的总称。同一产品或零件，往往可以按不同的生产工艺进行加工。当采用某一种生产工艺时，可能固定成本较高，但单位变动成本却较低；而采用另一种生产工艺时，则可能固定成本较低，但单位变动成本却较高。于是，采用何种工艺能使该产品或零件的总成本最低，就成为实际工作中必须解决的问题。

通常，生产产量较大时最好选择单位变动成本较低的工艺方案，但其固定成本一般较高；生产产量较小时最好选用固定成本较低的工艺方案，但其单位变动成本一般较高。这时，只要确定不同生产工艺的成本分界点（不同生产工艺总成本相等时的产量点），就可以根据产量确定选择何种生产工艺最为有利。

【实务例题 7-9】 M 企业生产甲产品，有 A、B、C 三种方案可供选择，其成本资料如表 7-13 所示。

表 7-13　企业成本资料　　　　　　　　　　　单位:元

项　目	专属固定成本	单位变动成本
A	1 000	4
B	600	6
C	500	10

根据表 7-13 所示的资料,绘制图 7-2。

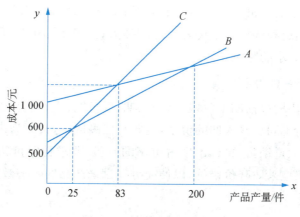

图 7-2　产量与成本关系图

设 X_{AC},X_{BC},X_{AB} 三个成本分界点的产量分别为 x_1,x_2,x_3,则三个成本分界点可计算如下。

$$1\,000 + 4x_1 = 500 + 10x_1 \quad x_1 \approx 83(件)$$
$$600 + 6x_2 = 500 + 10x_2 \quad x_2 = 25(件)$$
$$1\,000 + 4x_3 = 600 + 6x_3 \quad x_3 = 200(件)$$

由此,整个产量区域被划分为 0～25 件、25～83 件、83～200 件、200 件以上四个区域。从图 7-2 可以看出,当产品预计产量不足 25 件时,C 方案成本最低,为最优方案;当产品预计差量在 25～200 件时,B 方案成本最低,为最优方案;当产品预计产量超过 200 件时,A 方案成本最低,为最优方案。

第五节　定价决策分析

一、影响价格的基本因素

产品价格制定的适当与否,往往决定了该产品能否被市场接受,并且直接影响该产品的市场竞争地位和市场占有率。影响价格制定的基本因素包括如下几个方面。

（一）成本因素

成本是影响定价的最基本因素。从长期来看，产品价格应等于总成本加上合理的利润，否则企业无利可图，将会停止生产；从短期来看，企业应根据成本结构确定产品价格，即产品价格必须高于平均变动成本，以便掌握盈亏情况，减少经营风险。

（二）需求因素

市场需求与价格的关系可以简单地用市场需求潜力与需求价格弹性来反映。市场需求潜力是指在一定的价格水平下，市场需求可能达到的最高水平。需求价格弹性大的商品，其价格的制定和调整对市场需求影响很大；需求价格弹性小的商品，其价格的制定和调整对市场需求的影响小。

（三）产品市场生命周期因素

产品市场生命周期包括四个阶段，即投入期、成长期、成熟期、衰退期。在不同的阶段，定价策略应有所不同。投入期的价格，既要补偿高成本，又要为市场所接受；成长期和成熟期正是产品大量销售、扩大市场占有率的时机，要求稳定价格以利于开拓市场；进入衰退期后，一般应采取降价措施，以便充分发掘老产品的经济效益。

（四）竞争因素

产品竞争的激烈程度不同，对定价的影响也不同。竞争越激烈，对价格的影响也越大。完全竞争的市场，企业几乎没有定价的主动权；在不完全竞争的市场中，竞争的强度主要取决于产品制造的难易程度和供求形势。由于竞争影响定价，企业要做好定价工作，必须充分了解竞争者的情况：主要竞争对手来自何方，主要竞争对手的实力如何，以及主要竞争者的定价策略如何。

（五）科学技术因素

科学发展和技术进步在生产中的推广和应用必将导致新产品、新工艺、新材料代替老产品、老工艺、旧材料，从而形成新的产业结构、消费结构和竞争结构。例如，化纤工业的兴起和发展形成对传统棉纺织工业和丝绸工业的巨大竞争压力。这种科学技术因素对销售价格的影响必须予以考虑。

（六）相关工业产品的销售量

某些产品的销售量往往取决于相关工业产品的销售，如纺织业与服装业、轮胎业与汽车业、玻璃业与建筑业等，基本上是后者的销售决定前者的销售，因此，前者的销售价格的制定可以根据后者的预测数据进行。

（七）国家的价格政策

价格政策是国家管理价格的有关措施和法规，它是国家经济政策的组成部分。企业应在国家规定的定价范围之内自由决定产品的价格。比如，国家一般都对农产品实行补贴，而对某些行业（烟、酒行业等）征税。一般来说，政府对产品实行补贴就可以使产品的价格维持在一定的水平。政府对产品征税,生产者就会将部分税收转嫁给消费者,从而提高价格。因此,企业应很好地了解本国及所在国关于物价方面的政策和法规,并以其作为定价策略的依据。

除上述因素外,产品的质量、产品的比价、差价与价格体系、消费者的支付能力与心理状态等,也是影响产品价格的重要因素。

案例材料

施乐密切关注关键成功因素:复印机价格下降,利润却上升

有时收入下降并非预示着坏好息,以施乐公司为例。施乐公司来自复印机和打印机的销售收入连续15个月下降。但是当问到施乐公司的首席执行官安妮·M.玛尔卡希(Anne M. Mulcahy)怎么办时,她回答说,什么都不用做。因为复印机和打印机价格下降变得更便宜,器材销售额可能下降了,但施乐正在销售大量的机器。玛尔卡希女士坚持认为,这是值得的。施乐公司从调色剂、油墨的销售和服务中赚取了大量的利润。这些销售额与使用的机器数量是成比例的,由此产生更高的利润。为了增加利润,施乐公司也进行成本管理。施乐已从它在康涅狄格州斯坦福市的豪华总部搬离,迁往诺沃克更小的办公空间。

二、产品定价方法

(一) 以成本为基础的定价决策

成本是企业生产和销售产品所发生的各项费用的总和,是构成产品价格的基本因素,也是价格的最低经济界限。以成本为基础制定产品的价格,不仅能保证生产中的耗费得到补偿,而且能保证企业必要的利润。凡是新产品的价格制定,都可以采用以成本为基础的定价决策方法。

1. 完全成本加成定价法

完全成本加成定价法是指在产品的全部成本基础上,加上一定百分比的销售利润,以此确定产品的销售价格。其定价模型为:

$$产品单价 = 预计单位全部成本 \times (1 + 利润加成率)$$

完全成本法是大多数公司所采用的方法。一方面,产品的完全成本在企业对外报告的现成资料中,收集信息的成本较低;另一方面,从长期来看,产品或劳务的价格必须补偿全部成本并应获得正常利润。但是,由于完全成本不是以成本特性分类为基础,所以不便于进行本量利分析,很难预测价格和销售量的变动对利润的影响。

2. 变动成本加成定价法

变动成本加成定价法是以单位产品的变动成本为成本基数,加上一定利润加成率,来确定产品的销售价格。虽然全部固定成本不包括在成本基数之内,但是它们却是考虑加成的基础,因此,"加成"必须充分弥补这些成本,并为企业提供满意的利润,即"加成"内容包括全部的固定成本及目标利润。该变动成本不仅包括变动生产成本,还包括变动销售及管理费用,在此基础上考虑一定的边际贡献,作为产品的销售价格。

【实务例题 7-10】 假定 M 企业正在研究制定甲产品的售价有关的估计成本资料如下。

甲产品的单位成本(元):

直接材料　　　　　　　　12
直接人工　　　　　　　　8
变动性制造费用　　　　　6
固定性制造费用　　　　　14
变动性销售和管理费用　　4
固定性销售和管理费用　　2

根据下列不同假设情形计算甲产品的目标销售价格。

(1) 假定该企业经过研究在完全成本的基础上加成 50%。

(2) 假定该企业经过研究确定在变动成本的基础上加成 100%。

[分析]

(1) 甲产品的单位成本 = 12+8+6+14+4+2 = 46(元)

　　目标售价 = 46×(1+50%) = 69(元)

(2) 甲产品的单位变动成本 = 12+8+6+4 = 30(元)

　　目标售价 = 30×(1+100%) = 60(元)

(二) 以需求为基础的定价决策

以成本为基础的价格决策方法着重考虑企业的成本情况,而基本不考虑需求情况。因而产品价格的制定从企业取得最大产销收入或利润的角度上,不一定是最优价格。最优价格应该是企业取得最大利润或产销收入时的价格。为此,必须考虑市场需求状况与价格弹性,分析销售收入、成本利润与价格之间的关系,从中寻找最优价格点。

1. 弹性定价法

市场供求关系的变化是影响企业产品价格的一个重要因素,通常用价格弹性来反映。价格弹性又称需求价格弹性,是指需求数量变动率与价格变动率之比,反映价格变动引起需求变动的方向和程度。市场上的各种产品都存在价格对需求的影响,但不同的产品影响程度不同,即需求价格弹性不同。价格弹性大小取决于产品的需求程度、可替代性和费用占消费者收入的比重等。

价格弹性的大小可用公式计算:

$$E_P = \frac{\Delta Q/Q}{\Delta P/P}$$

式中：E_P——需求价格弹性系数；

Q——基期需求量；

ΔQ——需求变动量；

P——基期单位产品价格；

ΔP——价格变动数。

由于需求量和价格两者变动方向一般情况下是相反的，因此对价格弹性通常取绝对值。当企业掌握了某种产品的价格弹性后，就可以利用弹性来预测价格变动的最优方向和幅度。价格弹性的绝对值可以反映需求与价格变动水平的关系。

（1）价格弹性的绝对值大于1，弹性大，表明价格以较小幅度变动时，可以使需求量产生较大幅度的变动。

（2）价格弹性的绝对值小于1，弹性小，表明即使价格变动幅度很大，需求量的变动幅度也不会太大。

（3）价格弹性的绝对值等于1，表明需求量受价格变动影响的幅度完全与价格本身变动幅度一致。

因此，就某一产品的不同时期及不同销售量基础而言，弹性变化程度都会有所不同。弹性大，则价格下降会促使商品需求量大大提高，因此对于弹性大的商品应采取适量调低价格的方法，薄利多销。弹性小的商品，当价格变动时，需求量的相应增减幅度很小，这类商品可以考虑在适当范围内调高价格。

【实务例题 7-11】 M 企业计划年度预计生产并销售 A 产品 20 000 件。上一年每件销售价格是 380 元，销售量是 16 000 件，该产品的需求价格弹性大约为 -3.5，请问，计划单位产品价格掌握在什么水平对公司最为有利？

分析：设 P_0、P_1 分别为上一年销售价格和计划年度销售价格，Q_0、Q_1 分别为上一年销售量和计划年度销售量，则

$$\Delta P = \frac{\Delta Q \times P_0}{Q_0 \times E_p} = \frac{(Q_1 - Q_0) \times P_0}{Q_0 \times E_p}$$

$$P_1 - P_0 = \frac{(Q_1 - Q_0) \times P_0}{Q_0 \times E_p}$$

移项得

$$\begin{aligned} P_1 &= \frac{(Q_1 - Q_0) \times P_0}{Q_0 \times E_p} + P_0 \\ &= \frac{(20\,000 - 16\,000) \times 380}{16\,000 \times (-3.5)} + 380 \\ &= 352.86(元/件) \end{aligned}$$

2. 反向定价法

反向定价法是指企业根据产品的市场需求状况,通过价格预测和试销、评估,先确定消费者可以接受和理解的零售价格,然后倒推批发价格和出厂价格的定价方法。这种定价方法的依据不是产品的成本,而是市场的需求定价,力求使价格为消费者所接受。其计算公式如下:

$$单位批发价格 = 市场可销零售价 - 批零差价$$
$$= \frac{市场可销零售价}{1 + 批零差价率}$$

$$单位出厂价格 = 批发价格 - 进销差价$$
$$= \frac{批发价格}{1 + 进销差价率}$$

$$单位生产成本 = 出厂价格 - 利润 - 税金$$
$$= \frac{出厂价格 \times (1 - 税率)}{1 + 利润率}$$

反向定价策略是目标成本管理应用情形之一,实质是在价格确定上贯彻以销定产的要求,其优点是既能适应市场需求,促进销售,又能促进企业降低成本,提高产品竞争力;其缺点是市场可销零售价格难以预测。该方法适用于需求弹性大、品种更新快的商品价格制定。

【实务例题7-12】 M企业计划生产甲产品,经市场调查,甲产品的市场单位零售价格为250元,批发环节的批零差价率一般为25%,进销差价率为10%,甲产品的销售税率为10%,利润率要求达到15%。

$$单位批发价格 = \frac{250}{1 + 25\%} = 200(元)$$

$$单位出厂价格 = \frac{200}{1 + 10\%} \approx 181.8(元)$$

$$单位生产成本 = \frac{181.8 \times (1 - 10\%)}{1 + 15\%} \approx 142.3(元)$$

(三)其他定价策略

1. 尾数定价策略

尾数定价策略也称零头定价或缺额定价,即给产品定一个零头数结尾的非整数价格,大多数消费者在购买产品时,尤其是购买一般的日用消费品时,乐于接受尾数价格。如0.99元、9.98元等。消费者会认为这种价格经过精确计算,购买不会吃亏,从而产生信任感。同时,价格虽离整数仅相差几分或几角钱,但给人一种精确、低价的感觉,符合消费者求廉的心理愿望。

2. 声望定价策略

针对消费者"便宜无好货,价高质必优"的心理,对在消费者心目中享有一定声望、具有较高信誉的产品制定高价。不少高级名牌产品和稀缺产品,如豪华轿车、高档手表、名牌时装、名人字画、珠宝古董等,在消费者心目中享有极高的声望价值。购买这些产品的人,往往不在意产品价格,而最关心的是产品能否显示其身份和地位,价格越高,心理满足的程度也就越大。

3. 习惯定价策略

有些产品在长期的市场交换过程中已经形成为消费者所适应的价格,成为习惯价格。企业对这类产品定价时要充分考虑消费者的习惯倾向,采用"习惯成自然"的定价策略。对消费者已经习惯了的价格,不宜轻易变动。降低价格会使消费者怀疑产品质量是否有问题,提高价格会使消费者产生不满情绪,导致购买的转移。在不得不提价时,应采取改换包装或品牌等措施,减少抵触心理,并引导消费者逐步形成新的习惯价格。

4. 折扣定价策略

折扣定价是指对基本价格做出一定的让步,直接或间接降低价格,以争取顾客,扩大销售量。其中,折扣的形式有数量折扣、现金折扣、季节性折扣等。

数量折扣是一种按照购买者购买数量的多少给予的价格折扣。购买数量越多,折扣越大;反之,则越小。它鼓励购买者大量或集中地向本企业购买。数量折扣又分为累计数量折扣和一次性数量折扣两种类型。累计数量折扣是对一定时期内的累计购买超过规定数量或金额给予的价格优惠,目的在于鼓励顾客与超市建立长期固定的关系,减少超市卖场的经营风险。一次性数量折扣又称为"非累计数量折扣",是对一次购买超过规定数量或金额时给予的价格优惠。

现金折扣,又称销售折扣,是为督促顾客尽早付清货款而提供的一种价格优惠。现金折扣的表示方式为:"2/10,1/20,n/30"(10天内付款,货款折扣2%;20天内付款,货款折扣1%;30天内全额付款)。现金折扣发生在销货之后,是一种融资性质的财务费用,因此销售折扣不得从销售额中扣除。放弃现金折扣一般会有较高的成本,计算公式为:

放弃现金折扣成本=[折扣百分比÷(1-折扣百分比)]×[360÷(信用期-折扣期)]

季节性折扣是指生产季节性商品的公司企业,对销售淡季采购的买方所给予的一种折扣优惠。这种价格折扣是企业给那些购买过季商品或服务的顾客一种减价优惠,使企业的生产和销售在一年四季保持相对稳定。

本 章 小 结

短期经营决策主要包括生产决策、定价决策。生产决策主要针对生产什么、生产多少以及如何生产等方面的问题做出的决策,具体包括新产品开发的品种决策、亏损产品的决策、是否接受特殊价格追加订货的决策、有关产品是否深加工的决策、生产工艺技术方案的决策。定价决策应考虑多种因素，侧重从成本因素与供求规律因素（价格弹性系数）分析入手，通常采用方法包括以成本为导向的定价方法、以需求为导向的定价方法、以特殊情况为导向的定价方法等。

 简答论述

1. 短期经营决策有何特点？
2. 与决策有关的成本概念有哪些？
3. 短期经营决策常用方法有哪些？
4. 产品定价方法有哪些？

 不定项选择题

1. 在短期经营决策中，属于决策不相关成本的是（　　）。
   A. 共同成本　　　　　　　　B. 重置成本
   C. 可延缓成本　　　　　　　D. 边际成本
2. 双创公司现有 8 000 件积压的在产品，其制造成本为 50 000 元。如果对外出售需再支付 20 000 元加工费用，则这个方案中的沉没成本是（　　）元。
   A. 8 000　　　　　　　　　　B. 15 000
   C. 20 000　　　　　　　　　D. 50 000
3. 当企业剩余生产能力无法转移，企业不应该接受追加订货的情形是（　　）。
   A. 订货价格低于单位产品的完全成本
   B. 订货对原有生产能力造成冲击
   C. 追加订货的边际贡献高于减少的正常收入，但余额少于追加的专属成本
   D. 订货价格略高于产品的单位变动成本
4. 属于短期经营决策的有（　　）。
   A. 购置设备　　B. 销售定价　　C. 产品生产　　D. 产品成本
5. 某施工企业按照 2/15、n/30 的信用条件购入货物 100 万元，该企业在第 30 天付款，则其放弃现金折扣的成本是（　　）。
   A. 48.98%　　　B. 56.51%　　　C. 26.23%　　　D. 8.33%

参考答案

1. A　2. D　3. C　4. BCD　5. A

道德问题思考

"黑箱"中的算法歧视

当前,基于算法的决策系统日益被广泛应用在教育、就业、信用、贷款、保险、广告、医疗、治安、刑事司法程序等诸多行业领域。算法被认为可为人类社会中的各种事务和决策工作带来完全的客观性,然而这很可能只是一种一厢情愿。

人们的网络空间日益受到算法左右。在网络空间里,算法可以决定向人们推荐什么新闻,推送什么广告,诸如此类。当然,基于算法、大数据、数据挖掘、机器学习等技术的人工智能决策不局限于解决信息过载这一难题的个性化推荐,算法歧视并不鲜见。

图像识别软件犯过种族主义大错,比如,谷歌公司的图片软件曾错将黑人的照片标记为"大猩猩",雅虎网络相册(Flickr)的自动标记系统亦曾错将黑人的照片标记为"猿猴"或者"动物"。2016年3月23日,微软公司的人工智能聊天机器人Tay上线。出乎意料的是,Tay一开始和网民聊天,就被"教坏"了,成为了一个集反犹太人、性别歧视、种族歧视等于一身的"不良少女"。于是,上线不到一天,Tay就被微软公司紧急下线。

互联网上的算法歧视问题早已引起人们注意。研究表明,在谷歌搜索中,相比搜索白人的名字,搜索黑人的名字更容易出现暗示具有犯罪历史的广告;在谷歌的广告服务中,男性比女性看到更多高薪招聘广告,当然,这可能和在线广告市场中固有的歧视问题有关,广告主可能更希望将特定广告投放给特定人群。此外,非营利组织ProPublica研究发现,虽然亚马逊公司宣称其"致力于成为地球上最以消费者为中心的公司",但其购物推荐系统却一直偏袒自己及其合作伙伴的商品,即使其他卖家的商品的价格更低,而且,在其购物比价服务中,亚马逊公司隐瞒了自己及其合作伙伴的商品的运费成本,导致消费者不能得到公正的比价结果。

请思考:

你认为人工智能决策需要关注哪些主要问题?"道德外包"有哪些风险?

创新创业案例

短期决策方案的选择

双创公司生产A、B两种产品,A产品是传统产品,造价高、定价低,多年亏损,但市场仍有少量需求,公司一直坚持生产。B产品是最近新开发的产品,由于技术性能好、质量高,颇受用户欢迎,目前市场供不应求。2019年年末,公司计划、销售和财务部门一起编制下年生产计划,在该计划基础上,财务部门预测收入、成本和利润。相关信息如下。

预计利润表

2020 年 单位:万元

项 目	A	B	合计
营业收入	1 220	560	1 780
营业成本	1 260	440	1 700
税前营业利润	−40	120	80

经财务部门测算,A、B 产品的变动成本分别为 70% 和 40%。

公司领导根据财务部门预测,提出如下问题:

(1) 2020 年公司税前营业利润能否达到 100 万?

(2) A 产品亏损 40 万,可否考虑停产?

(3) 若能添置设备,扩大生产能力,增产能否增利?

根据公司领导提出的问题,财务部门和相关部门共同研究,提出如下三个方案。

方案一:停止生产 A 产品,按原计划生产 B 产品。

方案二:停止生产 A 产品,调整生产计划,平衡生产能力,使 B 产品增产 80%。

方案三:在 2020 年原生产计划基础上,投资 50 万元一台设备,用于生产 B 产品,产品增产 10%。预计该设备使用年限 5 年,按直线法计提折旧,无残值。

要求:

(1) 分别计算 A 的变动成本和边际贡献。

(2) 分别计算三个方案的税前营业利润,并据以选择最优方案。

(3) 基于(2)的结果,依次回答公司领导的三个问题,并简要说明理由。

第八章 存货决策

思政导语

供给侧结构性改革的根本目的是提高社会生产力水平,落实好以人民为中心的发展思想。要在适度扩大总需求的同时,去产能、去库存、去杠杆、降成本、补短板,从生产领域加强优质供给,减少无效供给,扩大有效供给,提高供给结构适应性和灵活性,提高全要素生产率,使供给体系更好适应需求结构变化。对于企业而言,科学存货决策是落实供给侧结构性改革部署的一个重要环节。

学习目标

- 了解存货类别及其作用
- 掌握存货基本模型
- 理解存货日常管理方法

大数据在存货管理中的应用

作为当前社会热点技术之一,大数据已经深入融合到各行各业当中。新冠疫情的冲击,更是加速了大数据产业链的发酵。同样,企业想要在当下更全面、智能地进行存货管理,大数据是必备"工具"。

仓库选址。目前,许多仓库的选址多以管理人员的管理经验为主,往往带有一定的主观性,无法综合分析各类选址因素,很难实现企业物流成本的最小化、配送效率的最大化。合理的仓库选址应该要根据业务特点,在降低仓库运营成本的同时,加快物资需求响应速度,从而优化仓储配送管理水平。具体可利用大数据技术,以历史物资需求信息为基础,对仓库服务范围内不同地区的未来需求进行预测;之后,根据备选仓库地址和物资需求地点的位置信息,以不同地区对物资的需求量和配送时限性要求为权重,运用重心法选定运输成本最低的位置。

库存管理。为了使物资管理决策更加科学,进一步提升库存物资的服务水平,对于历史库存信息的分析就尤为必要。具体可通过统计历史物资出库数据,分析投资额、项目类型、工程进度与物资需求的关联性,构建基于物资分类的需求预测模型,预测具体物资未来一个库存周转周期的需求量;同时综合考虑需求的不确定性、供给的不确定性和服务水平系数,确定安全库存;在库存定额管理思想的指导下,建立动态库存模型,在库存(不计安全库存)不满足未来一个库存周转周期消耗时,及时安排物资补库,从而降低库存成本。

设备配置与应用。自动化已经成为仓库发展的一个重要方向,但若是盲目增加仓储设施设备,容易造成仓储空间的浪费,并且不利于节约成本。所以,选择合适类型以及数量的仓储设施设备并善加利用,对进一步提升仓库空间利用率和仓库作业效率至关重要。一是利用大数据对仓库现有库存量和历史库存量进行分析,并分析物资自身属性和存放方式,采集物资库内作业频率等数据,综合考虑采购成本和单位时间内完成的工作量,选取合适类型及合理数量的仓储物流设施设备(高层货架、堆垛机、AGV等),即在预算允许的情况下选取累积边际效益最大的设备配置数量。二是在自动化设备(如 AGV)库内作业数据采集基础上,统计分析其运行轨迹,为每一台设备设计其库内作业的最短路径,降低能源消耗,提高作业效率。

第一节　存货决策概述

一、存货的含义

存货是指企业日常生产经营过程中为生产或销售而储备的物资,包括原材料、燃料、低值易耗品、在产品、半成品、产成品等。

在企业中,各种存货不仅品类多,而且所占用的资金数量也很大,一般可能达到企业资金总量的 30%～40%。因此,企业占用物资材料上的资金,其利用效果如何,对企业的财务状况与经营成果将有很大的影响。因此,加强存货的规划与控制,运用科学的方法来确定并保持存货的最优水平,以使这部分资金得到最为经济合理的使用,是企业管理者必须重视的问题。

二、存货成本构成

企业中存货的总成本由存货的采购成本、订货成本、储存成本和缺货成本构成。

(一) 采购成本 (procurement cost)

采购成本又称购置成本、进货成本。存货的采购成本包括购买价款、相关税费、运输费、装卸费、保险费以及其他可归属于存货采购成本的费用。其总额取决于采购数量和单位采购成本。由于单位采购成本一般不随采购数量的变动而变动,因此,在采购批量决策中,存货的采购成本通常属于无关成本;但当供应商为扩大销售而采用数量折扣等优惠方法时,采购成本就成为与决策相关的成本。

(二) 订货成本 (ordering cost)

订货成本是指为订购货物而发生的各种成本,包括采购人员的工资、采购部门的一般性费用(如办公费、水电费、折旧费、取暖费等)和采购业务费(如差旅费、邮电费、检验费等)。

订货成本可以分为两大部分:为维持一定的采购能力而发生的各期金额比较稳定的成本,如折旧费、水电费、办公费等,称为固定订货成本;随订货次数的变动而成比例变动的成本,如差旅费、检验费等,称为变动订货成本。

(三) 储存成本 (carrying cost)

储存成本是指为存储存货而发生的各种费用,通常包括两大类:一是付现成本,包括支付给储运公司的仓储费、按存货价值计算的保险费、报废损失、年度检查费用以及企业自设仓库发生的所有费用;二是资本成本,即由于投资于存货而不投资于其他可盈利对象所形成的机会成本。

储存成本也可以分为两部分:凡总额稳定与储存存货数量的多少及储存时间长短无关的成本,称为固定储存成本;凡总额大小取决于存货数量的多少、时间长短的成本,称为变动储存成本。控制存货水平,在保证销售和耗用正常的情况下,尽可能节约资金、降低存货储存成本。

(四) 缺货成本 (stocking cost)

缺货成本是指由于存货数量不能及时满足生产和销售的需要而给企业带来的损失,如因停工待料而发生的损失。由于存货不足而失去的创利额,因采取应急措施补足存货而发生的超额费用等。缺货成本大多属于机会成本,由于单位缺货成本往往大于单位储存成本,因此,尽管其计算比较困难,也应采取一定的方法估算单位缺货成本(短缺一个单位存货一次给企业带来的平均损失),以供决策之用。

在允许缺货的情况下,缺货成本是与决策相关的成本。但在不允许缺货的情况下,缺货成本是与决策无关的成本。

三、存货管理动因

企业存货总是或多或少占用资金,如果企业能在生产投料时随时购入所需的原材料,或者企业能在销售时随时购入待销产品,企业不需要存货。随着技术的进步,一些企业可以达到零库存,没有存货。但特定情况下,寄希望存货适时满足需要是不切实际的。例如，医院任何时候都应备有药品和其他关键医疗器械等存货，以应付危及病人生命安全的情况，不能指望关键药品瞬时配送抵达。存货管理传统方法被称为"以防万一系统"(just-in-case system)，存货管理的动因主要有以下两点。

（一）持续生产经营需要

储存必要的原材料和在产品，保证生产正常进行；储备必要的产成品，有利于销售，适当储存原材料和产成品，便于组织均衡生产，降低产品成本；留用各种存货的保险储备，防止意外事件造成的损失。一般情况下，企业很少能做到随时购入生产或销售所需的各种物资，即使是市场供应量充足的物资也是如此。这不仅因为不时会出现某种材料的市场断档，还因为企业距供应点较远而需要必要的途中运输或可能出现运输故障。一旦生产或销售所需物资短缺，生产经营将被迫停顿，造成损失。为了避免或减少出现停工待料、停业待货等事故，企业需要储存存货。

（二）成本与收益的权衡

单件采购的价格往往较高，而整批购买存货在价格上常享有优惠。但是，过多的存货要占用较多的资金，并且会增加包括仓储费、保险费、维护费、管理人员工资在内的各项开支。存货占用资金是有成本的，占用过多会使利息支出增加并导致利润的损失；各项开支的增加更直接使成本上升。存货管理动因就要尽力在各种存货成本与存货收益之间做出权衡，达到两者的最佳结合。

第二节 经济订货批量基本模型

企业中存货的总成本（采购成本、订货成本、储存成本和缺货成本）主要由采购价格、订货次数和每批订货数量决定。存货决策可通过存货经济订货批量模型，为具体问题分析提供参考。

一、经济订货批量的概念

经济订货批量(economic order quantity，EOQ)也称经济批量，是指能使在一定时期内的订货成本与储存成本之和最低的每次订货数量。

决定进货项目和选择供应单位是销售部门、采购部门和生产部门的职责。财务部门主要决定进货时间和决定进货批量。按照存货管理的目的，需要通过合理确定进货批量和进货时间，使存货的总成本最低。

二、经济订货批量基本模型的假设条件

影响存货总成本的因素很多，需要简化或舍弃一些变量，建立基本模型，先研究简

单问题,然后再扩展到复杂问题。基本模型的假设条件主要有:

(1) 年需求量(D)稳定,并且能预测;
(2) 所需存货市场供应充分,可以随时买到任何所需数量;
(3) 能够及时补充存货,且瞬时到货,而不是陆续入库;
(4) 存货单价(U)不变,采购和运输均无价格折扣;
(5) 企业资金充分,不会因为资金短缺而影响进货;
(6) 订货成本与订货批量无关;
(7) 存货储存成本与库存数量是线性关系;
(8) 不允许缺货,即无缺货成本。

三、经济订货量基本模型构建与推导

根据以上系列假设条件,在年需求总量一定、采购单价不变情况下,年采购成本是既定的,与订货批次多少无关;同时不允许缺货,所以缺货成本也是决策无关成本。因此,年存货相关总成本为年订货成本与年储存成本之和。即

$$年存货相关总成本\ TC = 年储存成本\ C_H + 年订货成本\ C_S \\ = \frac{Q}{2} \times H + \frac{D}{Q} \times S$$

(8-1)

其中　Q——每次订货批量;
　　　H——年单位储存成本;
　　　D——年需求总量;
　　　S——单次订货成本。

年储存成本 $C_H = \frac{Q}{2}H$ 是一个关于 Q 的线性函数,与订货批量 Q 的变化成正比,如图 8-1(a)(b)所示。

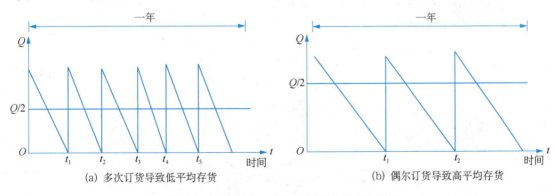

(a) 多次订货导致低平均存货　　　(b) 偶尔订货导致高平均存货

图 8-1　平均库存水平与年订货次数反向相关

年订货成本 $C_S = \dfrac{D}{Q}S$，订货次数 D/Q 随 Q 的上升而下降，则年订货成本与订货批量反向相关。年总成本 TC 为 C_H 与 C_S 之和，对应曲线如图 8-2 所示；其中，C_H 曲线和 C_S 曲线在最低处有一个交点 A，为最优订货批量（图中虚线所示）。

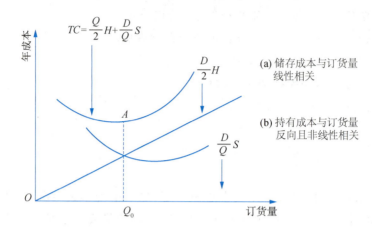

图 8-2 最优订货批量的确定

运用微积分，将 $TC = C_H + C_S = \dfrac{Q}{2} \times H + \dfrac{D}{Q} \times S$ 对 Q 求导，并令一阶导数为 0，即：

$$\frac{dTC}{dQ} = \frac{H}{2} - \frac{DS}{Q^2} = 0$$

由此得到最优订货批量 Q^*：

$$Q^* = \sqrt{\frac{2DS}{H}} \tag{8-2}$$

求出最优订货批量 Q^* 后，可进一步求得：

(1) 每年最优订货次数 N^*：

$$N^* = \frac{D}{Q^*} = \frac{D}{\sqrt{\dfrac{2DS}{H}}} = \sqrt{\frac{DH}{2S}} \tag{8-3}$$

(2) 最佳订货周期 T^*：

$$T^* = \frac{1\ 年}{N^*} = \sqrt{\frac{2S}{DH}} \tag{8-4}$$

(3) 年存货最低相关总成本 TC^*：

$$TC^* = C_H + C_S = \frac{Q}{2}H + \frac{D}{Q}S = \frac{H}{2}\sqrt{\frac{2DS}{H}} + \frac{DS}{\sqrt{\frac{2DS}{H}}} = \sqrt{2DHS} \tag{8-5}$$

（4）经济订货批量占用资金 I^*：

$$I^* = \frac{Q^*}{2}U = \sqrt{\frac{DS}{2H}} \cdot U \tag{8-6}$$

【**实务例题 8-1**】 M企业每年耗用某种材料 3 600 千克，该材料单位采购成本为 10 元，单位存储成本为 2 元，一次订货成本 16 元。假定一年按 360 天计，计算相关最优值。

根据公式(8-1)～公式(8-6)，有：

$$Q^* = \sqrt{\frac{2DS}{H}} = \sqrt{\frac{2 \times 3\,600 \times 16}{2}} = 240(千克)$$

$$N^* = \frac{D}{Q^*} = \frac{3\,600}{240} = 15(次)$$

$$T^* = \frac{1\,年}{N^*} = 1/15 \approx 0.067(年/次) \approx 24(天/次)$$

$$TC^* = \sqrt{2DHS} = \sqrt{2 \times 3\,600 \times 2 \times 16}$$
$$= 480(元)$$

$$I^* = \frac{Q^*}{2}U = (240 \div 2) \times 10 = 1\,200(元)$$

第三节 经济订货批量基本模型的扩展

经济订货批量的基本模型建立在一系列假设条件基础之上，现实生活很难满足这些条件。为使模型更接近于实际情况，具有较高的可用性，需逐一放宽假设加以改进。

一、存货陆续供应与耗用模型

经济订货批量基本模型假设存货一次全部入库，故存货增加时存量变化为一条垂直的直线。各批存货可能陆续入库（假定为线性关系），使存量陆续增加。尤其是产成品入库和在产品转移，几乎总是陆续供应和陆续耗用的。存货数量变动如图 8-3 所示。

设每批订货批量为 Q。由于每日送货量为 P，故该批货全部送达所需日数为 Q/P，称之为送货期。

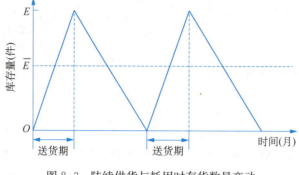

图 8-3 陆续供货与耗用时存货数量变动

因零件每日耗用量为 d，故送货期内的全部耗用量为：$\dfrac{Q}{P} \cdot d$

由于存货陆续供应陆续耗用，所以每批送完时，最高库存量为：$Q - \dfrac{Q}{P} \cdot d$

平均存量则为：$\dfrac{1}{2}\left(Q - \dfrac{Q}{P} \cdot d\right)$

图 8-3 中的 E 表示最高库存量，$\overline{E}$ 表示平均库存量。代入与存货有关总成本公式(8-1)：

$$TC = C_H + C_S = \dfrac{Q}{2} \times H + \dfrac{D}{Q} \times S$$

$$TC(Q) = \dfrac{1}{2}\left(Q - \dfrac{Q}{P} \cdot d\right) \cdot H + \dfrac{D}{Q} \cdot S$$

$$= \dfrac{Q}{2}\left(1 - \dfrac{d}{P}\right) \cdot H + \dfrac{D}{Q} \cdot S$$

在订货变动成本与储存变动成本相等时，即：

$$\dfrac{Q}{2}\left(1 - \dfrac{d}{P}\right) \cdot H = \dfrac{D}{Q} \cdot S$$

$TC(Q)$ 有最小值，此时，存货陆续供应和使用的经济订货量公式为：

$$Q^* = \sqrt{\dfrac{2DS}{H} \cdot \dfrac{P}{P-d}}$$

将这一公式代入上述 TC 公式，可得出存货陆续供应和使用的经济订货量总成本公式为：

$$TC = \sqrt{2DSH \cdot \left(1 - \dfrac{d}{P}\right)}$$

【实务例题 8-2】 M企业一零件的年需用量（D）为 3 600 件，每日送货量（P）为 30 件，每日耗用量（d）为 10 件，单价（U）为 10 元，一次订货成本（S）为 25 元，单位储存变动成本（H）为 2 元。计算经济订货批量和相关总成本。

将上述数据代入，得到：

$$Q^* = \sqrt{\frac{2 \times 25 \times 3\,600}{2} \times \frac{30}{30-10}} \approx 367（件）$$

$$TC = \sqrt{2 \times 25 \times 3\,600 \times 2 \times \left(1-\frac{10}{30}\right)} \approx 490（元）$$

二、数量折扣模型

数量折扣是指当企业每批（次）购买某种货物的数量达到或超过一定限度时，供应商在价格上给予的优惠。对于供应商而言，给予一定的数量折扣可以鼓励买方大量购货，从而扩大自己的销售量，增强自己在市场上的声誉和地位。对购货方而言，实行数量折扣制度，可以获取商品降价的收益，但也存在着增加储存费用、占压资金、多付利息等不利因素的影响。此时，企业管理者应该全面权衡接受数量折扣等利弊得失，为保障企业的经济利益制定正确的存货数量折扣决策。

当存在数量折扣时，货物的采购成本随折扣的增加而减少，此时存货经济批量模型就不只包括订货成本和储存成本还应该包括采购成本。即

$$TC = 采购成本 + 订货成本 + 储存成本$$
$$= P \times D + \left(\frac{D}{Q}\right) \times S + \left(\frac{Q}{2}\right) \times H$$

式中：P——折扣后的货物单价；
　　　D——年需求总量；
　　　S——每次订货的成本；
　　　H——单位储存成本；
　　　Q——每批订货量。

在数量折扣模型下，随着每次订货批量的增加，企业获得更低的价格折扣，同时也降低年总采购成本，但平均库存水平的上升会造成存货储存成本的上升。

对数量折扣决策一般计算不同情形下的存货相关成本，然后比较、选择成本最小方案。即对不接受数量折扣、仅按经济订货量购货的存货总成本与接受数量折扣条件下的存货总成本进行比较，从中选取成本较低者为决策行动方案的一种经济分析方法。

【实务例题 8-3】 M企业甲材料的年需要量为 4 000 千克，每千克标准价格为 20 元。销售企业规定：客户每批购买量不足 1 000 千克的，按照标准价格计算；每批购买

量 1 000 千克以上，2 000 千克以下的，价格优惠 2%；每批购买量 2 000 千克以上的，价格优惠 3%。已知每批进货费用 60 元，单位材料的年储存成本 3 元。

运用经济订货批量基本模型确定的经济进货批量：

$$Q^* = \sqrt{\frac{2DS}{H}} = \sqrt{\frac{2 \times 60 \times 4\,000}{3}} = 400（千克）$$

（1）按经济订货批量（$Q = 400$ 千克）进货时，存货相关总成本

$$TC_{(Q=400)} = 4\,000 \times 20 + \frac{4\,000}{400} \times 60 + \frac{400}{2} \times 3 = 81\,200（元）$$

（2）按给予数量折扣的进货批量 $Q = 1\,000$ 千克进货时，存货相关总成本

$$TC_{(Q=1\,000)} = 4\,000 \times 20 \times (1 - 2\%) + \frac{4\,000}{1\,000} \times 60 + \frac{1\,000}{2} \times 3$$
$$= 80\,140（元）$$

（3）按给予数量折扣的进货批量 $Q = 2\,000$ 千克进货时，存货相关总成本

$$TC_{(Q=2\,000)} = 4\,000 \times 20 \times (1 - 3\%) + \frac{4\,000}{2\,000} \times 60 + \frac{2\,000}{2} \times 3$$
$$= 80\,720（元）$$

通过比较三种情形下的进货相关总成本，每次进货为 1 000 千克时的存货相关总成本最低，所以此时最优经济订货批量为 1 000 千克。

三、允许缺货条件下经济订货批量模型

经济订货批量基本模型的前提之一是不允许出现缺货现象。但在实际生活中经常会因为供货方或运输部门的问题，导致所采购存货无法及时到达企业，发生缺货损失的现象。在这种情况下就需要将缺货成本作为决策相关成本之一来考虑。

所谓缺货成本是指因材料供应发生短缺，无法及时满足生产经营的正常需要而造成的损失。它包括停工待料损失、客户延期交货而支付的违约罚金、因采取临时性补救措施而发生的额外采购支出，以及企业因失去及时供货信用而损失的商誉（如失去未来客户、减少销售机会）等内容。

在允许缺货条件下，企业对经济订货批量的确定，除了要考虑订货成本与储存成本以外，还需对可能发生的缺货成本加以考虑，即能使三项成本总和最低的批量是经济订货批量。

设 Q 代表最优订货批量，U 代表缺货量，S 代表每次订货的订货成本，H 代表单位年储存成本，K_u 代表单位年缺货成本，d 代表存货日消耗量，T_1 代表不缺货天数，T_2 代表缺货天数，则一个购货周期 $T = T_1 + T_2$，如图 8-4 所示。

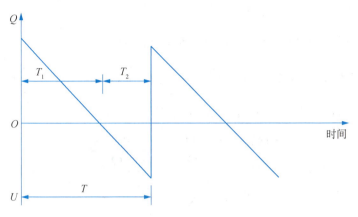

图 8-4 允许缺货条件下库存量变化

由图可知，T 时间段内最高库存量为 $(Q-U)$；T_1 时间段内平均库存为 $\dfrac{Q-U}{2}$；T_2 时间段内平均库存为 $\dfrac{U}{2}$，则

$$T_1 = \frac{Q-U}{d}$$

$$T_2 = \frac{U}{d}$$

$$T = T_1 + T_2 = \frac{Q-U}{d} + \frac{U}{d} = \frac{Q}{d}$$

由此得到：

$$\text{平均库存量} = \frac{T_1 \times \dfrac{Q-U}{2}}{T} = \frac{\dfrac{Q-U}{d} \times \dfrac{Q-U}{2}}{\dfrac{Q}{d}} = \frac{(Q-U)^2}{2Q}$$

$$\text{平均缺货量} = \frac{T_2 \times \dfrac{U}{2}}{T} = \frac{\dfrac{U}{d} \times \dfrac{U}{2}}{\dfrac{Q}{d}} = \frac{U^2}{2Q}$$

则

$$\text{订货成本 } C_S = \frac{D}{Q}S$$

$$\text{储存成本 } C_H = \frac{(Q-U)^2}{2Q}H$$

$$\text{缺货成本 } C_U = \frac{U^2}{2Q}K_U$$

此时,有

存货总成本=订货成本+储存成本+缺货成本,即

$$TC = C_S + C_H + C_U = \frac{DS}{Q} + \frac{QH}{2} - UH + \frac{U^2H + U^2K_U}{2Q} \tag{8-7}$$

以 U 和 Q 为自变量,对 TC 求偏导,并令其为零,即

$$\frac{\partial TC}{\partial U} = \frac{-H(Q-U)}{Q} + \frac{K_U U}{Q} = 0 \tag{8-8}$$

$$U = Q \cdot \frac{H}{H + K_U}$$

$$\frac{\partial TC}{\partial Q} = \frac{-DS}{Q^2} + \frac{H}{2} - \frac{U^2H}{2Q^2} - \frac{U^2K_U}{2Q^2} = 0 \tag{8-9}$$

$$Q^2 = \frac{2DS + (H + K_U)U^2}{H}$$

将式(8-8)代入式(8-9),整理得到:

$$Q^2 = \frac{2DS}{H} \times \frac{H + K_U}{K_U} \tag{8-10}$$

$$Q = \sqrt{\frac{2DS}{H} \times \frac{H + K_U}{K_U}}$$

【实务例题8-4】 M企业A材料年需要量为4 000件,该种材料的采购价为20元/件,每次订货成本为120元,每件材料的年储存成本为6元。若允许缺货,且单位缺货成本为3元,计算经济订货批量及平均缺货量。

解:允许缺货条件下经济订货批量

$$Q = \sqrt{\frac{2DS}{H} \times \frac{H + K_U}{K_U}} = \sqrt{\frac{2 \times 4\,000 \times 120}{6} \times \frac{6+3}{3}} \approx 693(件)$$

$$允许缺货量 U = Q \cdot \frac{H}{H + K_U} = (693 \times 6)/(6+3) = 462(件)$$

四、一般再订货点模型

经济订货批量模型解决了每次订购多少货的问题,但还没有回答何时订货,以及在何时必须清货的问题。一般情况下,存货不能做到随用随时补充,因此企业不能等到存货耗尽再去订货,而需要在没有用完时提前订货。

(一)需求确定条件下的再订购点

从发出订单到存货入库的这段时间称为订货提前期(L),企业再次发出订货单时

尚有存货的库存量,称为再订货点(Reorder Point,ROP)。ROP 等于订货提前期(L)和每日平均需用量(d)的乘积,即:

$$ROP = L \times d$$

假设某企业订货日至到货期的时间为 10 天,每日存货需要量为 10 千克,那么:

$$ROP = L \times d = 10 \times 10 = 100(千克)$$

即企业在尚存 100 千克存货时,就应当再次订货,等到下批订货到达时(再次发出订货单 10 天后),原有库存刚好用完。此时,有关存货的每次订货批量、订货次数、订货间隔时间等并无变化,与瞬时补充时相同。订货提前期的情形如图 8-5 所示。这就是说,订货提前期对经济订货量并无影响,可仍以原来瞬时补充情况下的 240 千克为订货批量,只不过在达到再订货点(库存 100 千克)时立即发出订货单。

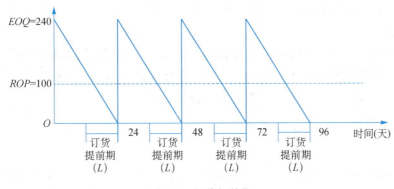

图 8-5　订货提前期

(二) 需求不确定条件下的再订购点

一旦需求或生产提前期发生变化,实际需求就有可能超过期望需求。因此,为减少生产提前期内库存耗尽的风险,企业一般会建立保险储备。保险储备的实施是在企业存货管理中增加一个安全库存量。此时,再订货点就为:

$$ROP = 生产提前期内的期望需求 + 安全库存量$$
$$= (日耗用量期望值 \times 提前期) + 安全库存量$$

例如,如果生产提前期内期望需求量为 200 单位,安全库存量为 60 单位,再订货点就是 260 单位。

第四节　存货管理方法

企业存货管理方法很多,本章仅介绍两种常用库存管理方法:ABC 分类法和适时制管理。

一、ABC 分类法

（一）ABC 分类法的起源

ABC 分类法（activity based classification）又称帕累托分析法。它是根据事物在技术或经济方面的主要特征进行分类排序，分清重点和一般，从而有区别地确定管理方式的一种分析方法。由于它把被分析的对象分成 A、B、C 三类，所以又称 ABC 分析法。

ABC 分类法是由意大利经济学家维尔弗雷多·帕累托首创的。1879 年，帕累托在研究个人收入的分布状态时，发现少数人的收入占全部人收入的大部分，而多数人的收入却只占很小部分，他将这一关系用图表示出来，就是著名的帕累托图。该分析方法的核心思想是在决定一个事物的众多因素中分清主次，识别出少数的但对事物起决定作用的关键因素和多数的但对事物影响较少的次要因素。后来，帕累托法被不断应用于管理的各个方面。

1951 年管理学家戴克将帕累托分析法应用于库存管理，根据库存品的销售数量、现金流量、提前期和缺货成本，戴克将库存品分为三类：A 类库存为重要的产品，B 类库存为次重要的产品，C 类库存为不重要的产品。

（二）ABC 分类法实施主要步骤

1. 收集数据

按分析对象和分析内容，收集有关数据。例如，打算分析产品成本，则应收集产品成本因素、产品成本构成等方面的数据；打算分析针对某一系统搞价值工程，则应收集系统中各局部功能、各局部成本等数据。

2. 制作 ABC 分析表

对收集来的数据资料进行整理，按要求计算和汇总，制作 ABC 分析表。ABC 分析表栏目构成如下：第一栏物品名称；第二栏品目数累计，即每一种物品皆为一个品目数，品目数累计实际就是序号；第三栏品目数累计百分数，即累计品目数对总品目数的百分比；第四栏物品单价；第五栏平均库存；第六栏是第四栏单价乘以第五栏平均库存，为各种物品平均资金占用额；第七栏为平均资金占用额累计；第八栏为平均资金占用额累计百分数；第九栏为分类结果。

3. 根据 ABC 分析表确定分类

按 ABC 分析表，观察第三栏累计品目百分数和第八栏平均资金占用额累计百分数，将累计品目百分数为 5%～20%，而平均资金占用额累计百分数为 60%～80% 左右的前少数物品，确定为 A 类；将累计品目百分数为 20%～35%，而平均资金占用额累计百分数也为 5%～20% 的物品，确定为 B 类；其余为 C 类，C 类情况正和 A 类相反，其累计品目百分数为 60%～80%，而平均资金占用额累计百分数仅为 5%。ABC 分类法如图 8-6 所示。

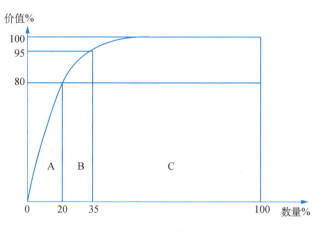

图 8-6　ABC 分类法

4. 根据 ABC 分类结果不同的管理策略

对于 A 类物品需要投入较大的力量精心管理。由于 A 类库存品的价值较大,因此需要将 A 类库存压缩到最低水平。对于 A 类物品的订货,需要按最优订货批量,采用定期订货的方式。

对于 B 类物品需要按品种大类进行品种控制。B 类物品的订货经常采用定量订货方式,当库存降低到订货点时发出订货指令,订货量为经济批量。

对于 C 类物品,为了降低订货费用,经常采用集中大量订货的方式。在库存管理中,C 类物品经常采用双堆法进行库存管理。当第一堆货物用完后,就开始使用第二堆货物,并且补充第一个库位的货物。

Y 医院药品的 ABC 库存管理

Y 医院 20×7 年度药品目录中有 1 175 个品种。通过统计分析发现,在 1 175 种药品中,前 73 种药品占全院消耗金额的 70%,中间 112 种药品占全院药品消耗金额的 20%,后面 990 种药品仅占全院消耗金额的 10%。根据 ABC 分类法,该医院把前 73 种药品定义为 A 类药品,中间 112 种定义为 B 类药品,后面 990 种定义为 C 类药品。

对每类药品医院采用了不同的库存管理策略。对于 A 类药品医院设法减少这类药品的贮备量,加速流转。实际应用中,医院将这类药品一般情况下贮备量设为低限 0.2 周、高限 1.9 周的消耗量,采购周期为每周采购一次。对于 B 类药品,临床消耗量也比较大,实际应用中,该医院对这类药品一般情况下贮备量设为低限 0.4 周、高限 3.8 周,采购周期为每两周采购一次。C 类药品的临床消耗量很小,贮备较长时间的消耗量对资金的占用也不会太多。实际应用中，该医院这类药品一般情况下贮备量设为低限 0.2 月、高限 1.9 月的消耗量。采购周期为每月采购一次。

二、适时制管理

（一）适时制特点

适时制(just in time，JIT)起源于 20 世纪 20 年代美国福特汽车公司所推行的集成化生产装配线，后来适时制在日本制造业得到有效的使用，随后又重新在美国推广开来。

适时制强调适时生产（just-in-time manufacturing）和适时采购（just-in-time purchasing），即只有在使用之前才要求供应商送货，从而将存货数量减到最少；公司的物资供应、生产和销售应形成连续的同步运转过程；消除企业内部存在的所有浪费；不间断地提高产品质量和生产效率；等等。

适时制原本是为了提高生产质量而逐步形成的，其要旨是将原材料的库存量减少到一个生产班次恰好需要的数量。在适时制下，库存是没有替代品的，其所生产的每一个零部件都必须是合格品。适时制在按订单生产的制造业中使用得最为广泛。不过，它在零售业中也开始显示其优越性，对零售业者预测消费需求和提高营运效益有一定的作用。

（二）适时制成功的取决因素

适时制的成功取决于以下几个因素：

1. 计划要求

JIT 要求具备一份对于整个企业而言协调、完整的计划。通过仔细计划与规划，实施 JIT 可以使企业不必持有保险储备存货，从而节约成本。同时，完备的运行环境也可以在其他方面产生极大的节约，比如缩短存货在途时间、降低仓储成本等，当然，高度的协调和计划对于某些企业是很难实现的，那时 JIT 也就无法发挥作用。

2. 与供应商的关系

为了使 JIT 有效运行，企业应与其供应商紧密合作。送货计划、数量、质量和及时联系都是制度的组成部分。该制度要求按所需的数额和订单的要求频繁送货，而且要求仔细标记每项货物（通常采用二维码或三维码），因此，JIT 的实行要求企业必须和供应商保持良好的关系。

3. 准备成本

通过降低生产周期的长度，重新设计的生产过程更加灵活。在生产中，每一批产品生产前总存在固定的准备成本，生产的最优批量受准备成本的影响（就像存货的订货成本受固定的订货成本影响一样）。通过降低准备成本，企业可以采用更短的生产周期，因而获得更大的灵活性。

4. 其他成本因素

因为 JIT 要求严格管理和控制，所以采用 JIT 的企业常常为了降低成本而限制供应商的数目，为了达到 JIT 的要求，供应商必须提高质量、经常送货、花费更多成本，所以很多企业在采用 JIT 降低其存货储存成本的同时，必须承担更高的采购价格。不过，对于很多采用 JIT 的企业来说，获得的利益远远大于采购价格提高带来的不利影响。

5. 电子数据交换（electronic data interchange，EDI）

没有 EDI，JIT 就不能实施，因为在从采购到生产再到销售的过程中，许多环节都是用电子系统处理的。当采用电子信用条件时（例如，货款不是在发票日的 30 天后支付，而是在交货和使用材料之后很短的时间内支付），就基本上消除了企业的应付账款，而这是其短期筹资额的主要来源。同时，电子收款也消除了供应商的应收账款。

本 章 小 结

本章介绍了存货管理在企业管理中的作用，重点介绍了存货经济订货批量的基本模型与扩展模型，存货管理方法有 ABC 分类法和适时制管理方法。

简答论述

1. 简述存货的概念与种类。
2. 存货决策中需要考虑的相关成本有哪些？
3. 经济订货批量基本模型的假设条件有哪些？如何放松假设对基本模型进行扩展？
4. 什么是 ABC 存货管理和适时制管理？

不定项选择题

1. 下列各种物资中，不应作为企业存货的是（　　）。
   A. 包装物　　　　　　　　　　B. 低值易耗品
   C. 在产品　　　　　　　　　　D. 工程物资
2. 存货管理的经济订货批量基本模型建立的假设条件有（　　）。
   A. 企业能及时补充所需存货
   B. 存货单价不变
   C. 企业现金充足
   D. 存货需求量有变化但可根据历史经验估计其概率

3. 双创公司每年的经济订货量为800单位,由于供应商供货不稳定,公司决定增加100单位的存货量,公司做出这项决定后,会对下列哪个选项产生影响(　　)。
   A. 年度订货成本　　　　　　　　B. 年度订单数量
   C. 年度持有成本　　　　　　　　D. 经济订货量

4. 与传统的物料需求计划系统相比较,适时制(JIT)系统主要优点是(　　)。
   A. 生产运行最大化,以适应整个生产线
   B. 通过系统降低库存
   C. 增加系统中各个水平的安全库存
   D. 用"推动"代替"需求拉动"生产战略

5. 关于存货管理,下列说法正确的有(　　)。
   A. 存货是指企业在日常生产经营过程中为生产或销售而储备的物资
   B. 存货有利于生产顺利进行,还可避免减少机会成本,因此越充足越好
   C. 根据存货基本模型,存货年储存成本等于年需求总量的平均值乘以单位储存成本
   D. 要合理确定企业存货的数量,增加存货的使用效率和效益

参考答案

1. D　2. ABC　3. C　4. B　5. AD

道德问题思考

为什么零售商要窥探消费者隐私?

我们在购物的时候,总会有人盯着我们的一举一动。网络世界里,Cookies跟踪我们在线上的每一个动作,高端商店里,销售人员总是紧随我们左右。而许多提供自助购物的零售商们,则已经在通过高科技来跟踪我们的每一步行动了。

这其中应用最广的,当然就是摄像机,它能记录下我们的每一个动作。它可以抓取面部照片和汽车牌照,并存储在数据库中以备日后搜索。现在的隐形相机可以按年龄、性别和种族划分身份,还能检测肢体语言和心情,甚至银行账户消费记录也在被偷窥。那么这些监控的目的何在呢? 当然是为了让您去购更多的物,花更多的钱。

如果你觉得上面提到的这些都只是新闻上发生的事而已的话,那可能只是因为你很少关注,所以就默认它们不存在,但内行们却都对此相当熟悉。你可能从来没有仔细阅读或思考过银行、零售商或APP给出的那些隐私政策,还有那些在安装或激活之前签字表示同意的隐私条款。你可能没想到,零售商会对顾客的隐私如此感兴趣。世界隐私权论坛(圣地亚哥一家非营利研究组织)的一位执行董事称,"尽管大多数消费者理解摄像机在商店安全方面的需要,但几乎没有人期望店内有人正通过针孔摄像机监视着自己的一举一动"。

不仅如此,现在一些商店在更衣室里也安装了摄像机,便于从背后查看牛仔裤是否合适。但同时,这些摄像机会收集一些有关顾客的购物习惯的细节。

请思考:

零售商窥探消费者隐私符合道德规范吗?谈谈你的看法。

披萨饼餐厅的存货管理

意大利披萨屋是开设在南京某大学校园附近的一家深受师生喜爱的披萨饼餐厅。小白是一名会计专业的学生,在该餐厅打工。在该餐厅工作几个月后,小白开始分析运营效率,特别是存货管理效率。他注意到老板经常持有的存货品种多达50项以上。在这些存货品种中,乳酪的购买和持有费用最为昂贵。乳酪按批量订购,购买价格为17.50元/块,全年使用量总计为14 000块。

经过了解,小白发现老板在乳酪存货管理方面没有利用任何正式的模式。只要乳酪存货数量降到200块,老板就开始订货,从发出订单到收到货物需要5天,订货批量通常为400块。持有1块乳酪的成本是其购买价格的10%。从发出订单到收到货物,整个过程的订货成本为40元。

该餐厅一周营业7天,全年营业50周,在12月的最后两周歇业。

要求:

1. 计算现行政策下乳酪存货的订货成本与持有成本之和。

2. 如果餐厅转而采用经济订货量,计算乳酪存货的订货成本与持有成本之和。通过改变政策,餐厅每年能节约多少费用?

3. 如果餐厅采用经济订货量,订货将在什么时间开始(假设乳酪的日使用量在全年内相同)?这与现行的再订货政策有何不同?

4. 假设储存区最多能存放600块乳酪。如果考虑这一限制条件,应采用何种订货政策?

5. 假设最大库存量为600块乳酪,乳酪最多能存放10天。为了维持正常的口味和质量,老板不能将乳酪存放更长的时间。根据这些条件评价老板现行的存货政策。

第九章 长期投资决策

思政导语

中央经济工作会议指出,"要支持企业技术改造和设备更新,降低企业债务负担,创新金融支持方式,提高企业技术改造投资能力。培育发展新产业,加快技术、产品、业态等创新"。当前中国经济正处于新旧动力转换时期,以前那种依靠要素成本优势所驱动、大量投入资源和消耗环境的经济发展方式已经难以为继。供给侧结构性改革要求用增量改革促存量调整,在增加投资过程中优化投资结构、产业结构开源疏流,在经济可持续高速增长的基础上实现经济可持续发展与人民生活水平不断提高;要求优化投融资结构,促进资源整合,实现资源优化配置与优化再生。企业长期投资决策必须契合供给侧结构性改革总体要求。

学习目标

- 了解长期投资决策的概念和特征
- 掌握资金时间价值的概念和计算
- 掌握投资方案现金净流量的估算
- 掌握资金成本的概念和计算
- 掌握长期投资各评价指标的计算
- 能够运用长期投资评价指标对独立方案、互斥方案进行评价
- 掌握长期投资决策的敏感性分析

从 0.3 亿到 42 亿,诺贝尔基金是怎么做到的?

2017 年 9 月,瑞典的诺贝尔基金会宣布,将诺贝尔各奖项奖金由 800 万瑞典克朗

提高至 900 万克朗（约合人民币 740 万元），看到如此丰厚的奖励，瞬间就萌发出要当科学家的冲动！

诺贝尔基金会成立于 1896 年，至今已发放 100 多年，诺贝尔奖发放的奖金总额早已远远超过诺贝尔的遗产。诺贝尔奖成立之初只有 3 100 万瑞典克朗，诺贝尔基金会将基金分作两部分，大的部分用作"奖金基金"（约 2 800 万克朗）；剩下的部分，用来设立"建筑物基金"和"组织基金"，分别用来支付行政大楼和每年举行授奖仪式使用的大厅租金，以及五个诺贝尔学会的组织费用。

诺贝尔基金会的一项重要任务是如何让钱生钱，这样才能保证诺贝尔奖的金额。不过基金会成立初期，章程中明确规定这笔资金被限制只能投资在银行存款与公债上，不允许用于有风险的投资，导致基金的利息收益都跑不赢通胀。再加上战争、政府加税等因素，基金会资产越来越少，诺贝尔奖金在 1923 年一度缩水，创下历史最低值（不到 12 万克朗）。

重大转折点是在 1953 年，除基金会投资享受免税待遇之外，当年政府允许基金会独立投资，可将基金投资股市和不动产领域，投资策略从保守转向积极。之后，伴随全球股市快速增长、楼市不断升值，基金会资产也随之暴增，由最初的 3 100 万瑞典克朗到 2016 年已经达到 42 亿克朗。其中，基金会主要投资股票（50%）、固定收益资产（17%）以及另类资产（33%，如不动产、对冲基金）。

第一节　长期投资决策概述

一、长期投资决策的概念

长期投资是指涉及投入大量资金，投资所获得报酬要在长时期内逐渐收回，能在较长时间内影响企业经营获利能力的投资。广义的长期投资包括固定资产投资、无形资产投资和长期证券投资等内容；由于固定资产投资在长期投资中所占比例较大，狭义的长期投资特指固定资产投资。与长期投资项目有关的决策，叫作长期投资决策。本章对此不做严格区分。

二、长期投资的特征

（一）投资金额大

长期投资特别是战略性扩大生产能力的投资，涉及资金一般都较大，往往是企业多年的资金积累。在企业总资产中占到很大比重。因此长期投资对企业未来的财务状况和现金流量起到相当大的影响。

（二）影响时间长

长期投资决策涉及项目的投资期和发挥作用的时间都较长，项目建成后对企业的经济效益会产生长久的效应，并有可能对企业的前途有决定性的影响。

（三）变现能力差

长期投资项目周期长，一般不会在短期内变现，即使由于种种原因想在短期内变现，其变现能力也较差。长期投资项目一旦建成，想要改变是很困难的，不是无法实现，就是代价太大。

（四）投资风险大

长期投资涉及项目的使用期长，面临的不确定因素很多，如原材料供应情况、市场供求关系、技术进步速度、行业竞争程度、通货膨胀水平等都会影响投资的效果，所以固定资产投资面临较高的投资风险。

三、投资管理的原则

为了适应投资项目的特点和要求，实现投资管理的目标，做出合理的投资决策，需要遵循投资管理的基本原则，以保证投资活动的顺利进行。

（一）可行性分析原则

投资项目的金额大，资金占用时间长，一旦投资后具有不可逆转性，对企业的财务状况和经营前景影响重大。因此，在投资决策之时，必须建立严密的投资决策程序，进行科学的投资可行性分析。

投资项目可行性分析是投资管理的重要组成部分，其主要任务是对投资项目能否实施的可行性进行科学的论证，主要包括环境可行性、技术可行性、市场可行性、财务可行性等方面。

财务可行性是在相关的环境、技术、市场可行性完成的前提下，着重围绕技术可行性和市场可行性而开展的专门经济性评价。同时，一般也包含资金筹集的可行性。

财务可行性分析的主要方面和内容包括：收入、费用和利润等经营成果指标的分析；资产、负债、所有者权益等财务状况指标的分析；资金筹集和配置的分析；资金流转和回收等资金运行过程的分析；项目现金流量、净现值、内含报酬率等项目经济性效益指标的分析，项目收益与风险关系的分析等。

（二）结构平衡原则

由于投资往往是一个综合性的项目，不仅涉及固定资产等生产能力和生产条件的构建，还涉及使生产能力和生产条件正常发挥作用所需要的流动资产的配置。同时，由于受资金来源的限制，投资也常常会遇到资金需求超过资金供应的矛盾。如何合理配置资源，使有限的资金发挥最大的效用，是投资管理中资金投放所面临的重要问题。

投资项目在资金投放时，要遵循结构平衡的原则，合理分布资金，包括固定资金与流动资金的配套关系、生产能力与经营规模的平衡关系、资金来源与资金运用的匹配关系、投资进度和资金供应的协调关系、流动资产内部的资产结构关系、发展性投资与维持性投资配合关系、对内投资与对外投资顺序关系、直接投资与间接投资分布关系等。

（三）动态监控原则

投资的动态监控，是指对投资项目实施过程中的进程控制。特别是对于那些工程量大、工期长的建造项目来说，有一个具体的投资过程，需要按工程预算实施有效的动态投资控制。投资项目的工程预算，是对总投资中各工程项目以及所包含的分步工程和单位工程造价规划的财务计划。建设性投资项目应当按工程进度，对分项工程、分步工程、单位工程的完成情况，逐步进行资金拨付和资金结算，控制工程的资金耗费，防止资金浪费。在项目建设完工后，通过工程结算，全面清点所建造的资产数额和种类，分析工程造价的合理性，合理确定工程资产的账面价值。

（四）风险与收益均衡原则

一般来说，长期投资的风险和收益成正比。对于间接投资特别是证券投资而言，投资前首先要认真分析投资对象的投资价值，根据风险与收益均衡的原则合理选择投资对象。在持有金融资产过程中，要广泛收集投资对象和资本市场的相关信息，全面了解被投资单位的财务状况和经营成果，保护自身的投资权益。有价证券类的金融资产投资，其投资价值不仅由被投资对象的经营业绩决定，还受资本市场的制约。这就需要分析资本市场上资本的供求关系状况，预计市场利率的波动和变化趋势，动态地估算投资价值，寻找转让证券资产和收回投资的最佳时机。

第二节　影响长期投资决策的重要参量

长期投资不仅需要投入较多资金，而且影响时间长，投入资金的回收和收益都要经历较长的时间才能实现，在此历程中自然蕴含着未知与风险。进行长期投资决策时，一方面需要充分考虑资金的时间价值，还要计算出为取得长期投资所需资金所付出的代价，即资金成本；另一方面要对各方案的现金流入量和现金流出量进行预测，正确估算出每年的现金净流量。资金时间价值、资金成本和现金净流量是影响长期投资决策的重要参量。

一、资金时间价值

（一）资金时间价值概念

资金时间价值是指一定量资金在不同时点上价值量的差额。一定数量的货币资金在不同的时点上具有不同价值,其实质是资金所有者放弃使用权,将其提供给使用者而获得的收益。资金进入生产领域周转使用后会产生增值,一定量资金周转使用时间越长,其产生的增值额也越大。由于长期投资的投资额大,投资收益回收时间长,因此为了正确评价长期投资各备选方案,必须考虑资金的时间价值。

在利润平均化规律的作用影响下,货币时间价值的一般表现形式就是在没有风险与通货膨胀条件下社会平均的资金利润率。由于资金时间价值的计算方法与利息的计算方法相同,很容易将资金时间价值与利息率相混淆。实际上,投资活动或多或少总存在风险,市场经济条件下通货膨胀也是客观存在的。利率既包含时间价值,也包含风险价值和通货膨胀的因素。只有在通货膨胀率很低的情况下,方可将几乎没有风险的政府债券的利息率视同资金时间价值。

(二) 资金时间价值的计算

在资金时间价值的计算中,为了表示方便,本章采用以下符号:

P——本金,又称现值;

F——终值,本金和利息之和(简称本利和);

I——利息;

i——利率,又称折现率或贴现率;

n——计算利息的期数。

1. 单利计息和复利计息

(1) 单利计息

单利计息是指只按本金计算利息,而利息部分不再计息的一种计息方式。单利计息情况下利息的计算公式为:

$$I = P \times i \times n$$

单利计息情况下终值的计算公式为:

$$F = P + P \times i \times n = P \times (1 + i \times n)$$

【实务例题9-1】 M在银行存入1 000元,年利率为3‰,采用单利计息,要求分别计算第一、第二和第三年年末的应计利息和本利和。

$I_1 = 1\,000 \times 3\% \times 1 = 30(元) \quad F_1 = 1\,000 \times (1 + 3\% \times 1) = 1\,030(元)$

$I_2 = 1\,000 \times 3\% \times 2 = 60(元) \quad F_2 = 1\,000 \times (1 + 3\% \times 2) = 1\,060(元)$

$I_3 = 1\,000 \times 3\% \times 3 = 90(元) \quad F_3 = 1\,000 \times (1 + 3\% \times 3) = 1\,090(元)$

(2) 复利计息

复利计息是指本金加上已产生的利息再计算下一期利息的计息方法,即所谓"利上滚利",即:

第一年末本利和(终值) $\quad F_1 = P + P \times i = P(1+i)$

第二年末本利和(终值) $\quad F_2 = P(1+i)(1+i) = P(1+i)^2$

第三年末本利和(终值) $\quad F_3 = P(1+i)^2(1+i) = P(1+i)^3$

……

第 $n-1$ 年末本利和(终值) $\quad F_{n-1} = P(1+i)^{n-1}$

第 n 年末本利和(终值) $\quad F_n = P \times (1+i)^n$

所以,在复利计息情况下本利和(终值)的计算公式为:

$$F = P \times (1+i)^n$$

在复利计息情况下,利息的计算公式为:

$$I = P \times [(1+i)^n - 1]$$

【实务例题 9-2】 M 在银行存入 1 000 元,年利率为 3%,采用复利计息,要求分别计算第一、第二和第三年年末的应计利息和本利和。

解:$F_1 = 1\,000 \times (1+3\%) = 1\,030$(元) $\quad I_1 = 1\,030 - 1\,000 = 30$(元)

$F_2 = 1\,000 \times (1+3\%)^2 = 1\,060.9$(元) $\quad I_2 = 1\,060.9 - 1\,000 = 60.9$(元)

$F_3 = 1\,000 \times (1+3\%)^3 = 1\,092.7$(元) $\quad I_3 = 1\,092.7 - 1\,000 = 92.7$(元)

在第一个计息期,单利和复利计算的利息相同,但在第二个及以后各个计息期,两者利息就不同了,复利计算的利息一定大于单利计算的利息,而且计息期越长,差异越大。

上面计算公式中,利率 i 和期数 n 一定要相互对应,例如 i 为年利率时,n 应为年份数;i 为月利率时,n 则应为月份数;以此类推。

长期投资决策一般考虑资金时间价值复利,各个指标的计算也是以复利为基础。

2. 复利的终值与现值

(1) 复利终值的计算

终值又称将来值,是指现在一定量的资金在未来某一时点上的价值,也称本利和。已知现值 P,利率为 i,n 期后的复利终值的计算公式为:

$$F = P \times (1+i)^n$$

式中 $(1+i)^n$ 通常称为利率为 i、期数为 n 的"1 元复利终值系数",用符号 $(F/P, i, n)$ 或 $FVIF_{i,n}$ 表示,其数值可以直接查阅相关复利终值系数表。于是复利现值的计算公式又可表示为:

$$F = P \times (1+i)^n = P \times (F/P, i, n)$$

【实务例题 9-3】 M 将 10 000 元存入银行,银行年利率为 4%,每年复利一次,5 年后将可取出多少资金?

解: $\quad F = 10\,000 \times (F/P, 4\%, 5) = 10\,000 \times 1.216\,6 = 12\,166$ 元

从以上计算可知,5 年后从银行可取出本利和 12 166 元。

(2) 复利现值的计算

复利现值是指未来某一时点上的一笔资金按复利计算的现在价值。复利现值是复利终值的逆运算,其计算公式为:

$$P = F \times (1+i)^{-n}$$

式中$(1+i)^{-n}$通常称为利率为i、期数为n的"1元复利现值系数",用符号$(P/F, i, n)$或$PVIF_{i,n}$表示,其数值可以直接查阅相关复利现值系数表。于是复利现值计算公式又可表示为:

$$P = F \times (1+i)^{-n} = F \times (P/F, i, n)$$

【实务例题 9-4】 M企业准备在5年以后用10 000元购买一台设备,银行年利率为4%,每年复利一次,该企业现在需一次存入银行多少资金?

解: $P = 10\ 000 \times (P/F, 4\%, 5) = 10\ 000 \times 0.8219 = 8\ 219$ 元

企业只要现在存入8 219元,5年后可取出本利和10 000元。

3. 年金的终值与现值

年金(annuity)是指一定时期内,以相同的时间间隔连续发生的等额收付款项,以A表示。年金在现实生活中有广泛的应用,如定期支付的租金、折旧费、保险费、利息、分期付款、零存整取或整存零取的储蓄等。

年金有许多不同的种类,如普通年金、预付年金、递延年金和永续年金。其中,普通年金是指每笔等额收付款项都发生在期末,又称后付年金。普通年金是实际工作中最为常用的年金,本教材涉及年金问题若不作特殊说明均指普通年金。

(1) 普通年金终值的计算

普通年金终值是指一定时期内每期期末等额款项的复利终值之和。例如企业每年年末存入资金A,年利率为i,每年复利一次,则n年后的普通年金终值计算如图9-1所示。

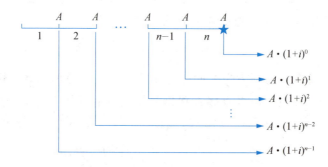

图 9-1 普通年金终值计算示意图

第1年年末的A折算到第n年年末的终值为$A \times (1+i)^{n-1}$

第2年年末的A折算到第n年年末的终值为$A \times (1+i)^{n-2}$

第 3 年年末的 A 折算到第 n 年年末的终值为 $A \times (1+i)^{n-3}$

……

第 $n-1$ 年年末 A 折算到第 n 年年末的终值为 $A \times (1+i)^1$

第 n 年年末 A 折算到第 n 年年末的终值为 $A \times (1+i)^0$

由此,普通年金终值的计算公式为:

$$F = A \times (1+i)^{n-1} + A \times (1+i)^{n-2} + \cdots + A \times (1+i)^2 + A \times (1+i) + A \quad (1)$$

将(1)式两边同乘上 $(1+i)$ 得:

$$(1+i) \times F = A \times (1+i)^n + A \times (1+i)^{n-1} + \cdots + A \times (1+i)^3 + A \times (1+i)^2 + A \times (1+i) \quad (2)$$

将(2)减(1)式得:

$$(1+i) \times F - F = A \times [(1+i)^n - 1]$$

经整理后得到:

$$F = A \times \frac{(1+i)^n - 1}{i}$$

上式中,$\dfrac{(1+i)^n - 1}{i}$ 通常称为利率为 i、期数为 n 的"1 元年金终值系数",用符号 $(F/A, i, n)$ 或 $FVIFA_{i,n}$ 表示,其数值可以查阅相关年金终值系数表。于是年金终值的计算公式又可表示为:

$$F = A \times \frac{(1+i)^n - 1}{i} = A \times (F/A, i, n)$$

【实务例题 9-5】 M 于每年年末在银行存入 10 000 元,年利率为 4%,8 年后可获本利和为多少?

解: $F = 10\,000 \times (F/A, 4\%, 8) = 10\,000 \times 9.2142 = 92\,142(元)$

8 年后 M 从银行可取出本利和 92 142 元。

(2) 年偿债基金的计算

偿债基金是指为了在未来某一时点偿还一定的金额而提前在每年年末存入相等的金额。它是年金终值的逆运算,亦属于已知整取求零存的问题,即由已知的年金终值 F,求年金 A。计算公式如下:

$$A = F \times \frac{i}{(1+i)^n - 1}$$

上式中,$\dfrac{i}{(1+i)^n - 1}$ 称为利率为 i、期限为 n 的"偿债基金系数",记为 $(A/F, i, n)$,其数值可通过查阅偿债基金系数表得到,可根据年金终值系数的倒数推算出来。所以上式也可表示为:

$$A = F \times (A/F, i, n) = F \times [1/(F/A, i, n)]$$

【实务例题 9-6】 M 企业有一笔 500 万元的长期债务,在第 5 年末到期。企业准备在 5 年内每年末存入银行一笔资金,以便在第 5 年末偿还这笔长期债务。假定银行利率为 5%,则企业应在每年年末存入银行多少钱?

解： $A = 500 \times (A/F, 5\%, 5)$
$\qquad = 500 \times [1/(F/A, 5\%, 5)]$
$\qquad = 500 \times (1/5.5256)$
$\qquad \approx 90.4879 (万元)$

企业应于每年末存入银行 90.4879 万元。

(3) 普通年金现值的计算

普通年金现值是指一定时期内每期期末等额款项的复利现值之和。例如企业每年年末存入资金 A,年利率为 i,则该企业 n 年内的年金现值计算如图 9-2 所示：

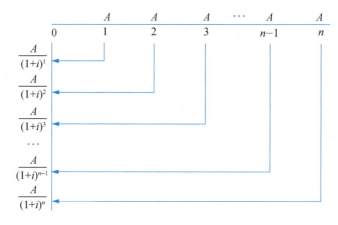

图 9-2 普通年金现值计算示意

第 1 年年末的 A 折算到第 1 年年初的现值为 $A \times (1+i)^{-1}$
第 2 年年末的 A 折算到第 1 年年初的现值为 $A \times (1+i)^{-2}$
第 3 年年年末的 A 折算到第 1 年年初的现值为 $A \times (1+i)^{-3}$
……
第 $(n-1)$ 年年末的 A 折算到第 1 年年初的现值为 $A \times (1+i)^{-(n-1)}$
第 n 年年末的 A 折算到第 1 年年初的现值为 $A \times (1+i)^{-n}$

普通年金现值的计算公式为：

$$P = A \times (1+i)^{-1} + A \times (1+i)^{-2} + A \times (1+i)^{-3} + \cdots + A \times (1+i)^{-(n-1)}$$

经整理得到(推导过程从略)： $P = A \times \dfrac{1-(1+i)^{-n}}{i}$

上式中, $\dfrac{1-(1+i)^{-n}}{i}$ 称为利率为 i、期限为 n 的"1 元年金现值系数",记作 $(P/A,$

i, n）或 $PVIFA_{i,n}$，其数值可以直接查阅相关年金现值系数表。于是年金现值计算公式又可表示为：

$$P = A \times \frac{1-(1+i)^{-n}}{i} = A \times (P/A, i, n)$$

【实务例题 9-7】 M 企业准备租用一台设备，每年年末需要支付租金 10 000 元，假定年利率为 5%，问 5 年内支付租金总额的现值是多少？

解： $P = 10\ 000 \times (P/A, 5\%, 5) = 10\ 000 \times 4.329\ 4 = 43\ 294$（元）

该公司 5 年内支付租金总额的现值为 43 294 元。

（4）年资本回收额的计算

年资本回收额是指在一定时期内，等额回收初始投入资本或清偿所欠债务的金额。它是年金现值的逆运算，亦属于已知整存求零取的问题。即由已知年金现值 P，求年金 A。计算公式如下：

$$A = P \times \frac{i}{1-(1+i)^{-n}}$$

上式中，$\frac{i}{1-(1+i)^{-n}}$ 称为利率为 i，期限为 n 的"资本回收系数"，记作 $(A/P, i, n)$，其数值可通过查阅相关资本回收系数表得到，也可根据年金现值系数的倒数推算出来。所以上式也可表示为：

$$A = P \times (A/P, i, n) = P \times [1/(P/A, i, n)]$$

【实务例题 9-8】 M 企业准备投资 50 万元建造一条生产流水线，预计使用寿命为 8 年，若企业期望的资金收益率为 10%，问该企业每年年末至少要从这条流水线获得多少收益，方案才是可行的？

解： $A = 50 \times (A/P, 10\%, 8)$
$= 50[1/(P/A, 10\%, 8)]$
$= 50(1/5.334\ 9)$
$\approx 9.372\ 2$（万元）

该企业每年年末至少需要从这条流水线获得收益 9.372 2 万元，方案才可行。

（5）预付年金的终值和现值

预付年金又称先年金或即付年金，是指从第一期起，每期期初等额发生的系列收付款项，它与普通年金的区别仅在于收付款的时点不同。

从图 9-3 可见，n 期的预付年金与 n 期的普通年金，其收付款次数是一样的，只是收付款时点不一样。如果计算年金终值，预付年金要比普通年金多计一期的利息；如果计算年金现值，则预付年金要比普通年金少折现一期，因此，预付年金的终值与现值，可在普通年金的现值、终值基础上乘以 $(1+i)$ 计算得到。

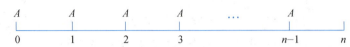

图 9-3 普通年金和预付年金对比示意

① 预付年金的终值

预付年金终值的计算公式为：

$$F = A \times (F/A, i, n) \times (1+i)$$

即

$$F = A \times \frac{(1+i)^n - 1}{i} \times (1+i)$$

整理后得

$$F = A \times \left(\frac{(1+i)^{n+1} - 1}{i} - 1 \right)$$

上式中，$\left(\frac{(1+i)^{n+1} - 1}{i} - 1 \right)$ 称为"预付年金终值系数"，记作 $[(F/A, i, n+1) - 1]$，它是在普通年金终值系数的基础上，期数加 1、系数减 1 所得的结果。上式预付年金终值的计算公式也可表示为：

$$F = A \times [(F/A, i, n+1) - 1]$$

② 预付年金的现值

预付年金的现值的计算公式为：

$$P = A \times (P/A, i, n) \times (1+i)$$

即

$$P = A \times \frac{1 - (1+i)^{-n}}{i} \times (1+i)$$

整理后得

$$P = A \times \left(\frac{1 - (1+i)^{-(n-1)}}{i} + 1 \right)$$

上式中，$\left(\frac{1 - (1+i)^{-(n-1)}}{i} + 1 \right)$ 称"预付年金现值系数"，记作 $[(P/A, i, n-1) + 1]$，它是在普通年金现值系数的基础上，期数减 1、系数加 1 所得的结果。上式预付年金现值的计算公式也可表示为：

$$P = A \times [(P/A, i, n-1) + 1]$$

(6) 递延年金的现值计算

递延年金是指第一次收付款发生时间不在第一期期末，而是在第二期或第二期以后才开始发生的等额系列收付款项。它是普通年金的特殊形式。递延年金与普通年金的区别如图 9-4 所示。

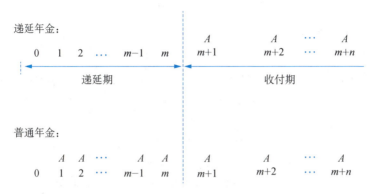

图 9-4 递延年金与普通年金对比示意

从图 9-4 中可知,递延年金与普通年金相比,尽管期限一样,都是 $m+n$ 期,但普通年金在 $m+n$ 期内,每个期末都要发生等额收付款。而递延年金在 $m+n$ 期内,前 m 期无等额收付款项发生,称为递延期;只在后 n 期才发生等额收付款。

递延年金终值计算方法与普通年金终值计算方法相同,本部分只介绍递延年金现值计算。递延年金现值计算方法主要有三种。

计算方法一:把递延年金视为 n 期的普通年金,先求出在递延期期末的现值,再将此现值折现到第一期期初。

$$P = A \times (P/A, i, n) \times (P/F, i, m)$$

计算方法二:先计算 $m+n$ 期的普通年金的现值,再扣除实际并未发生递延期(m 期)的普通年金现值,即可求得递延年金现值。

$$P = A \times [(P/A, i, m+n) - (P/A, i, m)]$$

计算方法三:先求递延年金终值,再折现为现值。

$$P = A \times (F/A, i, n) \times (P/F, i, m+n)$$

【实务例题 9-9】 M 企业于年初投资一项目,预计从第 4 年开始至第 8 年,每年年末可获得投资收益 30 万元,按年利率 8%,计算该投资项目年收益的现值。

方法一　$P = 30 \times (P/A, 8\%, 5) \times (P/F, 8\%, 3)$
　　　　　$= 30 \times 3.9927 \times 0.7938$
　　　　　$\approx 95.082 (万元)$

方法二　$P = 30 \times [(P/A, 8\%, 8) - (P/A, 8\%, 3)]$
　　　　　$= 30 \times (5.7466 - 2.5771)$
　　　　　$= 95.085 (万元)$

方法三　$P = 30 \times (F/A, 8\%, 5) \times (P/F, 8\%, 8)$

$$= 30 \times 5.867 \times 0.5403$$
$$\approx 95.098(万元)$$

三种方法产生的微小差异由系数表保留位数有限所导致。

(7) 永续年金的现值

永续年金是指无限期等额收付的年金。现实生活并不存在严格意义上无限期的年金,但可将持续期较长的年金视同永续年金。由于假设永续年金没有终止的时间,因此不存在终值,只存在现值。永续年金的现值计算公式可由普通年金现值公式推导得出:

$$P = A \times \frac{1-(1+i)^{-n}}{i}$$

当 $n \to +\infty$,$(1+i)^{-n} \to 0$,因此,永续年金现值计算公式为:

$$P = A/i$$

(三) 名义利率和实际利率

在实际工作中,复利的计息期不一定是一年,可能是半年、季度或月份。当利息在一年内复利次数超过一次时,给出的年利率称为名义利率。实际利率与名义利率的关系可用下面公式表示:

$$i = (1+r/m)^m - 1$$

式中:i—— 实际利率;

r—— 名义利率;

m—— 每年复利次数。

对于一年内复利多次的情况,可采取实际利率或调整利率和期数计算资金时间价值。

【实务例题 9-10】M 于年初存入银行 10 000 元,在年利率为 6%,半年复利一次的情况下,到第五年年末能得到多少本利和?

方法一:根据题意,$P = 10\,000$,$r = 6\%$,$m = 2$,$n = 5$

因此实际利率 $i = (1+r/m)^m - 1 = (1+6\%/2)^2 - 1 = 6.09\%$

$F = P \times (1+i)^n = 10\,000 \times (1+6.09\%)^5 \approx 13\,439.16(元)$

方法二:不计算实际利率,而是相应调整复利终值计算公式中的相关指标,即利率调整为 r/m,期数调整为 $m \times n$。本例中利率为 $6\%/2 = 3\%$(半年利率),期数为 $2 \times 5 = 10$ 期(10 个半年)。

$$F = P \times (1+r/m)^{m \times n} = 10\,000 \times (1+6\%/2)^{2 \times 5}$$
$$= 10\,000 \times (1+3\%)^{10} = 10\,000 \times (F/P, 3\%, 10)$$
$$= 10\,000 \times 1.3439 = 13\,439(元)$$

二、资金成本

企业长期投资所使用的资金无论采用什么方式筹集都需要付出一定的代价,这种代价就是资金成本,不同的筹资方式的资金成本有较大差异。在长期投资决策中将各种筹资方式的加权平均资金成本作为贴现率,将资金成本作为能否为股东创造价值的标准。

(一) 债券资金成本

企业按固定利率发行债券筹资,利息可在税前列支。但发行债券要发生一定的筹资费用,即发行费、印刷费、推销费等,其计算公式为:

$$债券资金成本 = \frac{年利息 \times (1 - 所得税税率)}{债券发行价格 \times (1 - 筹资费率)}$$

(二) 借款资金成本

借款资金成本的计算与债券基本一致,其计算公式为:

$$借款资金成本 = \frac{年利息 \times (1 - 所得税税率)}{借款总额 \times (1 - 筹资费率)}$$

由于借款的手续费或者没有,或者很低,公式中的筹资费率通常可以忽略不计。公式可简化为:

$$借款资金成本 = 借款年利率 \times (1 - 所得税税率)$$

(三) 优先股资金成本

企业发行优先股票,既要支付筹资费,又要定期支付股利。优先股属于权益性资金,股利要在税后才能支付。其计算公式为:

$$优先股资金成本 = \frac{优先股年股利}{优先股发行总额 \times (1 - 筹资费率)}$$

(四) 普通股资金成本

普通股也属于权益性资金,股利要在税后支付。与优先股不同的是,普通股的股利是不固定的,通常假定具有固定的年增长率。其计算公式为:

$$普通股资金成本 = \frac{普通股第一年预计股利}{普通股发行总额 \times (1 - 筹资费率)} + 股利增长率$$

(五) 留存收益资金成本

企业留存收益相当于投资者追加投资给企业,同原先的投资一样,要求有一定的回报,所以也要考虑资金成本。留存收益资金成本可用不考虑筹资费用的普通股资金成本。其计算公式为：

$$留存收益资金成本 = \frac{普通股第一年预计股利}{普通股发行总额} + 股利增长率$$

(六) 综合资金成本

综合资金成本是指以各种资金成本为基础,以各种资金占总资金的比重为权数计算出来的加权平均资金成本,反映企业所筹全部资金的资金成本的一般水平。其计算公式为：

$$综合资金成本 = \sum 某种资金的资金成本 \times 该种资金占总资金的比重$$

【实务例题 9-11】 M 企业拟筹集资金 1 000 万元,进行一项长期投资,其中向银行长期贷款 200 万元,发行长期债券 300 万元,发行普通股 400 万元,利用留存收益 100 万元。各种资金成本分别是 5%、7%、12% 和 12.5%。试计算该投资所用资金的综合资金成本。

解：综合资金成本 $= 5\% \times \dfrac{200}{1\,000} + 7\% \times \dfrac{300}{1\,000} + 12\% \times \dfrac{400}{1\,000} + 12.5\% \times \dfrac{100}{1\,000}$
$= 9.15\%$

三、现金流量

(一) 现金流量的概念

在进行长期投资决策时,现金流量是指投资项目所引起的各项现金流入和现金流出的数量。它是计算长期投资决策评价指标的主要依据。

(二) 现金流量的具体内容

按照现金流动的方向,现金流量可分为现金流入量、现金流出量和现金净流量三个方面考察。

1. 现金流入量

现金流入量是指由于投资项目实施而引起的现金收入的增加额,简称现金流入。主要包括：

(1) 营业收入

营业收入是指投资项目投产后每年实现的全部营业收入,包括现销收入和赊销收入。为简化起见,假定正常经营年度内,营业收入全部为现销收入,即赊销收入为零。

(2) 固定资产的余值收入

固定资产的余值收入是指投资项目的固定资产在终结报废清理时的残值收入,或中途变价转让时得到的变价收入。

(3) 垫支流动资金回收

垫支流动资金回收是指投资项目使用期限终止时，收回与该项目相联系的投放在各种流动资产上的投资。固定资产的余值收入和垫支流动资金回收统称为回收额。一般假定回收额在投资项目终结时，即最后经营期末发生。

2. 现金流出量

现金流出量是指由于投资项目实施而引起的现金支出的增加额，简称现金流出。主要包括：

(1) 建设投资

建设投资是指在项目建设期间按一定生产经营规模和建设需要进行的投资，具体包括固定资产投资，如房屋建筑物的造价、设备的买价或建造成本、安装成本等；无形资产投资，是指用于取得专利权、专有技术、商标权等无形资产而产生的投资；开办费投资，是指项目筹建期间所发生的，但不能划归固定资产和无形资产的那部分投资。

建设投资是建设期间发生的主要现金流出量。

(2) 垫支的流动资金

垫支的流动资金是指投资项目建成投产后为开展正常经营活动而投放在流动资产项目上的投资，建设投资与垫支的流动资金之和称为项目的原始总投资。原始总投资不论是一次投入还是分次投入，均假设它们是在建设期内投入的，经营期间不再有新的投资发生。

(3) 付现成本

通常是指项目投产后生产经营过程中发生的各项用现金支付的成本费用，它是生产经营期间最主要的现金流出量项目。一般假定变动成本均为付现成本，非付现成本主要体现为折旧或摊销。

(4) 所得税额

所得税额是指企业投资项目建成投产后，因应纳税所得额增加而增加的企业所得税。

3. 现金净流量

现金净流量(net cash flow，NCF)是指投资项目在整个计算期(包括建设期和经营期)内现金流入量和现金流出量的差额。

为了便于理解和简化现金净流量的计算，通常假设现金净流量是以年为时间单位发生，并发生于某时点，主要是每年的年初或年末，例如建设投资在建设期内有关年度的年初发生，垫支的流动资金在建设期的最后一年末即经营期的第一年初发生；经营期内各年的营业收入、付现成本、折旧摊销、利润、所得税等项目的确认均在年末发生；固定资产残值回收和流动资金回收均发生在经营期最后一年年末。

(三) 现金净流量的构成

长期投资决策中的现金净流量从时间特征上看包括三个组成部分：初始现金净流量、营业现金净流量和终结现金净流量。长期投资决策时应结合企业所得税情况计算年现金净流量。

1. 初始现金净流量的计算

(1) 如果是新建项目,所得税对初始现金净流量没有影响。

$$某年现金净流量 = -(该年原始投资额 + 垫支流动资金)$$

(2) 如果是更新改造项目,固定资产的清理损益就应考虑所得税问题。继续使用旧固定资产的建设期期初现金净流量为:

$$NCF_0 = -(旧固定资产变价净收入 + 旧固定资产提前报废发生净损失抵税额)$$

2. 营业现金净流量的计算

在考虑所得税因素之后,经营期的营业现金净流量可按下列方法计算:

$$某年营业现金净流量 = 税前利润 + (折旧 + 摊销) - 所得税$$
$$= 税后利润 + (折旧 + 摊销)$$
$$= (营业收入 - 总成本) \times (1 - 所得税率) + (折旧 + 摊销)$$
$$= (营业收入 - 付现成本) \times (1 - 所得税率)$$
$$+ (折旧 + 摊销) \times 所得税率$$

3. 终结现金净流量的计算

终结现金净流量主要包括:(1)固定资产的残值收入或变价收入(指扣除了所需要上缴的税金等支出后的净收入);(2)原有垫支在各种流动资产上的资金的收回;(3)停止使用的土地的变价收入等。

$$该年现金净流量 = 该年营业现金净流量 + 回收额$$

【**实务例题 9-12**】 M 企业一项目建设期为 3 年,原始投资总额为 2 000 万元,其中固定资产投资 1 600 万元,建设期第一、二年初各投入 800 万元;无形资产投资 100 万元,开办费投资 100 万元,均于建设起点投入;流动资金投资 200 万元,于第四年初开始投产时投入。该项目经营期 10 年,固定资产按直线法计提折旧,期满有 80 万元净残值;无形资产于投产后分 5 年平均摊销;开办费于投产当年一次摊销,流动资金在项目终结时可一次全部收回。另外,预计项目投产后,前 3 年每年可获得税前利润 200 万元;后 7 年每年可获得税前利润 250 万元。假设该企业适用企业所得税税率为 25%,计算该项目投资在整个项目期内各年的现金净流量。

(1) 初始现金净流量计算如下:

$$NCF_0 = -800 - 100 - 100 = -1\,000(万元)$$
$$NCF_1 = -800(万元)$$
$$NCF_2 = 0(万元)$$
$$NCF_3 = -200(万元)$$

(2) 营业现金净流量计算如下:

$$NCF_4 = 200 \times (1-25\%) + 152 + 20 + 100 = 422(万元)$$

$$NCF_{5-6} = 200 \times (1-25\%) + 152 + 20 = 322(万元)$$

$$NCF_{7-8} = 250 \times (1-25\%) + 152 + 20 = 359.5(万元)$$

$$NCF_{9-12} = 250 \times (1-25\%) + 152 = 339.5(万元)$$

(3) 终结现金净流量计算如下：

$$NCF_{13} = 250 \times (1-25\%) + 152 + 80 + 200 = 619.5(万元)$$

（四）投资决策中使用现金流量的原因

传统的财务会计按权责发生制计算企业的收入和成本，并以收入减去成本后的利润作为收益，用来评价企业的经济效益。

长期投资决策中不能以按这种方法计算的收入和支出作为评价项目经济效益高低的基础，而应以现金流入作为项目的收入，以现金流出作为项目的支出，以净现金流量作为项目的净收益，并在此基础上评价投资项目的经济效益。投资决策之所以要以按收付实现制计算的现金流量作为评价项目经济效益的基础，主要有以下两方面的原因。

1. 采用现金流量有利于科学地考虑资金的时间价值因素

科学的投资决策必须认真考虑资金的时间价值，这就要求在决策时一定要弄清每笔预期收入款项和支出款项的具体时间，因为不同时间的资金具有不同的价值。因此，在衡量方案优劣时，根据各投资项目寿命周期内各年的现金流量，按照资本成本率，结合资金的时间价值来确定。

而利润的计算并不考虑资金收付的时间，它是以权责发生制为基础的。利润与现金流量的差异具体表现在：(1) 购置固定资产付出大量现金时不计入成本；(2) 将固定资产的价值以折旧或折耗的形式逐期计入成本时，却不需要付出现金；(3) 计算利润时不考虑垫支的流动资产的数量和回收的时间；(4) 销售行为一旦确定，就确认为当期的销售收入，尽管其中有一部分并未于当期收到现金；(5) 项目寿命终结时，以现金的形式回收的固定资产残值和垫支的流动资金在计算利润时也得不到反映。可见，要在投资决策中考虑时间价值因素，就不能用利润来衡量项目的优劣，而必须采用现金流量。

2. 采用现金流量才能使投资决策更符合客观实际情况

在长期投资决策中，应用现金流量能更科学、更客观地评价投资方案的优劣，会计利润核算过程包含许多主观判断成分，比如公允价值变动、资产减值损失等。这是因为：(1) 利润的计算没有一个统一的标准，在一定程度上要受存货估价、费用分摊和不同折旧计提方法的影响。因而，利润的计算比现金流量的计算有更大的主观随意性，以此作为决策的主要依据不太可靠。(2) 利润反映的是某一会计期间"应计"的现金流量，而不是实际的现金流量。若以未实际收到现金的收入作为报酬，具有较大风险，容易高估投资项目的经济效益。

第三节 长期投资决策的评价指标

长期投资决策的评价指标可以分成两大类:一类是静态评价指标,也称非贴现指标,这类指标不考虑资金时间价值,主要包括投资利润率、投资回收期等。另一类是动态评价指标,也称贴现指标,这类指标考虑资金时间价值,主要包括净现值、净现值率、获利指数、内含报酬率等。

一、静态评价指标

(一)平均报酬率

平均报酬率又称投资报酬率(average rate of return,ARR),是指投资方案的年平均利润额与投资总额的比率。平均报酬率从会计收益角度反映投资项目的获利能力,即投资一年能给企业带来的平均利润是多少。因为计算会计收益时采用应计和递延等程序,因而收益并不等同于现金流量。投资利润率的计算公式为:

$$投资利润率 = \frac{年平均利润额}{投资总额} \times 100\%$$

利用平均报酬率进行投资决策时将方案的平均报酬率与预先确定的基准报酬率(或企业要求的最低报酬率)进行比较:若方案的平均报酬率大于或等于基准报酬率时,方案可行;反之方案不可行。一般来说,平均报酬率越高,表明投资效益越好;平均报酬率越低,表明投资效益越差。

平均报酬率指标的优点主要是计算简单,易于理解。其缺点主要是:(1)没有考虑资金时间价值;(2)没有直接利用现金净流量信息;(3)计算公式的分子是时期指标,分母是时点指标,缺乏可比性。基于这些缺点,平均报酬率不宜作为投资决策的主要依据,一般只适用于方案的初选,或者投资后各项目间经济效益的比较。

(二)静态投资回收期(payback period,PP)

指以投资项目营业现金净流量抵偿原始总投资所需要的全部时间,通常以年来表示。

投资决策时将方案的投资回收期与预先确定的基准投资回收期(或决策者期望投资回收期)进行比较,若方案的投资回收期小于基准投资回收期,方案可行;若方案的投资回收期大于基准投资回收期,方案不可行。一般来说,投资回收期越短,表明该投资方案的投资效果越好,则该项投资在未来时期所冒的风险越小。它的计算可分为以下两种情况。

1. 经营期年现金净流量相等

这种情况下,计算公式为:

$$静态投资回收期 = \frac{原始总投资}{年现金净流量}$$

2. 经营期年现金净流量不相等

这种情况下,需计算逐年累计的现金净流量,根据每年年末尚未回收的投资额确定投资回收期。

静态投资回收期指标的优点主要是简单易算,并且投资回收期的长短也是衡量项目风险的一种标志。其缺点主要是:(1)没有考虑资金时间价值;(2)仅考虑了回收期以前的现金流量,没有考虑回收期以后的现金流量,而有些长期投资项目在中后期才能得到较为丰厚的收益,投资回收期不能反映其整体的盈利性。

[实务例题 9-13] M 企业有 A、B 两个投资方案,投资总额均为 280 万元,全部用于购置固定资产,直线法折旧,使用期均为 4 年,不计残值,该企业要求的最低报酬率为 10%,其他有关资料如表 9-1 所示。

表 9-1　A、B 投资方案相关资料　　　　　　　　　　单位:万元

年序	A 方案		B 方案	
	利润	现金净流量(NCF)	利润	现金净流量(NCF)
0		−280		−280
1	35	105	25	95
2	35	105	28	98
3	35	105	35	105
4	35	105	38	108
合计	140	140	126	126

[要求] (1) 计算 A、B 两方案的平均报酬率。

(2) 计算 A、B 两方案的静态投资回收期。

[分析]

(1)

$$A 方案的平均报酬率 = \frac{35}{280} \times 100\% = 12.5\%$$

$$B 方案的平均报酬率 = \frac{126/4}{280} \times 100\% = 11.25\%$$

从计算结果可以看出,A、B 方案的平均报酬率均大于基准报酬率 10%,A、B 方案均为可行方案,且 A 方案的平均报酬率比 B 方案的平均报酬率高,故 A 方案优于 B 方案。

(2) $A 方案静态投资回收期 = \frac{280}{105} \approx 2.67(年)$

B方案现金净流量和累计现金净流量计算如表9-2所示。

表9-2　B方案现金净流量和累计现金净流量计算　　　单位:万元

项目计算期	现金净流量(NCF)	累计现金净流量
0	-280	-280
1	95	-185
2	98	-87
3	105	18
4	108	126

从表9-2可得出,B方案第2年末累计现金净流量为-87万元,表明第2年末未回收额已经小于第3年的可回收额105万元,静态投资回收期在第2年与第3年之间。可计算得到:

$$B方案静态投资回收期 = 2 + \frac{|-87|}{105} \approx 2.83(年)$$

A方案的静态投资回收期小于B方案静态投资回收期,所以A方案优于B方案。

二、动态评价指标

(一) 净现值

净现值(net present value,NPV)是指在项目计算期内,按行业基准收益率或投资者设定的贴现率计算的各年现金净流量现值的代数和。净现值的基本计算公式为:

$$NPV = \sum_{t=0}^{n} \frac{NCF_t}{(1+i)^t} = \sum_{t=0}^{n} NCF_t \times (P/F, i, t)$$

式中:n——项目计算期(包括建设期与经营期);

NCF_t——第t年的现金净流量;

i——行业基准收益率或投资者设定的贴现率;

$(P/F, i, t)$——贴现率为i、第t年的复利现值系数。

净现值也可表示为投资方案的现金流入量总现值减去现金流出量总现值的差额,也就是一项投资的未来收益总现值与原始总投资现值的差额。若前者大于或等于后者,即净现值大于等于零,投资方案可行;若后者大于前者,即净现值小于零,投资方案不可行。

当经营期内各年现金净流量相等时,净现值=经营期每年相等的现金净流量×年金现值系数-原始总投资现值;当经营期内各年现金净流量不相等时,净现值=

$\sum$（经营期各年的现金净流量×各年复利现值系数）－原始总投资现值。

使用净现值指标进行投资方案评价时,贴现率的选择非常重要,会直接影响到项目评价结论。通常情况下,可以企业筹资的资金成本率或企业要求的最低投资利润率来确定。

净现值是长期投资决策评价指标中最重要的指标之一。其优点在于:(1)充分考虑了货币时间价值,能较合理地反映投资项目的真正经济价值;(2)考虑了项目计算期的全部现金净流量,体现了流动性与收益性的统一;(3)考虑了投资风险性,贴现率选择应与风险大小有关,风险越大,贴现率就可选得越高。

但是该指标的缺点也是明显的,主要体现在:(1)净现值是一个绝对值指标,无法直接反映投资项目的实际投资收益率水平;当各项目投资额不同时,难以确定投资方案的优劣。(2)贴现率的选择比较困难,很难有一个统一标准。

(二) 现值指数

现值指数又称获利指数(profitability index,PI)、利润指数,是指项目投产后按一定贴现率计算的各年现金流入量的现值之和与现金流出量现值之和的比率。其计算公式为:

$$\text{现值指数} = \frac{\sum ICF_t(1+i)^{-t}}{\sum OCF_t(1+i)^{-t}}$$

式中,ICF、OCF 分别代表现金流入量和现金流出量。

现值指数反映每元原始投资的现值未来可以获得报酬的现值有多少。现值指数大于或等于1,投资方案可行;现值指数小于1,投资方案不可行。现值指数可用于投资额不同的多个相互独立方案之间的比较,现值指数最高的投资方案应优先考虑。

现值指数指标可以从动态的角度反映投资方案的资金投入与总产出之间的关系,同样反映了投资的效率,能使投资额不同的项目具有可比性;但这一指标并不能揭示各个投资方案本身可能达到的实际报酬率。

(三) 内含报酬率

内含报酬率又称内部收益率(internal rate of return,IRR),是指投资方案在项目计算期内各年现金净流量现值之和等于零时的贴现率,或者说能使投资方案净现值为零时的贴现率。根据定义,内含报酬率(IRR)应满足以下等式:

$$\sum_{t=0}^{n} NCF_t \times (P/F,IRR,t) = 0$$

从上式可以看出,根据方案整个计算期的现金净流量就可计算出内含报酬率,它是方案的实际收益率。利用内含报酬率对单一方案进行决策时,只要将计算出的内含报酬率与企业的预期报酬率或资金成本率加以比较,若前者大于后者,方案可行;前者小于后者,方案不可行。如果利用内含报酬率对多个方案进行选优时,在方案可行的条件下,内含报酬率最高的方案是最优方案。计算内含报酬率的过程,就是寻求使净现值等于零的贴现率的过程。线性插值方法是计算内含报酬常用方法之一,其原理如图9-5所示。

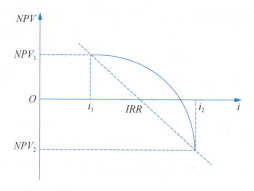

图9-5 线性插值方法示意

假设(i_1,NPV_1)、$(IRR,0)$、(i_2,NPV_2)三点在一条直线上,根据斜率相等,有:

$$\frac{IRR-i_1}{i_2-i_1}=\frac{0-NPV_1}{NPV_2-NPV_1}$$

从而得到:

$$IRR=i_1+\frac{NPV_1}{NPV_1-NPV_2}\times(i_2-i_1)$$

根据投资方案各年现金净流量情况,可以分两种情形计算。

1. 年金情形

此处年金情形是指,投资方案建设期为零,全部投资均于建设起点一次投入,而且经营期内各年现金净流量为普通年金。假设建设起点一次投资额为A_0,每年现金净流量为A,则有:

$$A\times(P/A,IRR,n)-A_0=0$$

$$(P/A,IRR,n)=\frac{A_0}{A}$$

通过查年金现值系数表,找出其相邻的两个值,进而运用插值法求解。

【实务例题9-14】 假设A方案的建设期为零,全部投资280万元在第一年年初一次投入,经营期4年内各年现金净流量均为105万元。计算A方案的内含报酬率。

解:$105\times(P/A,IRR,4)-280=0$

$$(P/A,IRR,4)=\frac{280}{105}\approx 2.6667$$

查年金现值系数表,在$n=4$这一行中,查到最接近2.6667的两个值,一个大于2.6667的是2.6901,对应的贴现率为18%;另一个小于2.6667的是2.5887,对应的贴

现率为 20%。IRR 应位于 18% 与 20% 之间,利用线性插值法得到:

$$IRR = 18\% + \frac{2.6901 - 2.6667}{2.6901 - 2.5887} \times (20\% - 18\%) = 18.46\%$$

2. 非年金情形

此处非年金情形是指建设期不为零,原始投资额是在建设期内分次投入或投资方案在经营期内各年现金净流量不相等。这种情况无法使用有关年金计算方法,应采用逐次测试法,并结合线性插值法计算内含报酬率,其计算步骤如下:

(1) 先估计一个贴现率,用它来计算净现值。如果净现值为正数,说明方案的实际内含报酬率大于预计的贴现率,应提高贴现率再进一步测试;如果净现值为负数,说明方案本身的报酬率小于估计的贴现率,应降低贴现率再进行测算。

(2) 按照上述方法反复测试,直至以 i_1 为贴现率计算的净现值 $NPV > 0$ 且最接近零;以 i_2 为贴现率计算的净现值 $NPV < 0$ 且最接近零。

(3) 用线性插值法求出该方案的内含报酬率 IRR。

【实务例题 9-15】 M 企业准备引进先进设备与技术项目,有关资料如下。

(1) 设备总价 700 万元,第一年初支付 400 万元,第二年初支付 300 万元,第二年初投入生产,使用期限为 6 年,预计净残值 40 万元,直线法折旧。

(2) 预计技术转让费共 360 万元,第一、二年初各支付 150 万元,余款在第三年初付清。

(3) 预计经营期第一年税后利润为 100 万元,第二年的税后利润为 150 万元,第三年的税后利润为 180 万元,第四、五、六年的税后利润均为 200 万元。

(4) 经营期初投入流动资金 200 万元。

假设贴现率为 12%。

[要求]

(1) 计算该项目的净现值,并做出简要评价。

(2) 计算该项目的现值指数。

(3) 计算该项目的内含报酬率。

[分析]

(1) 年现金流量计算如表 9-3 所示。

表 9-3 现金流量计算　　　　　　　　　　　单位:万元

年序	0	1	2	3	4	5	6	7
购买设备	−400	−300						
无形资产投资	−150	−150	−60					
流动资产投资		−200						
税后利润			100	150	180	200	200	200
折旧			110	110	110	110	110	110

(续表)

年序	0	1	2	3	4	5	6	7
无形资产摊销			60	60	60	60	60	60
残值回收								40
流动资产回收								200
现金净流量（NCF）	−550	−650	210	320	350	370	370	610
折现系数（12%）	1	0.8929	0.7972	0.7118	0.6355	0.5674	0.5066	0.4523

$$NPV = -550 + (-650) \times 0.8929 + 210 \times 0.7972 + 320 \times 0.7118 + 350 \times 0.6355 \\ + 370 \times 0.5674 + 370 \times 0.5066 + 610 \times 0.4523 = 160.511(万元)$$

该项目净现值大于零，方案可行。

（2）计算该项目方案的现值指数：

$$PI = (270 \times 0.7972 + 320 \times 0.7118 + 350 \times 0.6355 + 370 \times 0.5674 + 370 \times 0.5066 \\ + 610 \times 0.4523) / [-550 + (-650) \times 0.8929 + (-60) \times 0.7972] = 1.136$$

（3）当贴现率为 12% 时，净现值为 160.5110 万元；应较大幅度地提高贴现率，使净现值趋近零。取 $i = 20\%$ 时 $NPV = -48.965$ 万元；再缩小贴现率，取 $i = 18\%$ 时 $NPV = 15.483$ 万元。测试过程也可列表完成，如表 9-4 所示。

表 9-4 内含报酬率测试计算　　　　　　　　　　　　　　　　单位：万元

年份	现金净流量（NCF）	贴现率=20%		贴现率=18%	
		现值系数	现值	现值系数	现值
0	−450	1	−450	1	−450
1	−650	0.8333	−541.645	0.8475	−550.875
2	210	0.6944	145.824	0.7182	150.822
3	320	0.5787	185.184	0.6086	194.752
4	350	0.4823	168.805	0.5158	180.530
5	370	0.4019	148.703	0.4371	161.727
6	370	0.3349	123.913	0.3704	137.048
7	610	0.2791	170.251	0.3139	191.479
净现值			−48.965		15.483

$$IRR = 18\% + \frac{15.483}{15.483 - (-48.965)} \times (20\% - 18\%) = 18.48\%$$

内含报酬率也是长期投资决策评价指标中最重要的指标之一。它的优点是在考虑货币时间价值基础上，直接反映投资项目的实际收益率水平，而且不受决策者设定的贴现率高低的影响,比较客观。其缺点主要是,如果投资方案在经营期现金净流量不是持续地大于零,而是出现间隔若干年就会有一年现金净流量小于零,就可能计算出多个内含报酬率。在这种情况下,只能结合其他指标或凭经验加以判断。

(五)动态投资回收期

为克服静态投资回收期忽略资金时间价值的缺陷,在考虑资金时间价值情况下,人们提出动态投资回收期(也称折现回收期法)。

【实务例题 9-16】 M 企业一项目方案有关数据如表 9-5 所示,假定基准折现率为 10%,要求分别计算其静态投资回收期和动态投资回收期。若基准动态回收期为 6 年,试评价方案。

表 9-5 项目方案现金流量信息   单位:万元

项目	年序						
	0	1	2	3	4	5	6
投资支出	20	500	100				
其他支出				300	450	450	450
收入				450	700	700	700
净现值流量	−20	−500	−100	150	250	250	250
累计净现值流量	−20	−520	−620	−470	−220	30	280
净现值流量折现值	−20	−454.6	−82.6	112.7	170.8	155.2	141.1
累计折现值	−20	−474.6	−557.2	−444.5	−273.7	−118.5	22.6

解:静态投资回收期 = 4 + 220/250 = 4.88(年)

$$动态投资回收期 = 5 + \frac{118.5}{141.1} \approx 5.84(年)$$

由于项目方案的投资回收期小于基准的动态投资回收期,则该项目可行。

第四节 长期投资决策评价指标的运用

正确地计算主要评价指标的目的,是为了在进行长期投资方案的对比与选优中发挥作用。为正确地进行方案的对比与选优,要从不同的投资方案之间的关系出发,将投资方案区分为独立方案和互斥方案两大类。

独立方案是指一组相互分离、互不排斥的方案,选择其中一个方案并不排斥选择其他方案。例如新建办公楼、购置生产设备是相互独立的方案。互斥方案是指一组相互关联、相互排斥的方案,选择其中一个方案,就会排斥其他方案。例如假设进口设备和国产设备都用来生产同样的产品,购置进口设备就不能购置国产设备,购置国产设备就不能购置进口设备,所以这两个方案是互斥方案。

一、独立方案的可行性评价

若某一独立方案的动态评价指标满足以下条件:

$$NPV \geq 0; NPVR \geq 0; PI \geq 1; RR \geq i_m$$

则表明该方案具有财务可行性,反之,则不具备财务可行性。其中 i_m 为基准贴现率(即预期报酬率或资金成本率)。

值得一提的是,如果静态评价指标的评价结果与动态评价指标不一致时,应以动态评价指标的结论为准。

二、多个互斥方案的对比和选优

多个互斥方案对比和选优的过程,就是在每一个入选的投资方案已具备财务可行性的前提下,利用评价指标从各个备选方案中最终选出一个最优方案的过程。在各种不同的情况下,将选择某一特定评价指标作为决策标准或依据,从而形成净现值法、净现值率法、差额净现值法、差额内含报酬率法、年等额净现值法等具体方法。

(一) 多个互斥方案原始投资额相等的情况

在对原始投资额相等并且计算期也相等的多个互斥方案进行评价时,可采用净现值法;计算期不相等时可采用净现值率法。通过比较所有投资方案的净现值或净现值率指标的大小来选择较优方案,净现值或净现值率最大的方案为较优方案。

【实务例题 9-17】 M 企业计划使用五年的固定资产投资项目需要原始投资额 200 000 元。现有 A、B 两个互斥方案可供选择。采用 A 方案,每年现金净流量分别为 60 000 元、70 000 元、80 000 元、90 000 元和 100 000 元。采用 B 方案,每年现金净流量均为 85 000 元。如果贴现率为 10%,该企业应选择哪一个方案?

[分析] $NPV_A = 60\,000 \times (P/F, 10\%, 1) + 70\,000 \times (P/F, 10\%, 2) + 80\,000 \times (P/F, 10\%, 3) + 90\,000 \times (P/F, 10\%, 4) + 100\,000 \times (P/F, 10\%, 5) - 200\,000 = 96\,058$ 元

$NPV_B = 85\,000 \times (P/A, 10\%, 5) - 200\,000 = 122\,218$ 元

B 方案的净现值大于 A 方案的净现值,因此从财务角度来说应选择 B 方案。

(二) 多个互斥方案原始投资额不相等,但项目计算期相等的情况

在对原始投资额不相等但计算期相等的多个互斥方案进行评价时,可采用差额净现值法(记作 ΔNPV)或差额内含报酬率法(记作 ΔIRR),是指在两个原始投资总额不同方案的差量现金净流量(记作 ΔNCF)的基础上,计算出差额净现值或差额内含报酬率,并以此做出判断的方法。

在一般情况下,差量现金净流量等于原始投资额较大方案的现金净流量减原始投

资额较小方案的现金净流量,当 $\Delta NPV \geqslant 0$ 或 $\Delta IRR \geqslant i_m$(基准贴现率)时,原始投资额大的方案较优;反之,则原始投资额小的方案较优。差额净现值 ΔNPV 和差额内含报酬率 ΔIRR 的计算过程与依据 NCF 计算净现值 NPV 和内含报酬率 IRR 的过程完全一样,只是所依据的是 ΔNCF。

【**实务例题 9-18**】 M 企业拟投资一项目,现有甲、乙两个方案可供选择。

甲方案原始投资为 200 万元,期初一次投入,1—9 年的现金净流量为 38.6 万元,第 10 年的现金净流量为 52.2 万元。

乙方案原始投资为 152 万元,期初一次投入,1—9 年的现金净流量为 29.8 万元,第 10 年的现金净流量为 43.8 万元。基准贴现率为 10%。

[**要求**] (1) 计算两个方案的差额现金净流量;

(2) 计算两个方案的差额净现值;

(3) 计算两个方案的差额内含报酬率;

(4) 做出决策应采用哪个方案。

[**分析**] (1) $\Delta NCF_0 = -200 - (-152) = -48$(万元)

$\Delta NCF_{1-9} = 38.6 - 29.8 = 8.8$(万元)

$\Delta NCF_{10} = 52.4 - 40.8 = 11.6$(万元)

(2) $\Delta NPV = 8.8 \times (P/A, 10\%, 9) + 11.6 \times (P/F, 10\%, 10) - 48$

$= 8.8 \times 5.759 + 11.6 \times 0.3855 - 48 = 7.1510$(万元)

(3) 取 $i = 12\%$ 测算 ΔNPV

$\Delta NPV = 8.8 \times (P/A, 12\%, 9) + 11.6 \times (P/F, 12\%, 10) - 48$

$= 8.8 \times 5.3282 + 11.6 \times 0.3220 - 48 = 2.6234$(万元)

再取 $i = 14\%$ 测算 ΔNPV

$\Delta NPV = 8.8 \times (P/A, 14\%, 9) + 11.6 \times (P/F, 14\%, 10) - 48$

$= 8.8 \times 4.9464 + 11.6 \times 0.2697 - 48 = -1.3432$(万元)

用插值法计算 ΔIRR

$IRR = 12\% + \dfrac{2.6234}{2.6234 - (-1.3432)} \times (14\% - 12\%) = 13.32\% >$ 贴现率 10%

(4) 计算结果表明,差额净现值为 7.1510 万元大于零;差额内含报酬率为 13.32% 大于基准贴现率 10%,应选择甲方案。

(三) 多个互斥方案的原始投资额不相等,项目计算期也不相同的情况

1. **年等额净现值法**

在对原始投资额不相等,特别是计算期也不相同的多个互斥方案进行评价时,可采用年等额净现值法,即分别将所有投资方案的净现值平均分摊到每一年,得到每一方案的年等额净现值指标,通过比较年等额净现值指标的大小来选择最优方案。在此法下,

年等额净现值最大的方案为最优方案。年等额净现值法的计算步骤如下：
① 计算各方案的净现值 NPV（应排除 $NPV<0$ 的不可行方案）
② 计算各方案的年等额净现值，假设贴现率为 i，项目计算期为 n，则

$$年等额净现值 A = \frac{净现值}{年金现值系数} = \frac{NPV}{(P/A, i, n)}$$

【实务例题 9-19】 M 企业有三项互斥的投资方案，其现金净流量如表 9-6 所示。

表 9-6 不同投资方案现金净流量　　　　　　　　单位：万元

年序	0	1	2	3	4	5	6	7	8
A 方案	−100	40	45	50					
B 方案	−120	35	35	35	35	45			
C 方案	−150				65	65	65	65	65

假定企业的贴现率为 10%：
(1) 运用净现值法判断以上方案的财务可行性；
(2) 运用年等额净现值法做出投资决策。

解：(1) $NPV_A = 40 \times (P/F, 10\%, 1) + 45 \times (P/F, 10\%, 2)$
$\qquad + 50 \times (P/F, 10\%, 3) - 100$
$\qquad = 40 \times 0.9091 + 45 \times 0.8264 + 50 \times 0.7513 - 100 = 11.117 > 0$

$NPV_B = 35 \times (P/A, 10\%, 4) + 45 \times (P/F, 10\%, 5) - 120$
$\qquad = 35 \times 3.1699 + 45 \times 0.6209 - 120 = 18.887 > 0$

$NPV_C = 65 \times (P/A, 10\%, 5) \times (P/F, 10\%, 3) - 150 = 35.1218 > 0$

计算结果表明，A、B、C 三方案均可行。

(2) A 方案的年等额净现值 $= \dfrac{11.117}{(P/A, 10\%, 3)} = \dfrac{11.117}{2.4869} \approx 4.4702$（万元）

B 方案的年等额净现值 $= \dfrac{18.887}{(P/A, 10\%, 5)} = \dfrac{18.887}{3.7908} \approx 4.9823$（万元）

C 方案的年等额净现值 $= \dfrac{35.1218}{(P/A, 10\%, 8)} = \dfrac{35.1218}{5.3349} \approx 6.5834$（万元）

计算结果表明，C 方案为最优方案。

2. 年等额成本法

现实中有些投资方案的营业收入相同，也有些投资方案不能单独计算盈亏但能达到同样的使用效果，如甲、乙设备生产数量相等的同类配件，这时可采用"年等额成本法"做出比较和评价。在此法下，年等额成本最小的方案为最优方案。

【实务例题 9-20】 M 企业有甲、乙两个设备投资方案可供选择，两设备的生产能力相同，甲、乙设备的使用寿命分别为 4 年和 5 年，均无建设期，甲方案的原始投资额为

300万元,每年的经营成本分别为200万元、220万元、240万元、260万元,使用期满有15万元的净残值;乙方案投资额为500万元,每年的经营成本均为160万元,使用期满有25万元净残值。假定企业的贴现率为10%,用年等额成本法做出投资决策。

[分析] 甲方案的成本现值 $= 300 + 200 \times (P/F, 10\%, 1) + 220 \times (P/F, 10\%, 2)$
$+ 240 \times (P/F, 10\%, 3) + 260 \times (P/F, 10\%, 4)$
$- 15 \times (P/F, 10\%, 4)$
$= 300 + 200 \times 0.9091 + 220 \times 0.8264 + 240 \times 0.7513$
$+ 260 \times 0.6830 - 15 \times 0.6830$
$= 1\,011.275(万元)$

乙方案的成本现值 $= 500 + 160 \times (P/A, 10\%, 5) - 25 \times (P/F, 10\%, 5)$
$= 500 + 160 \times 3.7908 - 25 \times 0.6209 = 1\,091.0055(万元)$

甲方案的年等额成本 $= \dfrac{1\,011.275}{(P/A, 10\%, 4)} = \dfrac{1\,011.275}{3.1699} = 319.0243(万元)$

乙方案的年等额成本 $= \dfrac{1\,091.0055}{(P/A, 10\%, 5)} = \dfrac{1\,091.0055}{3.7908} = 287.8035(万元)$

计算结果表明,乙方案为最优方案。

3. 计算期最小公倍数法

计算期最小公倍数法是将各方案计算期的最小公倍数作为比较方案的共有计算期,并将原计算期内的净现值调整为共有计算期的净现值,然后进行比较决策的一种方法。假设参与比较决策的方案都具有可复制性,是使用计算期最小公倍数法的前提条件,调整为共有计算期的净现值最大的方案为最优方案。

4. 最短计算期法

最短计算期法是将所有参与比较决策的方案的净现值均还原为年等额净现值的基础上,再按照投资方案最短的计算期作为共有计算期计算出相应的净现值,然后进行比较决策的一种方法。调整为共有计算期的净现值最大的方案为最优方案。

【实务例题9-21】 M企业有甲、乙二项互斥的投资方案,其现金净流量如表9-7所示。

表9-7 甲、乙方案现金净流量 单位:万元

年序	0	1	2	3
甲方案	−100	−100	200	200
乙方案	−120	130	130	

假定M企业的贴现率为10%:

(1) 用净现值法分别判断以上方案的财务可行性;
(2) 用计算期最小公倍数法做出投资决策;
(3) 用最短计算期法做出投资决策。

解:(1) $NPV_甲 = -100 + (-100) \times (P/F, 10\%, 1) + 200 \times (P/F, 10\%, 2)$

$$+200\times(P/F,10\%,3)=124.63>0$$
$$NPV_乙=-120+130\times(P/A,10\%,2)=105.615>0$$

计算结果表明,甲、乙两方案均可行。

(2) 甲、乙两方案计算期的最小公倍数为6年,甲方案需要再重复1次,乙方案需要再重复2次,甲、乙方案重复现金净流量如表9-8所示。

表9-8 甲、乙方案重复现金净流量　　　　单位:万元

年序	0	1	2	3	4	5	6
甲原方案	−100	−100	200	200			
第一次重复				−100	−100	200	200
乙原方案	−120	130	130				
第一次重复			−120	130	130		
第二次重复					−120	130	130

甲方案共有计算期的净现值 $=124.63+124.63\times(P/F,10\%,3)$
$$=124.63+124.63\times0.7513=218.2645(万元)$$

乙方案共有计算期的净现值 $=105.616+105.615\times(P/F,10\%,2)$
$$+105.615\times(P/F,10\%,4)$$
$$=105.616+105.615\times0.8264$$
$$+105.615\times0.683=265.031(万元)$$

计算结果表明,应选择乙方案。

(3) 甲、乙两方案的最短计算期为2年。

$$甲方案年等额净现值=\frac{124.63}{(P/A,10\%,3)}=\frac{124.63}{2.4869}=50.115(万元)$$

甲方案共有计算期的净现值 $=50.1146\times(P/A,10\%,2)$
$$=50.1146\times1.7355=86.974(万元)$$

乙方案原计算期与最短的计算期相等,均为两年,不需调整。乙方案共有计算期的净现值 $=105.615(万元)$

计算结果表明,应选择乙方案。

第五节　长期投资决策的敏感性分析

一、长期投资敏感性分析概述

长期投资决策评价指标计算所使用的资料,绝大部分根据预测和估算所得到,有相

当程度的不确定性。长期投资敏感性分析是指确定某一个或几个因素在一定范围内的变动将会对投资方案的评价结果影响的程度,使决策者能事先预料到这些因素在多大的范围内变动才不会影响决策的可行性和最优性。一旦超出了这个范围,原来可行的方案会发生变化,就要重新进行选择和决策。如果某一因素在较小的范围内的变动会对评价指标产生很大的影响,说明该因素对投资方案的敏感性很强,在决策分析时要严密关注和监控。如果某一因素在较大的范围内的变动也不会对投资方案的可行性产生影响,说明该因素对投资方案的敏感性很弱,在决策分析时无须过多关注和监控。

影响程度可用敏感系数表示,计算公式为:

$$敏感系数 = \frac{目标值变动百分比}{变量值变动百分比}$$

敏感系数越大,表明变量值对目标值的影响程度即敏感性越大;敏感系数越小,表明变量值对目标值的影响程度即敏感性越小。

二、以净现值为基础的敏感性分析

(一)现金净流量对净现值的敏感性分析

计算出使投资方案可行的每年现金净流量的下限临界值,然后就可得到每年的现金净流量在多大的范围内变动才不至于影响投资方案的可行性。

(二)项目使用年限对净现值的敏感性分析

计算出项目使用年限的下限临界值,然后就可得到该项目的使用年限在多大的范围内变动才不至于影响投资方案的可行性。

三、以内含报酬率为基础的敏感性分析

以内含报酬率为基础的敏感性分析主要也有两个方面:

(一)现金净流量变动对内含报酬率的敏感性分析

假定项目使用年限不变的条件下,测算现金净流量变动对内含报酬率的影响程度。

(二)项目使用年限变动对内含报酬率的敏感性分析

假定每年现金净流量不变的条件下,测算项目使用年限变动对内含报酬率的影响程度。

【实务例题 9-22】 M 企业有一投资方案,需用资金 280 万元,预计使用年限为 6 年,每年现金净流量预计为 80 万元,资金成本为 12%。

(1) 计算该投资方案的净现值,并以净现值为基础进行敏感性分析;
(2) 计算该投资方案的内含报酬率,并以内含报酬率为基础进行敏感性分析。

[分析]

(1) 净现值 $=80\times(P/A,12\%,6)-280=80\times4.1114-280=48.912$(万元)

投资方案的净现值大于零,方案可行。

① 现金净流量对净现值的敏感性分析。由于每年现金净流量的下限临界值就是使该投资方案的净现值为零时的现金净流量,即有:

$$现金净流量的下限临界值=\frac{280}{(P/A,12\%,6)}=\frac{280}{4.1114}\approx68.103(万元)$$

由此可见,如果该投资方案的使用年限不变,每年现金净流量下降至 68.103 万元,投资方案依然可行;但如果每年现金净流量低于 68.103 万元,方案的净现值小于零,方案便不可行。

② 项目使用年限对净现值的敏感性分析。由于投资方案使用年限的下限临界值就是使该投资方案的净现值为零时的使用年限,即 $80\times(P/A,12\%,n)-280=0$,整理得到:

$$(P/A,12\%,n)=280/80=3.5$$

查年金现值系数表可得:$(P/A,12\%,4)=3.0373$,$(P/A,12\%,5)=3.6048$,表明投资方案使用年限的下限临界值应在 4 到 5 年之间。利用线性插值法可得:

$$使用年限的下限临界值=4+\frac{3.5-3.0373}{3.6048-3.0373}=4.82(年)$$

由此可见,如果该投资方案的现金净流量不变,使用年限下降至 4.82 年,投资方案依然可行;但使用年限低于 4.82 年,方案的净现值小于零,方案便不可行。

(2) 令 $80\times(P/A,i,6)-280=0$

则有 $(P/A,i,6)=\dfrac{280}{80}=3.5$

查年金现值系数表可得:$(P/A,18\%,6)=3.4976$,$(P/A,16\%,6)=3.6847$

表明投资方案的内含报酬率在 16% 到 18% 之间,利用线性插值法得到:

$$内含报酬率(IRR)=16\%+\frac{3.6847-3.5}{3.6847-3.4916}\times(18\%-16\%)=17.91\%$$

由于投资方案的内含报酬率 17.91% 大于资金成本 12%,方案可行。

① 现金净流量对内含报酬率敏感系数计算如下:

$$敏感系数=\frac{(17.91\%-12\%)/17.91\%}{(80-68.1033)/80}=2.219$$

② 项目使用年限对内含报酬率敏感系数计算如下:

$$敏感系数=\frac{(17.91\%-12\%)/17.91\%}{(6-4.8153)/6}=1.671$$

由此得出,投资方案内含报酬率变动率是现金净流量变动率的 2.219 倍,是使用年限变动率的 1.671 倍,说明现金净流量对内含报酬率的影响要比使用年限大。另外也可以看出,如果内含报酬率下降了 17.91%－12%＝5.91%,就会使投资方案平均每年现金净流量减少 80－68.103＝11.897 万元,也会使使用年限减少 6－4.82＝1.18 年。

本 章 小 结

长期投资决策需考虑资金时间价值。复利现值与终值、年金现值与终值的计算是长期投资决策的分析基础,资金时间价值、资金成本与现金流量是影响长期投资决策的重要参量。长期投资的评价方法有净现值法、净现值率法、现值指数法、内含报酬率法等。长期投资决策面临独立方案、互斥方案的选择,项目年限、现金流量等参量影响投资决策的敏感性。

简答论述

1. 长期投资有哪些特征?长期投资决策要考虑哪些重要因素?
2. 什么是资金时间价值?为什么长期投资决策时要考虑资金时间价值?
3. 什么是现金流量?现金流量包含哪些内容?长期投资决策时为什么用现金流量而不用利润作为计算评价指标的基础?
4. 什么是资金成本?资金成本在长期投资决策中起到什么作用?
5. 长期投资决策的评价指标有哪些?分别有哪些优缺点?
6. 什么是独立方案?什么是互斥方案?如何运用长期投资评价指标对它们进行评价?
7. 如何进行长期投资决策的敏感性分析?

不定项选择题

1. 假设市场有效,下列影响平息债券价格的说法中,正确的有( )。
   A. 债券期限越短,市场利率变动对债券价格的影响越小
   B. 当市场利率高于票面利率时,债券价格高于面值
   C. 市场利率与票面利率的差异越大,债券价格与面值的差异越大
   D. 债券期限越长,债券价格与面值的差异越大
2. 某公司发行的股票,投资人要求的必要报酬率为 30%,最近刚支付的股利为每股 2 元,估计股利年增长率为 20%,则该种股票的价值为( )。
   A. 20 元　　　　　B. 24 元　　　　　C. 22 元　　　　　D. 18 元

3. 甲企业拟新增一投资项目,年初一次性投资 500 万元,可使用年限为 3 年,当前市场利率为 9%,每年年末能得到 200 万元的收益。则该项目的净现值为( )万元。

    A. —100.00   B. —6.26   C. 6.26   D. 100.00

4. 下列关于年营业现金流量净额的计算公式,正确的有( )。

    A. 销售收入—付现成本—所得税

    B. 息前税后利润+折旧

    C. (销售收入—付现成本)×(1—所得税税率)+折旧

    D. (销售收入—付现成本)×(1—所得税税率)+折旧×所得税税率

5. ( )可用来评估资本预算投资决策的方法。

    A. 会计收益率   B. 内含报酬率

    C. 超现值(收益性)指数   D. 必要报酬率

参考答案

1. AC 2. B 3. C 4. ABD 5. ABC

第 2 题提示:股票价值=2×(1+20%)/(30%—20%)=24(元)

第 3 题提示:项目净现值=200/(1+9%)+200/(1+9%)^2+200/(1+9%)^3—500=6.26(万元)

道德问题思考

资本投资的道德问题

资本投资决策经常会受提供虚假信息的诱惑。分部经理们为了争取到稀缺的资本资源,经常要进行竞争。竞争的存在,诱发从事欺骗行为的动机。欺骗行为的实例可谓不胜枚举。有的经理故意高估现金流入量,低估现金流出量,从而使一个蹩脚投资项目的 NPV 或 IRR 达到项目通过应达到的水平。当投资项目早期的现金流入量高、后期流入量低时,这种欺骗行为更有诱惑力。向上抬高后期的现金流入量,可能使一个前期效益好、后期效益差的不良投资项目获得通过。

其他影响道德行为的情形也可能发生。例如,当资本支出额超出一定水平时,经理需要获得上级的批准,而要获得上级的批准必须有证据表明,投资项目的净现值大于 0 或内部收益率可以接受。在《IMA 系列道德案例集》中有一个例子,有位地区经理通过化整为零的手段,购置了自己想要的电脑系统,因为电脑散件的成本低于资本支出的报批限额。

经理们应该意识到,如何达到目标与是否达到目标几乎同等重要(或许更重要)。而且,公司的业绩评价制度应该严密合理,使得奖励制度不会使职员产生从事不道德行为的强烈动机。正如一篇研究道德问题的文章所说:"如果公司不断提拔那些长期业绩优良的人,那么,道德准则的存在就不会有太大作用,讨好或哄骗总经理意义也不大。"在这篇文章中,作者还观察到另一个有趣现象——特别适用于资本性支出的情况。文章提到,强生公司的首席执行官詹姆斯·伯克观察到一些非常重视道德标准的公司,从1950年到1990年这些公司的市场价值每年递增11.3%,而同期道·琼斯工业指数的增长率为6.2%。也许商业道德在其中发挥了作用!

请思考:

评论商业道德对长期投资决策的影响。

汽车租赁公司的投资方案选择

甲汽车租赁公司拟购置一批新车用于出租。现有两种投资方案,相关信息如下。

方案一:购买中档轿车100辆,每辆车价格10万元,另需支付车辆价格10%的购置相关税费。每年平均出租300天,日均租金150元/辆。车辆可使用年限8年,8年后变现价值为0。前5年每年维护费2 000元/辆,后3年每年维护费3 000元/辆。使用期间每年保险费用3 500元/辆,其他费用500元/辆。年增加付现固定成本20.5万元。

方案二:购买大型客车20辆,每辆车价格50万元,另需支付车辆价格10%的购置相关税费。每年平均出租250天,日租金840元/辆。车辆可使用年限10年,10后变现价值为0。前6年每年维护费用5 000元/辆,后4年每年维护费用10 000元/辆。使用期间每年保险费用30 000元/辆,其他费用5 000元/辆。年增加付现固定成本10万元。

根据税法相关规定,车辆购置相关税费计入车辆原值,采用直线法计提折旧,无残值。假设等风险投资必要报酬率12%,企业所得税税率25%。假设购车相关支出发生在期初,每年现金流入流出均发生在年末。

要求:

(1) 分别估计两个方案的现金流量。

(2) 分别计算两个方案的净现值。

(3) 分别计算两个方案净现值的等额年金。

(4) 假设两个方案都可以无限重置且是互斥项目,用等额年金法判断甲公司应采用哪个投资方案。

第 III 篇 规划与控制

第十章　全面预算管理

思政导语

马克思在 1853 年《英镑、先令、便士，或阶级的预算和这个预算对谁有利》中评述了资本主义国家预算的性质和内容。马克思一针见血地指出了英国预算案减低赋税，特别是对所得的比例税作为与军事费用膨胀有关联的财政改革预算的欺骗性。在马克思看来，国家预算是"阶级的预算，即不外乎是为资产阶级的预算"。资本主义国家集中和使用的财政资金都是劳动人民创造的剩余价值的一部分，是由无偿劳动支付的；他还认为军事开支和行政管理费用是纯粹的消费过程，也就是侵吞剩余价值的过程。中国特色社会主义已进入新时代，预算性质与马克思所处年代的资本主义国家有着根本不同。全面预算管理已成为企业实施战略管理和决策的有效工具，同时也是加强企业日常运营管理和内部控制的重要手段。

学习目标

- 理解全面预算管理基本原理
- 掌握预算编制的各种方法
- 应用差异分析法进行预算分析
- 理解基于预算的考核评价以及预算作用

制止"突击花钱"，预算制度应变革

"突击花钱""花光预算"，时值年末，有关政府"钱袋子"的消息再次引发热议。财政部统计数据显示，年末的一个月中，各级政府在 2014 年花掉 1.2 万亿元，2015 年花掉 1.5 万亿元，2016 年花掉 2 万亿元。有媒体推断说，今年财政部门将在余下的近两个月中确定超过3.5万亿财政资金的去向。

政府采购常常"只买贵的,不买对的",究其原因,不乏必须花完预算的"合理理由"。长期以来,我们一直实行传统的"基数预算",也就是每年的预算决策都是在上一年拨款的基础上增加一定数额,结余全部上缴。而且下一年的预算额度也要由本年度收支情况决定。在这种模式下,倘若今年的预算花不完,明年的预算就可能被核减,甚至可能会受到"办事不力"的批评,存在"鼓励花钱、惩罚节俭"的诱因。也就不难理解为何会有年底"突击花钱"的乱象。

因此,打破编制预算时以上年情况为依据的"预算套预算"做法,让预算更科学、更符合实际,甚至打破常规,对没花完的预算给予奖励,而不是全部上缴,突击花钱的冲动也会少很多。

(资料来源:编者根据相关资料整理)

第一节 全面预算管理概述

一、全面预算的概念

全面预算(comprehensive budget),亦称"总预算",是指以货币为主要形式表示未来某一特定时期企业财务及其他经营资源的取得及运用的详细计划。全面预算对销售、生产、分配以及投资、筹资等活动确定了明确的目标,并表现为预计利润表、预计财务状况表等一整套预计的财务报表及其附表,反映企业在未来期间预计的财务状况和经营成果。

正确理解全面预算管理概念,要注意同以下几个概念的区别:

(1) 全面预算不等于预测。预测是基础,全面预算是根据预测结果提出的对策性方案,是针对预测结果采取的一种风险补救及防御系统,有效的全面预算是企业防范风险的重要措施。

(2) 全面预算不等于财务计划。全面预算是企业全方位的计划,财务计划只是全面预算的一部分,而非全部;从预算形式看,全面预算可以是货币式的,也可以是实物式的,而财务计划仅限于货币式的表现;从范围上看,全面预算是一个综合性的管理系统,涉及企业各部门和不同层次,而财务计划的编制和执行主要由财务部门控制。

(3) 全面预算不是数据的堆砌和表格的罗列,而是一种与企业治理结构相适应的管理系统,健全的全面预算制度是完善的法人治理结构的体现。全面预算管理的目标就是企业的战略目标,通过全面预算管理使企业的战略意图得以具体贯彻,长期与短期计划得以沟通与衔接。

二、全面预算的分类

企业全面预算包括生产、销售、研发、分配、筹资等几乎所有经济活动,其内容十分广泛。根据编制的基础或依据不同,全面预算可以做以下分类。

(一) 固定预算与弹性预算

1. 固定预算(fixed budget)

固定预算又称静态预算(static budget),是指根据预算期内正常的、可实现的某一固定业务量水平(如生产量、销售量),作为唯一基础,不考虑预算期内生产活动可能发生的变动而编制预算的方法。

一般情况下,对不随业务量变化而变化的固定成本(如管理费用)的预算多采用固定预算方法进行编制。

2. 弹性预算(flexible budget)

弹性预算又称变动预算。是根据企业可预见的业务量规模,以业务量、成本和利润之间的依存关系为依据,以变动成本法为基础,在编制预算时使预算有一定的伸缩范围,能够适用于不同业务量的一种编制方法。只要这些数量关系不变,弹性预算可以持续使用较长的时期,不必每月重复编制。

(二) 增量预算与零基预算

1. 增量预算(incremental budget)

增量预算是指以基期成本费用水平为基础,结合预算期业务量水平及有关降低成本的措施,通过调整有关原有费用项目而编制预算的方法。它适用于比较稳定的成熟企业预算模式。

2. 零基预算(zero-base budget)

零基预算是指在编制成本费用预算时,不考虑以往会计期间所发生的费用项目和费用数,而是以所有的预算支出均为零为出发点,一切从实际需要与可能出发,逐项审议预算期内多项费用的内容及开支标准是否合理,在综合平衡的基础,编制预算的一种方法。编制零基预算的主要步骤有:

(1) 根据企业计划期间的战略目标和各该部门的具体任务,以零为基础,为每一费用项目编写一套开支方案,提出费用开支的目的以及需要开支的数额。

(2) 对各个费用开支方案进行评价,然后把各个费用开支方案在权衡轻重缓急的基础上,分成若干层次,排出开支的先后顺序。

(3) 按照第二步所定的费用开支的程序层次和顺序,结合计划期可动用的资金,分配资金,落实预算。

【实务例题 10-1】 已知 M 企业预算编制人员提出的年度开支水平如表 10-1 所示。

表 10-1　年度费用开支金额

费用项目	开支金额(单位:万元)
业务招待费	200
广告费	180
办公费	80
保险费	50
职工福利费	40
劳动保护费	30
合计	580

假定企业预算年度对上述费用可动用的财力资源只有 500 万元,经过充分论证,认为费用项目中广告费、保险费和劳动保护费必须得到全额保证,业务招待费、办公费和职工福利费可以适当压缩,三个项目预算额可以根据可供分配资金按照原预算金额分配。

[要求] (1) 确定不可避免项目的预算金和可避免项目的可供分配资金;

　　　　(2) 确定可避免项目的预算金额。

[分析] (1) 不可避免项目的预算金额＝180＋50＋30＝260 万元;可避免项目的可供分配资金＝500－260＝240 万元。

(2) 业务招待费预算额＝240×[200/(200＋80＋40)]＝150 万元

办公费预算额＝240×[80/(200＋80＋40)]＝60 万元

职工福利费＝240×[40/(200＋80＋40)]＝30 万元

(三) 定期预算与滚动预算

1. 定期预算(periodic budget)

是指在编制预算时以不变的会计期间(如日历年度)作为预算期的一种计算方法。

2. 滚动预算(rolling budget)

又称连续预算或永续预算,是指在编制预算时,将预算期与会计年度分离,随着预算的执行不断延伸而不断补充预算,逐期向后滚动,使预算期间始终保持 12 个月。

三、全面预算的编制程序

全面编制预算一般应按照"上下结合、分级编制、逐级汇总"进行。主要步骤包括:

(一) 下达目标

企业根据发展战略和对预算期经济形势的初步预测,提出下一年度全面预算目标,包括销售或营业目标、成本费用目标、利润目标和现金流量目标,并确定财务预算编制的政策,由预算委员会下达各预算执行单位。

(二) 编制上报

各预算执行单位按照全面预算委员会下达的预算目标和政策,结合部门特点以及预测的执行条件,提出详细的本单位预算方案,上报企业财务管理部门。

(三)审查平衡

企业对各预算执行单位上报的预算方案进行审查、汇总,提出综合平衡的建议。在审查、平衡过程中,预算委员会应当进行充分协调,对发现的问题提出初步调整的意见,并反馈给有关预算执行单位予以修正。

(四)审议批准

企业在有关预算执行单位修正调整的基础上,编制出全面预算方案,报预算委员会讨论。对于不符合企业发展战略或者预算目标的事项,全面预算委员会应当要求有关预算执行单位进一步修订、调整。在讨论、调整的基础上,企业正式编制企业年度预算草案,提交董事会或经理办公会审议批准。

(五)下达执行

企业对董事会或经理办公会审议批准的年度总预算,一般在下年 3 月底以前,分解成一系列的指标体系,由预算委员会逐级下达各预算执行部门执行。

第二节 全面预算编制方法和原理

一、全面预算的体系

全面预算体系包括经营预算、财务预算和资本支出预算三大部分,每部分预算编制方法和原理不完全相同。本章主要讨论经营预算和财务预算的编制方法和原理。全面预算体系内容如图 10-1 所示。

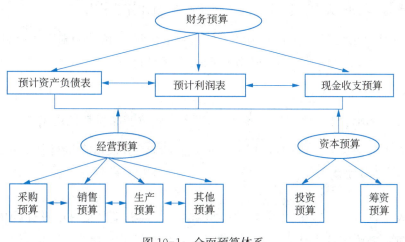

图 10-1 全面预算体系

二、全面预算编制方法和原理

(一) 经营预算

1. 销售预算

销售预算是编制全面预算的起点,生产、材料采购、存货和费用方面的预算都是以销售预算为基础的。编制销售预算前必须进行科学的销售预测,根据预计销售量和预计销售单价预算出计划期的销售收入。预计销售收入的计算公式如下:

$$预计销售收入 = 预计销售量 \times 预计销售单价$$

销售预算一般分别列示全年和各季度的预计销售量和销售收入。为了方便现金预算编制,还应根据产品销售的收款条件,编制"预计现金收入计算表"。

2. 生产预算

生产预算是根据销售预算编制的。编制生产预算的关键是确定计划期的生产量。生产预算的编制应以预计销售量和预计产成品存货为基础。因此,预计生产量可根据预计销售量和期初、期末的预计产成品存货确定,其计算公式如下:

$$预计生产量 = 预计销售量 + 预计期末产成品存货 - 预计期初存货$$

【实务例题10-2】 M企业预计第一、二两个季度的销量为1 000件和1 200件,假定期末产成品存货数量一般按下季销量的10%安排,则第一季度的预算生产量为多少件?

分析:第一季度初产成品存货=1 000×10%=100(件),第一季度末产成品存货=1 200×10%=120(件),第一季度产量=1 000+120-100=1 020(件)。

3. 直接材料预算

直接材料预算是以生产预算为基础编制的,用以预计企业在计划期间需要采购直接材料的数量和采购成本。预计直接材料采购量的计算公式如下:

$$预计直接材料采购量 = 预计直接材料耗用量 + 预计期末库存材料 - 预计期初库存材料$$

其中:

$$预计材料耗用量 = 预计生产量 \times 单位产品材料耗用量$$

为了便于现金预算的编制,在直接材料预算中,还应根据直接材料的付款情况,编制"预计现金支出计算表"。

4. 直接人工预算

直接人工预算也是以生产预算为基础编制的。根据生产预算中预计的生产量和单位产品工时定额确定的直接人工小时,即可计算出预计的直接人工小时,然后再乘上小时工资率,就可得到预计的直接人工成本。预计直接人工的计算公式如下:

预计直接人工成本＝预计生产量×∑(小时工资率×单位产品工时定额)

【**实务例题 10-3**】 假设每单位产品生产需要 3 分钟(0.05 小时)直接人工。M 公司雇用了 30 个人工,每人每周工作 40 小时,每小时工资为 10 元。下季度三个月份预计生产量分别 26 000 件、46 000 件和 29 000 件。预计直接人工成本计算过程如表 10-2 所示。

表 10-2 直接人工成本计算示例

项目	第 1 月份	第 2 月份	第 3 月份
生产数量	26 000	46 000	29 000
每单位小时数	0.05	0.05	0.05
需要小时总数	1 300	2 300	1 450
每小时工资率	10	10	10
直接人工成本	13 000	23 000	14 500

5. 制造费用预算

在编制制造费用预算时,需将制造费用按其成本性态划分为变动制造费用和固定制造费用两部分。预计制造费用的计算公式如下:

预计制造费用合计＝预计直接人工小时×预计变动制造费用分配率
　　　　　　　　　＋预计固定制造费用

预计需用现金支付的制造费用＝预计制造费用合计－非现金支付的制造费用

为便于现金预算的编制,在制造费用预算中,通常包括费用方面预期的现金支出。

6. 期末产成品存货预算

编制期末产成品存货预算是为了综合反映预算期内单位产品的预计生产成本,同时也为正确计量预计利润表中的产成品销售成本和预计资产负债表中的期末存货项目提供数据。

在编制期末存货预算前,应先确定存货的单位成本,然后根据存货的单位成本和预计期末存货数量,就可计算出预计期末存货成本。预计期末存货成本的计算公式如下:

预计期末存货成本＝预计期末存货数量×预计存货单位成本

7. 销售与管理费用预算

与制造费用预算相同,销售与管理费用预算也应根据费用的成本性态进行。如果各费用项目的数额较大,则销售费用与管理费用可分别编制预算。

(二)财务预算

1. 现金预算

现金预算是关于预算期内企业现金流转状况的预算,是企业现金管理的重要工具。

现金预算一般由现金收入、现金支出、现金余额,以及资金的筹集和运用等四个部分组成。

现金收入。现金收入部分包括期初的现金余额和预算期的现金收入。产品销售收入是企业取得现金收入的主要来源。

现金支出。现金支出部分包括预算期预计发生的各项现金支出,除上述材料、工资及各项费用等方面预计的支出外,还包括上缴的税金、支付的股利以及专门决策预算中属于预算期的现金支出等。

现金余额。现金的收支相抵后的余额,如为正数,说明收大于支,现金有多余,除可用于偿还债务之外,还可用于短期投资;如为负数,说明支大于收,现金不足,需设法筹集资金。

资金的筹集和运用。资金筹集和运用部分提供预算期内预计对外筹措的资金以及有关利息支出的详细资料。

【实务例题 10-4】 M 企业编制"现金预算",预计 6 月初短期借款为 100 万元,月利率为 1‰,该企业不存在长期负债,预计 6 月现金余缺为 −50 万元。现金不足时,通过银行借款解决(利率不变),借款额为 1 万元的整数倍,6 月末现金余额要求不低于 10 万元。假设企业每月支付一次利息,借款在期初,还款在期末,则 6 月份应向银行借款的最低金额为多少万元?

分析:假设借入 X 万元,则 6 月份支付的利息 $=(100+X)\times 1‰$,则

$$X - 50 - (100+X) \times 1‰ \geq 10, 即 X \geq 61.62(万元)$$

因此应向银行借款的最低金额为 62 万元。

2. 预计利润表

预计利润表是整个预算过程中的重要计划之一,它可以揭示企业预算期的盈利情况,从而有助于企业及时调整经营战略。在各项经营预算的基础上,根据一般会计原则即可编制预计利润表。

3. 预计资产负债表

预计资产负债表反映预算期末预计的财务状况。预计资产负债表可以为企业管理当局提供会计期末预期财务状况信息,从而有助于管理当局预测未来期间的经营状况,并采取适当的预防性措施。

为了对比分析,可将有关资产、负债及所有者权益项目的期初实际数与期末预计数一同列示。

三、综合实务例题

资料 1:M 企业只生产与销售一种已通过 ISO9 000 认证的装饰装修涂料。20×4 年年末资产负债表如表 10-3 所示。

表 10-3　资产负债表

20×4 年 12 月 31 日　　　　　　　　　　　　　　　　　　　　单位：元

资产项目	金额	权益项目	金额
库存现金	25 000	应付账款	12 328
应收账款	25 000		
原材料	5 800		
产成品	8 604	流动负债合计	12 328
流动资产合计	64 404	实收资本	250 000
机器设备	280 000	留存收益	62 576
减：累计折旧	19 500		
固定资产合计	260 500	所有者权益合计	312 576
资产合计	324 904	负债及所有者权益合计	324 904

资料 2：以往销售历史记录表明，每一季度销售的产品，当季收到的货款占当季总销售收入的 55%，下一季度收到的货款占当季总销售收入的 45%。同时根据销售的历史记录，预计 20×5 年各个季度的销售量和销售单价数据如表 10-4 所示。

表 10-4　20×5 年各季度预计销售量和销售单价

	第一季度	第二季度	第三季度	第四季度	全年
预计销售量（桶）	1 300	2 000	2 000	1 300	6 600
单价（元/桶）	90	90	90	90	90

资料 3：M 企业产品的预计销售量如表 10-5 所示，各个季度期末存货量相当于下一季度销售量的 11%，预计 20×6 年第一季度的涂料销售量为 1 300 桶，20×5 年年初涂料存货量为 180 桶。

资料 4：M 企业生产这种装饰装修涂料，每桶需要耗用某种材料 3 千克，这种材料每千克价格为 8 元，购买该材料所需的款项于当季支付 70%，下一季度支付 30%；20×5 年预计这种材料每一季度末的存货量为下一季度生产需用量的 20%；20×5 年年初、年末的库存量分别为 725 千克和 800 千克；20×5 年年初应付未付的材料采购款为 12 328 元。

资料 5：M 企业生产单位产品的工时定额为 4 小时，直接人工小时工资率为 5 元。该公司应支付的工资均于当季发放。

资料 6：M 企业变动性制造费用人工小时分配率 0.95 元，预计当年固定性制造费用为 72 000 元，其中折旧费用为 18 000 元。该企业需用现金支付的制造费用均于发生的当季支付。

资料 7:预计 20×5 年的变动性销售及管理费用包括销售人员工资、运输费用、广告费用、佣金等共计 46 200 元;预计 20×5 年固定性的销售及管理费用总计为 53 600 元,其中管理人员工资为 24 000 元,广告费为 14 000 元,保险费为 8 000 元,租赁费为 7 600 元。该公司需用现金支付的销售及管理费用均于发生的当季支付。

资料 8:与现金预算有关的其他资料如下:

(1) M 企业规定其最低现金限额为 17 000 元;

(2) 预计于 20×5 年购入价值 50 000 元的机器设备,其中第一季度和第四季度均购入价值 15 000 元的机器设备,第三季度购入机器设备的价值 20 000 元;

(3) 预计缴纳所得税的总额为 26 000 元,平均每个季度为 6 500 元;

(4) 预计 20×5 年全年支付股利 13 585 元;

(5) M 企业的银行借款利率为 10%。

[要求] 根据上述资料,编制经营预算和财务预算。

[分析]

(一) 经营预算

1. 销售预算

表 10-5 20×5 年销售预算

项 目	第一季度	第二季度	第三季度	第四季度	全年
预计销售量(桶)	1 300	2 000	2 000	1 300	6 600
单价(元/桶)	90	90	90	90	90
预计销售额(元)	117 000	180 000	180 000	117 000	594 000

表 10-6 20×5 年预计现金收入   单位:元

项 目	应收账款数额	实收现金数额				
		第一季度	第二季度	第三季度	第四季度	全年
期初余额	25 000	25 000				25 000
20×5 年第一季度	117 000	64 350	52 650			117 000
20×5 年第二季度	180 000		99 000	81 000		180 000
20×5 年第三季度	180 000			99 000	81 000	180 000
20×5 年第四季度	117 000				64 350	64 350
合计	619 000	89 350	151 650	180 000	145 350	566 350
期末余额	52 650					

2. 生产预算

表 10-7　20×5 年生产预算　　　　　　　　　　　　　　　　　单位:桶

项　目	第一季度	第二季度	第三季度	第四季度	全年
预计销售量	1 300	2 000	2 000	1 300	6 600
加:预计期末存货	220	220	143	143	143
预计需用量	1 520	2 220	2 143	1 443	7 326
减:预计期初存货	180	220	220	143	180
预计生产量	1 340	2 000	1 923	1 300	6 563

3. 直接材料预算

表 10-8　20×5 年度直接材料预算

项　目	第一季度	第二季度	第三季度	第四季度	全年
预计生产量(桶)	1 340	2 000	1 923	1 300	6 563
单位产品直接材料需要量(桶)	3	3	3	3	3
预计材料需用量(桶)	4 020	6 000	5 769	3 900	19 689
加:预计材料期末存货量(桶)	1 200	1 154	780	800	800
减:预计材料期初存货量(桶)	725	1 200	1 154	780	725
预计材料采购量(桶)	4 495	5 954	5 395	3 920	19 764
材料价格(元/桶)	8	8	8	8	8
预计直接材料采购金额(元)	35 960	47 630	43 162	31 360	158 112

表 10-9　20×5 年度预计直接材料现金支出　　　　　　　　　　单位:元

项　目	应付账款数额	实际现金支付数				
		第一季度	第二季度	第三季度	第四季度	全年
期初余额	12 328	12 328				12 328
20×5 年第一季度	35 960	25 172	10 788			35 960
20×5 年第二季度	47 630		33 341	14 289		47 630
20×5 年第三季度	43 162			30 213	12 949	43 162
20×5 年第四季度	31 360				21 952	21 952
合计	170 440	37 500	44 129	44 502	34 901	161 032
期末余额	9 408					

4. 直接人工预算

表 10-10　20×5 年度直接人工预算　　　　　　　　　　　　　　　　单位:元

项　　目	第一季度	第二季度	第三季度	第四季度	全年
预计生产量(桶)	1 340	2 000	1 923	1 300	6 563
单位产品直接人工工时(小时)	4	4	4	4	4
直接人工小时总数	5 360	8 000	7 692	5 200	26 252
标准工资率(元/小时)	5	5	5	5	5
预计的直接人工成本(元)	26 800	40 000	38 460	26 000	131 260

5. 制造费用预算

表 10-11　20×5 年度制造费用预算

项　　目	第一季度	第二季度	第三季度	第四季度	全年
预计直接人工工时(小时)	5 360	8 000	7 692	5 200	26 252
变动制造费用分配率(元/小时)	0.95	0.95	0.95	0.95	0.95
预计变动制造费用(元)	5 092	7 600	7 307	4 940	24 939
预计固定制造费用(元)	18 000	18 000	18 000	18 000	72 000
预计制造费用合计(元)	23 092	25 600	25 307	22 940	96 939
减:折旧(元)	4 500	4 500	4 500	4 500	18 000
预计现金支付的制造费用(元)	18 592	21 100	20 807	18 440	78 939

6. 产品成本、期末存货成本预算

表 10-12　20×5 年 12 月 31 日产品成本及期末产成品存货成本预算

项　　目	单位产品成本与期末产成品存货成本
直接材料	24 (3 千克×8 元/千克)
直接人工	20 (4 小时×5 元/小时)
变动制造费用	3.8 (4 小时×0.95 元/小时)
单位成本合计	47.8(元)
期末产成品存货成本(元)	6 835.4 (143 桶×43.80 元/桶)

7. 销售费用、管理费用预算

表 10-13　20×5 年度销售及管理费用预算　　　　　　　　　　单位:元

项　目	第一季度	第二季度	第三季度	第四季度	全年
预计销售量(桶)	1 300	2 000	2 000	1 300	6 600
单位变动销售及管理费用	7	7	7	7	7
预计变动销售及管理费用	9 100	14 000	14 000	9 100	46 200
固定销售及管理费用					
管理人员工资	6 000	6 000	6 000	6 000	24 000
广告费	3 500	3 500	3 500	3 500	14 000
保险费	2 000	2 000	2 000	2 000	8 000
租赁费	1 900	1 900	1 900	1 900	7 600
预计销售及管理费用合计	13 400	13 400	13 400	13 400	53 600
减:折旧	0	0	0	0	0
销售及管理费用现金支出	22 500	27 400	27 400	22 500	99 800

(二) 财务预算

1. 现金预算

首先,根据期初现金余额和销售预算中的预算现金收入确定各个季度可以使用现金的总金额,其中各个季度期初现金余额为上季度期末现金余额。

其次,根据直接材料预算、直接人工预算、制造费用预算和销售及管理费用预算中的预算现金支出金额,同时考虑资料 8 中的所得税支出、设备购置支出和股利支出确定各个季度支付现金的总金额。

最后,根据可使用现金总金额和支付现金总金额确定现金余(缺),考虑资料 8 中 M 企业规定的最低现金限额,决定是借款还是还款,并计算各季度的利息支付数额。

编制现金预算表,见表 10-14。

表 10-14　20×5 年度现金预算表　　　　　　　　　　单位:元

项　目	第一季度	第二季度	第三季度	第四季度	全年
期初现金余额	25 000	17 458	17 379	20 359	25 000
加:现金收入	89 350	151 650	180 000	145 350	566 350
合计	114 350	169 108	197 379	165 709	591 350
减:现金支出					
直接材料	37 500	44 129	44 502	34 901	161 032
直接人工	26 800	40 000	38 460	26 000	131 260

(续表)

项目	第一季度	第二季度	第三季度	第四季度	全年
制造费用	18 592	21 100	20 807	18 440	78 939
销售及管理费用	22 500	27 400	27 400	22 500	99 800
所得税	6 500	6 500	6 500	6 500	26 000
设备购置	15 000		20 000	15 000	50 000
支付股利				13 585	13 585
合计	126 892	139 129	157 670	136 926	560 616
现金余(缺)	(12 542)	29 979	39 709	28 784	30 734
资金筹集与运用					
银行借款(期初)	30000				30 000
偿还借款(期末)		(12 000)	(18 000)		(30 000)
利息支出		−600	(1 350)		−1 950
合计	30 000	(12 600)	(19 350)	0	(1 950)
期末现金余额	17 458	17 379	20 359	28 784	28 784

注：因银行借款发生于期初，偿还借款发生于期末，故第一笔借款于6个月后偿还，第二笔借款于9个月后偿还。
① 第一笔偿还借款利率=12 000×10%×6/12=600。
② 第二笔偿还借款利率=18 000×10%×9/12=1 350。

2. 财务费用预算

依据现金预算的"资金筹集与运用"部分中利息支出编制财务预算，见表10-15。

表10-15　20×5年度财务费用预算　　　　　　　单位：元

项目	第一季度	第二季度	第三季度	第四季度	全年
应计并支付短期借款利息	0	600	1 350	0	1 950
应计并支付长期借款利息	0	0	0	0	0
应计并支付公司债券利息	0	0	0	0	0
支付利息合计	0	600	1 350	0	1 950
减：资本化利息	0	0	0	0	0
预计财务费用	0	600	1 350	0	1 950

3. 预计利润表

根据销售预算、产品成本预算、期末存货成本预算、制造费用预算、销售及管理费用预算和财务费用预算可编制预计利润表，如表10-16所示。

表 10-16 预计利润表(变动成本法)　　　　　　　　　　单位:元

项　目	金额
销售收入	59 4000
变动成本	
产品销售成本	315 480
销售及管理费用	46 200
变动成本合计	361 680
贡献边际	232 320
固定成本	
制造费用	72 000
销售及管理费用	53 600
财务费用	1 950
固定成本合计	127 550
营业利润	104 770
减:所得税	26 000
净利润	78 770

4. 预计资产负债表

根据 20×4 年 12 月 31 日的资产负债表,结合前述各预算表中的有关业务,可以编制 20×5 年 12 月 31 日的预计资产负债表,见表 10-17。

表 10-17　20×5 年 12 月 31 日预计资产负债表　　　　　　单位:元

库存现金	28 784①	应付账款	9 408⑦
应收账款	52 650②		
原材料	6 400③		
产成品	6 835④	流动负债合计	9 408
流动资产合计	94 669	实收资本	250 000⑧
机器设备	330 000⑤	留存收益	127 761⑨
减:累计折旧	37 500⑥		
固定资产合计	292 500	所有者权益合计	377 761
资产合计	387 169	负债及所有者权益合计	387 169

注:① 来自现金预算中的现金余额。
② 来自销售预算中的应收账款的期末余额(55%×117 000)。
③ 来自直接材料预算中的相关数据(800×8)。
④ 来自产品成本、期末存货成本预算中的相关数据。
⑤ 来自 20×4 年 12 月 31 日的资产负债表和现金预算表中"设备购置"支出,即 280 000+50 000。
⑥ 来自 20×4 年 12 月 31 日的资产负债表和制造费用预算的"折旧"数据,即 19 500+18 000。
⑦ 来自直接材料预算中的应付账款的期末余额(30%×31 360)。
⑧ 来自 20×4 年 12 月 31 日的资产负债表。
⑨ 来自 20×4 年 12 月 31 日的资产负债表、2005 年预计利润表、现金预算中的相关数据,即 62 576+78 770−13 585。

第三节 全面预算的执行、控制与调整

预算执行过程就是具体工作计划的落实过程,也是高层管理者通过预算对基层管理者进行控制与调整的过程。

一、全面预算的执行

预算执行的具体步骤如下:

第一步,将预算目标分解,落实到各单位和个人;

第二步,同其他先进企业的竞争力指标进行对比分析,设定标杆,学习其先进的经验技术,不断改善自身条件,以期提高自身竞争力;

第三步,建立预算控制体系,应包含事前、事中、事后控制以及例外报告制度;

第四步,制定相关措施来保证预算目标的实现。

二、全面预算的控制

预算控制有紧控制和松控制之分。

紧控制的管理哲学基础是:当强调下级管理者必须全面实现具体的短期目标时,他们的工作更有效率,高层管理人员可以帮助基层责任中心解决一些日常问题,每个月将实际业绩与预算相比较,确认和讨论详细的偏差。若没有实现预算目标,则考虑纠正措施。

松控制则将预算作为联络和计划的工具,高层管理人员每年编制、复查预算,并根据基层责任单位的意见进行调整最后予以批准。随着经营环境的变化,预算以修改的预测的形式被递交给高层管理者,其中包括与初始预算的比较和差异分析,预算目标没有达到不一定代表业绩不佳。

对于这两种预算控制模式,企业应根据自身特点来选择松紧程度,将全面预算管理置于紧控制和松控制间的结合点上,以便做到灵活性和统一性的结合。

三、全面预算的调整

预算调整是指当企业内外经济环境或自然条件发生变化,原先制定的预算已不再适合发展目标要求时,企业所进行的预算修改。一般而言,需要对预算做出调整有三种情形:

1. 外部市场发生变化

由于预算是以某一时点的市场条件为前提而做出的量化估计,当企业在预算年度

实际经济活动的市场条件与事先假定的市场条件之间的偏差,超出了企业承受的范围或预先设计的偏差位移时,管理层就应当着手对预算进行调整。

2. 内部管理有更高的要求

企业管理是在不断的实践中探索和完善的,当企业在预算期间对现有管理体系和制度进行检查时,总能取得经验并弥补原有缺陷,由此产生的管理效益将促使企业调整原有预算指标,进而改善预算总目标。

3. 企业目标做出了调整

一般企业不会改变预算总目标,但当企业预算年度所面对的外部经营环境或内部生产环境发生变化时,为实现总目标必须调整各类分目标,也就是通常所说的预算"微调";当企业面临的生产经营环境或者资本预算发生重大变化时,会迫使企业调整总目标。

全面预算管理营造利益协同格局

M 公司的产品销售价格是根据成本加成计算出来的,如果采购部门对采购价格没有控制好,就会逼着销售价格上调,销售部门的压力会加大,产品因为价格提高可能卖不动,销售数量就会减少,销售人员的利益也会减少。

现在假设 M 公司销售人员提成为销售金额的 1%,销售人员可能还能得到一些安慰,因为销售数量减少,可能销售金额因价格提高没有减少,销售人员的利益也没有减少。如表 10-18a、表 10-18b 所示。

表 10-18a 销售人员按销售收入提成　　　　　　　　　　　单价:元

时间	销售单价	单位成本	单位毛利	销售数量	销售金额	销售提成
提价前	100	80	20	9 600	960 000	9 600
提价后	120	100	20	8 000	960 000	9 600

表 10-18b 销售人员按销售毛利提成　　　　　　　　　　　单价:元

时间	销售单价	单位成本	单位毛利	销售数量	销售毛利	销售提成
提价前	100	80	20	9 600	192 000	9 600
提价后	120	100	20	8 000	160 000	8 000

可是,如果公司对销售人员绩效是按销售毛利计算的,这样提价前后的销售人员提成是完全不同的,假设提成比例为销售毛利的 5%,计算结果如表 10-18b 所示。

在上述情况下,销售人员的利益明显减少。因为采购人员没有控制好采购单价,却将风险转嫁给销售部门。销售部门必然会与采购人员进行博弈,博弈结果往往都会趋于理性。采购人员会努力控制采购价格,同时销售人员会及时地向客户反馈原材料价格上涨这一事实,并努力与客户沟通。

现代全面预算体系中就设计了太多这样的博弈,互相牵制,才使得相关人员自发地去遵守游戏规则,实现战略目标。

第四节 全面预算的分析与考核

一、全面预算的分析

企业应当建立预算分析制度,由预算委员会定期召开预算执行分析会议,全面掌握预算的执行情况,研究、落实解决预算执行中存在问题的政策措施,纠正预算的执行偏差。

开展预算执行分析,企业财务管理部门及各预算执行单位应当充分收集财务、业务、市场、技术、政策、法律等方面的有关信息资料,根据不同情况分别采用比率分析、比较分析、因素分析、平衡分析等方法,从定量与定性两个层面充分反映预算执行单位的现状、发展趋势及存在的潜力。

针对预算的执行偏差,企业财务管理部门及各预算执行单位应当充分、客观地分析产生的原因,提出相应的解决措施或建议,提交董事会或经理办公会研究决定。

预算委员会应当定期组织预算审计,纠正预算执行中存在的问题,充分发挥内部审计的监督作用,维护预算管理的严肃性。预算审计可以是全面审计,或者是抽样审计。在特殊情况下企业也可组织不定期的专项审计。审计工作结束后,企业内部审计机构应当形成审计报告,直接提交预算委员会以至董事会或者经理办公会,作为预算调整、改进内部经营管理和财务考核的一项重要参考。

二、全面预算考核

预算年度终了,预算委员会应当向董事会或者经理办公会报告预算执行情况,并依据预算完成情况和预算审计情况对预算执行单位进行考核。企业内部预算执行单位上报的预算执行报告,应经本部门、本单位负责人按照内部议事规范审议通过,作为企业进行财务考核的基本依据。全面预算按调整后的预算执行,预算完成情况以企业年度财务会计报告为准。

预算执行考核是企业绩效评价的主要内容,应当结合年度内部经济责任制考核进行,与预算执行单位负责人的奖惩挂钩,并作为企业内部人力资源管理的参考。

 阅读材料

总经理面试时问我对全面预算了解多少

那年7月,总经理在面试我时提问:"你对全面预算了解多少?"当年正是总公司开始推行全面预算管理的首年,经理的提问是有"时代背景"的。

当时我回答:"'全面'之意在于预算不是财务部一个部门的工作,需要各部门的通力配合。财务部的职责在于培训、协调、监控、参谋与预警。预算管理的责任应落在核心管理层。以我的经验,预算从来不准,所以必须编制弹性预算,因需而变。"

现在看来这个回答还算及格,但高度不够。比如第一点,虽然没有错误,但太笼统。这样的答案,用来回答人力资源管理、风险管理和客户服务管理的问题其实是可以通用的。这几年我一直在思考一个问题:预算成功的关键在哪里?我的答案也经历了三次转变,每一次都更进一步。

第一次转变:预算成功的关键在于控制

入职第二年。当时总公司一位领导说:"预算管理,关键在于控制。"正好和我当时的理解一致。马上有英雄所见略同的窃喜,于是笃信,奉为圭臬。

这一回答背后的逻辑在于:成本控制对于公司经营的成功至关重要。ACE的一位高管曾对我说:"AIG之所以比ACE成功,一个重要的原因是成本控制做得好。"还有过传说,友邦的预算做得如此精准,实际与预算的差异仅在三位数。

为了有效进行成本控制,就必须制定详细的制度,规定各种支出的流程和限额。对于每一笔支出财务部都要"challenge"(质疑)一下:"为什么?有没有更节约的办法?能不能不支?"平均来说,公司每浪费1 000元,就相当于浪费了1个有效业务员3个月的业绩对应的可用费用;每增加一名月薪3 000元的员工,加上四险一金、电脑配置等费用,公司总成本大约是50 000元,而这相当于13个有效业务员一年的业绩可用费用。这么一想,公司做减员增效、职场合并、车改、控制行政费用开支等等,都是必然,核心管理层在履行其受托之职责。这两年公司成本削减成效卓著,要不是这样,不可能有今年上半年的费用结余,公司也不会有资源给员工普涨工资。

在这样的指导思想下,下一年计财部对每一笔支出都严格控制,特别是业务部门。这一点有时还引发了业务部门的不满,我通常是亮出"慈不带兵,义不掌财"的尚方宝剑。总公司也是一样,秉承这一思想,下年全系统费用政策革命性调整,旨在最大限度促使分公司节约成本,获取承保费差益。然而,总公司并未如愿,这年反而出现了较大金额的费差损。这是为什么?

第二次转变:预算成功的关键在于机制

高举"控制"令牌却没有带来期望的结果,则是因为其局限性。就"控制关键论"本身而言,更高一层次的问题是:应当控制什么和如何控制?高明的回答是:预算控制应

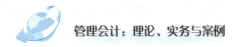

当是"有所控,有所不控"。最高境界则是"不控而控"。

"控制关键论"的假设之一是:企业高管或其授权的财务管理者很清楚地知道每一笔支出该不该花,而且知道的"清楚程度"强于支出经办部门的管理者。假设之二是:只要在可能的情况下,业务部门或其他支出经办部门总是倾向于多报费用。第二个假设还有些道理,第一个则是荒谬的。举个例子。公司制定有招待费报销制度,根据招待对象的级别不同设定了不同金额的费用标准。业务部门申请了一笔招待费 1 500 元,招待对象是处级干部,按照公司规定该级别的标准是 300 元每人次。这时候财务部怎么办?给不给报?如果从严格执行费用制度的角度出发,当然是不予报销。理由是:"公司有招待费标准,你们不是不知道,为什么还要超标?"业务部门圆滑的回答是:"我们没超标,因为参加宴请的人是 5 个人。"于是就顺理成章地报了。如果业务部门诚实地说:"这个客户非常重要,所以必须高标准对待。"财务部的人于是用怀疑的眼光看着他,说:"那请你让老总特批一下。"于是这种小事就到了老总那里,老总也就是这样变得事必躬亲、事无巨细。谁也没有做错。该不该花这笔钱,业务部门比财务部门更了解其必要性。招待费报销制度没有错,财务部门严格执行制度也没有错,是机制的错。具体的制度不等于机制,后者高于前者,后者同时也是用来突破前者的。如果预算的机制是:业务部门按照约定的成本比例或额度(资源)去获取既定的业务收入(任务);在以更少资源获得同样业务收入或以同样业务资源获得更多业务收入时,则依一定的规则给予奖励,反之则予以处罚;不可抗力因素单议。说白了就是"多花钱不要紧,只要你能挣"。在一个好的机制下,不用财务部门手拿裁刀左修右剪,业务部门会在自身利益的驱动下自己就做好控制。"有所控"的意思是重要的项目一定要控制,如手续费比例,基本法规则等;总额一定要控制。"有所不控"的意思是指不重要的、日常的、规则之内的支出项目不妨把判断权、控制权交给业务部门。"有所控,有所不控"的前提是要建立一个好的机制。如果这个机制足够好,则有望达到"不控而控"的目的。

第三次转变:预算成功的关键在于系统思考

今年 7 月,总公司在大连开分公司计财经理会。会上集团计财部的领导说:"预算的重点是编制,关键在于设立一个有效的机制。"顺着"机制"这个关键词想下去,问题有:机制的基础为何?什么样的机制能在公司内部达成共识,这种共识的基础何在?

控制的作用是在短期内取得一定的实效,机制的作用在于解决中期的一些问题,长期的问题靠什么解决?有一次与一个中心城市财务经理沟通预算管理心得。我问他:"你们分公司面临费用超支难局,原因是什么?"他的回答让我吃惊:"积累不够,产能不足,头重脚轻。"简单而尖锐,这也许是大部分中心城市分公司的共性问题吧。今日之问题,原因至少在两年前;后年之成果,也将是今年的植种。就预算本身而言,只涵盖当年,但预算要成功,应当是要跳出当年吧。

起点问题是:三年后我们想成为一家什么样的公司?这个问题横向分解:我们期望升到什么样的业务平台?我们期望公司利润达到什么水平?再把这些问题纵向分解:保持现在的策略,我们有可能达到目标吗?差距是多少?怎样才能缩小这个差距?是需要渐进式的调整,还是根本性的变革?我们期望在后年走到哪一步?明年走到哪一步?今年走到哪一步?如果达不到这些目标,后果是什么?再将这些问题作外向拓展:市场是否存在机会?是否存在重大的威胁?我们是否有应对之策?最后问:今年要做什么?需要多少资源,产出又将是多少?为支持今年的行动计划,配套的机制应当如何设立?到此,预算编制基础完成,只剩下一些技术性的分解、汇总和数字填列。这诚然是一个"系统思考"的过程。

(资料来源:编者根据相关资料整理)

本 章 小 结

全面预算是指以货币为主要形式表示未来某一特定时期企业财务及其他经营资源的取得及运用的详细计划。

根据编制的基础或依据不同,全面预算可以分为固定预算与弹性预算、增量预算与零基预算、定期预算与滚动预算等。全面预算编制一般应按照"上下结合、分级编制、逐级汇总"进行。全面预算体系包括经营预算、财务预算和资本支出预算三大部分。其中,经营预算包括销售预算、生产预算、直接材料预算、直接人工预算、制造费用预算、期末产成品存货预算和销售与管理费用预算;财务预算包括现金预算、预计利润表和预计资产负债表。每部分预算编制方法和原理有所不同。

预算执行过程就是具体工作计划的落实过程,也是高层管理者通过预算对基层管理者进行控制与调整的过程。企业应当建立预算分析制度与考核制度,以保证全面预算的执行。

 简答论述

1. 什么是预算?全面预算与资金计划有哪些区别与联系?
2. 预算有哪些种类?每种预算主要特点是什么?
3. 简要说明经营预算和财务预算的编制方法与原理。
4. 预算的作用有哪些?如何执行或控制?

 不定项选择题

1. 某产品预计单位售价12元,单位变动成本8元,固定成本总额120万元,适用的企业所得税税率为25%。要实现750万元的净利润,企业完成的销售量至少应为( )万件。

    A. 105   B. 157.5   C. 217.5   D. 280

2. 甲公司正在编制直接材料预算,预计单位成品材料耗量 10 千克;材料价格 50 元/千克,第一季度期初、期末材料存货分别为 500 千克和 550 千克;第一季度、第二季度产成品销量分别为 200 件和 250 件;期末产品存货按下季度销量 10% 安排。预计第一季度材料采购金额是(　　)元。
   A. 102 500　　　　B. 105 000　　　　C. 130 000　　　　D. 100 000

3. 根据直接材料预算、直接人工预算和制造费用预算编制的预算是(　　)。
   A. 生产预算　　　　　　　　　　　　B. 直接人工预算
   C. 产品成本与期末存货预算　　　　　D. 制造费用预算

4. 用(　　)编制预算适用于经营比较稳定的企业和非营利组织。
   A. 固定预算法　　　　　　　　　　　B. 弹性预算法
   C. 增量预算法　　　　　　　　　　　D. 零基预算法

5. 下列各项中,不属于全面预算体系最后环节的有(　　)。
   A. 业务预算　　　B. 财务预算　　　C. 专门决策预算　　　D. 生产预算

参考答案

1. D　2. B　3. C　4. A　5. ACD

第 1 题简析:$Q=[120+750/(1-25\%)]/(12-8)=280$(万件)。

第 2 题简析:第一季度生产量$=250\times10\%+200-200\times10\%=205$(件),第一季度材料采购量$=205\times10+550-500=2\ 100$(千克)。预计第一季度材料采购金额$=2\ 100\times50=105\ 000$元。

道德问题思考

M 是一家集团企业的分部经理,集团根据预算业绩对其进行考核和奖励。如果分部的实际利润介于预计利润和预计利润的 120% 之间,则 M 经理和同事都有资格领取奖金。奖金根据实际利润的固定比例发放。如果实际利润大于预计利润的 120%,则仍按 120% 的水平领取奖金。如果实际利润低于预计利润,则得不到奖金。现在考虑 M 经理不同情形做法。

情形一:M 经理打算高估计收入,低估费用。这种方法有利于分部达到预计利润的目标。M 经理认为这种做法能够增加获得奖金的可能性,并有助于员工保持高昂的士气。

情形二:假定接近年终时,M 经理发现分部无法达到预计利润,于是授意销售部门将一部分销售合同递延至次年结账。同时,还决定注销一部分几乎没有价值的存货。在没有希望获取奖金的年度内,将收入递延至次年并注销存货可以增加下一年获取奖金的机会。

情形三:假设接近年终时,M 经理发现实际利润有很大可能超过 12% 的上限,于是采取与情形二相似的做法。

要求：
1. 你认为M经理做法正确吗？是否符合道德规范？
2. 假如你是分部做账会计，M经理要求你按照授意做账，你将怎么办？

 创新创业案例

做好"烧钱率"这道计算题，再谈公司的持续增长吧

为什么超过90%的初创公司都没能坚持下来？许多研究显示，创业失败率高的原因往往是这些初创公司没能发展出创业大师史蒂夫·布兰克（Steve Blanc）口中的"具有可重复性且可伸缩性的商业模式"。简单来说，就是初创公司缺乏经济资源来维持运作才会把门店关了。因此，公司的创始人们必须时刻衡量他们公司的收支情况，而若想保持一个可持续的现金流，就要了解透彻"烧钱率"和"创业跑道"这两个概念。

一个除法，算出投资人是否"爱"你

在产生正的现金流之前，企业消耗创业资金用以支付日常开支的速度，被称为"烧钱率"（burn rate）；而"创业跑道"也称"零现金日"，指的是企业基于目前的烧钱率能坚持运营下去的时间。利用现金结余，除以烧钱率来计算创业跑道。例如，创业跑道＝现金结余（125 000元）÷烧钱率（25 000元/月）＝5个月。

当你需要引进外部资金时，计算零现金日就极其有用，因为引资这一过程有时需要4到6个月。连续准确地计算出烧钱率和创业跑道十分重要，这至少出于以下三个原因：

首先，这些数字非常清楚地提醒你，要是你最后无法产生足够的营收，你的初创公司将会在未来某个时间点烧光钱。

其次，这些数字影响投资人对你企业的评估以及投资决定。如果烧钱率比预期大，或者企业的营收增长速度没有预期快，投资人可能会认为这个企业不是笔好的投资，风险太大。

还有，若是这些数据显示开支失控，那么投资人大概会忧心忡忡，进而介入公司运营。

初创公司保持不变的烧钱率，这种可能性微乎其微。因为这家公司几乎一定会对其他资源进行投资，甚至可能为了刺激、管理和加速增长而调整方向。因此，烧钱率也会提高，导致创业跑道变短。任何初创公司要想评估其烧钱率和创业跑道，持续不断地反复计算、调整战略，无论何时都是必要的。

怎么"烧"才健康？

2011年，弗雷德·威尔逊提出一个基本公式，用于计算初创公司最大烧钱率。"一条行之有效的规则是，将团队成员数量乘以1万美元，这样就得到每月的烧钱量。这不是你支付给员工的金钱数目，而是包含租金及其他费用在内的聘用一个人的总成本。"

另一条普遍接受的规则是：每个月支出应少于最近一笔融资的百分之十。例如，如果你在最新一轮融资中筹得资金150万元，那每个月的支出应少于15万元。这种情况下，公司需要认识到，距离下一轮融资的时间间隔(也就是创业跑道长度)只有10个月。5%到9%这样小一点的比例可能会更稳妥(取决于筹得的资金数目)。鉴于各个公司烧钱形式各不相同，所以要遵循一个具体的普适的公式，轻而易举地算出任何一家初创公司的正确烧钱率，几乎是不可能的。

别死磕"烧钱率"

不过，也有人对烧钱率持有不同态度，有些人甚至认为创业者应该减少对烧钱率的关注，应重视公司支出对执行的影响。一家VC合伙人这样认为："仅凭烧钱率几乎看不出一家初创公司是否在道上。只有对一家公司如何使用现金及其长期战略进行评估，才能得知高烧钱率是好是坏，低烧钱率的典范却会带来危险。"另一位投资人也有类似的看法。他坚持认为，没有先将创始人的(难以测量的)风险承受能力纳入考量，可承受烧钱率便无从谈起。所谓风险承受能力就是，为了获得高速增长，是否愿意做出使公司暴露于可能倒闭的风险的决策。事实上，一家高增长初创公司必须在这两者间取得平衡：一边是随意挥霍耗尽现金，另一边是过于审慎导致错失增长良机。

(资料来源：https://www.sohu.com/a/193290419_635673)

请思考：

1. 你认为合理计算"烧钱率"需要注意哪些问题？
2. 你认为"烧钱率"和"创业跑道"两个概念对于初创公司现金预算编制有哪些启示？

第十一章 作业成本法与作业成本管理

 思政导语

马克思资本有机构成理论认为,资本技术构成的高低决定着资本有机构成的高低,在一个国家的不同发展阶段、不同生产部门,或者不同的国家,由于生产技术水平跟与之相联系的资本技术构成不同,资本有机构成的高低也各不相同。长期来看,一个国家或一个生产部门的资本有机构成呈不断提高的趋势。新常态下,我国经济增长速度从高速增长转向中高速;发展方式从规模速度型转向质量效率型;经济结构调整从增量扩能为主转向调整存量、做优增量并举;发展动力从主要依靠资源和低成本劳动力等要素投入转向创新驱动。一方面,我国当前企业中资源浪费严重、高废次品、高库存、高能源消耗等问题较为严重,作业成本法核算对于缓解此类问题大有裨益;另一方面,我国目前大多数企业制造费用占比较低,尚不具备作业成本法能够完全有效实施的条件。因此,接受作业成本法管理理念,将作业成本法核算优势逐渐发挥出来,比全盘接受抑或全盘否定更切合我国企业实际。

学习目标

- 了解作业成本法产生的历史背景
- 理解作业成本法计算原理
- 运用作业成本法计算产品成本

 情境案例

秘密被破解:作业成本分析发现英国警察一年在文书工作上花费5亿多英镑

秘密总是会引人遐想。在外行看来不起眼的事情,一旦事实和细节被揭露,可能变

成非常惊人的新发现。为了弄清事情的真相,理解发生了什么和为什么发生并采取行动,会在未解决的事情和已解决的事情之间产生差别。伦敦警察一年在文书工作上花了1.2亿英镑(超过2.5亿美元),其总额超过了打击抢劫和入室盗窃的开支。这个结果来自一个警务"作业成本分析"检查,这个检查详细说明了钱的去向。它包括官员和职员花在填写表格、写信、发便函和检查文书工作上的时间。如果包括与特定犯罪相连的文书工作,如会谈记录和逮捕证,这个数字会更高。从2003年开始,英格兰和威尔士的武装力量都被要求实施一个年度ABC检查。每英镑开支必须分配到60类中的某一类,从反恐和解决犯罪到训练和病假,到与特定事件不相关的一般反应。伦敦警察的开支几乎占了英国警务年度总开支128亿英镑的1/4;全国警察文书工作年度总成本超过5亿英镑。警察联合会的副主席说,这些数字描述了多年来我们一直在说的警官不堪文书重负,损害了以反应为基础的警务工作。作为应对,英国内政部废弃了7 700个不必要的警察表格,扩大了文职人员的职责,为第一线警官节省了时间。

第一节 作业成本法

一、传统成本计算方法的局限

传统成本核算方法所计算的产品成本重心在于生产部门,是与大规模的生产相适应的。20世纪70年代以后,市场由卖方市场向买方市场转变,产品的更新换代加快,企业的生产特点由大规模、单一品种生产,向多品种、小批量生产模式发展,以计算机技术为代表的信息技术,使企业的生产设备、生产环境、技术工艺、产品设计等发生了重大的变化。生产技术的发展使得企业的固定资产投资增加,生产的复杂化以及现代高技术的运用使得间接生产辅助作业增多,而直接生产活动相对减少,这一切使得生产的间接费用呈急剧上升的趋势。20世纪70年代以前,间接费用仅占人工成本的50%～60%,而现在很多企业的间接费用已上升为人工成本的400%～500%。以少量直接费用为基础,来分配大量的间接制造费用,必然带来成本计算的偏差。

传统成本核算是以数量为基础的,它隐含的一个假设是:产量成倍增加,所有投入的资源也会成倍增加。基于这种假定,成本计算中普遍采用产量关联基准分配。这种基准最常见的表现形态就是材料耗用额、直接工时、设备工时等。然而,现实企业中资源的消耗与产量不相关的例子比比皆是。

二、作业成本法产生的时代背景

传统成本核算方法已经不适应时代的需要,企业迫切需要新的成本核算方法,在此情况下，作业成本法（activity-based costing，ABC）应运而生。

作业成本法的基本思想最早是由美国会计学家埃里克·科勒（Eric Kohler）教授在1952年编著的《会计师词典》中，首次提出了作业、作业账户、作业会计等概念。

20世纪80年代初中期，大批西方学者开始对传统的成本会计系统进行全面的反思，适时制对成本会计和成本管理的影响成为研究的热点。从1987年至1989年春，哈佛大学罗宾·库珀（Robin Cooper）教授先后发表了四篇有关ABC的论文，并与罗伯特·卡普兰（Robert S. Kaplan）联手在《哈佛商业评论》上发表了《正确计量成本才能做出正确决策》一文，这些文献奠定了ABC的理论基础。

"传统会计往好的说是无用的，往坏的说是功能失调与具有误导作用"。以传统成本为基础的管理会计正在失去其相关性。当企业界沉醉于"80%的利润由20%的产品产生"的"80/20法则"时，罗伯特·卡普兰教授在企业应用作业成本计算系统时却惊奇地发现20%的产品（或顾客）竟然产生了225%甚至300%的利润。这表明许多产品实际上侵蚀了企业利润，是它们将企业整体利润降低到平均水平。

ABC的本质就是要确定分配间接费用的合理基础——作业，并引导管理人员将注意力集中在发生成本的原因——成本动因上，而不仅仅是关注成本结果本身；通过对作业成本的计算和有效控制来克服传统的以数量为基础的成本系统中间接费用责任不清的缺陷，使以前的许多不可控间接费用变得可控。因此，作业成本法可谓是一场真正的成本会计革命。

三、作业成本法的基本概念

作业成本法是以作业为中心，通过对作业及作业成本的确认、计量，最终计算产品成本的新型成本管理方法，它把企业成本计算深入到作业层次，对所有作业活动追踪并动态反映，为企业决策提供相对准确的成本信息。这一方法运用了一些特有概念。

（一）资源

资源是企业生产耗费的原始形态，是成本产生的源泉。企业作业活动系统所涉及的人力、物力、财力都属于资源。企业的资源包括直接人工、直接材料、间接制造费用等。

（二）作业

作业是指在一个组织为了某一目的而进行的耗费资源动作，它是作业成本计算系统中最小的成本归集单元。作业贯穿产品生产经营的全过程，从产品设计、原料采购、生产加工，直至产品的发运销售。在这一过程中，每个环节、每道工序都可以视为一项作业。常见的作业可以分为以下四类：

1. 单位作业（unit activity）

单位作业是指使单位产品受益的作业。此类作业是重复性的，每生产一单位产品就需要作业一次，所耗成本将随产品数量而变动，与产品产量成比例变动。如直接材料、直接人工等。

2. 批别作业（batch activity）

批别作业是指使一批产品受益的作业。如对每批产品的检验、机器准备、原材料处理、订单处理等。这些作业的成本与产品的批数成比例变动。

3. 产品作业（product activity）

产品作业是指使某种产品的所有单位都受益的作业。如对每一种产品编制数控规划、材料清单。这种作业的成本与产品产量及批数无关，但与产品项目成比例变动。

4. 维持性作业（sustaining activity）

维持性作业使某个机构或某个部门受益的作业，它与产品的种类和某种产品的多少无关。如车间安检人员例行检查。

不同层次的作业具有不同的成本动因。按照传统成本的处理方法：对批别作业和产品作业的成本按产品产量分配，这必然导致产品成本计算的扭曲。在多品种小批量的生产模式下，这种扭曲尤为严重。

（三）作业链

作业成本法认为，企业管理深入到作业层次后，现代企业实质上是一个为了满足顾客需要而建立的一系列有序的作业集合体，这形成了一个先后关联、由内向外的"作业链"。每完成一项作业都要消耗一定量的资源，而作业的产出又形成一定的价值，转移给下一项作业，按此逐步推移，直至把最终产品提供给企业外部的顾客。最终产品作为企业内部一系列需要的总产出，凝聚了在各项作业上形成并最终转移给顾客的价值。

（四）成本动因

成本动因亦称成本驱动因素，是指导致成本发生的因素，即成本的诱因。ABC 的核心在于把"作业量"与传统成本计算系统中的"数量"（如人工工时、机器小时）区别开来，并主张以"作业量"作为分配间接费用的基础。库珀和卡普兰认为，ABC 要把间接成本与隐藏于其后的推动力联系起来。成本动因通常以作业活动耗费的资源来进行度量，如质量检查次数、用电度数等。在作业成本法下，成本动因是成本分配的依据。成本动因又可以分为资源动因和作业动因。

1. 资源动因

资源动因是指资源被各种作业消耗的方式和原因，它反映作业中心对资源的消耗情况，是资源成本分配到作业中心的标准。例如，如果人工方面的费用主要与从事各项作业的人数相关，就可以按照人数向各作业中心（成本库）分配人工方面的费用。在这里，从事各项作业的人数，就是一个资源动因。

2. 作业动因

作业动因是指各项作业被最终产品或劳务消耗的方式和原因。它反映产品消耗作业的情况，是作业中心的成本分配到产品中的标准。例如，如果在各种产品或劳务的每份订单上所耗用的费用基本相当，就可以按照订单份数向各种产品或劳务分配订单作业成本。在这里，订单的份数就是一项作业动因。

(五) 作业中心

又称成本库，是指构成一个业务过程的相互联系的作业集合，用来汇集业务过程及其产出的成本。换言之，按照统一的作业动因，将各种资源耗费项目归结在一起，便形成作业中心。作业中心有助于企业更明晰地分析一组相关的作业，以便进行作业管理以及企业组织机构和责任中心的设计与考核。

四、作业成本法的基本原理和一般程序

(一) 作业成本法的基本原理

作业成本法关于费用的分配与归集的理论逻辑是：作业消耗资源，产品消耗作业；生产导致作业的发生，作业导致成本的发生。

与传统的成本计算方法相比，作业成本法对直接材料、直接人工等直接成本的核算并无不同，其特点主要体现在间接制造费用的核算上。传统成本计算方法与作业成本法在间接制造费用核算上的差别如图 11-1 所示。

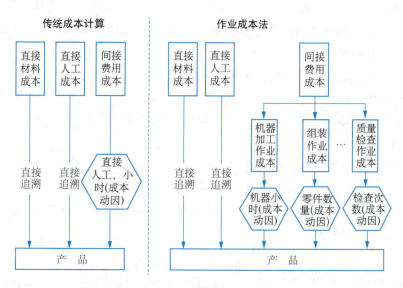

图 11-1 作业成本法与传统成本计算方法的差别

传统的制造费用分配方法的显著特点是，假设制造费用的发生完全与生产数量相联系，因而它把直接人工工时、直接人工成本、机器工时、原材料成本或主要成本作为制造费用的分配标准。

作业成本法对制造费用的核算做了根本变革。具体体现为：将制造费用由全厂统一或按部门的归集和分配，改为由若干个成本库分别进行归集和分配；增加了分配标准，由按单一标准(直接人工工时或机器工时等)分配改为按引起制造费用发生的多种

成本动因进行分配。

(二)作业成本法的一般程序

作业成本法的一般程序具体说明如下。

1. 确认相关项目

对企业生产经营过程进行详细的作业及其资源耗费分析,确认作业、主要作业和作业中心以及成本动因等项目,并在此基础上建立作业成本库。

这一步的实施是进行作业成本计算的关键。只有进行这样的分析,才能描述企业的"作业链",发现同质作业及其作业动因,从而将同质作业合并为作业中心,并按作业中心建立作业成本库;同时,也只有进行这样的分析,才能充分揭示资源被作业消耗的方式和原因,即资源动因。

2. 按资源动因分配

将各类资源价值耗费按资源动因分配到各作业成本库。在将各类资源的价值耗费向作业成本库分配的过程中,如果某项耗费可以直接认定各项作业应负担的数额,则可以进行直接分配;否则就需要以相对科学、合理的量化依据作为标准,即按照资源动因,进行计算分配。

3. 按作业动因分配

将各作业成本库归集的成本按作业动因分配计入最终产品或劳务,计算出各种产品或劳务应负担的作业成本。

在这一步中,作业动因是将作业成本库归集的成本向产品或劳务进行分配的标准。这里所体现的规则是:产出量的多少决定着作业的耗用量,而作业耗用量的多少又决定着应负担的作业成本的多少。

4. 计算成本

将各种产品发生的直接成本和作业成本加以汇总,计算各种产品的总成本和单位成本。

【实务例题11-1】 M企业202×年6月生产两种A、B两种产品,该月有关资料如表11-1、表11-2所示。

表11-1 产品产量、生产工时及生产费用

项目	A产品	B产品
产量(件)	500	600
直接人工工时(小时)	3 950	9 000
单位产品直接人工成本(元)	33	42
单位产品直接材料成本(元)	63	70
间接费用总额(元)	129 500	

表 11-2　资源项目及其金额

作业名称	作业成本发生额（单位：元）	作业动因	作业量		
			A	B	合计
机器焊接	36 000	焊接工时(小时)	300	600	900
设备调整	15 000	调整次数(次)	100	200	300
发放材料	62 500	生产批次(次)	10	15	25
质量抽检	16 000	抽检次数(次)	150	250	400
合计	129 500				

[要求]

（1）按照传统完全成本法，以直接人工工时为间接费用的分配标准，计算 A 和 B 两种产品的单位成本；

（2）按照作业成本法计算 A 和 B 两种产品的单位成本；

（3）分析两种成本计算方法下单位成本的差异原因。

[分析]

（1）间接费用分配率＝129 500/(3 950＋9 000)＝10(元/小时)

分配给 A 产品的间接费用＝3 950×10＝39 500(元)；A 产品单位成本应分配的间接费用＝39 500/500＝79(元)；A 产品单位成本＝33＋63＋79＝175(元)。

分配给 B 产品的间接费用＝9 000×10＝90 000(元)；B 产品单位成本应分配的间接费用＝90 000/600＝150(元)；B 产品单位成本＝42＋70＋150＝262(元)。

（2）作业成本法计算。计算结果如表 11-3 所示。

表 11-3　产品作业成本计算表

作业名称	作业动因分配率	A(产量 500 件)		B(产量 600 件)		作业成本
		作业量	作业成本	作业量	作业成本	
机器焊接	40(元/小时)	300(小时)	12 000	600(小时)	24 000	36 000
设备调整	50(元/次)	100(次)	5 000	200(次)	10 000	15 000
发放材料	2 500(元/次)	10(次)	25 000	15(次)	37 500	62 500
质量抽检	40(元/次)	150(次)	6 000	250(次)	10 000	16 000
合计(元)	—		48 000		81 500	129 500

A 产品单位成本应分配的间接费用＝48 000/500＝96(元)；A 产品单位成本＝33＋63＋96＝192(元)

B 产品单位成本应分配的间接费用＝81 500/600＝135.83(元)；B 产品单位成本＝42＋70＋135.83＝247.83(元)

（3）差异原因。传统成本计算法和作业成本计算法下两种产品应分配的间接费用之所以会产生差异,其原因就在于这两种方法归集和分配间接费用的方法不同。传统成本计算法下,间接费用以人工工时等产量基础分配,一般会夸大高产量的产品的成本;而在作业成本计算法下是以作业量为基础来分配间接费用,不同作业耗费选择相应的作业动因进行分配,这样可大大提高成本计算的准确性。

时间驱动作业成本法

2004年,卡普兰与安德森在《哈佛商业评论》上首次发表他们的最新成果:时间驱动作业成本法(time-driven activity-based costing,TDABC)。时间驱动作业成本法绕开了ABC中昂贵、耗时耗力并且主观的作业调查,以"时间"作为分配资源的依据。TDABC将时间引入到成本核算中并以此计算出成本动因分配率作为分配标准,需要由经验丰富的管理人员直接估计每个产品、每项业务或者每个客户所花费的资源。使用时间驱动作业法,公司只需估计两个参数:一是单位时间产能,该指标可以用总的费用除以管理层估计的实际产能得到;二是某个作业在消耗资源时所消耗的时间,即作业单位时间数量,该指标可以根据管理人员工作经验和观察得到。两个指标相乘可以得到每单位作业应分担的成本,即成本动因率,最终可以将成本分摊到各个作业中去。

(资料来源:编者根据相关资料整理)

第二节 运营作业成本管理

作业成本计算法最初只是作为一种产品成本的计算方法,其对传统成本计算方法的改进主要表现在采用多重分配标准分配制造费用方面。此后,这种方法也开始兼顾对制造费用和销售费用的分析,以及对价值链成本的分析,并将成本分析的结果应用到战略管理中,从而形成作业成本管理(activity-based costing management,ABCM)。作业成本计算和作业成本管理所提供的作业成本信息,可以帮助企业进行短期经营决策和长期战略决策,具体可以从运营作业成本管理和战略作业成本管理两个层面来考察。运营作业成本管理主要可用于流程价值分析、目标成本计算及顾客盈利能力分析等方面。

一、流程价值分析

流程价值分析关心的是作业的责任,包括动因分析、作业分析和业绩考核三个部分。该方法将作业成本计算和作业管理有机地结合起来。其基本内容包括以作业来识别资源,将作业分为增值和不增值的作业,并将作业和流程联系起来,确认流程的成本动因,计量流程的业绩,从而促进流程的持续改进。

(一) 动因分析

要管理作业,必须找出导致作业成本的原因。每项作业都有投入和产出,作业投入是为取得产出而由作业消耗的资源,而作业产出则是一项作业的结果或产品。例如,搬运材料需要有一个搬运工,而搬运到指定地方的材料数量,则是该作业的产出量,也可以称为作业动因,因为它反映了对一项作业需求的计量指标。一般来说,需要搬运的数量越多,就需要投入越多的人力和资源。不过,产出计量指标不一定是导致作业发生的根本原因,必须进一步进行动因分析,找出形成作业成本的根本原因。例如,搬运材料的起因可能是车间布局不合理造成的,改善车间布局,可减少搬运成本。

(二) 作业分析

作业分析是流程价值分析的核心,这是确认、描述和评价一个组织所执行的作业的过程。其所要解决的问题是,要完成哪些作业,由多少人完成,执行作业所需要的时间和资源,评价作业对组织的价值。为此,必须将作业区分为增值作业(如印刷厂装订工序中裁边、装订等)和非增值作业(如印刷产品出现瑕疵退换货相关作业),并分析增值内容,尽可能地优化增值作业、消除非增值作业,降低增值作业成本。

(三) 作业业绩考核

当利用作业成本计算系统,识别出流程中的不增值作业及其成本动因后,也就指明了改进业绩的方向,此时需要评价作业和流程的执行情况。必须建立业绩指标,可以是财务指标,也可以是非财务指标,以此来评价是否实现了流程的改善。

作业业绩的财务指标主要集中在增值和非增值成本上,可以提供增值和非增值报告,以及作业成本趋势报告。

非财务业绩主要集中在效率、质量和时间三个方面。效率方面的指标主要有产出材料、产出/人工小时、产出/人等指标,反映生产过程中投入和产出的关系;质量方面的指标主要有产品缺陷率、次品率、故障率等;时间方面的指标可以有按时交货率、生产周期和生产速度指标。

二、改进成本计算法

在现有产品生产阶段进行的削减现有产品或流程的成本的努力,称为改进成本计算。作业成本管理中的作业分析在改进成本计算中发挥着核心作用,主要通过以下四个方面降低成本。

1. 消除作业

通过作业分析找出非增值作业之后,就可以采取措施来消除这些作业,从而消除成本。例如,来料检验作业表面上看是保证后续产品质量所必需的,但实际上如果供应商能提供高质量原料,则该作业就不必要存在。所以,通过选择能保证高质量供应的供应商,或是愿意实施全面质量控制以保证其质量水平的供应商,就可以最终消除该作业,从而削减成本。这也从一个侧面说明了许多企业为什么要求其供应商必须提供质量认证。

2. 选择作业

企业可能采取不同的战略进而导致了不同的作业,而这些作业又造成了对资源(成本)的需求。例如不同的产品设计导致不同的作业和成本需求。在进行改进成本计算时,可以通过对现有产品和流程做进一步修订以选择成本较低的作业,从而降低成本。

3. 削减作业

削减作业即通过降低作业对资源和时间的需求来降低成本。该方法主要是针对提高增值作业的效率进行的,或者是对非增值作业所采取的一种临时性措施。例如,可以寻找降低设备调整时间的方式来提高该作业的效率从而降低成本。不同作业的效率高低不一,高度有效的作业,其改进的机会比较小;而高度无效的作业,其改进的机会很大。企业可以通过对作业效率进行排序,找出优先改进的项目。

4. 共享作业

共享作业即利用规模经济来提高增值作业的效率。一般是在不增加作业总成本的前提下提高成本动因的数量,从而降低单位成本动因的成本,减少消耗作业的产品的成本。例如在新产品设计中,采用现有产品已经使用或正在使用的零部件,可以减少对新部件或新作业的需求,从而降低成本。

三、顾客盈利能力分析

在激烈的竞争环境下,企业不仅要在产品上推陈出新以满足顾客多样化的需求,还要在营销上做大量的工作以吸引顾客、保留顾客。企业的许多作业是由顾客的需求驱动的,如促销、配送订单处理等,由于特定顾客对订货量、定制规格、要求折扣、付款方式、订货提前期、交货时间、地理位置、售后服务和技术保障的要求等存在差异,从而造成与特定顾客需求相关的费用的差异。即便企业提供的是同样的产品,不同顾客的盈利性也往往不同。

传统的成本管理只重视产品盈利能力的分析,而忽视了顾客盈利能力的分析,结果往往出现高盈利性的顾客对盈利性差的顾客进行补贴的现象,影响企业相关决策的制定和整体价值的提高。

利用作业成本管理所提供的作业和作业成本信息,可以实施顾客盈利能力分析,对顾客进行分类,并根据不同类别顾客盈利性的差异采取相应的措施。顾客盈利性是由产品或服务的收入减去相关成本决定的。收入主要取决于市场价格和企业的战略,存在高低差异。而成本则除了产品成本以外,还包括由顾客特殊服务要求所驱动的销售费用、管理费用和财务费用。提出特殊订货要求,小批量、一次性和特殊的送货要求,手工操作、必须提供存货储备和结算期较长的顾客,其服务成本往往比较高;而进行正常订货、大批量和长期订货、采用自动化生产、适时供应和结算期短或现金交易的顾客,其服务成本则低。不同的收入和服务成本,构成了四种组合。如图 11-2 所示。

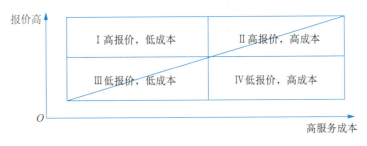

图 11-2 顾客盈利分布

只有当顾客的出价高于其特定的服务成本时(即图中斜线之上),该顾客才是有盈利的顾客;而不满足此条件的顾客,则是亏损的顾客。企业应根据不同顾客群的盈利能力,采取不同的策略。

Ⅰ类顾客报价高、成本低,属于高盈利性的顾客。这是企业主要利润提供者,但同时也是竞争对手争夺的对象。企业必须善待此类顾客,为其提供优质服务,并可考虑给予适当的折扣或是提供特别服务,以提高其对企业的忠诚度,将其发展成企业的固定客户。

Ⅱ类顾客属于存在潜力的顾客,高报价、高成本符合市场竞争的规律。只要其收入足以弥补企业的服务成本,就应当努力争取以确保市场份额。如果收入不足以弥补服务成本,则可以考虑实施作业管理,识别并削减非增值成本,或通过降低折扣或对专门服务增收附加费的方式来增加收入。

Ⅲ类顾客属于问题顾客,其报价低,但服务成本也比较低。这类顾客通常对价格变动比较敏感,企业应讲求信誉,稳定价格,保证服务,以建立和维持其忠诚度。同时除了继续削减非增值成本以外,还可以通过加强与供应商的联系,采取就近选择供应商,减少运输成本,减少物料的存储、处理成本等方式降低供应环节的成本。

Ⅳ类顾客属于亏损顾客。表面上看无利可图,但企业也可以从内外同时入手,寻求机会。除了加强流程价值分析、发现并削减非增值成本以外,还可以加强和顾客的联系,将导致高成本的原因告知顾客,以通过双方的努力改变一些不必要的要求(将临时订货改为有规律订货,减少订货次数等),从而降低成本。如果顾客不能或不愿做出配合,则可以考虑提高定价或降低折扣,以增加收入。如果上述手段都不成功,企业可能就要考虑放弃亏损的顾客。但如果该顾客属于新顾客,企业也可能把这种亏损看作是暂时性的,或是当作对新顾客的投资(促销成本)或学习成本,以求得在将来或其他方面获得回报。例如银行可能通过免收银行卡年费方式来吸纳储户存款,电信部门采取免费试用的方法以培育顾客群等。

顾客盈利能力分析是指利用作业成本信息来分析为特定顾客提供服务的作业、成本和盈利状况，据此对企业的客户群做出相应的选择和定位，从而更进一步明确企业的盈利区域，提高企业的竞争能力。

企业面对不同的客户生产和销售某种特定的产品，尽管是盈利的，但不同客户所发生的相关成本则不尽相同。如果不加具体分析地向所有的客户提供同样的产品，就有可能将从盈利客户所获得的利润用来弥补亏损客户造成的损失，由此降低了企业的盈利能力。顾客盈利能力分析就是要将不同客户的相关成本区分开来，分别计算不同客户的盈利能力，据此区分公司的盈利性客户和非盈利性客户，并以此为依据提高公司的整体盈利能力。

第三节　战略作业成本管理

战略作业成本管理是在充分认识作业成本管理与企业战略管理的差异性及互补性的基础上，将作业成本管理与竞争战略有机结合起来的一种整合型方法。战略作业成本管理使业务组合由代价高、无利润的应用转向有更多收益的应用而发挥效用，基于对作业的初步分块实施战略。战略作业成本管理主要包括以下四个方面：一是产品组合与定价；二是顾客关系；三是供应商选择与关系；四是产品设计与开发。如图 11-3 所示。

图 11-3　战略作业成本管理

一、产品组合与定价

（一）重新为产品定价

通常企业生产的产品有很大的价格调整空间，特别是在高度定制的产品上。对实施低成本战略的产品而言，可以采取作业成本法正确分摊少批量特制产品成本，使得大批量标准产品的成本下降。对于实施差异化战略的产品，随着产品多样化的增加，间接的支付性费用将会大量增加,为应付增加的多样性与复杂性,需要用作业成本法来计量增加的多样性和定制程度的成本,从而发现顾客是否愿意支付昂贵的价格来补偿产品的高昂成本。如果企业能够在不引起成本剧增的情况下使其产品和服务与众不同,这种能力就会被作业成本法所识别,企业也就不一定必须为其别具一格的特色和服务谋求溢价收益。

(二) 生产替代产品

企业可以运用现有的低成本产品替换低收益定制产品,而不采取提价策略来增加利润。当然,定价和产品替代是互补的,营销代表可让顾客在为高性能支付高价和放宽对产品细节的要求而支付低价之间做出选择,充分利用作业成本信息,营销人员可在功能、独特性和要价等方面与顾客进行交易。产品革新和多样性是具有重要价值的,企业应保证顾客从新产品中得到的价值足以抵消其所支付的产品成本。如果新产品性能不能为消费者接受,对价格敏感的消费者就会更好地从现有的产品上得到满足,同时这意味着企业实施低成本战略的必要、实施差异化战略的失误。

(三) 重新设计产品

由于高成本的产品设计,使得某些产品非常昂贵。如果没有作业成本法指导的产品设计与开发决策,工程师会忽视许多由于元件或产品的多样性与复杂程度而造成的成本。他们设计产品的功能,却不考虑新增加的独特元件、新推销员和复杂的生产流程所需的成本。通过合理的设计,降低产品的成本,而降低成本的最佳时机是在产品的首次设计时。若当设计已经完成、价格已经确定,再改变当初的决策就为时已晚。

(四) 改进生产流程

传统成本系统忽视了因缓慢的生产速度产生的大量时间成本、存货积压成本和大量搬运成本。而战略作业成本管理则考虑到长时间规划的巨额费用,明确了适时制生产方式(just in time,JIT),减少和避免成本的目标。战略作业成本管理可以通过改进技术与资本、增加培训、作好生产经营准备等方式对生产流程加以改进。

(五) 投资柔性技术

柔性生产系统(flexible manufacturing system,FMS)和其他诸如计算机辅助设计、计算机辅助管理的信息密集型生产技术的功能,以及保持高速自动化生产效率不变的同时极大地减少了实施业务的成本。这些业务包括从一种产品到另一种产品的生产更换、排定生产工序、检验产品、搬运原料以及设计产品等。只有企业开发了战略作业成本管理系统来衡量这些成本,它们才能被觉察。目前可以观察到的巨额批量成本和产品维持成本,成为用于计算机整合的生产技术新投资所要消除的主要对象。

(六) 放弃产品

企业可以采取以上多种措施将无收益的产品变为有收益的产品,如果这些措施不可行或不经济,就不得不放弃该产品。

二、正确处理与客户的关系

战略作业成本管理通过追溯与客户和分销、配送渠道有关的业务成本,正确处理与客户的关系,提高企业的收益。具体包括以下几个方面。

(一) 正确识别隐性损失客户和隐性收益客户

战略作业成本管理有助于企业成本管理人员认清那些使服务成本或高或低的特征,其中高服务成本意味着隐性损失,低服务成本意味着隐性收益。

隐性损失客户具有如下特征:订购定制产品、小额订单、不可预见订单的到达、定制交付、改变交付要求、手工处理、大量的售前支持、大量的售后支持、要求公司持有存货、付款迟缓。比较而言,隐性收益客户具有如下特征:订购标准产品、大额订单、可预见订单的到达、标准的支付、交付要求没有变化、电子化处理、几乎没有售前支持、没有售后支持、生产补给、按时付款。通过对比,企业尽量避免隐性损失,将隐性收益显性转化出来。

(二) 降低分销和零售的服务成本

服务成本定价主要发生在对超市零售供应链的销售中,与公司合作、减少分销流中无效率环节的批发商和零售商,可以以较低的价格支付公司的产品。公司可以对一些客户想要而其他客户不想要的服务索取更高的价格,实施以所有客户都享受的服务的基本标准加上对以专门要求的服务为基准的定价方式,如类别管理、单向货盘与其他的可以为零售商节省资金的选择。为使这种合作关系发挥作用,企业需要战略作业成本管理来监控产品的成本发生额和节约额。

(三) 管理无收益的客户

当前无收益的客户可能是企业较新的客户,为吸引他们也许会发生大量的费用。此外,这些客户可能会通过相对苛刻的要求,仅仅给予小部分订单来考验供应商。如果企业需要培养与这些新客户的长期关系、有收益的关系,对客户而言,战略作业成本管理所揭示的最初损失也许是对取得新客户投资的一部分,企业可以从以后年度的大批量和更有收益的业务组合中得到回报。

(四) 终止与一些客户的关系

可能有一些客户不属于以上类型中的一种,这样的客户既无收益,又不受将这种无收益的关系转变为有收益关系的影响且不是新客户,战略作业成本管理就要求终止与这些客户的关系,保护企业的价值不受到更大的损失。

三、正确处理与供应商的关系

战略作业成本管理能够帮助企业基于总成本而非只基于采购价格来选择和评估供应商,处理好与供应商的关系。

(一)实现由对抗型的供应商关系向协作型供应商关系的转变

企业与供应商的关系曾经是以一种疏远的对抗型模式,采购要求取得尽可能低的价格。主要方式有:大批量采购以获得大量折扣;从质量、可靠性和交货表现不算突出的边缘供应商那里采购;从低工资的供应商处采购;从由于对技术和系统投资不足而具有低管理费用的供应商处采购;从具有有限的工程和技术资源的供应商处采购。这些措施的确可以降低采购价格,但通常也会牺牲企业的产品质量。

20世纪70年代,部分领先的日本企业采用了协作型的供应商关系模式,这些企业选择较少数量的供应商与之建立了长期合作关系,甚至达到对关键供应商进行权益投资的程度,以使供应商参与到以降低企业材料采购总成本为目标的关系中来,便于企业内部与外部的供应商实现一体化的准时制生产模式。

(二)选择低成本而非低价格的供应商

最好的供应商是那些能够以最低总成本而非最低价格发送货物的供应商,一个理想的供应商使得一个企业能够避免由发送货物造成成本中的许多成本,包括无缺陷、使用电子数据换取、免检、准时制、直接达到制造流程、使用内部工资资源、没有发货单、使用电子资金转移支付等。通过实现战略作业成本管理,企业与供应商均能知道对方的产品设计决策是如何影响另一方的制造成本的,这种理解使得双方都能做出更好的决策来减少整个供应链的总制造成本。

(三)降低供应商支持成本

战略作业成本管理可以将作业成本法的作业等级同供应商的关系的成本联系起来。

除了采购价格本身,只有数量非常有限的采购成本是产品单位相关的。一些成本如订购、接收、检查、搬运和支付原材料联系在一起的,是批量相关的;其他成本是产品支持的,即设计和维持个别原材料和零部件的规格要求的成本。

供应商支持成本是同一个独立于所购物品的数量和种类的特定供应商联系在一起的成本,这类成本包括各方之间正在进行的关于公司产品计划的争论、送货要求和生产计划;保管关于供应商资质和绩效的文件;对供应商绩效的阶段性评估。由于供应商支持成本的存在,企业不能选择太多的供应商,以便使工作更有成效,并在较少供应商的条件下更有效率地工作。此外,建立紧密的企业与供应商的关系也可以促进企业工程技术的发展,即企业和它的供应商在相同时间进行他们各自产品的设计工作,同时工程使得任何与供应商供应的零部件相关的设计问题在设计过程中都能更早地被发现,从而使双方都能及时地对产品设计做出更多的根本性改进。

四、产品的设计与开发

由于在产品的设计与开发阶段就影响着制造成本所取得的巨大杠杆作用,实践中一般有80%的制造成本在设计与开发阶段就已经确定。因此,在产品的设计与开发阶段就充分利用战略作业成本管理是降低企业产品成本的重要环节。

(一)选择产品成本设计的业务成本驱动源

利用战略作业成本管理影响产品的设计与开发,要求在两个重要目标之间取得平衡:一是普通的作业成本计算目标,提供产品制造和服务成本的经济性相对准确的信息;二是提供产品工程师可以理解和应用于其设计决策的信息。关键在于第二个目标,其实现必须准确识别业务成本驱动源,以至于设计者在未来一段时间将不会对其丧失信任,而且足够简单以至于产品工程师可以立即理解它从而决定其取舍。

(二)强调贯彻科学的成本分摊原则

战略作业成本管理强调从战略性角度进行作业成本的计算与分摊。成本分摊原则确定了需要在设计阶段积极缩减成本的现在和未来生产的产品。在产品设计阶段,流程驱动源,如零件的数量和类型,能够相对容易地改变。流程观点确定了对未来服务的驱动源,使产品能够以较低的间接成本和支持成本被生产出来。

(三)尊重客户的建议

为使用企业产品的设计活动成本的新信息能促进客户与企业进行更多有意义的对话,企业在产品设计过程中应当尊重客户的建议。战略作业成本管理可以对设计和工程活动进行更加详细的细目分类,使得客户能够了解所有为了他们而发生的活动成本与关联成本。客户可以决定现有的所有活动是否真正有必要开展,这使得企业能够预测客户提议,改变设计成本,从源头上控制好作业成本的合理发生。

阅读材料

作业成本法之谜[①]

作业成本法(ABC)与差异分析、投资回报率和平衡计分卡一起被许多学者和从业人员视为20世纪管理会计方面最重要的创新。ABC的定义有多种解释,并且它的定义也随时间在不断地改进。目前,世界经合组织(OECD)所提供的大多数的管理会计课程,以及美国、英国、加拿大和澳大利亚的管理会计教材中都吸纳了ABC的内容。各国会计师协会也为其成员提供ABC的管理培训。

尽管使用和实施ABC方法没有问题,并且ABC早在20年前就已经存在,但是调查表明ABC的传播过程并不像人们预期的那样顺利。如果ABC有这么多的优势,为什么没有更多的公司实际上应用它呢?这就是所谓的ABC之谜(Gosselin,1997)。关于ABC之谜有许多潜在的解释。卡普兰(1986)为管理会计方法使用滞后提出了四个

---

① 资料来源:克里斯托弗·S.查普曼,安东尼·G.霍普伍德,迈克尔·D.希尔兹.管理会计研究[M].王立彦,吕长江,刘志远,等译.中国人民大学出版社,2009年版.

解释:缺乏足够的角色模型、电算化会计系统的盛行、过于重视财务会计,以及高层管理人员并不注重改进他们管理会计系统的适当性。在该文发表大概 20 年后,上述解释仍然是恰当的。肯尼迪和阿弗莱克(2001)也为 ABC 之谜提出了三种解释:ABC 也许不适合每个公司;ABC 也许并不能增加价值,而仅仅和其他真正增加价值的动因变量相关;几乎没有证据表明,使用 ABC 系统可以提高所有者权益或者公司盈利水平。

本 章 小 结

作业成本法的基本原理是:产品(成本对象)消耗作业,作业消耗资源,生产导致作业发生,作业导致成本发生。作业成本法的理论基础是成本动因理论,这种理论认为费用的分配应着眼于费用发生原因,把费用的分配与导致这些费用产生的原因联系起来,按照费用发生的原因分配。

作业成本计算和作业成本管理所提供的作业成本信息,可以帮助企业进行短期经营决策和长期战略决策,具体可以从运营作业成本管理和战略作业成本管理两个层面来考察。运营作业成本管理主要可用于流程价值分析、目标成本计算及顾客盈利能力分析等方面。战略作业成本管理使业务组合由代价高、无利润的应用转向有更多收益的应用而发挥效用,基于对作业的初步分块实施战略。战略作业成本管理主要包括以下四个方面:一是产品组合与定价;二是顾客关系;三是供应商选择与关系;四是产品设计与开发。

 简答论述

1. 分析作业成本法产生背景以及未来发展趋势。
2. 作业成本计算法与传统成本计算方法有哪些区别与联系?
3. 简述运营作业管理与战略作业成本管理的应用范围。

 不定项选择题

1. 甲公司采用作业成本法,下列选项中,属于生产维持级作业库的有(   )。
   A. 工厂安保   B. 机器加工   C. 行政管理   D. 半成品检验
2. 通常随着产量变动而正比例变动的作业属于(   )。
   A. 单位级作业   B. 批次级作业
   C. 品种级作业   D. 生产维持级作业
3. 通常难以找到合适的成本动因来将(   )作业所消耗的资源分配至产品。
   A. 直接人工   B. 车间管理   C. 质量检验   D. 机器调试

4. 甲公司是一家品牌服装生产企业,采用作业成本法核算产品成本,现正进行作业成本库设计。下列说法正确的有( )。
   A. 服装设计属于品种级作业
   B. 服装加工属于单位级作业
   C. 服装成品抽检属于批次级作业
   D. 服装工艺流程改进属于生产维持级作业
5. 根据作业成本管理原理,某制造企业的下列作业中,属于增值作业的是( )。
   A. 次品返工作业   B. 产品检验作业
   C. 产品运输作业   D. 零件组装作业

参考答案

1. AC 2. A 3. B 4. ABC 5. D

第5题解析:次品返工作业属于重复作业,在其之前的加工作业本就应提供符合标准的产品,因此属于非增值作业;产品检验作业只能验证产品是否符合标准,只要产品质量过硬,该项作业完全可以消除,因此属于非增值作业;产品运输作业也不会增加顾客价值,因此属于非增值作业。

道德问题思考

要不要采用作业成本法?

公司 M 经理和 K 会计正在谈话。

M 经理:你知道,在过去三年里,我们失去了一些市场份额。我们正失去越来越多的订单,我真不明白为什么。起初我以为其他公司压价只是想得到生意,但看过他们对外公布的财务报告后,发现他们有一个合理的利润率,我觉得是我们的成本和成本计算方法有问题。

K 会计:我不这样认为,我们有很好的成本控制措施。像多数同行一样,我们采用正常的订单成本计算系统,我看不出在哪方面存在重大的浪费。

M 经理:在最近的一次行业聚会上,我和其他公司经理谈论过,我认为浪费本身并不是问题所在。他们谈论了作业管理,作业成本计算及持续改善。他们提起过采用一种叫作业动因的东西来分配制造费用。他们认为,这些新的程序可减少不增加价值的作业,提高生产效率,更好地控制制造费用,使产品成本计算更为准确。可能是这些公司找到了减少制造费用支出和提高产品成本计算的准确性,而我们的要价真的太高了。

K 会计:我不同意他们的看法。我们的许多成本是间接成本,我不知道我们还能怎样提高产品成本计算的准确性。他们所说的按照作业动因,采用一定的生产作业计量指标来分配制造费用,我估计不过是新名词罢了。成本计算的流行方法来得快,去得也快,不必如此忧虑。我敢说销售量的下降只是暂时的,过段时间之后,我们应该可以恢复正常。

要求：
1. 你是否赞同 K 会计的观点？说明原因。
2. M 经理的行为是否有不对或不道德之处？说明你的理由。

 创新创业案例

A、B 产品定价是否合理？

双创公司是一家制造生产企业，生产 A、B 两种产品。生产车间有两台设备，其中，一台属于高端智能制造设备，另一台属于手工加工设备。A、B 产品均需先后经过智能制造和手工加工两道作业工序方可完成。A 产品主要由智能制造设备完成，B 产品主要由手工加工设备完成。直接材料均在开工时一次性投入。公司现采用传统成本计算法计算成本，直接材料、直接人工直接计入产品成本，制造费用先按车间归集，再按直接人工工资比例分配进入产品成本。已知 A、B 产品两种产品的单位成本分别为 875 元、4 000 元，单位价格分别为 1 000 元、3 600 元。2019 年 9 月生产成本相关资料如下。

（1）本月生产量（单位：件）

	月初在产品	本月投产	本月完工	月末在产品
A 产品	0	120	80	40
B 产品	0	100	50	50

（2）传统成本计算法下 A、B 产品成本计算单

A 产品成本计算单　　　　　　　　　　　　　单位：元

项　目	直接材料	直接人工	制造费用	合计
月初在产品成本	0	0	0	0
本月生产费用	15 000	12 500	62 500	90 000
合计	15 000	12 500	62 500	90 000
完工产品成本（80 件）	10 000	10 000	50 000	70 000
单位成本	125	125	625	875
月末在产品成本（40 件）	5 000	2 500	12 500	20 000

B 产品成本计算单　　　　　　　　　　　　　单位：元

项　目	直接材料	直接人工	制造费用	合计
月初在产品成本	0	0	0	0
本月生产费用	40 000	45 000	225 000	310 000

(续表)

项目	直接材料	直接人工	制造费用	合计
合计	40 000	45 000	225 000	310 000
完工产品成本(50件)	20 000	30 000	150 000	200 000
单位成本	400	600	3 000	4 000
月末在产品成本(50件)	20 000	15 000	75 000	110 000

目前,A产品供不应求,B产品滞销。销售经理建议A产品提价,B产品降价,以提高公司获利能力。生产经理认为制造费用大部分由智能制造设备引起,按直接人工工资比例分配导致A、B产品成本计算不准确,应采用作业成本法对制造费用分配进行优化,从而为调价提供可靠的成本数据。公司财务部门和生产技术部门对生产过程进行了分析,识别出三项作业,分别是设备检修作业、智能制造作业和手工加工作业。设备检修作业负责对智能制造设备、手工加工设备进行检修,作业动因是检修次数;智能制造作业的作业动因是机器工时;手工加工作业的作业动因是人工工时。直接人工成本不再单列成本项目,被归入相应作业库。相关资料如下。

(1) 月末在产品

A在产品40件,全部处于智能制造阶段,尚未进入手工加工阶段,平均完成智能制造作业的50%;B在产品50件,智能制造作业全部完成,手工加工作业平均完成60%。

(2) 作业成本

作业成本库	作业成本(元)	作业动因	作业量		
			智能制造作业	手工加工作业	合计
机器检修作业	72 000	检修次数(次)	5	1	6
			A产品	B产品	合计
智能制造作业	53 000	机器工时(小时)	350	150	500
手工加工作业	220 000	人工工时(小时)	20	230	250
合计	345 000		—	—	—

要求:

(1) 编制作业成本分配表,结果填入下方表格中。

作业名称	分配率	作业成本	
		智能制造作业	手工加工作业
设备检修作业			
—	—	A产品	B产品
智能制造作业			
手工加工作业			

（2）编制 A、B 产品成本计算单,结果填入下方表格中。

A 产品成本计算单 单位:元

项 目	直接材料	作业成本		合计
		智能制造作业	手工加工作业	
月初在产品成本				
本月生产费用				
合计				
单位成本				
完工产品成本				
月末在产品成本				

B 产品成本计算单 单位:元

项 目	直接材料	作业成本		合计
		智能制造作业	手工加工作业	
月初在产品成本				
本月生产费用				
合计				
单位成本				
完工产品成本				
月末在产品成本				

（3）根据作业成本法计算的单位产品成本,判断 A、B 产品目前定价是否合理,并简要说明理由。

第十二章 标准成本管理

思政导语

马克思指出,商品价格由社会必要劳动时间决定,并受供求关系影响。在社会平均劳动熟练程度和劳动强度下,制造某种使用价值所需要的社会必要劳动时间是计算标准成本的重要依据,因此,抛开劳动价值理论,舍弃社会必要劳动时间、剩余价值等概念工具来计算标准成本、制定价格策略,在此基础上分析实际成本与标准成本的数量差异、价格差异及其成因,只具有相对的参照意义而不具有绝对的科学精神。

学习目标

- 理解标准成本法的基本原理
- 掌握各种成本差异的计算
- 掌握成本差异因素分析方法

B食品公司的标准成本系统

每当新一年的年初,B食品公司董事长R都要回顾一下去年的成绩。她高兴地审核了利润表:营业收入比去年有显著的增加,营业成本减少。R坚信这些改进很大程度上归因于去年标准成本系统的构建。

在去年的这个时候,R也是在审核上一年的业绩,但是她却高兴不起来。销售额不断下滑;成本似乎失去了控制;质量管理一直不到位。由于脆玉米片短斤少两,州政府计量部门对B食品公司进行了处罚。R找到公司的会计主管T,认为需要进行更严格的成本以及质量控制,T肯定了这一看法,他认为标准成本系统在解决这些问题方面大有裨益。标准成本系统可以确定材料、人工以及间接制造费用方面的价格标准和数量标准，然后就可以建立每单位产品的材料、人工以及间接制造费用的预算成本。T 指出，在玉米片装袋的重量标准问题上，标准成本系统可以给出早期预警。生产部门的管理者有责任实现公司制定的标准。R 认同标准成本系统将会是一个有用的成本控制工具，并且向 T 提出为脆玉米片产品系列建立一个试点性的标准成本系统。

一年后，R 看到了标准成本系统带来的改进。包装袋缺斤短两的问题从根本上得到了解决，公司交纳的罚款大幅下降。另外，新的价格标准和用量标准在制定下一年预算方面也可以助一臂之力，脆玉米片产品经理对此感到非常高兴。其他业务经理也发现了标准成本系统的好处，希望也可以为他们的产品建立标准成本系统。R 做了记录，要求 T 同其他部门经理将标准成本系统的应用扩大到所有的产品。

第一节　标准成本法概述

一、标准成本法相关概念

标准成本法，又称标准成本会计，是指以预先制定的标准成本为基础，用标准成本与实际成本进行比较，核算和分析成本差异的一种产品成本计算方法，也是加强成本控制、评价经济业绩的一种成本控制制度。标准成本法的核心是按标准成本记录和反映产品成本的形成过程和结果，并借以实现对成本的管理控制。

本章"标准成本"一词有多种应用情形：

一种是指"单位产品的标准成本"，又称为"成本标准"。它是根据产品的标准消耗量和标准单价计算出来的，即单位产品标准成本＝单位产品标准消耗量×标准单价。

另一种是指"实际产量的标准成本"，它是根据实际产品产量和成本标准计算出来的，即标准成本＝实际产量×单位产品标准成本。

还有一种是指"计划产量的标准成本"，它是根据计划（预算）产量和成本标准计算出来的，即标准成本＝计划产量×单位产品标准成本。

标准成本法的主要内容包括标准成本的制定、成本差异的计算和分析、成本差异的账务处理三项主要内容。其中标准成本的制定是采用标准成本法的前提和关键，据此可以达到成本事前控制的目的；成本差异计算和分析是标准成本法的重点，借此可以促成成本控制目标的实现，并据以进行经济业绩考评。

二、标准成本法产生背景

标准成本是早期管理会计的主要支柱之一。美国工业在南北战争以后有很大的发展，许多工厂发展成为生产多种产品的大企业。但是由于企业管理落后，劳动生产率较低,许多工厂的产量大大低于额定生产能力。为了改进管理,一些工程技术人员和管理者进行了各种试验,他们努力把科学技术的最新成就应用于生产管理,大大提高了劳动生产率,并因此而形成了一套科学管理制度。

为了提高工人的劳动生产率,他们首先改革了工资制度和成本计算方法,以预先设定的科学标准为基础,发展奖励计件工资制度,采用标准人工成本的概念。在此之后,又把标准人工成本概念引申到标准材料成本和标准制造费用等。最初的标准成本是独立于会计系统之外的一种计算工作。1919年美国全国成本会计师协会成立,对推广标准成本曾起了很大的作用。1920—1930年,美国会计学界经过长期争论,才把标准成本纳入了会计系统,从此出现了真正的标准成本会计制度。

三、标准成本的种类

根据不同的分类标准,标准成本有不同种类。按照制定标准成本所依据的生产技术和经营水平分类,分为理想标准成本、基本标准成本和现实标准成本。

理想标准成本(ideal standard cost),是现有生产条件所能达到的最优水平的成本,这种成本难于实际运用。

基本标准成本(basic standard cost),是根据正常的工作效率、正常的生产能力利用程度和正常价格等条件制定的标准成本,它一般只用来估计未来的成本变动趋势。

现实标准成本(currently attainable standard cost),是根据适用期合理的耗费量、合理的耗费价格和生产能力可能利用程度等条件制定的切合适用期实际情况的一种标准成本,标准成本法一般采用这种标准成本。

四、标准成本法的适用性

标准成本法适用于产品品种较少的大批量生产企业,而单件、批量小和试制性生产的企业比较少用。

标准成本法可以简化存货核算的工作量,对于存货品种变动不大的企业尤为适用。

标准成本法关键在于标准成本的制定,标准成本制定的合理性、切实可行性,要求有高水平的技术人员和健全的管理制度。

标准成本法适用于标准管理水平较高而且产品的成本标准比较准确、稳定的企业。我国工业企业的产品成本不能采用标准成本法计算;如果平时按标准成本计算,月末必须调整为实际成本。

第二节　标准成本的制定

产品成本一般由直接材料、直接人工和制造费用三个成本项目构成,制定标准成本通常先确定直接材料和直接人工的标准成本,其次制定制造费用的标准成本,最后制定单位产品的标准成本。无论是哪一个成本项目,都需要分别确定其数量标准和价格标准,两者相乘后得到成本标准,即:

$$标准成本 = 数量标准 \times 价格标准$$

数量标准主要由工程技术人员研究确定,价格标准主要由会计人员与采购、人力资源等部门人员共同研究确定。

一、直接材料成本标准成本的制定

直接材料成本是指直接用于产品生产的材料成本,包括标准用量和标准单位成本两方面。材料标准用量,首先要根据产品的图纸等技术文件进行产品研究,列出所需的各种材料以及可能的代用材料,并要说明这些材料的种类、质量以及库存情况;其次通过对过去用料经验的记录进行分析,采用其平均值,或最高与最低值的平均数,或最节省的数量,或通过实际测定,或技术分析等数据,科学地制订用量标准。

二、直接人工成本标准成本的制定

直接人工成本是指直接用于产品生产的人工成本。在制订产品直接人工成本标准时,首先要对产品生产过程加以研究,研究有哪些工艺,有哪些作业或操作、工序等。其次要对企业的工资支付形式、制度进行研究,以便结合实际情况来制订标准。

三、制造费用标准成本的制定

根据成本性态分析方法,制造费用可以分为变动制造费用和固定制造费用两类,制造费用标准成本也应针对这两类分别制定。这两类标准成本都是按标准用量和标准分配率的乘积计算,标准用量一般都采用工时表示。其中:

变动制造费用标准分配率＝变动制造费用预算总数/直接人工标准总工时
固定制造费用标准分配率＝固定制造费用预算总数/直接人工标准总工时

四、标准成本单

上述标准成本的制订,可以通过编制标准成本单来进行。

在制定标准成本时,其中每一个项目的标准成本均应分为用量标准和价格标准。其中,用量标准包括单位产品消耗量、单位产品人工小时等,价格标准包括原材料单价、小时工资率、小时制造费用分配率等。具体如下:

(1)直接材料标准成本=单位产品的用量标准×材料的标准单价

(2)直接工资标准成本=单位产品的标准工时×小时标准工资率

(3)变动制造费用标准成本=单位产品直接人工标准工时×每小时变动制造费用的标准分配率

(4)固定制造费用标准成本=单位产品直接人工标准工时×每小时固定制造费用的标准分配率

产品标准成本单如表12-1所示。

表12-1 某产品标准成本单

成本项目	用量标准(单位)	价格标准(元/单位)	单位标准成本(元)
直接材料	5	2	10
直接人工	4	6 000/2 000=3	12
变动制造费用	3	5 000/2 000=2.5	7.5
固定制造费用	2	4 000/2 000=2	4
单位标准成本	—	—	33.5

第三节 成本差异计算与分析

一、成本差异分析的基本模型

成本差异(cost variance,CV)是指产品实际成本(actual cost,AC)与标准成本(standard cost,SC)之间的差额。由于标准成本是根据标准数量(standard quantity,SQ)和标准价格(standard price,SP)计算得到,而实际成本是根据实际数量和实际价格计算的,因此,根据差异形成因素,成本差异可分为数量差异(quantity variance,QV)、价格差异(price variance,PV)以及共同引致的混合差异(mutual variance,

MV)。如图 12-1 所示。

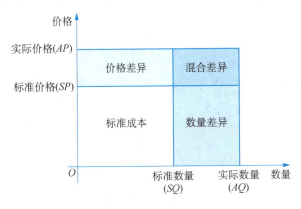

图 12-1 成本差异分解

设实际数量（AQ）和标准数量（SQ）的差额为 ΔQ，实际价格（AP）和标准价格（SP）的差额为 ΔP，结合图 12-1 所示，根据定义有：

$$\begin{aligned}成本差异(CV) &= 实际成本(AC) - 标准成本(SC) \\ &= 实际数量 \times 实际价格 - 标准数量 \times 标准价格 \\ &= AQ \times AP - SQ \times SP\end{aligned}$$

$$\begin{aligned}纯价格差异(PV) &= (实际价格 - 标准价格) \times 标准数量 \\ &= (AP - SP) \times SQ = \Delta P \times SQ\end{aligned}$$

$$\begin{aligned}纯数量差异(QV) &= (实际数量 - 标准数量) \times 标准价格 \\ &= (AQ - SQ) \times SP = \Delta Q \times SP\end{aligned}$$

$$\begin{aligned}混合差异(MV) &= (实际价格 - 标准价格) \times (实际数量 - 标准数量) \\ &= (AP - SP) \times (AQ - SQ) = \Delta P \times \Delta Q\end{aligned}$$

现实中，价格变化往往是引致成本变化的首要因素，在成本差异计算中常将混合差异归为价格差异一起计算，即：

$$\begin{aligned}价格差异 &= 单纯的价格差异(PV) + 混合差异(MV) \\ &= (实际价格 - 标准价格) \times 实际数量 \\ &= (AP - SP) \times AQ = \Delta P \times AQ\end{aligned}$$

本教材对不同成本项目价格差异的计算与分析均采用这一做法。由此成本差异的一般模式如图 12-2 所示。

如果实际成本小于标准成本，两者所形成的差异称为有利差异（favorable variance，FV），亦称为顺差；如果实际成本大于标准成本，两者所形成的差异称为不利差异（unfavorable variance，UV），亦称为逆差。

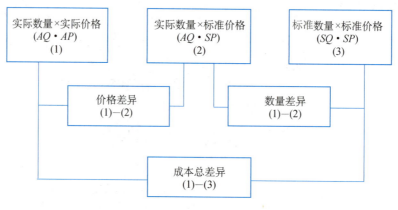

图 12-2 成本差异

二、成本差异的计算与分析

标准成本差异可以根据成本项目进一步分为直接材料差异、直接人工差异、变动制造费用差异和固定制造费用差异四大类别。具体如图 12-3 所示。

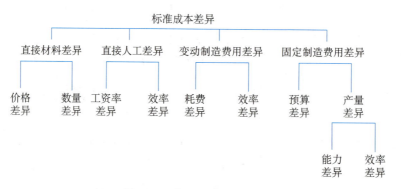

图 12-3 标准成本差异类别

(一) 直接材料差异的计算与分析

直接材料成本差异是指直接材料实际成本与标准成本之间的差额,该项差异形成的基本原因有两个:一个是材料价格脱离标准(价格差异),另一个是材料用量脱离标准(数量差异)。有关计算公式如下:

材料成本差异 = 材料价格差异 + 材料数量差异

材料价格差异 = 实际数量 × (实际价格 − 标准价格)

材料数量差异 = (实际数量 − 标准数量) × 标准价格

直接材料的价格差异(material price variance)是在采购过程中形成的,采购部门未能按标准价格进货的原因主要有:供应厂家价格变动、未按经济采购批量进货、紧急订货、采购时舍近求远使运费和途耗增加、不经济的运输方式、违反合同被罚款、额外采购等。

直接材料的数量差异(material usage variance)是在材料耗用过程中形成的,形成的具体原因有:操作疏忽造成废品和废料增加、工人用料不精心、操作技术改进而节省材料、新工人上岗造成多用料、机器或工具不适用造成用料增加等。有时材料耗用超标并非完全是生产部门的责任,如购入材料质量低劣、规格不符也会使材料耗用超过标准;又如加工艺变更、检验过严也会使数量差异加大。

【实务例题 12-1】 M企业本月生产产品400件,使用材料2 500千克,材料单价为0.55元/千克;直接材料的单位产品标准成本为3元,即每件产品耗用6千克直接材料,每千克材料的标准价格为0.5元。要求计算材料成本差异。

[分析] 直接材料成本差异＝实际成本－标准成本＝2 500×0.55－400×6×0.5＝175(元)

$$直接材料价格差异＝(0.55－0.5)×2 500＝125(元)$$

$$直接材料数量差异＝(2 500－400×6)×0.5＝50(元)$$

$$直接材料成本差异＝价格差异＋数量差异＝125＋50＝175(元)$$

(二) 直接人工成本差异计算与分析

直接人工成本差异是指直接人工实际成本与标准成本之间的差额。它也可区分为价格差异和数量差异两部分,价格差异是指实际工资率脱离标准工资率,其差额按实际工时计算确定的金额,又称为人工工资率差异(labor rate variance)。数量差异是指实际工时脱离标准工时,其差额按标准工资率计算确定的金额,又称人工效率差异(labor efficiency variance)。有关计算公式如下:

$$直接人工成本差异＝工资率差异＋人工效率差异$$

$$人工工资率差异＝(实际工资率－标准工资率)×实际工时$$

$$人工效率差异＝(实际工时－标准工时)×标准工资率$$

人工工资率差异形成的原因,包括直接生产工人升级或降级使用、奖励制度未产生实效、工资率调整、加班或使用临时工、出勤率变化等。

直接人工效率差异形成的原因,包括工作环境不良、工人经验不足、劳动情绪不佳、新工人上岗太多、机器或工具选用不当、设备故障较多、作业计划安排不当、产量太少无法发挥批量节约优势等。

【实务例题 12-2】 M企业本月生产产品400件,实际使用工时890小时,支付工资4 539元;直接人工的标准成本为10元/件,即每件产品标准工时为2小时,标准工资率为5元/小时。要求计算直接人工成本差异。

[分析] 人工成本差异＝实际人工成本－标准人工成本＝4 539－400×10＝539(元)

$$工资率差异＝(4 539/890－5)×890＝89(元)$$

$$人工效率差异＝(890－400×2)×5＝450(元)$$

人工成本差异＝工资率差异＋人工效率差异＝89＋450＝539(元)

(三) 制造费用差异的计算与分析

1. 变动制造费用差异的计算与分析

变动制造费用的差异，是指实际变动制造费用与标准变动制造费用之间的差额。它也可区分为价格差异和数量差异两部分，价格差异是指变动制造费用的实际小时分配率脱离标准，按实际工时计算的金额，习惯上亦称为耗费差异(variable overhead spending variance)。数量差异是指实际工时脱离标准工时，按标准的小时费用率计算确定的金额，习惯上亦称为变动费用效率差异(variable overhead efficiency variance)。有关计算公式如下：

变动费用成本差异＝变动费用耗费差异＋变动费用效率差异

变动费用耗费差异＝(变动费用实际分配率－变动费用标准分配率)×实际工时

变动费用效率差异＝(实际工时－标准工时)×变动费用标准分配率

变动制造费用耗费差异是实际支出与按实际工时和标准费率计算的预算数之间的差额。耗费差异是生产部门经理的责任，他们有责任将变动制造费用控制在弹性预算限额之内。

变动制造费用效率差异是由于实际工时脱离了标准工时，因此其形成原因与直接人工效率差异大体相同。

[实务例题12-3] M企业本月实际产量400件，使用工时890小时，实际发生变动制造费用1 958元；变动制造费用标准成本为4元/件，即每件产品标准工时为2小时，标准的变动制造费用分配率为2元/小时。

[分析] 变动制造费用成本差异＝实际变动制造费用－标准变动制造费用
　　　　　　　　　　　　　　＝1 958－400×4＝358(元)
　　　　变动制造费用耗费差异＝(1 958/890－2)×890＝178(元)
　　　　变动制造费用效率差异＝(890－400×2)×2＝180(元)
　　　　变动制造费用成本差异＝变动制造费用耗费差异＋变动制造费用效率差异
　　　　　　　　　　　　　　＝178＋180＝358(元)

2. 固定制造费用差异的计算与分析

固定制造费用成本差异是实际固定制造费用与标准固定制造费用之间的差异。其计算公式为：

固定制造费用差异＝实际固定制造费用－实际产量标准固定制造费用
　　　　　　　　＝实际固定制造费用－实际产量×标准工时
　　　　　　　　　×单位产量标准工时固定制造费用

固定制造费用差异计算主要以实际产量为基础，由于固定制造费用相对固定，一般不受产量变动影响。但产量变动会对单位产品成本中的固定制造费用产生影响，即产量增加时,单位产品应负担的固定制造费用会减少;产量减少时,单位产品应负担的固定制造费用会增加。换言之,实际产量与计划产量的差异会对单位产品应负担的固定制造费用产生影响。正因为如此,固定制造费用差异分析方法与其他项目成本差异的分析方法有所不同,通常有两因素分析法和三因素分析法。

(一) 两因素分析法

该方法将固定制造费用差异分为固定制造费用预算差异和固定制造费用产量差异。前者是指固定制造费用的实际发生数和预算数之间的差异,也称为耗费差异(fixed overhead spending variance);后者是指在固定制造费用预算不变(即单位产量标准工时的固定制造费用不变)情况下,由于实际产量和预算产量(计划产量)不同引起的差异,也称为能量差异(fixed overhead volume variance)。有关计算公式如下:

固定制造费用预算差异＝固定制造费用实际数 － 固定制造费用预算数
　　　　　　　　　　＝固定制造费用实际数 － 预算工时 × 固定制造费用标准分配率
固定制造费用产量差异＝固定制造费用预算数 － 固定制造费用标准成本
　　　　　　　　　　＝(预算工时 － 实际工时) × 固定制造费用标准分配率

(二) 三因素分析法

在两因素分析法中,计算产量差异使用的是标准工时,如果预算产量标准工时与实际产量标准工时一致时,则产量差异为零。但是,生产能力实际利用情况更取决于实际工时而非标准工时,实际工时既可能与预算工时存在差异,又可能与标准工时存在差异;前者属于能力大小问题,后者属于效率高低问题。因此,固定制造费用产量差异可进一步分为能力差异和效率差异,由此构成三因素分析法。

三因素分析法是将固定制造费用的差异分为预算差异、闲置能量差异和效率差异三部分。预算差异的计算与两因素分析法相同,不同的是将两因素分析法中的"产量差异"进一步分解为两部分:一部分是预算工时与实际工时不同而形成的能力差异(也称为闲置能量差异);另一部分是实际工时脱离标准工时而形成的效率差异。有关计算公式如下:

预算差异＝固定制造费用实际数 － 固定制造费用预算数
　　　　＝固定制造费用实际数 － 预算工时 × 固定制造费用标准分配率
能力差异＝固定制造费用预算 － 实际工时 × 固定制造费用标准分配率
　　　　＝(预算工时 － 实际工时) × 固定制造费用标准分配率
效率差异＝(实际工时 － 标准工时) × 固定制造费用标准分配率

采用三因素分析法能够更好地说明生产能力利用程度和生产效率高低所导致的成本差异情况,并且有利于分清责任:能力差异的责任一般在于管理部门,而效率差异的责任在于生产部门。

综上,固定制造费用成本差异概括如图12-4所示。

$$\left.\begin{array}{l}\left.\begin{array}{l}\text{(1) 实际工时×实际分配率}\\\text{(2) 预算工时×标准分配率}\\\text{(3) 实际工时×标准分配率}\\\text{(4) 标准工时×标准分配率}\end{array}\right\}\begin{array}{l}\text{(1)}-\text{(2)固定制造费用预算差异}\\\text{(2)}-\text{(3)固定制造费用能力差异}\\\text{(3)}-\text{(4)固定制造费用效率差异}\end{array}\end{array}\right\}\text{(1)}-\text{(4)固定制造费用总差异}$$

图 12-4　固定制造费用差异

【实务例题 12-4】 M 企业本月份固定制造费用预算总额为 50 000 元。生产 A 产品的每件标准工时 4 小时,月生产能力为 2 500 件,预计应完成机器工时 10 000 小时。本月实际生产 A 产品 2 400 件,实际耗用 9 640 机器小时,实际发生的固定制造费用为 49 500 元。要求计算相关差异及总差异计算。

两因素分析法

(1) 预算差异 = 49 500 − 50 000 = −500(元)(有利差异)

(2) 产量差异 = 50 000 − 2 400 × 4 × (50 000 ÷ 10 000) = +2 000(元)(不利差异)

(3) 总差异 = −500 + 2 000 = +1 500(元)(不利差异)

三因素分析法

(1) 预算差异 = 49 500 − 50 000 = −500(元)(有利差异)

(2) 能力差异 = 50 000 − 9 640 × (50 000 ÷ 10 000) = +1 800(元)(不利差异)

(3) 效率差异 = (9 640 − 2 400 × 4) × (50 000 ÷ 10 000) = +200(元)(不利差异)

(4) 总差异 = −500 + 200 + 1 800 = +1 500(元)(不利差异)

由于固定制造费用是由许多明细项目组成的,而上面所计算的差异反映的是总差异,不便于对每个项目进行控制和考核。因此必须根据固定制造费用项目的静态预算与实际发生数进行对比,进一步分析差异发生的原因,分别视具体情况采取相应的措施。

直接材料成本差异、直接人工成本差异以及制造费用差异项目汇总如表 12-2 所示。

表 12-2　成本差异项目汇总表

		总差异	价格差异	用量差异
		直接材料成本差异	直接材料价格差异	直接材料数量差异
		直接人工成本差异	直接人工工资率差异	直接人工效率差异
制造费用差异	变动制造费用差异	变动制造费用耗费差异	变动制造费用效率差异	
	固定制造费用差异	固定制造费用耗费差异	固定制造费用能量差异	闲置能量差异
				效率差异

第四节 标准成本法的账务处理

一、标准成本法账务处理的特点

为了同时提供标准成本、成本差异和实际成本三项成本资料,标准成本法账务处理具有以下特点:

(一)"原材料""生产成本"和"产成品"账户登记标准成本

无论是借方和贷方均登记实际数量的标准成本,其余额亦反映这些资产的标准成本。

(二)设置成本差异账户分别记录各种成本差异

在需要登记"原材料""生产成本"和"产成品"账户时,应将实际成本分离为标准成本和有关的成本差异,标准成本数据记入"原材料""生产成本"和"产成品"账户,而有关的差异分别记入各成本差异账户。各差异账户借方登记超支差异,贷方登记节约差异。

二、成本差异处理方法

各成本差异账户的累计发生额,反映了本期成本控制的业绩。成本差异的处理方法选择要考虑许多因素,包括差异类型(材料、人工或制造费用)、差异大小、差异原因、差异时间(如季节性变动引起的非常性差异)等。会计期末对成本差异的处理方法通常有两种:

(一)结转本期损益法

按照这种方法,在会计期末将所有差异转入"本年利润"账户,或者先将差异转入"主营业务成本"账户,再随同已销产品的标准成本一起转至"本年利润"账户。采用这种方法的依据是确信标准成本是真正的正常成本,成本差异是不正常的低效率和浪费造成的,应当直接体现在本期损益之中,使利润能体现本期工作成绩的好坏。此外,这种方法的账务处理比较简便。但是,如果差异数额较大或者标准成本制订得不符合实际的正常水平,则不仅使存货成本严重脱离实际成本,而且会歪曲本期经营成果,因此,在成本差异数额不大时采用此种方法为宜。

(二)调整销货成本与存货法

这种方法要求在会计期末将成本差异按比例分配至已销产品成本和存货成本。采用这种方法的依据是税法和会计制度均要求以实际成本反映存货成本和销货成本。本期发生的成本差异,应由存货和销货成本共同负担。当然,这种做法会增加一些计算分配的工作量。此外,有些费用计入存货成本不一定合理,例如闲置能量差异是一种损失,并不能在未来换取收益,作为资产计入存货成本明显不合理,不如作为期间费用在当期参加损益汇总。

总之,企业各种成本差异采用不同的处理方法,如材料价格差异多采用调整销货成本与存货法,闲置能量差异多采用结转本期损益法,其他差异则可视企业具体情况而定。值得强调的是,差异处理的方法要保持历史的一致性,以便使成本数据保持可比性,并防止信息使用人产生误解。

三、标准成本信息用途

(一)作为成本控制的依据

成本控制的标准有两类:一类是以历史上曾经达到的水平为依据;另一类是以应该发生的成本为依据,如各种标准成本。

(二)代替实际成本作为存货计价的依据

由于标准成本中已去除了各种不合理因素,以它为依据,进行材料在产品和产成品的计价,可使存货计价建立在更加健全的基础上。而以实际成本计价,往往同样实物形态的存货有不同的计价标准,不能反映其真实的价值。

(三)作为经营决策的成本信息

由于标准成本代表了成本要素的合理近似值,因而可以作为定价依据,并可作为本量利分析的原始数据资料,以及估算产品未来成本的依据。

(四)作为登记账簿的计价标准

使用标准成本来记录材料、在产品和销售账户,可以简化日常的账务处理和报表的编制工作。在标准成本系统中,上述账户按标准成本入账,使账务处理及时简单,减少了许多费用的分配计算。

本 章 小 结

标准成本法是指通过制定标准成本,将实际成本与其进行比较获得成本差异,并对成本差异进行因素分析,据以加强成本控制的一种控制系统。直接材料差异包括价格和用量差异;直接人工差异包括效率和工资率差异;变动制造费用差异包括效率和耗费差异;固定制造费用差异应包括耗费差异能量差异,或者耗费差异、能力利用差异和效率差异。

简答论述

1. 什么是标准成本？如何制定标准成本？
2. 什么是标准成本系统？采用标准成本系统的作用是什么？
3. 什么是数量差异？什么是价格差异？
4. 归纳成本差异的种类；与其他成本差异相比，固定制造费用成本差异有何特殊性？
5. 简述标准成本、预算成本、计划成本、定额成本等成本概念及其主要区别。

不定项选择题

1. 甲公司是制造业企业，生产W产品，生产工人每月工作22天，每天工作8小时，平均月薪13 200元，该产品的直接加工必要时间每件3小时，正常工间休息和设备调整等非生产时间每件0.2小时，正常的废品率8%，单位产品直接人工标准成本是(　　)。

   A. 244.57元　　B. 240元　　C. 259.2元　　D. 260.87元

2. 固定制造费用的能量差异，可以进一步分为(　　)。

   A. 闲置能量差异和耗费差异　　B. 闲置能量差异和效率差异
   C. 耗费差异和效率差异　　D. 以上任何两种差异

3. 在标准成本差异分析中，材料价格差异是根据实际数量与价格脱离标准的差额计算的，其中实际数量是指材料的(　　)。

   A. 采购数量　　B. 入库数量　　C. 耗用数量　　D. 领用数量

4. 甲公司生产乙产品，产能3 000件，每件产品标准工时2小时，固定制造费用标准分配率10元/小时。本月实际产量2 900件，实际工时5 858小时，实际发生固定制造费用66 000元。采用三因素分析法分析固定制造费用差异，闲置能量差异是(　　)。

   A. 不利差异1 420元　　B. 不利差异580元
   C. 不利差异6 000元　　D. 不利差异8 000元

5. 下列成本差异中，通常不属于生产部门责任的是(　　)。

   A. 直接材料价格差异　　B. 直接人工工资率差异
   C. 直接人工效率差异　　D. 变动制造费用效率差异

参考答案

1. D　2. B　3. C　4. A　5. AB

第1题简析：价格标准=13 200/(22×8)；用量标准=(3+0.2)/(1-8%)；单位产

品直接人工标准成本=[13 200/(22×8)]×[(3+0.2)/(1-8%)]=260.87(元)。

第4题简析:固定制造费用闲置能量差异=(生产能量-实际工时)×固定制造费用标准分配率=(产能×单位标准工时-实际工时)×固定制造费用标准分配率=(3 000×2-5 858)×10=1 420(元),为不利差异。

 道德问题思考

元件新供应商的选择

双创公司P采购员正在考虑从一家新供应商采购元件的方案。元件购买价为每单位0.9元,与标准价格1.10元相比是合算的。P采购员知道,假如能采购到足够数量,那么,有利的价格差异可以抵补另一种元件的不利差异。抵补不利差异后,P采购员的总体业绩报告将会令公司满意,这有助于获得丰厚的年度奖金。更重要的是,良好的业绩排名将有助于P采购员晋升高级职位,同时薪水将会有较大的提高。

然而,该元件的采购却让P采购员陷入了窘境。P采购员搜索调查了这家新供货商的信誉度及产品质量,调查结果基本上是负面的。该供应商在开始的两三次还能按时发货,以后能否按时却靠不住。更糟糕的是,元件本身还存在质量问题。与其他供应商相比,不但有瑕疵的元件数量较多,元件寿命也比正常渠道供应的短25%左右。

如果从这家新供应商购买元件,在几个月之内按时到货不会有问题。尽管使用寿命短的问题将会引起最终消费者的不满,并有可能导致销售方面的某些损失,不过这种元件至少可以使用18个月。如果一切正常的话,P采购员可望在6个月之内晋升公司主管。P采购员认为,向新的供应商采购这批元件所带来的个人风险很小,且到时即使出现什么问题,可"甩锅"给继任者。基于这种考虑,P采购员决定向新供应商购买这批元件。

要求:
1. 你赞成P采购员的决定吗?为什么?
2. 你认为会计人员的职业道德标准适用于其他职位员工吗?

 创新创业案例

标准成本差异的核算

M医院科室有两种病人:普通病人和高危病人。202×年每位患者每天的标准人工和标准材料用量是:普通病人为直接材料(主要指床单)8千克,护理人工为2工时;高危病人直接材料为20千克,护理人工为4工时。

每千克直接材料的标准价格为10元,人工的标准工资率为16元。间接制造费用按照直接人工工时进行分配。该院采用部门间接制造费用分配率。该科室本年度预算固定制造费用为72万元,变动制造费用为96万元。该科室202×年预计耗用24 000

护理工时。

202×年的实际业务数据如下：

(1) 日病人数：普通病人 3 500 位；高危病人 7 000 位。

(2) 直接材料采购并耗用：172 000 千克，每千克 9.50 元。其中，普通病人耗用 30 000 千克，高危病人耗用 142 000 千克；期初与期末无原材料存货。

(3) 护理人工：36 500 工时，其中普通病人耗用 7 200 工时，高危病人耗用 29 300 工时；总人工成本 580 350 元。

(4) 变动制造费用：1 215 000 元，固定制造费用：700 000 元。

要求：

1. 编制标准成本单，列示每种病人每天的单位成本。
2. 计算每种患者的材料价格差异和材料耗用差异。
3. 计算人工工资率差异和人工效率差异。
4. 计算变动间接制造费用差异和固定间接制造费用差异。
5. 假定你只知道两类病人耗用的直接材料总数和护理两种病人的直接护理工时总数，你能计算出材料耗用总差异和人工效率总差异吗？请解释原因。

第 IV 篇
业绩评价、考核与激励

第十三章 责任会计

思政导语

习近平总书记指出,企业家要带领企业战胜当前的困难,走向更辉煌的未来,就要在爱国、创新、诚信、社会责任和国际视野等方面不断提升自己,努力成为新时代构建新发展格局、建设现代化经济体系、推动高质量发展的生力军。习近平总书记还强调,企业家要做创新发展的探索者、组织者、引领者,勇于推动生产组织创新、技术创新、市场创新,重视技术研发和人力资本投入,有效调动员工创造力,努力把企业打造成为强大的创新主体。设置和优化不同责任中心职能是落实习近平总书记对企业家殷切期望的重要路径。

学习目标

- 了解公司进行分权化管理的方式与原因
- 掌握责任中心设置的类型及其绩效考评方法
- 理解内部转移价格概念及其对公司的影响
- 掌握内部转移价格定价方法

将棒球训练营作为利润中心

制造企业不是唯一进行分权管理和绩效考评的公司,服务公司也可以按照营业区域分解绩效。例如,总部在阿林顿的流浪者棒球队有个不成文的规定:将春训作为利润中心。为了下一年的赛季训练,棒球队将春训地点搬到了亚利桑那州凤凰城近郊的沙漠小镇。在亚利桑那州俱乐部赚取了 300 000 美元的利润。相比之下,之前俱乐部在佛罗里达州大致损失了 700 000 美元。

除了天气之外，在沙漠小镇训练的好处是什么？所在社区投资建成了一座 4 800 万美元的春训综合楼来吸引得克萨斯州流浪者棒球队和堪萨斯皇家队。这幢综合建筑拥有一个超过 1 万个席位的体育场和 12 个训练场。

来自美国各地和国外的棒球迷们会来到这儿，追随他们最喜爱的春训棒球队度过几个星期。当地的社区投资建造了最先进的设施。门票和场地费是主要的收入来源。该市间接的收入是旅馆和汽车租赁税收的增长。

第一节　责任会计概述

一、责任会计的概念

责任会计制度是指一种与企业分权管理相适应的现代会计管理制度，它把经济责任制和会计制度相结合，在企业内部按照各部门所承担的经济责任划分为若干个不同种类、不同层次的责任中心（responsibility center），并科学地为它们编制责任预算，对其分工负责的责任预算进行规划、核算、控制，以实现责任预算、考核和评价。

二、责任会计的起源及发展

20 世纪初，由于生产集中，资本主义市场被大企业挤占，竞争激烈，为了在市场中获得一席之地，资本家们千方百计寻找加强企业内部经营管理以及对市场情况进行科学预测的方法。在资本主义迅猛发展的势头下，美国管理学家泰勒提出并制定了科学的管理理论和方法，即"泰勒制"，以控制生产成本并提高工人的生产积极性。在泰勒制的推广应用过程中，美国的会计学者又提出了"供管理上用的会计"这一新的概念与之相适应，两者结合发展，产生了责任会计。

随着资本主义的广泛发展，20 世纪 30 年代初，发生了世界性的经济危机，引发了第二次世界大战，资本主义的生存和发展处于困境。为了从困境中脱身，企业一方面加强自身的经营管理，努力扩大自身规模，提高生产力，降低成本，以获得更大的竞争优势；另一方面努力寻求预测市场的科学方法以便做出正确的决策。此时，仅仅运用泰勒制控制成本来解决问题是远远不够的，于是企业开始出现向分权管理和控制目标利润方向发展的迹象。第二次世界大战以后，国际经济迅速恢复和发展，市场竞争日益激烈，企业的规模越来越大，其经营越来越多样化，组织结构愈发复杂，管理的层次更加繁多，分支机构分布广泛，传统的集中管理模式无法满足企业发展壮大的需要，分权管理越来越被现代的企业所接受。

所谓分权管理，即把企业的生产经营决策权根据相应的经济责任划分给企业不同层次的管理人员,使他们能够对自己职权范围内的经营管理活动及时做出有效的决策。这种管理模式可以在极大程度上激发各个层次管理人员的积极性和主动性,减少决策时的不必要程序,大大提高管理人员工作的质量和效率,提高企业迅速做出应急决策的可能性。但是,分权管理在增加企业内部各分权单位之间相互依存性的同时,也使得各个分权单位之间呈现较高的独立性,这就对企业协调各分权单位之间的关系提出了极高的要求,要避免出现分权单位片面追求自身利益而不顾企业整体利益的局面。

要想充分利用分权管理带来的好处,尽量避免其带来的弊端,企业要追求整体价值的最大化,就要从整体发展战略出发来协调和控制各分权单位的行为,以行为科学理论为指导,强化企业内部管理,即运用现代责任会计,对企业内部各责任中心的经济业务进行规划与控制。

三、责任会计的基本内容

责任会计是为了适应现代企业管理的需要而产生的一种现代管理会计制度,它通过会计信息来对企业内部各责任中心的业绩成果进行记录、控制和考核。不同企业对责任会计的具体运用可能不同,但其主要内容都表现为以下几个方面:

(一)划分责任中心,明确权责范围

企业要实行责任会计,首先要根据企业的组织结构特点,按照企业内部管理的需要以及一定的划分标准和原则,把企业划分为若干个责任中心,然后根据各责任中心的特征,为各个责任中心负责人划定权责的范围,并为他们制定量化的业绩指标,将企业经营活动的管理权和决策权划分并下放至每一负责人,使他们在被授予的权限内在管理和决策上具有独立自主性,这样也便于考核和评价他们的业绩指标完成情况。

(二)编制责任预算,确定考核标准

责任中心的责任预算类似于企业的全面预算。企业的全面预算是指企业制定的在未来一定时期内按照生产经营过程需要落实的总体目标和任务,责任预算则是将全面预算按照责任中心进行分解,将其落实到每一个责任中心,作为每一个责任中心开展经营活动、评价业绩的基本标准和主要依据。

(三)建立跟踪系统,进行反馈控制

在落实预算的过程中,每一个责任中心都要建立一个跟踪预算执行情况的系统,对各个责任中心的业务活动进行跟踪反馈,定期编制责任报告,以便将实际数和预算数进行比较,找出差异,进行差异分析,然后调整对经营活动做出的安排,保证责任中心的业绩目标得以实现,保证企业总体目标得以实现,同时为业绩考核后的奖惩提供依据。

(四)进行业绩评价,建立奖罚制度

定期编制责任中心的业绩报告,对责任中心的工作业绩进行全面的考核和评价,根据实际工作业绩,找出存在的问题,分析原因,提出改进措施,总结经验教训,提高工作水平。另外,把工作的业绩成果和利益相联系,并按照实际工作成果的好坏进行奖惩,做到功过分清、奖惩有据,充分调动各个责任中心工作人员的积极性、主动性和创造性,促使负责人相互协调、共同努力。

第二节 责任中心设置

责任中心是企业根据权限和责任的不同而划分的内部责任单位的统称。它拥有一定的管理权限,享有相应的利益并且承担相应的经济责任。设置责任中心时,企业要根据各自的具体情况,按照权责范围、业务特征及管理的需要来划分,据此可以将企业划分为成本中心、收入中心、利润中心和投资中心四种类型的责任中心。

一、成本中心(cost center)

(一)成本中心的概述

成本中心是企业内部只对成本和费用负责的责任中心,是企业中的基础责任层次。成本中心往往不产生收入,因此不对生产经营活动产生的收入、利润和投资情况进行考核,只考核以货币计量的成本,即责任成本,也就是以责任中心作为归集对象的成本费用。成本中心的范围最广泛,通常只要是企业内部有成本发生、需要对成本负责并且能实施成本控制的单位,都可称为成本中心。因此,成本中心规模有大有小,较小的成本中心可以组成较大的成本中心,较大的成本中心可以组成更大的成本中心,从而可以在企业内部形成一个逐级控制、层层负责的成本中心体系。

(二)成本中心的类别

企业内部成本或者费用产生的情况不同,对其采取的控制措施也不同。因此,可以根据成本中心控制的成本费用的特点,把成本中心划分为技术性成本中心和酌量性成本中心。

1. 技术性成本中心

技术性成本中心又称标准成本中心,是指那些生产的产品确定,并且已经明确知道生产单位产品所需要的投入量的责任中心,典型代表为一般制造业的车间、班组等。它们控制的成本对象是生产产品发生的技术性成本,投入和产出在某种程度上有紧密的联系,可以通过弹性预算进行控制。比如,生产产品使用的直接材料、直接人工等,其发生数可以通过一定的方法估算出来。

2. 酌量性成本中心

酌量性成本中心又称费用中心,它控制的成本对象是为组织生产经营活动而发生的酌量性成本,产出量不能用财务指标衡量,投入量与产出量没有确切关系,比如一般行政管理部门、研究开发部门等,其发生金额无法通过产品产出量进行估算,而是由管理人员的决策决定,可以通过加强预算总额的审批和预算的严格执行来控制酌量性成本。

二、收入中心(revenue center)

收入中心是指对销售收入负责的责任中心。随着市场经济的发展和产品销售的竞争日趋激烈,营销工作越来越重要,因此以推销产品为主要职能的责任中心将不断增多。销售部门的责任主要是对产品销售负责,所以销售部门就是收入中心。尽管销售部门也发生销售费用,但由于其主要职能是产品销售和取得收入,因此以收入来确定其责任比以利润确定其责任更为恰当。

三、利润中心(profit center)

利润中心是指企业内部对利润负责的责任中心。由于利润是由收入减去成本得到的,因此利润中心实际上既要对销售收入负责,又要对成本负责。在企业中,利润中心往往处于比较高的层次。作为企业中对收入和成本同时负责的、层次较高的责任中心,利润中心一般拥有生产经营活动的决策权,职权相对高于成本中心,其承担的责任也相对高于成本中心,且与成本中心一样,利润中心也强调控制和节约成本。不同的是,利润中心对成本的控制通常与对收入的控制同时进行,它强调成本的相对节约。利润中心可分为自然利润中心和人为利润中心两种类型。

(一) 自然利润中心

自然利润中心是指企业内部直接对外销售产品或者提供劳务从而取得收入的利润中心。这种类型的利润中心典型形式是企业分公司、分厂,它们具有生产经营决策权、材料采购权、价格制定权、产品销售权等权利。自然利润中心虽然作为企业内部的责任单位,但它具有采购、生产、销售的功能,直接面向外部市场,能够独立控制成本、取得收入。

(二) 人为利润中心

与自然利润中心不同,人为利润中心不是企业内部责任中心对企业外部销售产品或者提供劳务的行为,而是企业内部某个责任中心按照指定的合理的内部结算价格为企业内部其他责任中心提供产品和劳务取得收入、获得利润。这类利润中心的产品或者劳务主要是在企业内部转移,一般不直接与外界发生业务上的联系,比如企业的生产车间。由于成本中心也可以人为制定内部转移价格为其他责任中心提供产品和劳务,从而获得收入、产生利润,因此很多成本中心也可以转化为人为利润中心。

四、投资中心(investment center)

投资中心是既要对收入、成本、费用负责,又要对投资效果负责的责任中心。它不仅在生产经营中拥有决策权,而且能够独立地运用所掌握的资金,有构建和处置固定资产的权利,可以自主做出扩大或者缩小生产的决定。因此,投资中心既要对成本和利润负责,又要对资金的投资效果负责,在企业内部是处于最高层次的责任中心,享有最大的权利,也承担着最大的责任。投资是为了获取一定的收益,在某种程度上投资中心也可以看作是利润中心,但投资中心拥有做出投资决策的权利,而利润中心只能根据决策进行具体的经营活动,这是两者之间最大的区别。

责任中心的划分方式反映了实际的情况以及管理者可获得的信息类型。信息是管理者合理地对结果负责的关键。例如,生产部门的管理者对部门的成本而不是销售负责,这是因为生产部门的管理者不但直接控制部分成本而且了解和懂得这些成本。实际成本与预计成本之间的区别能够在这个水平上得到最好的解释。表13-1展示了这些责任中心以及经营管理这些责任中心所需要信息的类型。

表13-1 责任中心的类型和所需会计信息

	资本成本	销售	投资	其他
成本中心	×			
收入中心		×		
利润中心	×	×		
投资中心	×	×	×	×

第三节 内部转移价格

企业要实行责任会计制度,就要在企业内部划分出责任中心。各责任中心之间会涉及"商品买卖"活动,此时需要给商品制定一个"内部买卖价格",即内部转移价格(Transfer Price)。制定合理的内部转移价格是实行责任会计制度的一项重要内容,也是利润中心可以核算收入和成本的重要基础。

一、内部转移价格的概念

《管理会计应用指引第405号》对内部转移价格的定义为,企业内部分公司、分厂、车间、分部等各责任中心之间进行相互提供产品（或服务）、资金等内部交易时所采用的计价标准，也叫做内部结算价格，又被称为调拨价格。内部转移价格的制定是为了明确各责任中心的经济责任，协调责任中心之间的利益关系，便于评价和考核各责任中心的工作业绩。

二、内部转移价格的类型

企业绩效管理委员会或类似机构应根据各责任中心的性质和业务特点，分别确定适当的内部转移价格形式。内部转移价格主要包括市场价格、协商价格、双重价格和成本转移价格四种类型。

（一）市场价格

市场价格是以产品或劳务的市场价格作为内部转移价格。责任中心所提供的产品（或服务）经常外销且外销比例较大，或所提供的产品（或服务）有外部活跃市场可靠报价的，可将外销价或活跃市场报价作为内部转移价格。使用市场价格作为内部转移价格的前提条件是企业处于一个完全竞争市场，各责任中心可自由决定是否购销以及购销数量。

如果责任中心不能够确认与外部进行交易对责任中心来说更有利，那么各责任中心的产品或者劳务应该进行内部转移，即一个责任中心所需的产品或者劳务首先要从内部责任中心取得，一个责任中心生产的产品或者提供的劳务首先应该在责任中心之间进行销售，除非外部市场的价格更为有利。

产品或者劳务在企业内部的责任中心之间转移，一般不会像往企业外部销售或者购买一样需要承担包装、广告、运输等与购销有关的费用。因此，当企业的内部转移价格选择市场价格时，要对市场价格进行必要的调整，将不会发生的费用支出从中减除。

在企业内部引进市场机制，将调整的市场价格作为企业的内部转移价格，可以在企业内部创造一种竞争的氛围，促使各责任中心更加尽职尽责，加强内部经营管理，创造出更好的工作业绩。而且相较于与外部市场进行交易，内部转移可以节约因销售产生的费用，还具有可以自主控制交货时间等优点。但市场价格常常发生大的变动。因此，可能导致以市价为基础的内部转移价格难以确定。内部转移价格确定不合理会进一步导致各责任中心经营业绩的不准确。尽管市场价格有如此缺点，但以其为基础调整过后确定的内部转移价格仍然较适用于完全的自然利润中心和投资中心。

（二）协商价格

协商价格也称为议价，是指企业内部供求双方以正常的市场价格为基础，定期就转移中间产品的数量、质量和价格进行协商，并确定一个双方都愿意接受的内部转移价格。这种情况主要适用于供求双方分权程度较高，且供方存在较多闲置产能的情况。

协商价的取值范围通常较宽,一般不高于市场价,不低于变动成本。除以外销价或活跃市场报价为基础制定的内部转移价格可能随市场行情波动而较频繁变动外,其余内部转移价格应在一定期间内保持相对稳定,以保证需求方责任中心的绩效不受供给方责任中心绩效变化的影响。

使用协商价格作为企业的内部转移价格,各责任中心享有自主协商定价权,可以起到对各责任中心负责人的激励作用,同时也弥补了市场价格波动大导致的内部转移价格制定不合理的缺陷。但协商价格的制定会耗费大量的人力和时间,而且有很大的主观性,协商价格制定是否合理取决于责任中心负责人投入的精力和协商的能力,他们可能会为了自己责任中心的工作业绩而不从对企业最有利的角度考虑,从而难以做到责任中心的目标与企业整体目标相一致;若是双方协商不力还要请求上层管理单位进行裁定,这就削弱了分权管理的作用。

当产品或者劳务没有市场价格的时候,只能采取协商的方式来确定内部结算价格。这种情况下,各责任中心可进行讨价还价模拟外部市场,确定内部交易的加价标准。

(三) 双重价格

双重价格是指去企业内部责任中心进行内部交易时买卖双方分别采用不同的内部转移价格。由于制定内部转移价格主要是用来完成各责任中心的结算和绩效指标的考核,所以买卖双方所采用的转移价格不需要完全一样,因此,为了较好地满足供需双方不同的需要,促使双方在生产经营过程中充分发挥他们的主动性和积极性,可以采用双重的内部转移价格来取代单一的内部转移价格。

双重价格主要有两种形式:一种是指当产品或者劳务在企业外部的市场上具有不止一种交易价格时,供应方采用最高的市场价格,购买方采用最低的市场价格;另一种是指按照市场价格或者协商价格作为内部转移计价基础,而购买方则按照供应方的单位变动成本作为计价的基础,由内部结算中心或者会计部门对供需双方计价不同而产生的差额进行相应调整。

双重转移价格的优点在于它使得企业内部各责任中心可以相应自主地选择内部转移价格,各责任中心所采用的内部转移价格不需要完全一致,可以选择对责任中心更有利的计价标准。因此,可以更加公平合理地考核评价各责任中心的工作业绩,也可以鼓励内部交易的进行。但采用双重价格作为内部结算价格也有其固有缺陷:将双重价格作为内部结算价格,各责任中心都是选择对各自有利的内部结算价格,使得各责任中心都有较大的边际贡献,但企业整体的边际贡献却比各责任中心的边际贡献要小,造成各责任中心的效益虚增,从而放松对成本的控制,不利于企业的整体发展。

(四) 成本转移价格

成本转移价格是指以标准成本等相对稳定的成本数据为基础而制定的内部转移价格。一般适用于内部成本中心。标准成本的制定参见《管理会计应用指引第 302

号——标准成本法》。成本转移价格有多种类型，其中较为常用的有三种。

1. 标准成本

它是以产品或者劳务的标准成本作为企业内部各责任中心的内部转移成本。成本中心之间提供产品或者劳务适合采用标准成本作为结算价格，这样便于成本中心将日常经营管理和会计核算相结合，可以避免供应方成本的高低对购买方造成的影响，有助于明确双方责任，促使双方积极地寻求降低成本的方法。

2. 完全成本

它是以中间产品生产时发生的安全生产成本作为内部转移价格，利用财务信息，核算更为方便。但它的使用缺乏激励的作用，因为提供中间产品或者劳务的责任中心的业绩成果或者缺陷会随之转移到接受中间产品或者劳务的责任中心，使得接受中间产品或者劳务的责任中心承担其他责任中心的绩效成果。因此，一般而言这种方式确定的内部转移价格只适用于在各个成本中心之间相互转移产品或者劳务。

3. 变动成本

变动成本是按照产品或者劳务的变动成本作为企业内部各责任中心转移产品或者劳务的内部结算价格，适用于使用变动成本计算产品的成本中心之间产品的转移。它揭示了成本与产量之间的关系，便于对企业内部各责任中心的业绩情况进行考核，也有利于各责任中心做出经营决策。但是产品或者劳务在内部责任中心之间的结转价格不包括固定成本在其中，反映不出固定成本是如何受到劳动生产率的影响的，这在一定程度上挫伤了各责任中心提高产量的积极性。

第四节　责任中心的业绩评价与考核

企业采用分权管理，将生产经营决策的权利赋予各责任中心负责人，让他们拥有自主决定权。高级管理人员需要定期对各责任中心的工作业绩进行考核，采用财务控制的方法以监督和控制各责任中心的经营活动，保证各责任中心的目标与企业整体目标相一致。财务控制采用一些数据指标作为考核的标准，将这些标准与责任中心的实际财务数据指标相比较，找出两者之间的差异，分析差异产生的原因并据此判断是否需要采取措施加以改进，以获得更好的工作成果。

一、成本中心的业绩评价与考核

由于成本中心一般没有生产经营决策权，因此没有收入来源，只需要对可控成本负责，因此对成本中心进行业绩考核时只需要考核其责任成本，将实际责任成本与预算成本进行比较，分析两者差异产生的原因，在此基础上计算相关考核指标，对责任中心的工作业绩进行评价。

成本中心的职责比较单一,因此考核指标也比较好确定,可分为两种,一种是绝对数指标责任成本变动额,另一种是相对数指标责任成本变动率。

责任成本变动额＝实际责任成本－预算责任成本

责任成本变动率＝(责任成本变动额/预算责任成本)×100%

从上述公式可以看出,责任成本(费用)变动额为负值时,表示成本的节约;为正值时,表示成本的超支。当责任成本(费用)变动率为负值时,表示成本节约的程度;为正值时,表示成本超支的程度。

【**实务例题 13-1**】 M 企业成本中心生产一产品,计划生产 100 件,单位成本 100 元,实际生产 90 件,单位成本 90 元。据此评价该成本中心的工作业绩。

责任成本变动额＝90×90－100×100＝－1 900(元)

责任成本变动率＝－1 900/(100×100)＝－19%

此成本中心责任成本节约额为 1 900 元,责任成本节约率为 19%。

从题中可以看出,影响责任成本变动额的因素主要有两个方面:一个是所生产的产品生产数量,一个是其单位成本。分析计算可得出:

生产数量减少的成本数：(90－100)×100＝－1 000(元)

单位成本降低影响的成本数：(90－100)×90＝－900(元)

虽然该成本中心的成本节约数为 1 900 元,但有 900 元的成本节约额是因为生产数量减少,并非因对单位成本控制有效,因有效控制单位成本所节约的成本数为 1 000 元。虽然该成本中心没有完成生产计划,但有效控制了产品的单位成本,降低了单位产品的成本消耗。

二、收入中心的业绩评价与考核

(一)评价依据

对于收入中心,为了评价其工作业绩,在编制责任预算时,应首先为其确定目标销售额作为考核标准和考核依据。收入中心的职责除了将产品销售出去,还应包括及时收回货款和控制坏账。因此对收入中心的控制要做到以下三点：

一是要控制企业销售目标的实现,主要检查其分目标与企业整体销售目标是否协调一致,是否为实现其销售目标采取了切实可行的营销措施。

二是控制销售收入的货款回收,主要检查其货款的回收是否都建立有完善的控制制度,各推销人员的个人利益与货款的回收情况是否相联系。

三是控制坏账的发生,主要检查每项销售业务是否签订有销货合同,在合同中对付款的条款是否做了明确约定,与不熟悉的客户初次发生重要交易时,对客户的信用状况、付款能力等是否进行了详细的了解。

(二) 考核指标

根据收入中心的职责,对收入中心考核的指标主要有销售收入目标完成百分比、销货款回收平均天数和坏账发生率三项。

1. 销售收入目标完成百分比

销售收入目标完成百分比是将实际实现的销售收入与目标销售收入相比较,以考核销售收入的目标完成情况。其计算公式如下:

销售收入目标完成百分比 = (实际实现的销售收入 ÷ 目标销售收入) × 100%

2. 销货款回收平均天数

销货款回收平均天数是将每笔销售收入分别乘以各该货款的回收天数,加总以后除以全部销售收入,目的是考核收入中心是否及时收回销货款。其计算公式如下:

销货款回收平均天数 = $\sum$ 每笔销售收入 × 各该货款的回收天数 ÷ 全部销售收入

3. 坏账发生率

坏账发生率是将某年的坏账发生数与全部销售收入相比较。这一指标主要用于考核收入中心在履行其职责过程中所发生的失误情况,促进收入中心在销售过程中保持认真谨慎的作风。其计算公式如下。

坏账发生率 = (某年的坏账发生数 ÷ 某年的全部销售收入) × 100%

三、利润中心的业绩评价与考核

企业对内部利润中心的考核指标主要是利润,但是仅仅依靠某一个考核指标来评价一个责任中心的业绩显然是不全面的,即使利润指标具有综合性,其计算比较规范化,但是仍然需要结合一些非财务指标,比如,市场占有率、产品质量等,才能较全面地评价利润中心的工作成果。

由于成本核算的不同,利润也表现为不同的形式,评价利润中心业绩的时候通常使用边际贡献、可控边际贡献和该利润中心营业利润这三种指标。

边际贡献 = 销售收入 − 销售成本 − 变动成本

利润中心可控边际贡献 = 边际贡献 − 可控固定成本

利润中心营业利润 = 利润中心可控边际贡献 − 不可控固定成本

【实务例题 13-2】 M 企业内部一个利润中心的相关数据如表 12-2 所示。M 企业成本中心生产 A 产品,计划生产 100 件,单位成本 100 元;实际生产 90 件,单位成本 90 元。相关指标计算过程如表 13-2 所示。

表 13-2　M 企业利润中心相关数据　　　　　　　　　　　单位:元

项目	实际	计划	差异
销售收入	30 000	27 000	+3 000
变动生产成本	16 000	14 400	+1 600
变动销售成本	4 000	3 600	+400
边际贡献	10 000	9 000	+1 000
可控固定成本	−1 600	−2 000	−400
利润中心可控边际贡献	8 400	7 000	+1 400
不可控固定成本	−2 400	−3 600	−1 200
利润中心营业利润	6 000	3 400	+2 600

"阿米巴经营"将成本中心转化为利润中心

"阿米巴"(Amoeba)在拉丁语中是单个原生体的意思,是一种变形虫。变形虫最大的特性是具有极强的适应能力,能够不断地进行自我调整来适应所面临的生存环境。1959 年稻盛和夫成立京瓷公司;1984 年成立第二电信公司 KDDI。这两家公司多年来保持较高收益和持续发展,其原因就在于采取了基于牢固的经营哲学和精细的部门独立核算管理,被称为"阿米巴经营"的成功模式。

阿米巴经营模式是将整个公司分割成多个称为阿米巴的小型组织,按照小企业、小商店的方式进行独立经营。如制造部门每道工序都可成为一个阿米巴,销售部门也可按照地区或产品分割成若干个阿米巴。阿米巴经营模式成功的关键在于通过这种经营模式,明确企业发展方向,并将其传递给每个员工,让员工深刻理解阿米巴经营模式,实现全员参与经营。

阿米巴经营会计进行的独立核算,是针对一个个阿米巴单元。这些阿米巴单元,就是独立的利润中心。管理会计把生产部门作为成本中心,把每一项产品或者每一项工序的标准成本规定好,并且把实际成本和标准成本进行比较,进而实施考核;而在阿米巴经营会计中,尽量把组织单元作为利润中心,力求准确核算它们对公司的价值贡献,这样把制造部门作为利润中心,也就是通过制定比制造部门标准成本高的内部交易定价,保证一定的利润空间,由制造部门把实物产品卖给销售部门。也就是说,阿米巴经营模式把制造部门转化成了利润中心。

(资料来源:编者根据相关资料整理)

四、投资中心的业绩评价与考核

投资中心是企业内部高级的责任中心,它既能控制收入和成本,也能控制资金的投资和使用,它既要对成本和利润负责,也要对资金的有效利用负责。根据投资中心在生产经营活动上具有的这一特性,对其考核评价的内容是利润和投资的效果,考核指标主要有投资报酬率、剩余收益等。

(一) 投资报酬率

投资报酬率(return on investment,ROI),也称投资利润率、投资回报率,指的是投资中心获得的税前经营利润与营运资产之间的比率,计算公式为:

$$投资报酬率 = 税前经营利润 / 平均营运资产$$

还可分解为:

$$投资报酬率 = \frac{税前经营利润}{经营收入} \times \frac{经营收入}{平均营运资产}$$
$$= 经营利润率 \times 资产周转率$$

从投资报酬率的公式可以看出,要提高投资报酬率可以通过加大分子,或者减少分母来实现。但对于投资中心来说,减小分母比增大分子更容易,投资中心负责人可以通过减少已投资项目中投资报酬率比本投资中心的投资报酬率小、但可能比企业整体要求的投资报酬率大的项目来提高该投资中心的投资报酬率。因此投资报酬率不是一个很好的考核指标,它不利于投资中心负责人采取与企业整体利益相一致的决策。

【实务例题13-3】 M企业有甲、乙两个投资中心,其相关数据如表13-3所示。

表13-3 M企业甲、乙投资中心相关数据　　　　　　单位:元

项　目	甲投资中心	乙投资中心
税前经营利润	100 000	90 000
平均营运资产	800 000	650 000

甲投资中心投资报酬率 = 100 000/800 000 = 12.5%
乙投资中心投资报酬率 = 90 000/650 000 = 13.85%

(二) 剩余收益

剩余收益是指投资中心的息税前利润减去按企业规定的(或者预期的)最低收益率计算的投资收益后的余额,是投资中心的营业利润超过其预期最低收益的部分,计算公式为:

$$剩余收益 = 税前经营利润 - 投资额 \times 要求的最低报酬率$$

【实务例题 13-4】M 企业是一家处于成长阶段的上市公司,正在对 20×3 年的业绩进行计量和评价,有关资料如下:(1)20×3 年的销售收入为 2 500 万元,营业成本为 1 340 万元,销售及管理费用为 500 万元。(2)20×3 年的投资资本为 5 000 万元。(3)M 企业的债务资本/权益资本为 2/3,权益资本成本为 12%,税前债务资本成本为 8%。(4)M 企业适用的企业所得税税率为 25%。

[要求] 计算 M 企业的投资报酬率和剩余收益。

[分析] 息税前利润 = 2 500 − 1 340 − 500 = 660(万元)

投资报酬率 = 660/5 000 = 13.2%

加权平均资本成本率 = 2/5×8%×(1−25%)+3/5×12% = 9.6%

剩余收益 = 660 − 5 000×9.6% = 180(万元)

本 章 小 结

责任会计是在分权管理条件下,为适应经济责任制的要求,在企业内部建立若干责任中心(成本中心、收入中心、利润中心、投资中心),并对其分工负责的经济活动进行规划、控制、考核与业绩评价的一整套会计制度。即在企业内部除了正常财务核算以外,还要按照企业内部经济责任制的原则按照责任归属,确定责任单位(车间、技术、经营、管理部门)、明确责任指标(包括资金、成本费用、利润),以各责任单位为主体,按责任指标进行核算、控制、监督、实行统分结合、双层核算的会计管理制度。

 简答论述

1. 公司为什么选择分权化管理?
2. 责任中心有哪些?举例说明各责任中心的绩效衡量指标。
3. 什么是转移价格?转移价格如何影响评估指标、公司利润以及分权化决策制定?
4. 转移价格定价方法有哪些?试举例说明。

 不定项选择题

1. 某生产车间是一个标准成本中心,下列各项中可以由其决定的是( )。
   A. 生产的品种类　　　　　　　　B. 工人的工作时间
   C. 产品的生产数量　　　　　　　D. 每件产品的价格
2. 评估投资中心业绩指标,剩余收益比投资回报率更好,这是因为( )。
   A. 资产贬值时,回报并不增加

B. 只有资产的账面总价值需要计算

C. 测算资产基础带来的相关问题可被解决

D. 理想的投资决策不会被高收益部门忽视

3. 假设中间产品的外部市场不够完善,公司内部各部门享有的与中间产品有关的信息资源基本相同,那么业绩评价应采用的内部转移价格是( )。

   A. 市场价格　　　　　　　　　　B. 变动成本加固定费用转移价格

   C. 以市场为基础的协商价格　　　D. 全部成本转移价格

4. 甲车间为标准成本中心,按完全成本法进行产品成本计算,乙部门为费用中心,下列表述正确的有( )。

   A. 甲车间超产或提前产出,要受到批评甚至惩罚

   B. 甲车间不对固定制造费用耗费差异负责

   C. 甲车间不对固定制造费用闲置能量差异负责

   D. 乙部门的支出没有超过预算,说明该中心业绩良好

5. 甲公司将某生产车间设为成本责任中心,该车间领用材料型号为 X,另外还发生机器维修费、试验检验费以及车间折旧费。下列关于成本费用责任归属的表述中,正确的有( )。

   A. 型号为 X 的材料费用直接计入该成本责任中心

   B. 车间折旧费按照受益基础分配计入该成本责任中心

   C. 机器维修费按照责任基础分配计入该成本责任中心

   D. 试验检验费归入另一个特定的成本中心

参考答案

1. B　2. D　3. C　4. AC　5. ACD

 道德问题思考

财务负责人的两难选择

S 公司是企业集团 P 的二级成员,是集团确定的利润中心。20×0 年,集团公司 P 下达给 S 企业的利润目标是 20 亿元。当年 11 月份,临近年关,经营部门预测,因外部环境影响,全年利润目标只能完成 80%,无法完成集团公司下达的考核目标。公司总经理紧急组织生产、销售、经营、财务等相关部门负责人召开会议,研究应对策略。在其他部门负责人皱紧眉头表示确实没有更好的办法的时候,总经理询问财务部负责人,是否可以从会计处理上寻找一些办法,帮助公司渡过考核难关,从而为公司全体员工争取更多的绩效奖励。看着公司一把手期待的目光,财务部负责人内心十分矛盾:如果答应总经理的要求,则全体财务人员一直坚持的公允、客观的原则将受到挑战与质疑;如果不答应总经理的要求,则全公司一年的绩效考核将受到影响,最终影响每一位员工的切

身利益。沉思了一会,从"顾全大局"着想,财务部负责人咬牙答应了总经理的要求。于是,通过一系列会计处理的安排,该公司"完成"了集团公司的利润考核要求。20×1年年初,外部审计进场,很快就发现了相关问题,要求该公司进行解释并进行调整。

思考:

1. 现实工作中导致道德冲突的诱因有哪些?
2. 你认为当"职业道德"与"整体利益"发生冲突的情况下,财务负责人如何选择?

零件的转移价格

双创集团拥有配件和成品两家分公司。配件分公司生产一种被成品分公司使用的零件。该零件的生产成本如表13-4所示:

表13-4 零件成本表

成本项目	金额
直接材料	10元
直接人工	2元
变动制造费用	3元
固定制造费用(假定实际产量200 000个)	5元
变动销售和管理费用	1元
固定销售和管理费用	500 000元

该零件在外部市场的售价在28~30元。目前,配件分公司对外部客户的售价为29元,每年该分公司可以生产200 000个零件;然而由于经济衰退,预计来年只能销售150 000个。如果对内销售的话,可以节约变动销售费用。

成品分公司一直以28元的价格从外部供应商那里购买该零件。来年该分公司预计使用50 000个零件。成品分公司经理已经提出向配件分公司以18元的单价订购50 000个零件。

要求:

1. 确定配件分公司愿意接受的最低转移价格和最高转移价格。
2. 应该进行内部转移吗?为什么?如果你是配件分公司的经理,你会以18元的单价出售50 000个零件吗?说明原因。
3. 假设配件分公司的营运资产平均占用额总计是10 000 000元。假设配件分公司将以21元的单价出售给成品分公司50 000个零件,计算投资回报率。

第十四章　管理控制系统与平衡计分卡

思政导语

习近平总书记强调指出，深刻认识和准确把握外部环境的深刻变化和我国改革发展稳定面临的新情况新问题新挑战，坚持底线思维，增强忧患意识，提高防控能力，着力防范化解重大风险，保持经济持续健康发展和社会大局稳定。面对波谲云诡的国际形势、复杂敏感的周边环境、艰巨繁重的改革发展稳定任务，企业应高度警惕"黑天鹅""灰犀牛"等不利事件的冲击；既要有防范风险的先手，也要有应对和化解风险挑战的高招；既要打好防范和抵御风险的有准备之战，也要打好化险为夷、转危为机的战略主动战。

学习目标

- 理解管理控制系统的概念、构成要素和作用
- 应用如市场、客户、流程、质量等非财务指标衡量业绩
- 运用标杆管理方法设定业绩评价标准并改善绩效
- 应用战略地图描述企业战略
- 掌握平衡计分卡四个层面及其相互之间的关系
- 掌握平衡计分卡在绩效管理中的应用

情境案例

发现致命指标[①]

在马克·格雷厄姆·布朗于 2015 年所著的《发现致命指标：投资者和管理者必须

[①] 资料来源：马克·格雷厄姆·布朗，廖珂译.发现致命指标：投资者和管理者必须重视的 20 个非财务指标[M]. 人民邮电出版社，2015 年版。

重视的20个非财务指标》的英文书名中,有一个英文词"killer",这个词充分显示了创新力指数、商机管理指数、新客户收入占比指数、顾客愤怒指数、员工幸福指数等20个分析性、前瞻性、非财务的指标对企业获取成功的重要性。这20个指标之所以被业界称为"杀手级指标",是因为风投公司忽视这些指标,会使投资打水漂;管理者忽视这些指标,会使企业走入困境;政府忽视这些指标,会使实体经济缺乏后续竞争力。

长期以来,财务报表中的数字以及在此基础上生成的财务指标,一直备受企业管理者、投资人、金融证券从业者、管理咨询师的关注,凭此分析企业获利、偿债、营运、发展等方面的能力。然而,表格上的数字代表的是滞后指标,它们只能反映过去,而在新商业模式辈出的今天,企业要想取得成功,利用好前瞻性指标才是重中之重。

大数据时代的来临,给企业提供海量信息的同时,也使企业被淹没于大量的数据之中,难以参透这些数据中的奥秘,对数据蕴含的信息处理不当,就可能招致满盘皆输。见微知著是管理人员进行绩效管理并带领企业走向成功的核心保障,管理人员需要发现微小的问题,并能应对企业所面临的员工激励、创新以及可持续发展等各方面的挑战。企业其实并不需要太多的指标,而是需要"聪明"的指标,根据自身情况应用综合运用财务指标和非财务指标,对一般规模的企业已是足够。

第一节　管理控制系统概述

一、管理控制的概念

企业具有一定的目标,并为此制定了实现目标的战略。在战略制定之后,企业必须通过管理控制系统来确保其实施。管理控制指的是管理者对组织成员施加影响,以有效实施企业战略的过程。管理控制包括了计划、协调、沟通、评估、决策和影响人们行为的种种活动,信息流动顺畅是这些活动得以开展的保障。

由于企业内部不同级别的管理人员需要不同的信息,因此企业收集的信息既包括了财务信息(如收益、成本信息),也包括了非财务信息(如顾客反应时间、缺陷率等)。信息既可能来源于企业内部(如员工生产力),也可能源于企业外部(股价、竞争对手成本)。

从本质上看,管理控制的核心是促使企业实现既定的战略目标。管理控制与战略控制及任务控制存在着本质的区别。战略控制是确定组织的目标和实现这些目标的战略的过程,管理控制则是实施这些战略的过程,二者之间最根本的区别在于战略控制是非系统的过程,在出现实现目标的新机会或威胁时进行,控制时间并不固定;管理控制却是程序化的、常态化的管理手段。此外,战略控制依靠大量判断和粗略估计的数字,主要参与者为少数高级管理人员;而管理控制则按可预计的流程和顺序依次完成,依靠的是比较可靠的估计,并涉及企业各个层级的管理人员和员工。

二、管理控制系统的组成

管理控制系统指实施管理控制的一系列手段的统称,包括正式系统和非正式系统。正式系统为指导管理人员和员工行为的各种正式的规定、程序、业绩指标和奖励计划。其中又包括管理会计系统、人力资源系统、质量管理系统、环境管理系统等。非正式系统则可能表现为公司的共同价值观、忠诚度以及公司内部各种不成文的行为规范等。

有效的管理控制系统应能以经济可行的方式实现企业的目标,其设计应能体现和传递公司整体的战略和目标,能考虑公司的组织结构和管理人员承担的责任的差异,能发挥激励作用。

三、影响管理控制系统的内部治理因素

管理控制系统所依存的内部环境和外部环境,所蕴含的诸多因素不同程度影响企业管理控制手段的执行、经营目标及整体战略目标的实现。内部环境因素多为可控因素,如采购政策、投资计划等;外部环境因素多为不可控因素,如突发的自然灾害、财政货币政策等。本部分主要讨论影响管理控制系统的内部环境治理因素。

(一) 管理宗旨和经营方式

如果高层管理人员对其所承担的责任持有不在乎的态度,对管理控制就会产生负面影响。同样,过分强调企业的经营方面,也可能会相应地放松对控制和报告政策的要求。

(二) 董事会与监事会

董事会与监事会作为公司最高权力机构和监督机构,是管理控制环境的一个重要方面,对于防止和察觉高层管理人员的错误或舞弊行为尤为必要。监事会应当由非执行董事组成,下设审计委员会。

(三) 权利与责任划分方式

企业如能适当地注意实体内部权利与责任的划分方式,则强化了管理控制环境。如用书面形式规定各个岗位和部门的权利与责任,就有助于实施职务和责任分离原则。

(四) 管理控制方法

管理控制方法涉及如何通过授权来指挥职工和如何监督企业的全部生产经营和管理活动,包括制定计划和反映计划执行效果的报告系统,以及管理当局利用报告系统采取适当和及时的修正措施。

(五) 人事政策与手续

员工是决定管理控制效果的最重要的因素。如果职工不诚实、不胜任或不主动地

工作，再好的管理控制程序也会失去作用。因此，招收、评估和激励职工的政策、程序和方法成为内部控制结构的重要组成部分。

第二节　财务指标、非财务指标和关键业绩指标

美国管理会计专家罗伯特·卡普兰和大卫·诺顿指出，"如果你不能描述它，你就不能衡量它；如果你不能衡量它，你就不能管理它；如果你不能管理它，你就不能实现它"。描述和衡量各项业务活动的指标对于管理控制的重要性由此可见一斑。管理控制的指标可分为财务指标和非财务指标两大类。

一、财务指标

财务指标分析，是指总结和评价企业财务状况与经营成果的分析指标，我国《企业财务通则》中为企业规定的三类财务指标为偿债能力指标、营运能力指标、盈利能力指标；财务分析中还经常关注发展能力和综合能力。

偿债能力指标分短期偿债能力和长期偿债能力指标两类，前者有流动比率、速动比率、现金比率等；后者有资产负债率、产权比率、利息保障倍数等。营运能力指标有存货周转率、应收账款周转率、流动资产周转率、总资产周转率等。盈利能力指标有资产报酬率、净资产报酬率、销售利润率、成本费用利润率、每股利润、每股股利等。发展能力指标有营业收入增长率、总资产增长率、资本保值增值率等。

综合能力分析经常采用杜邦分析法（DuPont analysis），该方法将评价企业经营效率和财务状况的比率（主要包含销售利润率、资产周转率和权益乘数等指标），按其内在联系有机地结合起来，形成一个完整的指标体系，并最终通过净资产收益率（ROE）来综合反映。

二、非财务指标

由于非财务指标无法用货币计量，所以，在企业的生产经营过程中就要考虑非财务预算目标的设计。企业的生产经营过程是一个融合了新产品或者生产线的设计开发、产销、售后等过程的价值链。

从企业内部价值链来看，创新过程就是在准确了解到潜在市场和顾客的相关信息之后、在竞争对手之前研发出能适应市场和顾客需求的新产品或服务；经营过程则是在确定了潜在市场和目标顾客群之后，着手利用现有生产线来进行产品的生产或者服务的开发；售后服务过程是企业在将产品或服务出售之后，为顾客提供的有关产品或服务

的相关服务。因此,在确定非财务方面指标时,应该从企业的内部业务流程出发,针对每一个过程来确立各自的相关指标。

(一) 时间指标

1. 保本时间

保本时间是指从新产品的研究开发开始,到最终新产品销售之后获得的利润与投入的研发成本相同时为止经历的时间,综合考虑了时间、成本和利润三个方面的因素,以保本时间作为企业创新过程所要实现的目标,促使研发部门、生产部门、销售部门等共同为降低保本时间而努力。

2. 生产主导时间

生产主导时间是指从接到顾客的订单开始,到顾客收到所需产品为止所经历的时间,可以作为生产经营过程要实现的目标,企业一般采取接到订单后立即生产的方式来满足客户的需求。

3. 售后服务主导时间

售后服务主导时间是指从收到顾客的售后服务请求开始,到为顾客提供一个满意的答复为止所经历的时间,可以作为售后服务阶段要实现的目标。

(二) 质量指标

衡量质量方面的指标主要是合格品率,包括从采购环节原材料到最终产成品。这一指标能够促使企业的采购部门尽量采购符合要求的原材料、生产部门减少生产过程中的失误,以期提高合格品率。

阅读材料

六西格玛过时了吗?

常有做企业的朋友感慨:现在的管理学知识可谓浩如烟海,管理学书籍让人眼花缭乱。问题是,我们怎么才能找到一套适合自己企业的体系和方法并将其一以贯之? 的确,我们常常迷失于各种各样的视角、理论和方法。但我们需要坚持一个思路,那就是,对于一家成熟企业或组织,经理人未来所面临的最具挑战的问题不是"怎样才能成功"而是"怎样才能始终保持成功"。就此而言,在多年之后,重读《六西格玛管理法》还是有价值的。

"六西格玛"(6sigma,6σ)最早是美国摩托罗拉公司提出,用来描述在实现质量改进时的目标和过程。σ指的是标准偏差,6σ指的是换算为100万分之3.4的错误/缺陷率的流程变化(六个标准偏差)尺度。六西格玛的真正流行并发展是在通用电气的实践,杰克·韦尔奇于20世纪90年代发展起来的六西格玛管理是在总结了全面质量管理的成功经验,提炼了其中流程管理技巧的精华和最有效的方法,成为一种提高企业业绩与竞争力的管理模式。该管理法在通用电气、戴尔、惠普、西门子、索尼、东芝等众多跨国企业的实践证明是卓有成效的。

当然，这些昔日如日中天的公司，如今不少都黯淡了。但在我看来，它们的黯淡或源于商业模式，或源于没有及时抓住时代浪潮。它们被超越，更有一种商业宿命论的成分，这和注重质量管理的六西格玛毫无关系。

六西格玛的精神核心仍具有强大生命力。如果要给它一种描述，它就是一种通过密切理解顾客需要，严格地使用事实、数据和统计分析，以及勤奋地关注业务过程管理、改进和再创造，以获取、维持和最大化业务成功的综合、灵活管理系统。它是基于事实、数据和统计分析而不是仅仅凭直觉、经验来行事的方法。现在企业管理中的大数据分析，正是这一思维的延续。

六西格玛(6sigma)管理法是一种统计评估法，核心是追求零缺陷生产，防范产品责任风险，降低成本，提高生产率和市场占有率，提高顾客满意度和忠诚度。对制造型企业而言，六西格玛是一个极高的标准。六西格玛管理既着眼于产品、服务质量，又关注过程的改进。这和互联网时代追求"极致""专注""口碑"异曲同工。

中国企业引入六西格玛概念时间并不算短，然而遗憾的是，在越来越多的新管理思想和理念不断涌现的今天，很多人常把六西格玛当成了一种流行时尚，并没能深刻理解和把握其精髓，这不能不说是种遗憾。

（资料来源：编者根据相关资料整理）

（三）顾客满意度目标

这是一个难以精准量化的非财务指标，"满意"是个相对概念，企业不能停留在自身对产品或服务质量等指标是否合格的主观判断上，而应该通过调查问卷或者电话回访的方式让顾客评分，来确定其满意程度。

三、关键业绩指标(key performance indicator, KPI)

关键业绩指标是指通过对企业内部某一流程的输入端、输出端的关键参数进行设置、取样、计算、分析，衡量流程绩效的一种目标式量化管理指标，是把企业的战略目标分解为可运作的远景目标的工具，是企业绩效管理系统的基础。关键业绩指标从数量、质量、成本和效率四个维度提取。

KPI可以使部门主管明确部门的主要责任，并以此为基础明确部门人员的业绩衡量指标，使业绩考评建立在可量化基础之上。KPI指明各项工作内容所应产生的结果或所应达到的标准，包括财务性KPI和非财务性KPI，常见的有三种类别：一是效益类指标，如资产盈利效率、盈利水平等；二是营运类指标，如部门管理费用控制、市场份额等；三是组织类指标，如满意度水平、服务效率等。

第三节 标杆管理

"以铜为镜,可以正衣冠;以史为镜,可以知兴替;以人为镜,可以明得失"。企业管理也是如此。在激烈的市场竞争中,设定目标值,对标标杆企业,研究在业务流程、制造流程、设备、产品和服务方面与标杆企业造成差距的原因并在此基础上加以改进,有助于企业竞争力提升。

一、标杆管理概述

标杆管理又称"基准管理",其本质是不断寻找最佳实践,以此为基准不断地"测量分析与持续改进";包括三个要素:标杆管理实施者,即发起和实施标杆管理的组织;标杆对象,即定为"标杆"被学习借鉴的组织;标杆管理项目,通过标杆管理向他人学习借鉴以谋求提高的领域,如成本管理方面。

标杆管理法(benchmarking management)由美国施乐公司于1979年首创,是现代西方发达国家企业管理活动中支持企业不断改进和获得竞争优势的最重要的管理方式之一,西方管理学界将其与企业再造、战略联盟一起并称为20世纪90年代三大管理方法。

2012年3月,国务院国有资产监督管理委员会(简称国资委)首次印发《关于中央企业开展管理提升活动的指导意见》(国资发改革〔2012〕23号)提出通过开展管理提升活动,全面提高管理水平,做强做优,培育具有国际竞争力的世界一流企业。2020年6月,国资委正式印发《关于开展对标世界一流管理提升行动的通知》,要求国有重点企业要对标世界一流企业,通过加强战略、组织、运营、财务、科技、风险、人力资源、信息化等八大管理能力建设,塑造具有全球竞争力的国际一流企业,将标杆管理作为管理提升的抓手。由此,国内企业纷纷开展对标管理工作,积极探寻国际范围的最佳实践,推动企业管理的提升,再度掀起标杆管理的热潮。

二、标杆的类型

(一)按被评价业绩的不同

1. 战略性标杆(strategic benchmarks)

战略性标杆用来评价与比较一个特定公司在一个特定行业内的相对位置。这种位置是位于最高层次,由企业职能层次和经营层次的业绩所决定的。这类标杆与组织的核心竞争能力、关键业务流程以及成功因素,如销售回报率、生产能力、顾客满意程度或其他的该行业的特有因素有关。常见的战略性标杆有:市场份额、资产回报率、债务权益比率、毛利率等。

2. 职能性标杆（functional benchmarks）

职能性标杆将企业的产品、服务以及工作流程与其他组织进行区别。这一类标杆在级别上低于战略性标杆。这类标杆一般与特定的职能部门，如制造部门、销售部门或工程部门的特定业务活动有关。其目标是识别一切在标杆的特定领域内拥有卓越声誉的组织最佳实践活动。常见的职能性标杆包括承诺费用占销售的百分比，及时交货率、单位订单成本和订单处理时间。

3. 经营性标杆（operational benchmarks）

此类标杆比职能性标杆更低一级，可用来解释职能性的业绩差距产生的原因。企业必须理解这一级别的标杆，才能识别出消除业绩差距的正确行动。大部分公司由管理层驱动战略性及职能性标杆，而鼓励基层人员来决定经营性标杆。其好处是标杆的参与者同时也是执行者，从而可使企业逐渐增强其标杆能力。

（二）按标杆对象的不同

1. 竞争性标杆（competitive benchmarks）

识别一个企业在其所在行业的最直接与最强劲的竞争对手的产品、服务及工作流程。其目的是将竞争者的产品、服务及工作流程与自身进行比较。这类标杆的主要缺陷是，竞争对手不太愿意提供职能性及经营性标杆的信息，有关信息只能局限在一些相对公开的领域。

2. 内部标杆（internal benchmarks）

比较公司自身内部的相似的流程、产品及服务。这一标杆可以很容易地识别潜在的标杆对象，并且彼此通常愿意分享信息。一般应优先考虑这类标杆，以便找出和外部业绩进行对比的基础，并辨别改进机会的大小。

3. 流程标杆（process benchmarks）

以最佳工作流程为基准进行标杆管理。标杆管理是类似的工作流程，而不是某项业务与操作职能或实践。这类标杆管理可以跨不同类别组织进行。它一般要求企业对整个工作流程和操作有很详细的了解。

以上分类是相对的，如"职能性标杆"从某种角度来说也是一种"标杆对象"。

三、标杆管理的实施步骤

成功的标杆管理应遵循一定的程序进行，不同企业具体实施的步骤可以不同，但基本包括计划、收集数据、分析与综合、执行和重新校订五个重要环节，如图14-1所示。

（一）计划

这一环节主要任务是用来识别将要对什么实施标杆管理，谁是最好的竞争对手或业绩最佳者，以及这些数据将如何获取等。这是标杆管理全过程中最关键的环节，约需

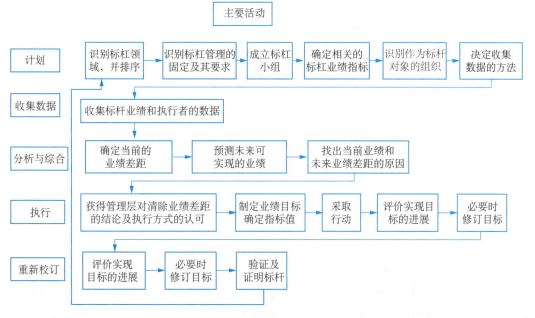

图 14-1 标杆管理主要环节

消耗标杆管理一半的精力。本环节包含识别标杆领域、成立标杆管理小组、确定标杆业绩指标、识别标杆对象等具体事项。

(二) 收集数据

收集数据可以通过发放问卷、调查、个人访谈等方式进行。值得注意的是,在数据收集过程中,标杆管理小组应注意到法律及伦理方面的考虑。例如,不要通过非法手段诱使被访对象泄漏公司机密、不要试图获取专利产品的机密等。数据收集完成后,标杆管理小组应该进行检查,确信已经完成所有程序,并且收集的信息与所提出的问题一致。

(三) 分析与综合

数据收集完毕后须进行分析。分析的目的在于确定当前的业绩差距,了解产生差距的原因,找出改进业绩的方法,并对这些方法进行排序。进行数据分析时往往需要借助统计和经营分析的手段,具体包括统计分析、数据分层法、数据标准化法、雷达图法、动力分析法、业绩差距分析法等。

(四) 执行

在这一环节标杆管理小组向管理层汇报发现,并获得管理层对消除业绩差距的有关分析、结论及执行方式方面的认可。标杆管理小组需要整理出具有说服力的数据,并表述清晰且具有说服力的观点提交文件。这些文件应该可以作为日后重新校准及未来的标杆管理项目与团队的参考资料。

(五)重新校订

标杆管理是一个过程而不是终结。由于竞争的性质不断地在改变,企业需要不时地重新对标杆进行校订以适应变化。行业的性质、业绩评价以及业务环境决定了对标杆进行校订的频率与广度。

第四节　平衡计分卡与战略地图

一、平衡计分卡

平衡计分卡(the balanced score card,BSC)是由美国教授罗伯特·卡普兰(Robert Kaplan)和咨询专家戴维·诺顿(David Norton)于1992年在《哈佛商业评论》提出的绩效管理工具。平衡计分卡的思想是:要求在制定企业战略发展指标时,不能只关注企业的财务指标,需综合考虑企业发展过程中的财务指标和非财务指标的平衡。平衡计分卡打破了传统的只注重财务指标的业绩管理方法,认为企业应从四个角度审视自身的业绩:客户、业务流程、学习与成长、财务(如图14-2所示)。

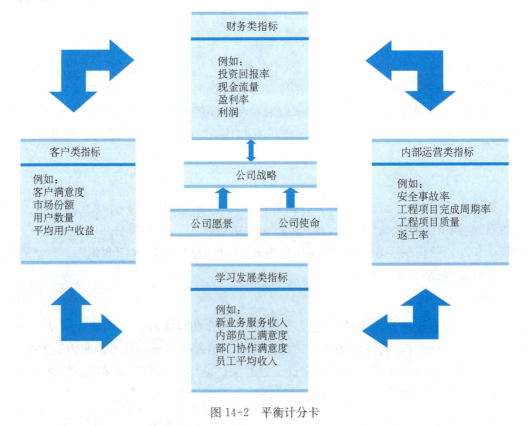

图 14-2　平衡计分卡

以客户角度为例,客户角度的目标和指标可以包括目标市场的销售额(或市场份额)以及客户保留率、新客户开发率、客户满意度和盈利率,卡普兰和诺顿把这些称为滞后指标。在明确价值定位的过程中,卡普兰和诺顿定义了若干与客户满意度有关的驱动指标:时间、质量、价格、可选性、客户关系和企业形象,他们把这些称为潜在的领先指标。

平衡计分卡的"平衡"体现在以下方面:短期与长期的平衡、财务与非财务的平衡、结果性指标与动态性指标间的平衡、组织内部群体与外部群体间的平衡、领先指标与滞后指标之间的平衡。这个框架能帮助企业发现促成企业使命实现的关键因素和成功因素等指标。

平衡计分卡具有以下主要优点:(1)克服财务评估方法的短期行为;(2)使整个组织行动一致,服务于战略目标;(3)能有效地将组织的战略转化为组织各层的绩效指标和行动;(4)有助于各级员工对组织目标和战略的沟通和理解;(5)利于组织和员工的学习成长和核心能力的培养;(6)实现组织长远发展;(7)通过实施 BSC,提高组织整体管理水平。

平衡计分卡存在的主要缺点有:(1)平衡计分卡中有一些条目是很难解释清楚或者是衡量出来的,尤其是非财务指标往往很难去建立起来。(2)确定绩效的衡量指标往往比想象的更难。尽管管理者通常明白客户满意度、员工满意度与财务表现之间的联系,平衡计分卡却不能指导管理者怎样才能提高绩效,从而达到预期的战略目标。(3)当组织战略或结构变更的时候,平衡计分卡也应当随之重新调整,而保持平衡计分卡随时更新与有效需要耗费大量的时间和资源。(4)平衡计分卡实务中很难去执行。一份典型的平衡计分卡需要五六个月去执行,另外再需几个月去调整结构,使其规则化,从而总的开发时间经常需要一年或者更长的时间。衡量指标有可能很难去量化,而衡量方法却又会产生太多的绩效衡量指标。

 阅读材料

平衡计分卡的新维度

近年来,许多企业正把环境成本管理作为优先考虑事项,这主要有两个主要原因:一方面,由于许多国家的环境管理条例显著增加,甚至可能制定更加严格的条例。这些法规常常规定巨额的罚款或处罚,从而促使企业能够严格地遵纪守法。但遵守这些法规的代价往往十分高昂,因此选出成本最小的方法成为企业的一项主要目标。另一方面,成功地处理环境问题正成为企业获取竞争优势的重要手段,这恰是是否要加入某个维度的判断标准。公司实现合理的业务目标和解决环境问题并非相互排斥;环境观可能是平衡计分卡框架中的第五个维度。

平衡计分卡的创始人——卡普兰和诺顿提到一家公司将环境观加入到平衡计分

中的具体案例。如果接受了生态效率模式，那么自然就接受了环境观，因为改进环境绩效可能成为竞争优势之源。战略导向的环境管理系统为改进环境绩效提供了具有可操作性的框架体系。例如，将环境观和流程观相结合对于改善环境绩效至关重要。平衡计分卡框架体系提供了相关的目标和计量手段，引入环境观有助于促进实现环境绩效改善的整体目标。

二、战略地图

（一）战略地图的概念

所谓战略地图，是对组织战略要素之间因果关系的可视化表现方法，在平衡计分卡四维模型基础上增加了细节层和颗粒层，用以说明战略的时间动态性和提高清晰度并说明重点。平衡计分卡的基本框架，提供了战略地图的原型。

（二）战略地图的原则

1. 战略使各种力量的矛盾得以平衡

为了长期收入的增长而投资于无形资产，常常与为了实现短期财务成果而采取的削减成本措施相冲突。而企业的目标是创造持续增长的股东价值，这是一种长期承诺，同时企业也要展示短期业绩的改善。因此，对战略的描述是以平衡并连接组织长、短期财务目标为起点。

2. 战略以差异化的顾客价值主张为基础

得到顾客的满意是持续创造价值的源泉。战略要求在目标顾客群与其价值主张之间建立明晰的联系。战略地图采用了四种价值主张和顾客战略：总成本最低、产品领先（差异化）、全面顾客解决方法（差异化）和系统锁定。

3. 价值通过内部经营流程来创造

内部与学习和成长维度的流程驱动了战略。高效协调的内部经营流程有助于价值的持续创造。内部流程划分为运营管理客户管理、创新、法规、社会四个流程，每一流程还可以有更多的创造价值的自有流程。企业通过关注少数关键内部流程（即战略主题）不仅可以传递差异化的顾客价值主张，还可以帮助企业提高生产率和维持企业的经营特许权。

4. 战略包含并存的、互补的主题

运营流程改善在短期见效，顾客关系增强的效益在流程改善后的 6～12 个月内显现，而创新流程和法规与社会流程的效益则发生在将来。企业的战略应当平衡，每类内部经营流程都至少包括一个战略主题，这样有助于实现持续股东价值的增长。

5. 战略的协调一致决定无形资产的价值

战略地图的基础部分是学习与成长维度，它界定对战略至关重要的无形资产（人力资本、信息资本和组织资本），这些无形资产的价值源于其帮助企业实施战略的能力。

将这些无形资产整合到关键内部流程之中,并与之协调一致,企业就有很高的组织准备度,有能力动员和维持战略执行所要求的变革流程。

第五节　基于平衡计分卡的绩效管理体系

一、平衡计分卡用于绩效管理的逻辑顺序

嵌入战略地图之后的平衡计分卡用于绩效考核体系逻辑顺序如下:

第一步,确定股东价值差距。(1)确定高层的财务目标和指标;(2)确定目标值和价值差距;(3)把价值差距分配到增长和生产率目标。当企业在收入增长(长期)和生产率(短期)这对矛盾的力量之间权衡时,就会引发财务层面战略的连接问题,引发对其他层面的调整。

第二步,调整客户价值主张(客户层面),以弥补股东价值差距。(1)阐明目标细分客户;(2)阐明客户价值主张;(3)选择指标;(4)使客户目标和财务增长目标协调。特殊的价值主张描述了企业将如何为目标客户创造差异化、可持续的价值。战略应首先确定特殊的细分客户,即能为企业带来增长和盈利的目标客户,然后调整客户价值主张。

第三步,确定价值提升时间表(细节层)。针对战略规划的时间要求和股东价值差距的目标,要确定时间表,把价值差距分配到不同时间段。

第四步,确定战略主题(内部业务流程层面)。要找关键的流程,确定企业短期、中期、长期要做什么事。内部流程包括营运管理流程、客户管理流程、创新流程、法规和社会流程。内部流程在不同的时间段创造并传递价值,这也将确保股东价值得以持续增长。

第五步,提升战略准备度(学习和成长层面)。分析企业现有无形资产的战略准备度,是否具备支撑关键流程的能力,如果不具备,找出办法予以提升。提高战略准备度的关键是创造协调一致、重视关键内部流程所需要的特殊能力和特征。

第六步,依据战略主题确定拟实现的战略目标、战略目标的考核指标和目标值,编制形成对战略主题考核评价的平衡计分卡考核体系。

第七步,汇总编制形成企业战略层的平衡计分卡考核体系。

二、基于平衡计分卡的绩效管理体系构建的关键问题

为了科学、客观、公正、全面地反映企业绩效的高低,参照国内外对企业绩效评价的指标体系,在必要的调查研究与归纳的基础之上,科学构建企业绩效评价指标体系。构建平衡计分卡绩效评价体系需要解决三个关键问题:选取考核指标,设置考核指标权重,确定考核指标的评价标准。

(一)选取考核指标

考核指标主要来自企业的战略地图、战略主题的目标以及与之相对应的平衡计分卡考核指标,通过对各战略主题考核指标的汇总,形成企业战略目标的考核指标。

在指标选取时要考虑考核指标的管理目的、导向作用、激励与控制作用,一般还要遵循 SMART 原则:

Specific——目标必须尽可能详细,缩小范围;

Measurable——目标达到与否尽可能有衡量标准和尺度;

Attainable——目标设定必须是通过努力可显露其客观要求;

Relevant——目标的完成程度与其他使命的关联性;

Timetable——计划目标达到必须与时间相关联。

(二)设置考核指标权重

平衡计分卡考核指标的权重,主要是根据指标所属的战略主题相对于企业整体战略,以及考核指标本身的重要性进行分配,这种方法主要凭借主观经验。企业可以委托咨询公司对企业的战略管理过程进行研究分析后,汇总专家意见,合理确定各考核指标的权重。企业也可以依托企业内部的战略管理组织部门或者平衡计分卡项目小组,完成考核指标权重的分配事项。

(三)确定考核指标的评价标准

运用平衡计分卡对企业绩效进行考核评价时,考核体系中各考核指标评价标准的确定非常重要,它是判断企业绩效高低的依据。在实施战略管理的企业中,绩效评价指标的评价标准主要来自对战略目标进行分解时,所确定的战略主题目标的考核指标的目标值,同时参考企业整体战略目标的要求,由企业的战略管理部门或平衡计分卡项目小组协调确定。

以上三个问题确定好之后,可以构建以平衡计分卡为基础的企业绩效评价考核体系,如表 14-1 所示。

表 14-1　以平衡计分卡为基础的企业绩效评价考核体系

总目标	维度	准则层	考核指标	指标权重	评价标准	评价结果
企业绩效	财务	利润增长				
		成本降低				
		生产率提高				
		资产利用				
	客户	客户素质/数量				
		满意度				
		客户收益				

(续表)

总目标	维度	准则层	考核指标	指标权重	评价标准	评价结果
企业绩效	内部业务流程	创新流程				
		营运流程				
		客户管理				
		法规和社会				
	学习与成长	人力资本				
		信息资本				
		组织资本				
合计				100%		

本 章 小 结

管理控制的核心是促使企业实现既定的战略目标。管理控制的指标可分为财务指标和非财务指标两大类。财务指标可以以收入中心、成本中心、利润中心和投资中心等四个责任中心进一步细分。非财务方面指标主要从企业的内部业务流程出发,包括时间指标、质量指标、顾客满意度等指标。

标杆管理主要包含标杆管理实施者,标杆对象和标杆管理项目三个要素。根据被评价业绩的不同,分为战略性标杆、职能性标杆、经营性标杆;根据标杆对象的不同,分为竞争性标杆、内部标杆、流程标杆。标杆管理基本包括计划、收集数据、分析与综合、执行和重新校订五个重要环节。

平衡计分卡打破了传统管理只注重财务指标的业绩管理方法,认为企业应从四个角度审视自身的业绩:客户、业务流程、学习与成长、财务。嵌入战略地图之后,平衡计分卡用于绩效考核体系遵循一定的逻辑顺序。构建平衡计分卡绩效评价体系需要解决三个关键问题:选取考核指标,设置考核指标权重,确定考核指标的评价标准。

 简答论述

1. 你认为传统业绩评价体系有哪些长处和不足?
2. 财务指标和非财务指标分别有哪些?简要说明各指标主要作用。
3. 什么是标杆管理?标杆管理会使企业创新能力下降吗?
4. 什么是平衡计分卡?其中的"平衡"具有哪些含义?

不定项选择题

1. 在平衡计分卡业绩衡量方法中,下列选项（　　）属于潜在的领先指标。
   A. 新客户开发率　　B. 盈利率　　C. 投资回报率　　D. 质量

2. 下列选项（　　）不是平衡计分的战略执行要素。
   A. 战略地图　　　　　　　　　　B. 平衡计分卡
   C. 目标客户　　　　　　　　　　D. 战略中心型组织

3. 标杆管理的作用主要有（　　）。
   A. 追求卓越　　　　　　　　　　B. 流程再造
   C. 持续改善　　　　　　　　　　D. 创造核心竞争力

4. 在平衡计分卡业绩衡量方法下,下列各项中属于滞后指标的有（　　）。
   A. 新客户开发率　B. 客户满意度　C. 盈利率　　D. 顾客关系

5. 下列选项中（　　）可衡量一个创新内部业务流程因素的主要成果。
   A. 响应市场的时间　　　　　　　B. 产品质量
   C. 新专利　　　　　　　　　　　D. 产品生命周期

参考答案

1. D　2. C　3. ABCD　4. ABC　5. A

道德问题思考

指标设置过高对谁有利?

KPI 是把企业的战略目标分解为可操作的工作目标的重要工具,但有些企业会使用不当,导致没有达到预期的效果。典型的"使用不当"是企业会给员工制定过高的目标。

有的老板或者管理者特别相信一个道理:"取法于上,仅得为中,取法于中,故为其下。"于是,很多管理者对下属制定指标的想法是,我知道你完不成100,但是我还是设100,这样,你完成70也挺好。真设70你就只完成40,那我就损失了。其实,这是一个很可怕的想法,是一种典型的"使用不当"。

为什么? 一旦你这样设定,到年底的时候,下属拼尽全力完成了70,你也是认可的。这时,你就面临一个非常尴尬的选择,你要不要给他发全额奖金?

有些喜欢把这个权力掌握在自己手上的老板会对下属说,你尽力了,今年大环境不好,我们遇到了一些困难,你还完成了70,很好。你努力了,奖金全部都给你吧。你的下属特别高兴,感谢你是个好老板。你也觉得自己是个好老板。可如果你一旦这样做,也就意味着从这一天开始,你已经用行动告诉你的下属:目标不重要,让老板看到自己很努力比完成KPI更重要。第二年，你再去设定目标的时候，下属还会相信吗？不会的，他们不会重视了，他们只会重视，以后如何在老板面前"表现"努力。

以上还只是上下级，如果公司再大一点，层级更多，会发生什么呢？以销售部门为例。销售总监拿了3 000万的指标，他可能会把它分配给几个大区经理，然后会给每个大区经理的指标稍微多加一点，然后几个大区经理加在一起变成3 500万。然后各个大区经理再给他们的销售定指标的时候，再加一点点。大区经理可能是700万的指标，一个大区10名销售，本来每人70万的业绩，结果每个人要完成100万。这样层层叠加，你会发现本来销售总监只要3 000万的指标，结果所有他最底层的销售加在一起的目标总和已经超过5 000万了。

这样做对谁最有利？对公司有利吗？不会的，最底层员工拼命地干，可能也完不成业绩，而是否能拿奖金全靠上级的评价，底层员工会拼了命想办法证明自己努力。而不善于在上级面前"表现"的员工，又无论如何都完不成业绩，深深的挫败感，很可能最终会导致他离开。这是公司的损失。事实上，对管理者有利，他们都安全了。大区经理的指标是700万，这样只要有7个下属完成指标就行，其他无所谓。销售总监也是一样。可是作为管理者，他们明明应该有带领、协助下属一起完成目标的责任，这时他们的指标既然安全，他们就不再重视这些。

请思考：
结合本案例分析KPI在应用过程中存在的道德问题。

运用平衡计分卡信心逐渐消失

双创公司202×年开始把BSC作为战略管理的核心工具引入日常管理，人力资源部也很认真地组织所有向老板汇报的管理层进行了战略地图的设计。从企业的愿景和使命出发，落实为财务指标，再推导到客户层面要做成什么样，再往下推是内部流程，最后是组织的学习和能力。这一套环环相扣的因果关系让人觉得特别严密，看完之后觉得：有了战略地图，每个部门乃至每个人都可以知道自己的工作对于公司财务指标和长远发展的贡献在哪里，自己要学习什么、提升什么能力。公司画出了很漂亮的战略地图，形成了公司级平衡计分卡，每个部门从公司BSC里分解补充形成了自己的BSC，每个人再从中分解得到了个人绩效承诺PBC，有专人每月收集统计各部门BSC分数，并开例会分析原因制定行动方案确保目标达成。一切看起来都很好，业绩高速增长似乎指日可待。

然而，实际运行一年之后，并没有出现大家期待的那种局面，BSC没有成为助推业绩的帮手，反而变成了某种负担。每次开会有若干财务指标未达到预期亮了黄灯或者红灯，很难分析出有客户层面的哪些原因，更不要说在内部流程和能力方面拿出有效的行动方案。会议逐渐流于形式，搜集数据统计各项指标完成情况，为那些红灯黄灯找出合理的理由成为负担。没有扎实的行动方案,很多老问题一直挂在那里没有解决,大家对于 BSC 的信心也基本消耗完了。

(资料来源:编者根据相关资料整理)

思考:

你认为导致案例企业运用平衡计分卡信心消失的原因是什么?

第十五章 经济增加值与全要素

习近平总书记指出,我们既要绿水青山,也要金山银山。宁要绿水青山,不要金山银山,而且绿水青山就是金山银山。党的十九大报告明确要求,必须坚持质量第一、效益优先,以供给侧结构性改革为主线,推动经济发展质量变革、效率变革、动力变革,提高全要素生产率。在实现我国经济高质量发展历史进程中,改变传统以GDP、工业增加值等为导向的业绩核算方式和考评方式刻不容缓。

学习目标

- 理解经济增加值基本原理
- 掌握经济增加值的计算、经济增加值的调整原理和方法
- 运用经济增加值评价企业业绩
- 掌握经济增加值激励计划
- 理解单要素生产率和全要素生产率的含义

别说躺着赚钱了,开店跪着都不一定能盈利

在吐槽"大不了回家开个店"的话题中,放眼望去,都是忙活了老半天,钱也没挣着的惨痛案例。有个开花店的小A,店是成功开起来了,但做花艺时被树枝和花刺划伤的双手,看起来也粗糙得和搬砖工人无异。平时基本卖不了多少花,等客人光顾的时候,花都要谢了,想赚钱还得等赶上节日。一忙起来,即便是在被花香环绕的氛围中工作,他们也免不了灰头土脸,和影视剧中小资又文艺的花店老板形象可以说是毫不相干。做甜点生意的小B,店铺是自己家的,省去了铺租压力。但她得在旺季加班到凌晨四点

赶工500多个小甜点，第二天继续早起当收银员服务员。中秋节当天店里的营业额达到了5 000元，但整个月饼季算下来，扣除员工工资和水电费，天天加班的她也就赚了3 000元。算下来还不如自己打工，把投入的钱买银行理财产品收益多。小C投资，做了美甲店老板，却发现自己赚得还没有美甲师多，每天还是在为员工打工。干脆铺租、水电全减免掉，转到线上做网店呢？"更难，"有网友戳破，"前期，要没有个十几万投入刷单买点击量根本没人会看到你的店。至于选品拍摄美工、物流保障、后期维护成本，光这些就可以让你再蜕几层皮。"

(资料来源：https://zhuanlan.zhihu.com/p/317319919)

第一节　经济增加值基本原理

一、经济增加值的概念

经济增加值(economic value added，EVA)，由1982年斯图尔特(Stern Stewart)咨询公司提出，基本思想是指企业利润减去所有的资本成本之后的余值。作为一种度量企业业绩的指标，其理论渊源出自早期"剩余收益"思想，并在技术方法上主要从两个方面加以改进：引进了资本资产定价模型，用以确定企业的资本成本，分析各部门的风险特征；以对外报告会计数据为基础进行调整，矫正了传统财务指标的信息失真。

EVA与大多数业绩指标的不同之处主要在于：考虑了带给企业利润的所有资本(债务资本和股权资本)的成本，是对真正"经济利润"的评价。

彼得·德鲁克指出："作为一种度量全要素生产率的关键指标，EVA反映了管理价值的所有方面。"EVA不仅是一个全面的业绩衡量指标，还是一个全面财务管理的框架、一种经理人的薪酬激励机制。从本质上说，EVA管理是基于价值的管理，它揭示了价值创造的途径，指出了创造财富的真正关键所在，是一种变革性战略。它通过影响一个企业从董事会到基层的所有决策，改善组织内部每一个人的工作环境，改变员工的行为方式和企业文化，帮助管理者为股东、客户带来更多的财富。

二、EVA的计算公式与调整

EVA计算的基本公式为：

$$EVA = 税后净营业利润 - 总资本 \times 加权平均资本成本$$

需要注意的是，实际应用是以具体会计准则为基础，由于各国会计准则不同，会计核算方式不同，应用EVA计算公式时应根据具体情况进行修正。从我国实际情况看，运用这个公式时应注意做以下方面调整。

(一) 税后净营业利润

首先,税后净营业利润(net operating profit after tax,NOPAT)中的"净"是指做过调整的,并非完全是财务报告中的税后净利润。利润表中的税后净利润将会低估真实的经济利润,因为会计准则将太多的项目(如研发费用等)作为本期费用处理,但从股东角度来说,这些项目应在资产负债表上作为资产更合适。

其次,上式的税后利润是营业利润减去所得税额后的余额;而我国现行会计准则中的税后利润是指利润总额减去所得税后的余额,没有专门税后营业利润项目。

最后,上式中的营业利润是指息税前利润(earnings before interest and tax, EBIT),即营业利润中包括未将利息费用和所得税费用剔除,而我国现行准则中的营业利润已将利息费用剔除,利润总额中也不含利息。

因此,税后净营业利润计算时修正为:

税后净营业利润＝税后净利润＋利息费用＋少数股东损益
　　　　　　　＋递延税款贷方余额的增加＋其他准备金额的增加
　　　　　　　＋资本化研发费用－资本化研发费用在本年的摊销

(二) 总资本

这里的总资本指的是企业产生利润所占用的全部资金的账面价值,包括债务资本和股本资本,其中债务资本是指债权人提供的短期和长期贷款,不包括应付账款、应付票据等商业信用负债;股本资本不仅包括普通股权益还包括少数股东权益。同时由于各项准备金并不是企业当期资产的实际减少,准备金余额的变化也不是当期费用的现金支出,因此在进行资本总额的调整时应将其计入资本总额中,即:

资本总额＝股东权益合计＋少数股东权益＋递延税款贷方余额
　　　　＋各种准备金(坏账准备等)＋研发费用的资本化金额
　　　　＋借款总额(短期借款、长期借款)

实际计算时既可以采用年初的资本总额,也可以采用年初与年末资本总额的平均值。

(三) 加权平均资本成本

这里的资金成本概念体现了亚当·斯密的基本思想,即企业投入的资金应当带来最低限度的、具有竞争力的回报。负债成本是企业借款的利息,只要利息可以抵税,就使用税后利率。股本资本不仅包括普通股,还包括少数股东权益。股本资本成本的计算首先以长期国债为计算的起点加上权益风险报酬(不同行业存在差异)。在计算了股本成本后,企业根据资本结构中债务和股本的比例可以得到加权资本成本。具体公式为:

股本成本＝五年期固定利率国债利率＋公司的 β 值
　　　　×（过去五年股市年平均收益率＋未来风险调整
　　　　－未来五年期固定利率国债利率）
债务成本＝借款利息率×（1－企业所得税税率）
加权平均资本成本＝股权资本成本×股权资本占全部资本比重
　　　　　　　　＋债务资本成本×负债资本占全部资本比重

总之，EVA 实际计算要根据情况做出一些调整，这些调整包括对稳健会计影响的调整；对可能导致盈余管理项目的调整；对非经营利得和损失的调整；弥补指标计算本身固有缺陷的调整；等等。

【实务例题 15-1】 M 企业集团拥有不同资本结构下甲、乙子公司的有关数据如表 15-1 所示。

表 15-1　甲、乙公司财务数据　　　　　　　　　单位：元

项　目	甲公司	乙公司
有息债务（利率为 10%）	700	200
净资产	300	800
总资产（投入资本）	1 000	1 000
息税前利润（EBIT）	150	120
利息	(70)	(20)
税前利润	80	100
企业所得税	(20)	(25)
税后利润	60	75

假定两家公司的加权平均资本成本率均为 6.5%（集团设定的统一必要报酬率），要求分别计算甲乙两家公司的下列指标：

1. 净资产收益率（ROE）；
2. 总资产报酬率（ROA、税后）；
3. 税后净营业利润（NOPAT）；
4. 投入资本报酬率（ROIC）；
5. 经济增加值（EVA）

[分析]

子公司甲：净资产收益率＝60/300＝20%
　　　　　总资产报酬率（税后）＝60/1 000＝6%
　　　　　税后净营业利润（NOPAT）＝150(1－25%)＝112.5
　　　　　投入资本报酬率＝150(1－25%)/1 000＝112.5/1 000＝11.25%
　　　　　经济增加值（EVA）＝112.5－1 000×6.5%＝47.5

子公司乙：净资产收益率＝75/800＝9.38%

总资产报酬率（税后）＝75/1 000＝7.5%

税后净营业利润（NOPAT）＝120(1－25%)＝90

投入资本报酬率＝120(1－25%)/1 000＝90/1 000＝9%

经济增加值（EVA）＝90－1 000×6.5%＝25

第二节 经济增加值与业绩评价体系

一、经济增加值业绩评价基本原理

20世纪90年代以后，企业经营环境发生了巨大的变化。新的商业环境使传统的会计衡量标准和旧的管理模式日渐式微，包括经济增加值在内的新的管理理念和手段显得越来越重要，EVA绩效评价方法就是在这种背景下开发出来的。

EVA是EVA评价方法的核心指标。EVA的创造者斯图尔特咨询公司认为，无论是会计收益还是经营现金流量指标都具有明显的缺陷，应该坚决抛弃。会计收益没有考虑企业权益资本的机会成本，难以正确地反映企业的真实经营业绩；而经营现金流量虽然能正确反映企业的长期业绩，却不是衡量企业年度经营业绩的有效指标。EVA能够将这两方面有效地结合起来，因此是一种可以广泛用于企业内部和外部的绩效评价指标。

采用EVA评价企业的经营业绩意味着是以股东价值最大化为目标。它所蕴含的基本思想是，只有投资的收益超过资本成本，投资才能为投资者创造价值。企业以EVA作为业绩的评价标准就必须提高效益，并慎重地选择融资方式。是发行新股、借贷，还是利用留存收益和折旧，哪种方式能使股东价值最大化就选择哪种方式。

二、经济增加值业绩评价指标体系

在选择经济增加值作为评价企业经营绩效和考核企业资本保值增值的核心指标时，可以从股权资本成本和市场价值两个角度进一步考察。

（一）股权资本成本角度

根据企业面临的风险不同，计算股本成本时可使用不同的收益率，用三个不同水平的EVA指标对经营结果加以评价。

1. 基本EVA值

基本EVA的标准和要求是企业的净利润应大于或等于股本资本的时间价值。其具体计算公式为：

基本 $EVA = NOPAT - IC \times [D/(D+E) \times K_D + E/(D+E) \times R_F]$

式中，$NOPAT$ 为税后净营业利润；IC 为总资本；D 为有息负债；E 为所有者权益；K_D 为负债资本成本；R_F 为无风险投资报酬率。

根据公式，该指标为零时，说明资本所有者投入资本没有损失，即资本保值，经营绩效一般；该指标大于零时，说明资本所有者投入资本获得增值，经营绩效较好；该指标小于零时，则说明资本所有者投入资本遭到损失，经营绩效较差。

2. 正常 EVA 值

正常 EVA 的标准和要求是企业的净利润应大于或等于股本资本的正常利润。其具体计算公式为：

基本 $EVA = NOPAT - IC \times [D/(D+E) \times K_D + E/(D+E) \times (R_F + R_P)]$

式中，R_P 是风险补偿率，其余符号含义同上。

根据公式可知，该指标小于零时，说明企业经营没有达到社会平均利润率或正常利润水平，资本所有者投入资本不但未得到保值，而且遭到损失，经营绩效较差；该指标为零时，说明资本所有者投入资本实现保值，经营绩效一般；该指标大于零时，说明资本所有者投入资本获得增值，经营绩效较好。

3. 理想 EVA 值

理想 EVA 标准和要求是企业的净利润应大于或等于普通股成本，我们可将其称为理想值。其具体计算公式为：

理想 $EVA = NOPAT - IC \times [D/(D+E) \times K_D + E/(D+E) \times K_M]$

K_M 是按资本资产定价模型计算的股本成本，其余符号含义同上。

根据公式可知，当该指标小于零时，说明企业经营没有达到股票市场投资者对它的期望水平，资本所有者投入资产不但未得到保值，而且遭到损失，经营绩效较差；当该指标为零时，说明资本所有者投入资本实现了保值，经营绩效一般；当该指标大于零时，说明资本所有者投资获得增值，经营绩效较好。由于此时的资本成本率完全反映了市场的评价，因此理想 EVA 值的大小将直接反映企业市值的变化。

一般来说，风险规避企业选择基本 EVA 值、风险中性企业选择正常 EVA 值、风险偏好企业选择理想 EVA 值作为评价标准。

(二) 市场价值角度

1. 修正的经济增加值(REVA)

计算 EVA 的过程中资产净额如果不是资产的账面价值而是资产的市场价值，得到的指标称为修正的经济增加值指标。它的计算公式如下：

$REVA = NOPAT_t - K_w \times MV_{t-1}$

式中，$NOPAT_t$ 为 t 时期公司的税后净营业利润；K_w 是企业加权平均的资本成本；MV_{t-1} 为 $t-1$ 期期末公司资产的市场总价值，在数值上等于公司所有者权益的市场价值加上负债价值。

该指标认为，公司用于创造利润的资本价值总额是其市场价值。因为在任何一个会计年度的开始，投资者作为一个整体都可将公司按照当时的市场价值出售，然后将获得的收入投资到与原来公司风险水平相同的资产上，从而得到相当于公司加权平均资本成本的回报。如果投资者没有将其拥有的资产变现，这些投资者就放弃了获得其投资的加权资本成本的机会。在任何一个给定的时期内，如果一个公司真正为投资者创造了利润，那么该公司的期末利润必须超过以期初资本的市场价值计算的资本成本，这是因为投资者投资到该公司的资本的实际价值正是当时的市场价值。

2. 市场增加值（MVA）

EVA 是股东价值的主要原动力，但斯图尔特公司提出的另外一个指标——市场增加值（market value added，MVA）也能精确地描述公司股东所发生的损益。对于关注股东财富的公司来说，MVA 最大化应是首要目标。MVA 的定义是公司市场价值和过去几年里对公司的投资总和的差额，计算公式为：

$$MVA = 市值 - 总资本$$

为了确定公司的市场价值，股东权益按照计算当日的市价来计算，债权人权益则是按账面价值确定。

MVA 是绝对数指标，如需对不同规模的公司进行比较，则可用净资产规模化。

$$MVAE = (市值 - 总资本) / 净资产总值$$

MVAE 是不同公司之间市场认同状况的可比性指标，是评价经营者的比较客观、公正的指标。

三、EVA 业绩评价的优势与局限

（一）主要优势

相对于其他财务指标来说，EVA 的优点主要有三点：

（1）EVA 评价的是经济利润，而不是以往的会计利润。传统利润表上的净利润就是我们所说的会计利润，它只片面地考虑了债务资本成本，而没有对权益资本成本进行确认和计量。它假设股东投入的资本是免费的。EVA 将股东权益资本成本考虑了进来，它反映的利润才是真正的利润。把 EVA 作为标准，可以发现许多表面上盈利的企业实际上损害了股东利益。

（2）EVA 最大程度的缓解了企业利益相关者之间的矛盾，可以作为他们共同的目标。在企业内部，每个部门都有适合自己的考核评价指标。这种做法有它的好处，但也有明显的缺陷，那就是容易导致各部门各自为政，缺乏沟通合作。而 EVA 较好地解决了这个问题。在企业内部，EVA有利于企业员工之间的业绩评价，也有利于员工与管理者之间的交流沟通，有效地规避了错误的管理决策。在企业外部，EVA指标适用于不同的外部利益相关者，EVA指标增加，利益相关者各自关注的指标也会相应增加，所以EVA为他们提供了一个共同的指标，缓解了他们之间的矛盾。

（3）EVA体系可以有效地控制管理者的短期行为，迫使其重视企业的长远利益。以前的评价指标都会导致企业管理者的短期行为。因为在这些评价指标下，管理者与企业的其他利益相关者之间存在明显的利益冲突，管理者为了自己的利益，经常会做出一些有损其他利益集团的决策，且不利于企业的长期可持续发展。而在EVA体系下，他们就拥有了共同的目标，管理者做出的决策也就会有利于其他利益相关者，从而有利于企业本身。

（二）主要局限

（1）EVA的概念、计算公式等尚未统一。经济增加值的概念从1982年由斯图尔特咨询公司提出至今不过40年的时间，期间众多机构或学者对EVA进行研究，不同的机构或学者对EVA的定义也不同。对EVA定义不同，EVA的计算公式也不同。企业对究竟应采用哪个公式计算EVA可能会无所适从。

（2）尽管EVA的理论含义清晰简明，但即便是同一定义，但由于EVA在计算过程中包含了许多调整项目（如根据斯图尔特咨询公司研究，要准确计算经济增加值要进行的调整多达120多项，但这并不意味着穷尽所有需要调整的项目）、估计项目（如折旧费用、资产减值损失）和无法准确衡量项目（如股权资本成本）等，真实的EVA无法精准计算。对于一般企业而言，如此庞杂繁琐的调整项目与调整程序可能并不符合会计核算的成本—收益权衡原则和重要性原则。

国资委在中央企业EVA考核的要求

统观《中央企业负责人经营业绩考核暂行办法》及其《经济增加值考核细则》，国资委精挑细选的3个核心会计调整事项全部资本成本要求，以及利润指标与EVA指标间的关系和格局，构成了办法及其细则的五大构件或五大关键要素。

第一，EVA要求对非主营或非经常性业务形成的收益予以剔除（50%），这就意味着中央企业必须将主要资源投入主营业务。这对于一向习惯于多元化经营、投机性经营的相当一部分中央企业而言，专注主业创新商业模式改善产业链位置、追求高附加值将是严峻的挑战。

第二，以技术升级改造和产品创新为导向的研究性支出，以战略性资源开采为目的的投入将被予以资本化。这种鼓励性政策要求中央企业将研究规划与集团战略紧密结合在一起，在经营活动中着眼于长期盈利能力和价值创造能力的培养。在研究性支出中,将更加重视自主创新能力的培养,而不是过多依赖对外部技术的获取。

第三,以往对于企业的固定资产投资,主要的考虑因素仅仅是出于扩大经营规模和利润。引入 EVA 指标之后,股东(出资人)鼓励以持续经营为目的的在建工程建设,即将在建工程从计算资本成本的资本占用中剔除。但是,当在建工程一旦经竣工决算而转入固定资产后,该项资本支出复又被计算扣减资本成本。因此,对在建工程将转而采用投资项目的视角和相应的评价方法,而且在建工程转为固定资产后其资本回报率将被要求大于全部资本成本(率),这就给中央企业的经营规划资本支出提出了更高的要求和标准。

第四,由于 EVA 要求计算包含股东权益资本成本在内的全部资本成本(其他为债务资本成本),这将对企业的战略制定业务经营融资并购产生深远的影响。因为,企业运作的一切环节,需要考虑资本成本因素,即需要衡量战略规划下及并购整合下的预期收益是否能超过资本成本、以资本成本为判别标准的经营活动能否产生超额的收益,或者,是否需要对低收益业务低回报资产进行外包或处置,等等。面对这一经营管理方面的挑战,将显著提升中央企业的管理水平。

第五,在新的考核指标体系中,由于 EVA 具有最大的目标值实现考核得分(类似权重),以及在超目标值情况下的计算优先,EVA 处于新业绩考核体系中的核心地位。但是,由于利润(总额)指标同时存在,作为价值指标的 EVA 与作为盈利或间接规模指标的利润,双方间的内在对立与冲突将导致企业经营管理模式体制的高度复杂化。因而,如何建立这种双重战略目标下的考核指标间的协同效应将成为考验央企管理能力与素质的关键要素。

(资料来源:编者根据相关资料整理)

【实务例题 15-2】 M 企业为中央企业,202×年实现的净利润 612 万元,财务费用中的利息支出 195 万元,"管理费用"项目下的"研究与开发费"和当期确认为无形资产的研究开发支出为 300 万元,本年无息流动负债 954 万元,上年无息流动负债 742.5 万元,平均所有者权益为 3 330 万元,平均负债合计为 4 140 万元,平均在建工程为 119.25 万元,其中包含的资本化利息为 19.25 万元。假设公司适用的所得税率为 25%,要求按简化办法计算 202×年的经济增加值。

[分析]

税后净营业利润=净利润+(利息支出+研究开发费用调整项)×(1-25%)=612+(195+300)×(1-25%)=983.25(万元)。

调整后资本=平均所有者权益+平均负债合计-平均无息流动负债-平均在建工程=3 330+4 140-(954+742.5)/2-119.25=6 502.5(万元)。资产负债率=4 140/(3 330+4 140)=55.42%,由于负债率没有超过 75%,所以按 5.5%确定加权资本成本(中央企业资本成本率原则上规定为 5.5%)。经济增加值=税后净营业利润-调整后资本×平均资本成本率=983.25-6 502.5×5.5%=625.61(万元)。

第三节　经济增加值与激励机制

一、EVA引入激励机制的理论基础

现代企业所有权与经营权的分离，形成了股东和管理者两个利益群体。将EVA引入激励机制设计的核心就是将EVA指标的高低与管理者的薪酬挂钩，不论是所有者还是管理者都会关注企业EVA的变化，企业管理者会将改善企业的EVA作为首要目标考虑，从而能够保证出资人的资本能够得到更好的回报，有助于管理层与股东之间形成利益共享、风险共担的关系。

以EVA为基础的激励机制能促使管理者从自身的效用最大化出发，自愿地与所有者目标采用一致的行动，以实现股东财富最大化，同时实现个人收益最大化。在保证股东财富最大化的前提下，将创造的价值部分地奖励给管理者，同时也让其承担起更多的风险，这是一种将人力资本与权益资本有效结合的新激励形式，弥补了以年薪制、计件制为代表的传统激励机制的缺陷。

二、基于EVA激励机制模式

（一）EVA奖金计划

在EVA奖金计划下，奖金的发放额度取决于经营者在一定时间内对企业EVA的改进程度。所以，即使是那些具有EVA小于零的管理者，由于EVA的改进程度较大，可能获得较高的奖金，而那些具有正数额较大的EVA管理者，由于EVA的改进程度很小，可能只获得较少的奖金。同时，EVA奖金的发放额度主要取决于管理者的绩效，且应当是无限的，即所谓的"上不封顶"。

为避免管理者的短期行为，使管理者具有风险感，EVA奖金系统引入"奖金银行"概念，即年度奖金奖励不会被全部发放，而将其中的一部分存放在公司的专用账户上，这部分"奖金储蓄"直到管理者实现了持续的EVA改进之后才发放，发放的奖金额取决于过去若干年应得奖金累计额。在这种制度下，EVA还能自动地在各年度里自动调整，只要EVA下降，管理者在这一年获得的奖金将会下降。同时，获得下一年奖金的最低绩效标准也会自动地依照已建立的规则而降低。这种机制既有助于激励管理者与企业共渡难关，同时又给予他们获得奖金的新机会。所以说，EVA奖金计划达到了既强调长期激励，又强调短期激励的目的。

（二）有条件的EVA经理期权计划

在这种激励方式下，股票期权的授予价格以公司与管理者签订股票期权合同当天前一个月的股票平均市价或前五个交易日的平均市价的较低者为基准。同时,为了引导管理者将 EVA 的最优目标定位于中长期,这种股票期权的有效期限也较长,一般为 3～10 年。

如果由于管理者严重过失造成企业巨大损失而被董事会解职,其股票期权也相应作废。为了在不损害企业所有者权益的前提下起到充分激励的作用,通常可购的股票数量一般占总股本的 1%～10%。还有其条件的限制,如期权不能一次执行,而要分批、分比例执行;规定购买股票转让套利期限不低于几年;等等。这种激励方式之所以附加限制条件,其目的就在于保证股票期权在长期内保持对管理者的约束力。尽管限制多,但它可以使高级管理者获得真正的所有权,因而在很多情况下,它比奖金计划更为有效。

(三) EVA 奖金期权计划

这是一种建立在 EVA 基础上将奖金和期权相结合的一种激励方式,这种期权最初是实值期权,股票期权的执行价格随时间推移稳定提高,而且是按资本成本设定的,执行价格提高意味着只有当公司权益价值增长超过执行价格增长时,管理者方可获得额外的收益分享。所以说,这种期权可以被购买,但得不到保证;同时管理者只可按其奖金的一定比例购买股票期权,也就是只有那些在经营活动中使 EVA 改进的管理者,才能分享到整个公司的经营利益。

第四节 生产率的计量与评价

一、生产率计量概述

生产率(productivity)是关于生产产品的效率,用以衡量实际投入(数量和成本)与实际产出的关系。一般情况下,投入的不同组合可用于生产特定水平的产出。最优生产效率需满足以下两个条件:(1)对于生产特定产出的各种投入组合,任何一种投入的耗用量,都不超过生产该产出所必需的量;(2)给定满足条件(1)的各种组合,选择其中成本最低的组合。条件(1)是由技术关系驱动的,因此被称为技术效率(technical efficiency)。将作业视为投入,则条件(1)要求消除所有的非增值作业,并要求所实施增值作业的数量应为生产特定产出所需的最低数量。条件(2)由相关投入价格关系所驱动,因此被称为投入权衡效率(input trade-off efficiency)。投入价格决定了各投入品耗用的相对比例,偏离这些固定的比例会造成投入权衡的低效率。

生产率计量(productivity measurement)只是对生产率变化的定量评估。其目的是评估生产效率的升降。生产率计量可以是实际的,也可以是预期的。实际生产率计量使经理人员能够评估、监督和控制变化。预期生产率计量具有前瞻性,可为战略决策提供所需的参数。应特别指出的是,预期计量使经理人员能够比较不同投入组合所带来的相对利益,从而挑选出最有利的投入及投入组合。生产率指标既可用于单独的各项投入,也可用于所有投入的总体。

二、单要素生产率计量

(一) 单要素生产率的定义

单要素生产率(single factor productivity,SFP)指单一投入要素的生产率,也被称为局部生产率(partial productivity),通常可通过计算生产对投入的比率来计量,即:

$$生产率 = 产出 \div 投入$$

该指标如果投入产出都以实物数量来表示,则得到的是营运性生产率指标;如果投入或产出是以货币表示的,则得到的是财务性生产率指标。例如,假设 20×0 年双创公司生产出 120 000 台小窗空调用发动机,耗用 40 000 人工小时,人工生产率为每小时 3 台发动机(120 000÷40 000),这是营运性指标;如果每台发动机的销售价格为 50 元,工人成本为每小时 12 元,则人工生产率为 12.5,即每元人工成本带来的收入为 12.5 元(6 000 000 000÷480 000),这是财务性指标。

(二) 单要素生产率变化

每小时 3 台发动机的人工生产率所计量的是双创公司 20×0 年的生产率,要反映公司生产率是提高还是降低等方面信息,该比率无能为力。然而,通过计量生产率的变化来编制关于生产效率增减的报告还是可能的。为此,应将当期的实际生产率指标与前一期的生产率指标相比较。前期可称为基期,它为计量生产效率的变化设置了标准。前期可以是任何规定的期间,如上年、上周甚是生产上批产品的期间。从战略评价的角度看,通常选择一个较早年度作为基期。从经营控制的角度看,基期偏于接近当期为宜。

举例来说,假设以 20×0 年为基期,则人工生产率标准为每小时 3 台发动机。再假设 20×0 年晚些时候,双创公司决定尝试一种生产装配发动机的新程序,期望该程序可以减少人工。20×1 年工人生产率为每小时 4 台发动机(150 000÷37 500)。生产率的变化为每小时增加 1 台,这是人工生产率上的重大提高,可为新程序的功效提供有力的证明。

三、全要素生产率计量

一次计量所有投入要素的生产率称为全要素生产率计量(total factor productivity,TFP)。全要素生产率计量要求开发一种多因素计量法,在有关生产率测度研究中,多因素法是运用综合生产率指数。会计上有两种计量方法:侧面计量和与利润相连的生产率计量。

(一) 侧面生产率计量(profile productivity measurement)

生产一种产品涉及数量众多的重要投入,诸如人工、材料、资本和能源。侧面计量法可提供一系列独立且相异的局部营运性指标。对多期侧面进行比较,以提供关于生产率变化的信息。

假设只使用两种投入:人工和材料。如前所述,双创公司20×1年实行了一种新的生产装配程序。现在假设新程序同时影响了人工和材料。首先考察一下两种投入的生产率朝同一方向变化的情况,表15-2为20×0年和20×1年投入产出数量数据。

表 15-2 20×0 年和 20×1 年投入产出数量数据

项 目	20×0 年	20×1 年
生产发动机数量(台)	120 000	150 000
耗用工时(小时)	40 000	37 500
耗用材料(磅)	1 200 000	1 428 571

表15-3列示两年的生产率比率侧面,20×0年的侧面为(3, 0.1),20×1年的侧面为(4, 0.105)。比较两年的侧面,可以看到人工和材料的生产率都有所提高。侧面比较提供的信息足以使管理人员得出这样的结论:新的装配过程确实改善了全要素生产率。然而,这些比率没有揭示出这一改善的价值,不能揭示出生产效率总体变化的性质。在某些情况下,侧面分析无法指明生产率变化是有利还是不利。

表 15-3 20×0 年和 20×1 年投入产出数量数据

项 目	局部生产率比率	
	20×0 年侧面	20×1 年侧面
人工生产率比率	3.000 (120 000÷40 000)	4.000 (150 000÷37 500)
材料生产率比率	0.1000 (120 000÷1 200 000)	同向变化情形:0.105 (150 000÷1 428 571) 消长情形:0.088 (150 000÷1 700 000)

为了说明这一点,我们对双创公司的数据进行了修改,以便考虑两种投入间的消长问题。假设除了20×1年所耗用的材料外,所有数据不变。20×1年耗用的材料为1 700 000磅。20×0年的生产率侧面还是(3, 0.1),但20×1年的侧面变成(4, 0.088)。现在,生产率断面比较提供的是一个混合信号,人工生产率从3升到4,而材料生产率从0.1下降到0.088。新程序造成了两种生产率指标间的此消彼长。再者,尽管侧面分析揭示该消长的存在,却依然没有揭示出它是有利的还是不利的。如果生产率变化的经济后果(economic consequences)是正向的,则这样的消长就是有利的;反之,则视为不利。通过对消长进行估价,我们便能够评估装配过程的变更决策的经济后果。

(二)与利润相联系的生产率计量(profit-linked productivity measurement)

对生产率变化进行估价的方法之一是评估生产率变化对当期利润的影响。从基期到当期,利润会发生变化,其中的某些变化量由生产率变化造成。计量由生产率变化引起的利润变化即为与利润相联系的生产率计量。评估生产率变化对当期利润的影响将有助于管理当局理解生产率变化的经济重要性。

利润联系规则将生产率变化与利润联系起来。这一规则假设在当期不存在生产率变化,计算应该耗用投入的成本,将其与当期实际耗用投入的成本相比较,其间的成本差异就是生产率变化而引起的利润变化的金额。

运用利润联系规则须计算出假设不存在生产率变化时当期本应耗用的投入。用 PQ 代表生产率恒定时的投入数量,将当期产量除以某一特定投入的基期生产率比率,可确定该投入的 PQ:

$$PQ = 当期产量 \div 基期生产率$$

为了说明利润联系规则的运用,我们回到上述投入消长情形,对双创公司补充一些成本数据。如表15-4所示。

表15-4 20×0年和20×1年投入产出数量数据

项 目	20×0年	20×1年
生产发动机数量(台)	120 000	150 000
耗用工时(小时)	40 000	37 500
耗用材料(磅)	1 200 000	1 700 000
单位售价(元)	50	48
每人工小时工资(元)	11	12
每磅材料成本(元)	2	3

当期(20×1年)产量为150 000台发动机,基期的人工和材料生产率比率分别为3和0.1。根据这些数据,生产率恒定时的每种投入数量计算如下:

$$PQ(人工) = 150\ 000 \div 3 = 5\ 000(小时)$$

$$PQ(材料) = 150\ 000 \div 0.1 = 1\ 500\ 000(磅)$$

本例中,PQ 给出了假设生产率不变时20×1年本应耗用的人工及材料投入量。应该发生成本可通过将每小时投入的数量(PQ)乘以其当期价格(P),然后不同投入应发生成本加总;投入的实际成本是通过实际数量(AQ)乘以每种投入的现行价格,然后得数加总;最后将 PQ 总成本减去现行总成本,便可得出生产率对利润的影响。

$$利润相关影响 = 应发生总成本 - 现行总成本$$
$$= 5\ 100\ 000 - 5\ 550\ 000$$
$$= -450\ 000(利润减少)$$

表15-5归纳总结与利润相关影响的计算。

表15-5 利润相关生产率计量

投入	PQ	$PQ×P$	AQ	$AQ×P$	$PQ×P-AQ×P$
人工	5 000	600 000	375 000	450 000	150 000
材料	1 500 000	4 500 000	1 700 000	5 100 000	−600 000
总计	—	5 100 000	—	5 550 000	−450 000

值得注意的是,与利润相联系的生产率的影响可能分配到各项投入要素。人工生产率的提高产生了150 000的利润增加,而材料生产率的下降造成了600 000的利润减少。大部分的利润减少是由材料耗用的增加造成的——新过程中的废料废品和损坏的产品明显要多得多。因此,与利润相联系的指标不仅可计量总体的影响,而且还可计量局部的影响;与利润相联系的总体生产率指标是各局部性指标的总和。这一特性使与利润相联系的指标很适于评估消长的利弊。关于生产率变化影响的一幅更清晰的画面便浮现出来。除非能更好地控制废料及废品,否则公司应返回到旧的装配过程。当然,也可能是由于工人们还未充分掌握这一新程序,人工生产率还可能进一步改善。随着工人对新程序的逐渐熟悉,材料耗用也可能将会减少。

阅读材料

全要素生产率的估算方法简介

全要素生产率估算方法可分为两大类:一类是增长会计法(本节介绍的计量方法属于此类),另一类是经济计量法。

增长会计法的基本思路是以新古典增长理论为基础,将经济增长中要素投入贡献剔除掉,从而得到全要素生产率增长的估算值,其本质是一种指数方法。按照指数的不同构造方式,可分为代数指数法和几何指数法。代数指数法(arithmetic index number approach)基本思想是把全要素生产率表示为产出数量指数与所有投入要素加权指数的比率。几何指数法也称索洛余值法(Solow residual),最早由索洛(Solow,1957)提出,基本思路是估算出总量生产函数后,采用产出增长率扣除各投入要素增长率后的余值来测算全要素生产率增长。

经济计量方法主要包括隐性变量法和潜在产出法。隐性变量法(latent variable approach)的基本思路是将全要素生产率视为一个隐性变量即未观测变量,借助状态空间模型利用极大似然估计测算全要素生产率。潜在产出法(potential output approach)也称边界生产函数法(frontier production function),基本思路是将经济增长归为要素投入增长、技术进步和技术效率提升三部分,全要素生产率增长等于技术进步率与技术效率改善之和。潜在产出法又可分为非参数数据包络分析（data envelopment analysis，DEA）和参数随机边界分析（stochastic frontier analysis，SFA）等。

目前，学术界关于全要素生产率内涵的界定还有分歧，关于全要素生产率的估算方法还在不断发展完善中。早期对全要素生产率的测度主要是针对国家、地区或者产业等宏观层面展开，近年来针对微观企业全要素生产率测算研究有增多趋势。总体来说，增长会计法是以新古典增长理论为基础，估算过程相对简便，考虑因素较少，但主要缺点是假设约束较强，也较为粗糙；而经济计量法利用各种经济计量模型估算全要素生产率，较为全面地考虑各种因素的影响，但模型构建需依存系列假设条件，估算过程较为复杂。

四、价格回收成分（price-recovery component）

与利润相联系的指标计算的是从基期到当期由于生产率变化而引起的利润变动金额。该变动额一般来说并不等于两期之间的总利润变化。总利润变化和与利润相联系的生产率变化间的差额称为价格回收成分。假设生产率不变，则该成分就等于收入的变动额减去投入成本的变动额。因此，它计量的是生产率不变情况下收入变动弥补投入成本变动的能力。为了计算价格回收成分，须计算每期的利润变动。如表15-6所示。

表15-6　利润变动计算

项　目	20×0	20×1	差异
收入(元)①	7 200 000	6 000 000	1 200 000
投入成本(元)②	5 550 000	2 840 000	2 710 000
利润(元)	1 650 000	3 160 000	−1 510 000

① 7 200 000＝1 500 000×48；6 000 000＝1 200 000×50。
② 5 550 000＝12×375 000＋3×1 700 000；2 840 000＝11×40 000＋2×1 200 000。

$$价格回收成分＝利润变动－与利润相联系的生产率变动$$
$$＝1 510 000－450 000$$
$$＝1 060 000（元）$$

本例中，收入的增加不足以弥补投入成本的增加，生产率的降低又加剧了价格回收问题。

五、生产率标准的评价

（一）单要素生产率指标的优缺点

成本性态对单要素生产率的影响。对于变动成本部分，如直接材料，生产率改进衡量的是用于生产产出的投入资源的减少。对于像加工成本这样的固定成本元素，单要素生产率衡量的是总生产能力的变化，而不管每期实际使用的生产能力数量。

单要素生产率标准的一个优点是，它们集中于单一投入。因此，它们计算简单并容易被操作人员理解。管理者和操作员通过检测这些数字可以理解生产率变化的原因——更好的员工培训、更低的劳动力转换率、更好的动机、改善的方法或者以材料代替劳动。

尽管它们有这些优点，单要素生产率标准同样有很多严重的缺陷。由于单要素生产率在一个时期集中于单一投入而不是同时集中于所有投入，所以管理者无法评估投入替代物对整个生产率的影响。假设从一个时期到下一个时期，生产加工能力生产率上升的同时直接材料的生产率下降，单要素生产率标准不能评价生产加工部分生产率的增长是否抵减了直接材料部分生产率的下降。

（二）全要素生产率指标的优缺点

全要素生产率的一个主要优点是它衡量所有投入的综合生产率，并且精确地考虑由于减少实际投入和投入品之间的互相替代而带来的收益。管理者能通过分析这些数字理解全要素生产率的变化原因。例如，人力资源管理的增强、材料质量的提高或生产方法的改进。虽然全生产率标准是综合性的，操作人员发现财务性整体生产率标准更难理解，并且执行目标不如实际的单要素生产率标准有用。

但是，如果基于生产率的红利仅仅取决于制造人工单要素生产率的收益，那么员工就有以材料（或资本）替代劳动的动机，这种替代提高了他们自己的生产率标准，但却可能降低公司的全要素生产率。为了克服这些动机问题，如伊顿、惠而浦等许多公司受到新设备投资等其他因素的影响，从而准确地调整基于人工部分生产率的红利。也就是说，它们结合了单要素生产率和全要素生产率类似的标准。如钢铁生产商贝伦制造（Behlen Manufacturing）和微芯片生产商摩托罗拉等许多公司同时利用单要素生产率和全要素生产率来评价业绩。

本 章 小 结

经济增加值（EVA）基本思想是指企业利润减去所有的资本成本之后的余值。EVA计算公式需根据具体情况进行修正，修正思路主要从税后利润和权益资本成本两个方面展开。基于EVA激励模式通常有EVA奖金期权计划、EVA经理期权计划和EVA奖金计划。

生产率关注的是投入产出的效率如何。单要素生产率指标衡量单项投入的耗用效率。总体生产率指标评价所有投入的效率。与利润相联系的生产率的影响是用联系规则计算。利润影响基本上通过计算生产率不变时所应耗用的投入成本与实际耗用的投入成本之差得到。由于各项投入存在此消彼长的可能性，因此对生产率的变动进行评估就很有必要。

 简答论述

1. 简述EVA计算基本原理以及修正的基本思路。
2. EVA为什么能成为现在企业重要的绩效评价指标之一？
3. 简述奖金期权计划、经理期权计划和奖金计划三种基于EVA激励模式的主要区别。
4. 什么是单要素生产率、全要素生产率？简述两个指标的优缺点。

 不定项选择题

1. 通常对公司内部所有经营单位使用统一的资本成本计算经济增加值的有（　　）。
   A. 披露的经济增加值　　　　　　B. 基本的经济增加值
   C. 真实的经济增加值　　　　　　D. 特殊的经济增加值
2. 甲公司是一家中央企业上市公司，依据国资委《中央企业负责人经营业绩考核办法》采用经济增加值进行业绩考核。2020年公司净利润10亿元，利息支出3亿元、研发支出2亿元全部计入损益，调整后资本100亿元，资本成本率6％。企业所得税税率25％。公司2020年经济增加值是（　　）亿元。
   A. 7　　　　　　B. 7.75　　　　　　C. 9　　　　　　D. 9.5
3. 在计算披露的经济增加值时，下列（　　）项目需要进行调整。
   A. 研究费用　　　　　　　　　　B. 争取客户的营销费用
   C. 资本化利息支出　　　　　　　D. 折旧费用
4. 下列关于简化的经济增加值的说法中，不正确的有（　　）。
   A. 经济增加值＝税后净营业利润－调整后资本×平均资本成本率
   B. 调整后资本＝平均所有者权益＋平均负债合计－平均无息流动负债
   C. 中央企业资本成本率原则上设定为5％
   D. 税后净营业利润＝净利润＋（利息支出＋研究开发费用调整项）×（1－25％）
5. 在平衡计分卡中，经济增加值属于（　　）角度的指标。
   A. 客户　　　　　　　　　　　　B. 内部流程
   C. 财务　　　　　　　　　　　　D. 学习与成长

参考答案

1. AD　2. B　3. ABD　4. BC　5. C

第1题简析：基本经济增加值＝税后净营业利润－加权平均资本成本×报表总资产，是根据未经调整的经营利润和总资产计算的经济增加值；披露的经济增加值是利用公开会计数据进行十多项标准的调整计算出来的;通常对公司内部所有的经营单位使用统一的资金成本;特殊的经济增加值是为了使经济增加值适合特定公司内部的业绩管理,还需要进行特殊的调整,是"量身定做"的经济增加值,通常对公司内部所有经营单位使用统一的资本成本;真实的经济增加值是公司经济利润最正确和最准确的度量指标,要对会计数据做出所有必要的调整,并对公司中每一个经营单位都使用不同的更准确的资本成本。

第 2 题简析:税后净营业利润=10+(3+2)×(1−25%)=13.75 亿元,公司 2020 年经济增加值=税后净营业利润−调整后资本×平均资本成本率=13.75−100×6%=7.75 亿元。

 道德问题思考

工资下降生产效率降低,日本经济陷入"贫穷循环"?

据日本国税厅统计,日本在民营企业就职的员工年平均工资为 432 万日元(26.1 万元人民币),其中正式员工的平均工资为 493 万日元(29.8 万元人民币),派遣工等非正规就业员工的工资为 175 万日元(10.6 万元人民币)。日本 26 万人民币的平均年薪与任意一个发展中国家相比,那都是相当可观的,可是在七国集团当中,日本的工资则明显拖了后腿。据日经中文网报道,在过去 20 年里,英国的时薪上涨了 87%,美国增长了 76%,法国和德国分别增长了 66% 和 55%,韩国更是增长了 250%,而日本成了 G7 国家中唯一出现时薪下降的国家——工资下降了 9%,平均收入比美国低了三成。

工资下降使得生产效率低,令高效率的生产环境难以持续,在这样的背景下企业不愿意提高用工成本,使得产品失去竞争力,从而陷入了"贫穷循环"。最近 5 年里,日本劳动生产率提高了 9%,而日本人的实际工资剔除物价影响只上涨了 2%。

日本工资起点太高,勉强回到 10 年前水准。早在二十世纪八十年代,日本经济就经历了一段黄金时期,那个时候日本的工资水平在全球排名第九,然而随着经济泡沫破裂,日本遭受了第一轮打击,在 1998 年最谷底的时候,日本企业冬季奖金发放同比减少了 3%。正当日本逐渐从危机中走出时,2008 年全球金融危机又使得日本工资经历了新一轮下滑,直到近年才勉强回到全球金融危机前的水准。

为了提高日本民众的平均工资,经过多年磨合,日本还形成了相对有序的劳资双方沟通模式,每年 2 月,各类工会团体就会组织例行的春季罢工和工资谈判活动,与主要企业谈判新一年的基本工资涨幅,这个制度又被称为"春斗"。尽管如此,日本的工资水平还是没有增长至合理水平,据专业人士分析,应将日本最低工资的涨幅从现在的 3% 左右提高至 5% 左右。但实际上,据日本在野党调查显示,2018 年 1 月至 11 月同一企业实际薪资增长率为负。更令不少日本就业者心理不平衡的是,日本还面临严重的劳动力短缺,根据日本厚生劳动省发布的另一份数据报告显示,日本 2018 年平均有效招聘倍率比上一年上升 0.11 点,达 1.61 倍,即每一个求职者对应着 1.61 个职位,仅次于

1973年。受此影响,日本企业破产数量开始呈上升趋势,2019年1月日本的破产企业数量比2018年同期增加了4.9%。一个可能原因是,日本老年人人数较多,而这些老人往往从事派遣工等职位,从而拉低工资水平和生产效率。另外,政府对设备的投资不足,也令生产率大幅下降。

(资料来源:https://www.sohu.com/a/303844260_481520)

要求:
1. 分析工资率与生产效率之间可能蕴含的逻辑关系。
2. 分析案例中日本企业可能存在的道德失范行为。

EVA越大越好吗?

A上市公司主营为工业废弃物和农林废弃物的无害化综合开发、环保技术和产品的开发。2010年经济增加值为4 610 833.96元,但其构成为:经营性经济增加值为－15 825 684.7元,投资性经济增加值为20 436 518.64元。对经济增加值的贡献比为经营性增加值占比－343.23%,投资性经济增加值占比443.23%。这种构成比前提下的EVA越大越好吗?作为健康的企业来说,主业是经营,投资只是辅业,如果让辅业占据主体,这个企业的经营价值就微乎其微。另外,对外投资的不可控制的因素多,今年大盈,明年可能出现大跌。这样的EVA显然没有可持续性。如果以此为导向,则会出现重辅业、重投机,轻主业、轻积累的经营管理格局。久而久之,就会濒临破产。目前,A企业已经资不抵债,退市出局。

B上市公司主营为手机制造。2002年,经济增加值为959 530 431.8元,可以排到上市公司经济增加值的前十名,其来源构成主要为手机经营,没有对外投资项目。因此,无论是总量还是其构成都十分良好。但自有资金极少,主要靠供应商的应付货款、销售商的预付货款支撑,无息负债占到总资产的86%,投入充足率即投入资本占总资产比为14%。这种情况下的EVA越大越好吗?由于自有资金少,在销售形势好的情况下,供应商、销售商的支持率很高,资金周转还畅通;但在销售形势不好的情况下,供应商、销售商都会紧缩应付预付款项,资金周转极为困难,企业跌入破产的风险性加大(著名品牌爱多VCD就因此而破产)。B企业在2003—2004年,由于手机返修率高,供应商、销售商等无息负债大幅缩减,从而出现了资金短缺的情况,营业收入、经营利润大幅降低,经济增加值从正到负,最后不得不退市。

思考:
结合案例资料,对"EVA越大越好"的观点进行评论。

第十六章　激　励　计　划

思政导语

马克思指出,"假如必须等待积累去使某个资本增长到能够修建铁路的程度,那么恐怕直到今天世界上还没有铁路,但是,通过股份公司转瞬间就把这件事完成了"。这句话表明股份制是促进生产力发展的有效资本组织形式;同时也昭示,科学的激励机制设计对于企业和社会的发展至关重要。从冲破"两个凡是"的禁锢观念,到抛弃"姓资姓社"的无谓争论,再到构建"亲""清"政企关系,有效激发企业和员工积极性是建立我国社会主义市场经济体制的题中应有之义。

学习目标

- 了解基本激励理论
- 掌握股票期权激励计划原理并会应用
- 理解股票期权的业绩评价标准

情境案例

公司发了 6 亿元股票激励,8 位骨干"十动然拒"

股权激励,是公司为了激励和留住核心人才而推出的"香饽饽",是只有少数员工才能享受的蛋糕。对很多人来说,就算抢破了头也难以靠近这蛋糕,而如今恺英网络 8 位骨干成为激励对象后,竟然摆手不要,究竟为何?

回顾历史,恺英网络于 2017 年 6 月份披露限制性股票激励计划(草案),公司拟向激励对象授予 3 800 万股限制性股票。其中,首期授予 3 420 万股,授予对象合计 8 人。首期获授的 8 人为在职的中层管理人员和核心技术(业务)人员,以及公司董事会认为应当激励的其他员工。此后,上述激励计划顺利通过恺英网络股东会审议。8 月 28

日,公司董事会审议通过议案,同意8月28日为授予日,实施首期限制性股票的授予工作。没想到短短1个月,这份激励计划竟然宣告终止。

记者注意到,首期授予限制性股票的授予价格为17.54元/股,以此估算,倘若8名激励对象全部认购,合计需要掏出约6亿元真金白银。对于普通人而言,要筹到这样一笔巨款无异于天方夜谭。而在激励计划推出时,恺英网络股价(6月9日收盘价)仅为17.34元/股,低于17.54元/股的限制性股票授予价格。在A股市场上市公司推出"半价"股权激励的情况可谓普遍,像恺英网络这般高于"市价"的条件实属罕见。

(资料来源:编者根据相关资料整理)

第一节 激励理论

激励理论是业绩评价理论的重要依据,它说明了为什么业绩评价能够促进企业业绩的提高,以及什么样的业绩评价机制才能够促进企业业绩的提高。

一、激励理论的种类

自进入20世纪,国外许多管理学家、心理学家和社会学家结合现代管理的实践,提出了许多激励理论。这些理论按照形成时间及其所研究的重点不同,可分为内容型激励理论、过程型激励理论和行为改造型激励理论三大类。

(一)内容型激励理论

内容型激励理论是指针对激励的原因与起激励作用的因素的具体内容进行研究的理论。内容型激励理论重点研究激发动机的诱因。这种理论着眼于满足人们需要的内容,即人们需要什么就满足什么,从而激起人们的动机。主要包括马斯洛的"需要层次论"、赫茨伯格的"双因素论"、麦克利兰的"成就需要激励理论"、奥德弗的"ERG理论"等。

1. 马斯洛需求层次理论

马斯洛将人的需要分为五个层次:(1)生理需要,维持人类生存所必需的身体需要。(2)安全需要,保证身心免受伤害。(3)归属和爱的需要,包括感情、归属、被接纳、友谊等需要。(4)尊重的需要,包括内在的尊重(如自尊心、自主权、成就感等)需要和外在的尊重(如地位、认同、受重视等)需要。(5)自我实现的需要,包括个人成长、发挥个人潜能、实现个人理想的需要。

马斯洛认为,低层次的需要只有得到部分满足以后,高层次的需要才有可能成为行为的重要决定因素;高层次的需要比低层次需要更有价值,人的需要结构是动态的、发展变化的。

2. 赫兹伯格的双因素理论(two factor theory)

亦称"激励—保健理论"。美国心理学家赫兹伯格1959年提出该理论,他把影响企业员工生产积极性和生产效率的有关因素分为两种,即满意因素和不满意因素。满意因素是指可以使人得到满足和激励的因素。不满意因素是指容易产生意见和消极行为的因素,即保健因素。

保健因素不能得到满足,则易使员工产生不满情绪、消极怠工,甚至引起罢工等对抗行为;但在保健因素得到一定程度改善以后,无论再如何进行改善的努力往往也很难使员工感到满意,因此也就难以再由此激发员工的工作积极性,所以就保健因素来说,"不满意"的对立面应该是"没有不满意"。如工资报酬、工作条件、企业政策、行政管理、劳动保护、领导水平、福利待遇、安全措施、人际关系等都是保健因素。它不能直接起激励职工的作用,但却有预防性。激励因素的改善而使员工感到满意的结果,能够极大地激发员工工作的热情,提高劳动生产效率;但激励因素即使管理层不予满足,往往也不会因此使员工感到不满意,所以就激励因素来说,"满意"的对立面应该是"没有满意"。

管理者首先应该注意满足职工的"保健因素",防止职工消极怠工,使职工不致产生不满情绪,同时还要注意利用"激励因素",尽量使职工得到满足的机会。

3. 麦克利兰的成就需要理论

该理论认为,在人的生存需要基本得到满足的前提下,成就需要、权利需要和合群需要是人的最主要的三种需要。该理论认为,成就需要强烈的人事业心强,喜欢那些能发挥其独立解决问题能力的环境。在管理中,只要对他提供合适的环境,他就会充分发挥发挥自己的能力。权利需要较强的人有责任感,愿意承担需要的竞争,并且能够取得较高的社会地位的工作,喜欢追求和影响别人。合群需要欲望强烈的人渴望获得他人赞同,高度服从群体规范,忠实可靠。

4. 奥德弗的ERG理论

"ERG"理论是生存(existence)—相互关系(relatedness)—成长需要(growth)理论的简称,由美国耶鲁大学教授奥德弗提出。奥德弗认为,职工的需要有三类:生存的需要(E)、相互关系需要(R)和成长发展需要(G)。该理论认为,各个层次的需要受到的满足越少,越为人们所渴望;较低层次的需要者越是能够得到较多的满足,则较高层次的需要就越渴望得到满足;如果较高层次的需要得不到满足,人们会重新追求较低层次需要的满足。与马斯洛的需要层次理论不同的是,"ERG"理论除了用3种需要替代5种需要以外,还表明人在同一时间可能有不止一种需要起作用;如果较高层次需要的满足受到抑制的话,那么人们对较低层次的需要的渴望会变得更加强烈。

(二)过程型激励理论

过程型激励理论是研究从人的动机产生到最终采取行动的心理过程的理论。它的主要任务是找出对行为起决定作用的某些关键因素,弄清它们之间的相互关系,以预测和控制人的行为。

1. 弗鲁姆的希望理论

弗鲁姆认为,一种激励因素的作用大小取决于两个方面:一是人对激励因素所能实现的可能性大小的期望;二是激励因素对其本人效价的大小。激励力量等于期望值和效价的乘积,即:

$$激励力量 = 期望值 \times 效价$$

"期望值"是指根据过去的经验,对获得某种结果概率的判断。"效价"是指此人对这个激励因素的爱好程度,即对他所要达到目标的价值的估计。

在管理工作中应用"期望值",要注意三点:第一,要科学地设置目标,使目标给人以希望,从而产生心理动力;第二,要提高期望水平,提高员工对目标的重要意义的认识,这样就会提高效价;第三,正确处理好期望与结果的关系,防止员工期望过高,导致失望太大。

2. 亚当斯的公平理论

"公平理论"是研究人的动机和知觉关系的一种理论。亚当斯认为,一个人对他所得到的报酬是否满意,不是只看其绝对值,而是进行社会比较和历史比较,看其相对值。两种比较结果相等时,就公平;公平就能激励人。反之,就会使人感到不公平;不公平就会产生紧张、不安和不满情绪,影响工作积极性的发挥。在管理工作中应用亚当斯的理论时,要注意企业奖惩制度的合理性,同时防止在工作评定中贬低别人、抬高自己、搬弄是非、左右舆论、制造矛盾等不良倾向。

(三) 行为改造型激励理论

行为改造理论是研究如何改造和转化人们的行为,使其达到目标的一种理论。

1. 亚当斯的挫折理论

由于目标无法实现,动机和需要不能满足,就会导致产生一种情绪状态,这就是"挫折"。使人产生挫折心理的条件有:首先,个人所得期望的目标是重要的、强烈的;其次,个人认为这种目标有可能达成;再次,在目标与现实间存在难以克服的障碍。根据不同人的心理特点,受到挫折后的行为表现主要有两大类:采取积极进取态度,采取减轻挫折和满足需要的积极适应的态度;采取消极态度,甚至是对抗态度,诸如攻击、冷漠、幻想、退化、忧虑、固执和妥协等。

2. 斯金纳的强化理论

心理学认为,人的行为的结果对动机有反作用。如果行为是好的结果,这就能对动机起正强化作用,即能使人的行为得到加强和重复;如果行为的结果使动机得到削弱,这就对动机起负强化作用,会使人的行为削弱或消失。

3. 海德的归因理论

归因理论是关于人的某种行为与其动机、目的和价值取向等属性之间逻辑结合的理论。归因可分为两类:一是情境归因;二是个性倾向归因。情境归因是把个人行为的根本原因归为外部力量,如环境条件、社会舆论、企业的设备、工作任务、天气的变化等。个人倾向归因,是把个人行为的根本原因归结为个人的自身特点,如能力、兴趣、性格、努力程度等。

二、激励机制的建立和实施原则

(一) 实行目标激励

1. 目标设置

应注意以下关键问题:首先,目标应该具体化,既要有一定难度又要有实现的可能性,要阐明目标的社会价值并和个人利益相联系;其次,让完成目标的人参与目标设置;还要对达到目标的进程有及时、客观的反馈信息。

2. 目标管理

主要程序包括:(1)制定总体目标;(2)作好组织准备;(3)制定个人计划;(4)阶段性成果评定。

(二) 营造富有创新活力的企业文化

瞬息万变的外部环境要求企业组织必须从僵化的机械模式,转变为更具有灵活性和适应性的有机模式。企业之间的竞争已从生产效率的竞争演化为创新率的竞争,其本质是企业文化的竞争,传统的"命令式"的领导方式已不适应对新型"知识员工"的管理。管理在一定程度上就是用一定的文化塑造人,只有当企业文化能够真正融入每个员工的价值观时,他们才能把企业的目标当成自己的奋斗目标,因此用员工认可的文化来管理,可以为企业的长远发展提供动力。

(三) 建立和实施多渠道、多层次激励机制

企业所采取的激励的手段应灵活多样,要根据不同的工作、不同的人、不同的情况制定出多渠道、多层次的激励制度,且应该根据经营环境变化及时调整。

(四) 充分考虑员工个体差异

激励的目的是为了提高员工工作的积极性,影响工作积极性的主要因素有:工作性质、领导行为、个人发展、人际关系、报酬福利和工作环境,而且这些因素对于不同企业所产生影响的排序也不同,企业要根据不同的类型和特点制定激励制度,而且在实施激励机制时一定要考虑到个体差异。

(五) 重视税务风险

我国税法对企业所得税和个人所得税的税务处理的规定非常复杂,处理不当容易产生偷逃漏税的风险。以股权激励为例,常见的风险点有:工资、薪金调整后"三费"(职工福利费、职工教育经费和工会经费)扣除问题;股权激励对象合法问题;股权激励股票数量问题;上市公司实行股权激励资格问题。一方面,这些常见风险容易导致企业发生偷逃漏税行为;另一方面,也常会增加股权激励的成本,很可能与企业管理者预期不一致,从而达不到股权激励的效果。

第二节　股票期权激励计划

股票期权激励计划（stock option incentive plan，股权激励）即以股票作为手段对经营者进行激励。股权激励的理论依据是所有权、经营权的分离和股东价值最大化。股东为达到所持股权价值的最大化，在所有权和经营权分离的现代企业制度下实行的股权激励。

一、股权激励方式

如果从股票的来源区分，股权激励方案可分为股东转让股票和上市公司向激励对象定向发行股票，定向发行股票又分为限制性股票和股票期权。

（一）限制性股票

限制性股票如按股票来源细分，即提供给激励对象的股票是通过计提奖励基金从二级市场回购，或是向激励对象定向发行的股票，又可分为计提奖励基金回购型、授予新股型（定向发行）。

1. 计提奖励基金回购型限制性股票

公司业绩达到股权激励计划约定的奖励基金提取条件后，公司提取奖励基金，从二级市场购买本公司股票，再等到符合股票授予的条件时（如业绩或股价达标），公司将回购的股票无偿赠予激励对象。

2. 授予新股型限制性股票

当公司业绩满足股权激励计划条件时，授予激励对象一定数量的公司股票的前提是，激励对象按照一定的价格（授予价格）购买公司股票时，该价格一般比确定价格的市价低。

（二）股票期权

如按是否提取部分奖励基金为行权提供资金，可分为不计提奖励基金的股票期权和计提奖励基金的股票期权。

1. 标准股票期权

当业绩条件满足时，允许激励对象在一定的期间内（可行权期间）以计划确定的价格（行权日）购买公司股票。如果股价高涨，激励对象将获得巨大利益；同时对公司而言，激励对象行权也是一种定向增发，为公司筹得一定数量的资金。

2. 提取奖励基金的股票期权

标准的股票期权行权时，激励对象一般都自筹资金认购股份，也可提取奖励基金，作为激励对象行权时的资金来源之一。

股票期权与限制性股票比较如图 16-1 所示。

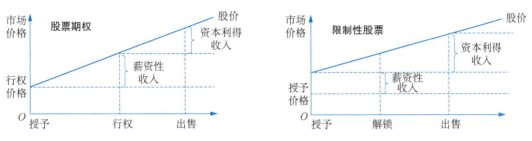

图 16-1　股票期权与限制性股票比较

(三) 限制性股票与股票期权结合

当符合业绩条件时,企业以净利润增加额为基础、按一定比例提取奖励基金,从二级市场购买股票,主要用于奖励有突出贡献的员工。

常用激励工具

直接入股:激励对象按一定价格购买一定数量的公司股份,员工通过持股分享股东利益(在非上市公司存在零价格转让的情况);

股票期权:激励对象获授在未来一定时期内以预先确定的价格和条件购买本公司一定数量股票的权利,员工获得股票增值部分的收益,或在行权后分享股东利益。

限制性股票:激励对象获授一定数量的公司股票,只有在工作年限或业绩目标符合规定条件,限制性股票才能实际归属至激励对象名下,并从中获益。

股票增值权:激励对象获授一定数量的权利,该权利可以获得公司股票在某段时间内的增值价值,该模式与股票期权的区别在于股票期权在行权后可以拥有股票,而股票增值权行权后可获得增值部分的现金。

虚拟股票:公司向激励对象授予的与公司真实股权对应(虚拟股票)单位,单位的持有者可以在一定时期以后获得与其对应的真实股权的全部价值,增值权、分红收益。

业绩奖金:绩效单位的价值是以现金标价授予的,并且奖金通常根据一段指定的时期内预先设定的绩效目标的完成情况来发放。如果没有满足最低绩效标准,绩效单位会被没收。

其他现金计划:利润分享计划、长期奖金库计划。

以上七种激励工具逻辑关系如图 16-2 所示。

图16-2 激励工具类别

（资料来源：编者根据相关资料整理）

二、股票期权激励计划主要构件

（一）激励对象

1. 确定依据

一般根据《公司法》《证券法》《上市公司股权激励办法（试行）》及其他有关法律、行政法规和公司章程的相关规定，结合公司实际情况而确定。

2. 实际执行情况

已经实施的公司，激励对象一般为在公司领取报酬的董事（不含独立董事）、监事、高级管理人员、中层管理人员、核心技术、业务人员等，也有公司仅将董事、监事、高级管理人员列为激励对象。有些公司预留部分限制性股票、股票期权给将来引进的关键岗位人员。中国证券监督管理委员会在2008年3月的股权激励有关事项备忘录中规定，为发挥上市公司监事的监督作用、确保独立性，其不得成为股权激励对象。在2008年9月的股权激励有关事项备忘录中规定：董事、高级管理人员、核心技术（业务）人员以外人员成为激励对象的，上市公司应在股权激励计划备案材料中逐一分析其与上市公司业务或业绩的关联程度，说明其作为激励对象的合理性。

（二）标的股票来源、数量

1. 标的股票来源

用于股权激励的标的股票来源有两种：计提奖励基金回购、定向发行，限制性股票可以采用以上方式，但是如果仅是通过计提奖励基金回购股票的形式实行股权激励的，在董事会通过股权激励计划时，只能确定计提奖励基金的比例，不能确定股票数量，因为股价是波动的；股票期权只能向激励对象定向发行，但在股权激励计划中可以确定数量。

《上市公司股权激励办法（试行）》对数量的规定如下：上市公司全部有效的股权激励计划所涉及的标的股票总数累计不得超过公司股本总额的10%。非经股东大会特别决议批准，任何一名激励对象通过全部有效的股权激励计划获授的本公司股票累计不得超过公司股本总额的1%。

2. 激励基金计提比例

计提激励基金型限制性股票以及计提奖励基金的股票期权，都需要计提奖励基金。

股权激励的行权/授予价格对其具有重要意义,既能决定激励对象的激励额度,也是监管层各方关注的重要内容。

《上市公司股权激励办法(试行)》规定,上市公司授予的行权价格不应低于下列价格较高者:股权激励计划草案摘要公布前一个交易日的公司标的股票收盘价,股权激励计划草案摘要公布前30个交易日内公司标的股票的平均收盘价。因此,在已经实施的公司中,股票期权方案的授权价都不低于股权激励草案公布前1个交易日收盘价与前30个交易日两个价格中的较高者,有些公司还高于价格较高者5%或8%等。

《上市公司股权激励办法(试行)》并没有对限制性股票授予进行规定,因此实行该方案的公司一般都在市价的基础上进行打折或变相打折处理。

三、股票期权激励计划授予/行权设定的业绩条件

实施股权激励的根本目的是调动经营管理人员的积极性,使股东价值最大化。因此,股权激励的授予股票或行权时一般都设有条件,主要是业绩条件,如净利润增长率、利润总额增长率、净资产收益率等,但也有少数公司设置股票市值条件的。

证监会在股权激励有关事项备忘录中对业绩指标进行了要求:设定的行权指标须考虑公司的业绩情况,原则上实行股权激励后的业绩指标(如每股收益、加权净资产收益率和净利润增长率等)不低于历史水平。市值指标,如公司各考核期内的平均市值水平不低于同期市场综合指数或成分股指数;行业比较指标,如公司业绩指标不低于同行业平均水平。

第三节 股票期权的业绩评价体系

传统业绩评价体系常将单项指标作为考评依据,常强调财务指标如利润、销售额实现;或者倚重非财务指标,如市场占有率;而市场指标如股票价格,因为其并非完全为管理层所左右,很少被纳入业绩评价体系。基于股票期权的业绩评价体系可以克服传统业绩评价体系的缺点,实践中日益得到广泛运用。

一、基于股票期权的业绩评价体系的特征

(一)股票期权使管理层利益与股东利益协同一致

股票期权为管理层戴上"金手铐",使之与企业形成一个利益共同体,从而减少公司的代理成本,形成激励相容的机制。实行股票期权意味着所有者放弃了以往由他们独占的剩余索取权,演进为利益分享制,而这种放弃的目的在于使管理层充分发挥经营管理才能,实现企业的长远利益。

(二)股票期权价值与股票价格紧密相关

股票价格的优势在于能够超越会计信息并捕获会计盈余所遗漏的价值,从而在反映经营活动的影响方面更为全面。因此在衡量管理层业绩时,应根据股票期权在管理人员薪酬中的权重,适当选取市场指标或修正后的市场指标作为业绩衡量指标。

(三)股票期权价值体现在未来

由于股票期权的价值并不在赠与日实现,而是将收益递延至行权日,所以基于股票期权的业绩评价体系构建时要求前瞻性、预测性指标的选取或设计,以便于真实公允地反映管理人员的努力程度。

二、基于股票期权的业绩评价体系构建

(一)构建基础

1. 基于平衡计分卡的业绩评价体系

平衡计分卡是将企业的战略落实到可行的目标、可衡量指标和目标值上的一种战略实施工具。它包含财务、客户、内部流程、学习与成长等四个维度,每个维度包括目标、绩效指标、目标值和行动计划。它能使管理者从多个方面平衡考虑企业的发展战略,关注可持续发展能力,并对企业的目标价值结果跟踪分析,及早发现问题,及时调整战略、目标和价值,使企业全面平衡地发展。它能合理评估公司薪酬系统的实施情况,在本质上实现个人利益与企业利益的链接。

2. 基于 EVA 的股票期权考评体系

EVA 核心思想是,企业只有在其资本收益超过为获得该收益所投入的资本的全部成本时,才能为股东带来价值。EVA 的增加主要是由管理人员的努力所带来的,但也受诸多经济环境、政府行为等企业的外部因素的影响。为了更准确反映管理人员的努力程度,削弱外部因素对 EVA 值的影响,需要改进传统的 EVA 业绩评价,将主要竞争对手的平均业绩表现引入到企业的业绩评估中,更为合理地反映管理人员的真实业绩。

(二)构建方法

EVA 主要是一种财务评价指标,而平衡计分卡是财务指标与非财务指标相结合的全面的企业绩效评价体系,两种评价体系各有千秋。因此,可将 EVA 和平衡计分卡相结合,构建基于股票期权的业绩评价体系。

以平衡计分卡为载体,在财务方面选取 EVA 为核心指标,而在"客户""内部业务流程""学习与成长"等方面以平衡计分卡为理论依据。企业在具体运用这种绩效评价指标体系时,对指标赋予一定的权重,业绩评价分数的概念公式如下:

$$\text{评价得分} = \sum(\text{某指标得分} \times \text{该指标权重});\sum(\text{各指标权重}) = 1$$

两者结合既可以发挥 EVA 在评价业绩时能准确地计量出企业价值增量的长处,

又可以吸纳平衡计分卡能全面衡量企业业绩的优势,从而促进基于股票期权的业绩评价体系良好运作。

三、基于股票期权的业绩评价体系的局限性

全面认识基于股票期权的业绩评价体系有助于促进在实践中的改进与完善,其中包含的局限性不容忽视:

首先,基于平衡计分卡的评价体系和基于EVA的评价体系,在程度上取决于资本市场的有效性以及财务信息的相关性和可靠性。如果资本市场的有效性差,会计信息失真,股票交易价格不能准确反映企业的价值,那么就不能完全衡量经营者的业绩,在此两类指标基础上建立的评价体系就不具有科学的评价和激励作用。对于我国目前资本市场发展阶段而言,无论资本市场的有效性,还是财务信息可靠和相关性,都需进一步提高。

其次,管理层操纵股票价格动机明显。公司管理人员为追求个人利益最大化而操纵信息披露,在期权授予日之前,他们发布的公司盈利预测比其他时间明显要低,希望以此拉低期权授予日的股价,从而获得较低的未来行权价;而在授予日后,管理人员公布的收益要显著高于授予日前,以此抬高股价,从而使他们在行权时获得较高的股价,赚取高额差价。这违背股票期权激励把经理人利益、企业利益与股票价格捆绑在一起进行业绩激励的初衷。在当前我国资本市场弱势有效性的情况下,就可能刺激管理人员不惜一切代价在授予期间和行权期间随意操纵股票价格,以便获得更大的私利,增加了企业的经营风险,并损害股东的利益,产生与企业长期发展目标不一致的行为。

【实务例题16-1】 甲股份有限公司(以下简称甲公司)于20×3年开始对高管人员进行股权激励。具体情况如下:

(1) 20×3年1月2日,甲公司与50名高管人员签订股权激励协议并经股东大会批准。协议约定:甲公司向每名高管授予120 000万股票期权,每份期权于到期日可以8元/股的价格购买甲公司1股普通股。该股票期权自股权激励协议签订之日起3年内分三期平均行权,即该股份支付协议包括等待期分别为1年、2年和3年的三项股份支付安排:20×3年年末甲公司实现的净利润较上年增长8%(含8%)以上,在职的高管人员持有的股票期权中每人可行权40 000份;20×4年年末,如果甲公司20×3年、20×4年连续两年实现的净利润较上年增长8%(含8%)以上,在职的高管人员持有的股票期权中每人可行权40 000份;20×5年年末,如果甲公司连续三年实现的净利润增长达到8%(含8%)以上,则高管人员持有的剩余股票期权可予行权。当日甲公司估计授予高管人员的股票期权公允价值为5元/份。

(2) 20×3年,甲公司实现净利润12 000万元,较20×2年增长9%,预计股份支付剩余等待期内净利润仍能够以同等速度增长,20×3年甲公司普通股平均市场价格为12元/股。20×3年12月31日,甲公司授予的股票期权的公允价值为4.5元/份。

20×3年,与甲公司签订了股权激励协议的高管人员无离职,预计后续期间也不会离职。

(3) 20×4年3月20日,甲公司50名高管将至20×3年年末到期可行权股票期权全部行权。20×4年,甲公司实现净利润13 200万元,较20×3年增长10%。20×4年无高管离职,预计后续期间也不会离职。20×4年12月31日,甲公司授予的股票期权的公允价值为3.5元/份。

其他相关资料:甲公司20×3年1月1日发行在外普通股为5 000万股,假定各报告期未发生其他影响发行在外普通股变动的事项,且公司不存在除普通股外其他权益工具。不考虑相关税费及其他因素。

[要求]

(1) 确定甲公司该项股份支付的授予日,计算甲公司20×3年、20×4年就该股份支付应确定的费用金额,并编制相关会计分录。

(2) 编制甲公司高管人员20×4年就该股份支付行权的会计分录。

(3) 计算甲公司20×3年基本每股收益。

[分析]

(1) 授予日:20×3年1月2日,因为企业与高管人员在当日签订了股权激励协议并经股东大会批准。

甲公司就该股份支付应确认的费用金额计算过程如表16-1所示。

表16-1 甲公司股份支付应确认费用计算　　　　　　　　　　单位:万元

分摊	第一期	第二期	第三期	合计
计入20×3年费用	50×4×5×1=1 000	50×4×5×1/2=500	50×4×5×1/3=333.33	1 833.33
计入20×4年费用	—	50×4×5×2/2=1 000 −500=500	50×4×5×2/3=666.66 −333.33=333.33	833.33
计入20×5年费用	—	—	50×4×5×/3=1 000 −333.33−333.33 =333.34	333.34
合计	1 000	1 000	1 000	3 000

20×3年应确认与股份支付相关的费用=50×4×5+50×4×5×1/2+50×4×5×1/3=1 833.33(万元)

借:管理费用　　　　　　　　　　　　　　　　　　　　1 833.33
　　贷:资本公积——其他资本公积　　　　　　　　　　1 833.33

20×4年应确认费用=50×4×5×1/2+50×4×5×1/3=833.33(万元)

借:管理费用　　　　　　　　　　　　　　　　　　　　833.33
　　贷:资本公积——其他资本公积　　　　　　　　　　833.33

(2) 20×4 年行权：

借：资本公积——其他资本公积   1 000
  银行存款   1 600
  贷：股本   200
    资本公积——股本溢价   2 400

(3) 计算甲公司 20×3 年基本每股收益

基本每股收益＝归属于普通股股东的当期净利润÷当期发行在外普通股的加权平均数＝12 000÷500＝2.4 元

本 章 小 结

激励理论是业绩评价理论的重要依据，按照形成时间及其所研究的重点不同，激励理论可分为行为主义激励理论、认知派激励理论和综合型激励理论三大类。激励工具有多种，股权激励是上市公司常用激励工具，又可分为股票期权激励和限制性股票激励等。传统业绩评价体系常将单项指标作为考评依据，强调财务指标或非财务指标，市场指标很少被纳入业绩评价体系。基于股票期权的业绩评价体系可以克服传统业绩评价体系的缺点，实践中日益得到广泛运用。

 简答论述

1. 股权激励的理论基础有哪些？你认为哪些因素会影响股权激励效果？
2. 股权激励设计应遵循哪些要求或原则？
3. 简述基于股票期权的业绩评价体系构建基础。

 不定项选择题

1. M 公司去年超额完成利润指标，公司决定按员工个人工资的 50% 一次性发放年终奖金，不少员工对此却怨声载道。此现象可以用（ ）理论来解释。
  A. 期望理论   B. 公平理论
  C. 双因素理论   D. 需要层次理论
2. 甲公司股票当前市价为 20 元，有一种以该股票为标的资产的 6 个月到期的看涨期权，执行价格为 25 元，期权价格为 4 元，该看涨期权的内在价值是（ ）元。
  A. 1   B. 4   C. 5   D. 0
3. 个人长期激励计划主要是指（ ）。
  A. 员工持股计划   B. 利润分享计划

C. 财务共享计划 D. 收益分享计划

4. 在我国可以实施股权激励计划的公司中,激励对象包括(　　)。

   A. 上市公司的董事

   B. 独立董事

   C. 上市公司核心技术人员

   D. 上市公司高级管理人员

5. 经股东大会批准,甲公司2014年1月1日实施股权激励计划,其主要内容为:甲公司向其子公司乙公司50名管理人员每人授予1 000份以本公司股票进行结算的股票期权,行权条件为乙公司2014年度实现的净利润较前1年增长6%,截至2015年12月31日两个会计年度平均净利润增长率为7%;从达到上述业绩条件的当年年末起,每持有1份股票期权可以从甲公司以每股2元的价格购买1 000股甲公司股票。行权期为2年。乙公司2014年度实现的净利润较前1年增长5%,本年度没有管理人员离职。该年末,甲公司预计乙公司截至2015年12月31日两个会计年度平均净利润增长率将达到7%,预计未来1年将有2名管理人员离职。该项股票期权的公允价值如下:2014年1月1日为9元;2014年12月31日为10元;2015年12月31日为12元。根据该股权激励计划,下列针对甲、乙公司2014年报表项目的影响额计算正确的有(　　)。

   A. 甲公司应增加长期股权投资216 000元,同时增加资本公积216 000元

   B. 甲公司应增加长期股权投资240 000元,同时增加应付职工薪酬240 000元

   C. 乙公司应增加管理费用250 000元,同时增加应付职工薪酬250 000元

   D. 乙公司应增加管理费用216 000元,同时增加资本公积216 000元

参考答案

1. B　2. D　3. A　4. ACD　5. AD

第2题简析:期权的价值由期权的内在价值和时间价值一起构成,即期权价值＝内在价值＋时间溢价。期权的内在价值是指期权立即执行产生的经济价值,内在价值的大小取决于期权标的资产的现行市价与期权执行价格的高低。对于看涨期权,如果资产的现行市价等于或低于执行价格时,立即执行不会给持有人带来净收入,持有人也不会去执行期权,此时看涨期权的内在价值为0元。期权的时间价值指期权价值超过内在价值的部分,是时间带来的"波动的价值"。未来存在不确定性,不确定性越强,期权时间价值越大。

第5题简析:甲公司应作为以权益结算的股份支付进行会计处理,所以调整的是长期股权投资和资本公积,金额为216 000元[(50－2)×1 000×9×1/2];乙公司应作为以权益结算的股份支付,所以调整管理费用和资本公积,金额为216 000元[(50－2)×1 000×9×1/2]。

道德问题思考

阻止被收购

M 公司是一家股权集中度较高的投资服务公司。在过去五年间,它连续为公司大部分高层管理成员提供丰厚奖金,M 公司预计这种趋势会继续下去。

最近,高层管理成员得知有一家大公司有兴趣收购 M 公司。管理当局担心这家公司开价会十分诱人,以致管理当局可能无法阻止被收购。如果被收购,管理当局不能确定他们是否还能在新的公司结构中得到职位。因此,管理当局正考虑修改公司的一些会计政策和实务,这样将使公司显得不太诱人,以避免成为猎物,而这些修改并未遵守公认会计原则。管理当局让公司会计主管实施其中的某些修改。会计主管还知道公司的管理当局并不想立即向高层管理成员以外的任何人披露这些变化。

要求:

根据管理会计职业道德准则,评价 M 公司管理当局的行为,并讨论会计主管该采取哪些特定步骤来处理这种情况。

股权激励计划反成"套牢"员工计划

Choice 数据显示,2017 年以来有 17 家上市公司的股权激励方案因股价"倒挂"或业绩不达标而终止。就股价"倒挂"而言,2017 年实施的 162 份股权激励方案中,有 40 份出现"倒挂",部分认购限制性股票的员工处于被套状态。

受股价波动、经济环境低迷等因素影响,近期上市公司终止实施股权激励方案数量有所增加。例如,德尔未来表示,终止限制性股票激励计划的原因是 A 股持续低迷,导致公司股票在二级市场的价格大幅下跌,继续实施激励计划不利于充分调动公司高层管理人员及核心骨干员工的积极性。东方通信表示,由于公司业绩未同时满足第三个行权期的相应考核指标,其首次授予股票期权对应的第三个行权期的股票期权和计划授予的剩余股票期权全部失效。

以浪潮信息为例,2015 年公司以 20.55 元/股的价格向 50 名激励对象授予股票期权,以此实施股权激励。到终止方案时,公司股价在 19.5 元附近,"倒挂"近 5%。汇顶科技去年 11 月发布股权激励预案,计划以当时股价的五折即 85.49 元/股的价格向激励对象增发行限制性股票,但其后公司股价大幅下跌,到今年 2 月 7 日跌幅达 47%,公司不得不调整激励方案。

上市公司股权激励主要分为股票期权激励和限制性股票激励两种,从今年以来的案例看,采取限制性股票方式的占激励方案的 80% 以上。相关人士表示:"在股价'倒挂'的情况下,获得期权的激励对象可以选择不行权,虽会给员工士气、经营预期带来一

定影响，但员工的金钱损失不大。相比之下，购买限制性股票的员工就实实在在地被套了。"

分析人士指出，向高管或核心人员授予的限制性股票一般"安全垫"较充分，发行折价最多可达五折，但当股价大幅波动后，"安全垫"也难保万全。Choice 数据显示，今年以来实施限制性股票激励方案的上市公司中，有 120 家股价出现下跌，占比达 74%，其中 31 家的跌幅超过 40%。

今年以来，中小板和创业板共有 327 家上市公司的股价跌幅在 30% 以上，占比 21.6%；198 家公司股价跌幅在 40% 以上，占比 13.1%。6 月以来，共有 51 家公司发布股权激励预案，数量是去年同期的两倍多。其中，有 34 家公司来自创业板或中小板，合计占比约 66.7%。分析人士指出，"中小创"聚集高科技领域企业，以技术为导向，对核心技术人员的依赖程度高。相比于其他激励方式，股权激励的想象空间更大，再加上股价处于相对低位，公司实施股权激励的动力较足。

2015 年以前，上市公司股权激励是较热的市场炒作题材，不少实施股权激励的公司或多或少地抱着提振二级市场股价的心态。从近两年来看，炒作这一题材的情绪日趋淡化，上市公司更多是将股权激励作为吸引人才、稳定经营的手段。

(资料来源：编者根据相关资料整理)

思考：
1. 股票期权激励和限制性股票激励有何不同？
2. 你认为采取限制性股票方式为什么会占多数？
3. 你认为上市公司终止实施股权激励方案的原因有哪些？会产生哪些影响？

发展与转型

第十七章 战略成本管理

思政导语

习近平总书记指出,推进供给侧结构性改革,主攻方向是减少无效供给、扩大有效供给,提高供给结构对需求结构的适应性。当前重点是"三去一降一补",五大任务相互关联、环环相扣。去产能、去库存,是为了调整供求关系、缓解工业品价格下行压力,也是为了企业去杠杆,既减少实体经济债务和利息负担,又在宏观上防范金融风险。降成本、补短板,是为了提高企业竞争力、改善企业发展外部条件、增加经济潜在增长能力。从战略角度审视成本问题,切实降低企业成本,有助于推动我国社会生产力水平实现整体跃升,增强经济持续增长动力。

学习目标

- 理解战略成本管理基本框架
- 理解结构性成本管理和执行性成本管理的异同
- 掌握战略定位分析方法
- 掌握价值链分析方法
- 掌握目标成本法

情境案例

基业长青之道

据波士顿咨询公司的报告,中国制造业人力成本仅及美国的2.2%,相应带来的采购成本、服务成本低得多,这是中国企业参与国际竞争的撒手锏。国人也对此津津乐道,成本低廉就意味着拥有更多的利润空间。但回过头来细想就觉得不对劲了。

实际上,即使在经济高速增长的年份,中国很多企业也是希觅微利或是赔本赚吆喝的。以 IT 业为例,全球 20% 的 PC、超过 60% 的数码相机、70% 的 DVD、80% 的扫描仪等等,都是在中国制造的,然而,为什么低人力成本的中国 IT 企业平均利润只有 5%~10%,而高人力成本的戴尔、英特尔的利润率却高达 70%~80%? 为什么原材料价格稍稍抬头,整个行业的业绩就大幅跳水?为什么中国所有银行的利润相加仅略高于汇丰银行一家的利润;中国啤酒销售量世界第一,可全行业的利润只相当于一家世界中型啤酒厂的利润?

除了品牌与技术层面的差距,还有一个被我们长期忽视的问题:成本管理。坦率地说,我们并不懂得如何去系统控制成本,一味以单一的人力成本优势宽自己的心,而浪费大、次品率高、单人效率低等通病直接抬高了中国企业的综合运营成本,侵蚀了原本丰厚的利润区。

随着原材料价格大幅上扬,全球一体化招标采购成为趋势,原材料上的成本优势不复存在;弄明白了的欧美企业也把工厂搬到了中国,伴随着民工荒,劳动力成本优势愈发不明显;预期不远的人民币升值也可能导致出口型企业的利润缩水甚至归零。

这一切,都向中国的企业提出了新的课题——从成本的误读和迷失中顿悟出来,从资源型成本优势跃升到管理型成本优势,与技术进步交相辉映,从而形成具有时代意义的核心竞争力。

(资料来源:编者根据相关资料整理)

第一节 战略成本管理概述

面对日趋激烈的市场竞争,为了争夺生存和发展的空间,企业战略管理中引入了全面质量管理、柔性制造、时基竞争等新的经营理念。为适应这些变化,将传统成本管理会计导入企业战略管理并与之融合,是传统成本管理会计顺应时代潮流的重大突破。

一、战略成本管理产生的理论背景

(一) 全面质量管理

全面质量管理(total quality management,TQM)是指通过要求企业中的每个人努力理解、达到甚至超越顾客需求,来寻求持续改进的系统。每位员工都需要知道:谁是我们的顾客?顾客的需求是什么?我们的产品或服务是否达到了顾客要求的标准?哪一个或几个流程对于满足顾客需求是最关键的?如何通过恰当的绩效评价保证流程的高质量?通过对这些问题的分析,想方设法满足顾客的需求,留住老客户,不断吸引新客户。

这一概念由 20 世纪 50 年代末美国质量管理专家朱兰提出,他认为"全面质量管理是为了能够在最经济的水平上,并考虑到充分满足客户要求的条件下进行生产和提供服务,把企业各部门在研制质量、维持质量和提高质量的活动中构成为一体的一种有效体系"。

(二)柔性制造系统

柔性制造系统(flexible manufacturing system,FMS)是指由统一的信息控制系统、物料储运系统和一组数字控制加工设备组成,能适应加工对象变换的自动化机械制造系统。

柔性制造系统特征体现在:机器柔性,系统的机器设备具有随产品变化而加工不同零件的能力;工艺柔性,系统能够根据加工对象的变化或原材料的变化而确定相应的工艺流程;产品柔性,产品更新或完全转向后,系统不仅对老产品的有用特性有继承能力和兼容能力,而且还具有迅速、经济地生产出新产品的能力;生产能力柔性,当生产量改变时,系统能及时做出反应而经济地运行;维护柔性,系统能采用多种方式查询、处理故障,保障生产正常进行;扩展柔性,当生产需要的时候,可以很容易地扩展系统结构,增加模块,构成一个更大的制造系统。

(三)时基竞争

时基竞争(time-based competition,TBC)是指产品被生产出来,运到市场,并提供给顾客的速度上的竞争。虽然适时制造、柔性制造系统、计算机辅助制造等大大提高了企业生产效率,但是进一步提高企业时基竞争力必须加强组织信息流,提高如仓储、运送等物流活动的速度,减少交货、发送时间和响应时间,特别是物流成为获得时基竞争优势的关键。

尽管时基竞争的内在思想逻辑早为企业所接受,但直到 20 世纪 90 年代初这一概念才真正推广开来,这多半要归功于波士顿咨询集团两位顾问,乔治·斯托克(George Stalk)和托马斯·豪特(Thomas Hout)。他们在《与时间竞争》一书中号召企业在每一道工序和每一个阶段都要尽量压缩时间,"时间是商业竞争的秘密武器,因为由于反应时间导致的优势将带动其他各种竞争优势。在最短的时间内以最低的成本创造最大的价值是企业成功最新的模式。"

二、战略成本管理与传统成本管理的区别

成本管理是企业管理的重要组成部分,在成本管理中导入战略管理思想,实现了对战略管理功能的拓展和传统成本管理职能的提升,使战略管理建立在成本动因基石之上,由此形成战略成本管理。

战略成本管理源于传统成本管理,但在目标、效果、动因等项目上存在显著不同。

二者区别概括如表 17-1 所示。

表 17-1　战略成本管理与传统成本管理的区别

项目	传统成本管理	战略成本管理
目标	以降低成本为目标/局部性/具体性	以企业战略为目标/全局性/竞争性
时间	短期的(每月、每季、每年)	长期的(三年以上)
效果	暂时性/直接性	长期性/间接性
动因	表层/直接成本动因	深层次/表现在质量、时间、服务、技术创新等方面的动因
内容	仅指产品的短期成本	质量成本、责任成本、作业成本等
重点	重视成本结果信息/事后信息	重视成本过程信息/实时信息
视角	注重内部成本管理,难以超越本会计主体的范围	财务企业注重外部环境,可超越本会计主体的范围

三、战略成本管理的分析工具

企业战略是对企业各种战略的统称,从层面上来说,企业战略包括整体战略、职能战略、业务战略及产品战略等多个层面;从内容上来说,包括竞争战略、发展战略、品牌战略、融资战略、技术开发战略、人力资本战略、营销战略等。竞争强度和成本是企业拟定不同战略所考虑的两个重要因素。

战略成本管理的基本框架是关注成本驱动因素,明确成本管理在企业战略中的功能定位。由于战略成本管理是以战略管理理论为基础,通过对传统成本管理系统的功能拓展而新兴的管理领域,因此战略成本管理的主要分析方法来源于战略管理的方法体系。从战略的高度将战略管理的分析方法同成本信息的产生和利用进行合理嫁接,就构成了战略成本管理的基本分析框架。战略管理中同成本因素紧密相关的分析工具主要有战略定位分析、价值链分析和成本动因分析。

从战略成本管理的角度看,战略定位分析就是要求通过战略环境分析,确定应采取的竞争战略,从而明确成本管理的方向,建立与企业战略相适应的成本管理战略;价值链分析为战略成本管理提供了一个总体的分析框架,但并没有解决如何将成本管理与企业战略相结合的问题;成本动因分析能够确定企业资源的配置方式及相应的管理运行动力机制,影响企业成本动因主要来自企业经济结构和企业执行作业程序,这就构成了结构性成本动因(如企业规模、业务范围、核心技术等)和执行性成本动因(如员工参与度、生产能力利用率、价值链活动等),两类动因从不同角度考察企业成本态势,从而为企业战略选择和决策提供支持。

第二节　战略定位分析

企业战略应该很好地同其竞争环境协调起来是企业战略管理的基本原则。一个行业的竞争环境是决定企业战略的重要因素，企业的战略必须同行业中各竞争要素的特点及其组合相匹配，如价格、产品质量、性能、特色和服务等。如果竞争环境发生了变化，企业应该做出积极的反应，采取恰当的战略行动，捍卫市场地位。因此只有通过战略定位分析，将成本管理同具体的战略相结合，才能体现出战略成本管理应有的管理效果。

一、竞争环境分析

企业所处行业的竞争环境包含多种因素，通常使用的分析工具有 SWOT 分析矩阵和波特的"五力模型"。

（一）SWOT 分析模型

企业所在竞争环境存在机会同时也存在威胁，需要根据自身经营状况、资源状况，分析自身优势和劣势，将其与机会、威胁结合起来综合分析，根据不同情境采取不同策略。麦肯锡（Mckinsey）咨询公司提出的 SWOT 模型便是企业制定战略时常用的分析工具，模型中字母分别代表企业优势（strengths）、劣势（weaknesses）、机会（opportunities）和威胁（threats）。因此，SWOT 分析实际上是将对企业内外部条件各方面内容进行综合和概括，进而分析企业具备的优劣势、面临的机会和威胁，如表 17-2 所示。

表 17-2　SWOT 分析模型

外部环境 ＼ 内部环境	优势(S)	劣势(W)
机会(O)	SO	WO
威胁(T)	ST	WT

表中，SO 组合是指企业具有特定方面的优势，而外部环境又为发挥这种优势提供有利时机，是理想的组合模式；WO 组合是指企业存在外部机会，但由于企业存在一些内部弱点或劣势而妨碍其利用机会；ST 组合是指企业存在自身优势，但亦存在外部威胁；WT 组合是指企业存在内部弱点，且存在外部环境威胁。企业应针对不同情境采取不同竞争策略。

（二）波特五力模型

20 世纪 80 年代初，美国著名战略专家、哈佛大学教授迈克尔·波特（Michael

Porter)从产业组织角度将影响行业竞争强度的主要来源概括为以下五种力量,简称"五力模型"。如图17-1所示。

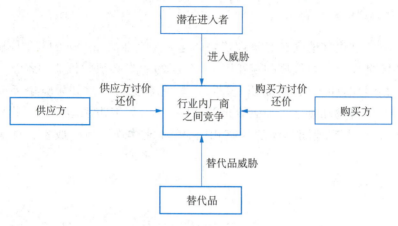

图17-1 波特五力模型

1. 供应商讨价还价的能力

供应商主要通过其提高投入要素价格与降低单位价值质量的能力,来影响行业中现有企业的盈利能力与产品竞争力。

2. 购买方讨价还价的能力

购买方的产业竞争手段是压低价格、要求较高的产品质量或索取更多的服务项目,并且从竞争者彼此对立的状态中获利,所有这些都是以产业利润作为代价。

3. 潜在进入者的威胁

为争抢一份"市场蛋糕",潜在进入者在给行业增加供给的同时,必然会与现有企业发生原材料与市场份额的竞争,最终导致行业中现有企业盈利水平降低,严重的话还有可能危及部分企业的生存。竞争性进入威胁的严重程度取决于进入壁垒高低以及现有企业对于进入者预期反应情况。

4. 替代品的威胁

替代品是指与现有产品具有相同功能或类似功能的产品,如传统手机被智能手机替代、飞机运输可能被高铁替代等。生产替代品的企业本身就给企业甚至行业带来威胁。

5. 行业内现有厂商的竞争

现有厂商之间的竞争常常表现在价格、广告、产品质量与功能、售后服务等方面。

二、竞争战略选择

(一)总成本领先战略(overall cost leadership strategy)

要求坚决地建立起高效规模的生产设施,在经验的基础上全力以赴降低成本,抓紧成本与管理费用的控制,以及最大限度地减小研究开发、服务、推销、广告等方面的成本费用。为了达到这些目标,就要在管理方面对成本给予高度的重视。尽管质量、服务以及其他方面也不容忽视,但贯穿于整个战略之中的是使成本低于竞争对手。该公司成本较低,意味着当别的公司在竞争过程中已失去利润时,这个公司依然可以获得利润。赢得总成本最低的有利地位通常要求具备较高的相对市场份额或其他优势,诸如与原材料供应方面的良好联系等,或许也可能要求产品的设计要便于制造生产,易于保持一个较宽的相关产品线以分散固定成本,以及为建立起批量而对所有主要顾客群进行服务。一旦公司赢得总成本领先地位,所获得的较高的边际利润又可以重新对新设备、现代设施进行投资以维护成本上的领先地位,而这种再投资往往是保持低成本状态的先决条件。

(二) 差别化战略(differentiation strategy)

是将产品或公司提供的服务差别化,树立起一些全产业范围中具有独特性的东西。实现差别化战略可以有许多方式:设计名牌形象、技术上的独特、性能特点、顾客服务、商业网络及其他方面的独特性。如果差别化战略实施成功,它就成为在一个产业中赢得高水平收益的积极战略,因为它建立起防御阵地对付五种竞争力量,虽然其防御的形式与成本领先战略有所不同。波特认为,推行差别化战略有时会与争取占有更大的市场份额的活动相矛盾。推行差别化战略往往要求公司对于这一战略的排他性有思想准备。这一战略与提高市场份额两者不可兼顾。在建立公司的差别化战略的活动中总是伴随着很高的成本代价,有时即便全产业范围的顾客都了解公司的独特优点,也并不是所有顾客都将愿意或有能力支付公司要求的高价格。

(三) 目标集聚战略(focus strategy)

也称专一化战略,是主攻某个特殊的顾客群、某产品线的一个细分区段或某一地区市场。正如差别化战略一样,目标集聚战略可以具有许多形式。虽然低成本与差别化战略都是要在全产业范围内实现其目标,目标集聚战略的整体却是围绕着很好地为某一特殊目标服务这一中心建立的,它所开发推行的每一项职能化方针都要考虑这一中心思想。这一战略依据的前提思想是:公司业务的目标集聚能够以高的效率、更好的效果为某一狭窄的战略对象服务,从而超过在较广阔范围内竞争的对手们。波特认为这样做的结果是公司或者通过满足特殊对象的需要而实现了差别化,或者在为这一对象服务时实现了低成本,或者二者兼得。这样的公司可以使其赢利的潜力超过产业的普遍水平。这些优势保护公司抵御各种竞争力量的威胁。目标集聚战略常常意味着限制了可以获取的整体市场份额,目标集聚战略必然地包含着利润率与销售额之间互以对方为代价的关系。

波特认为,这三种战略是每一个公司必须明确的,因为徘徊其间的公司将处于极其糟糕的战略地位。徘徊其间的公司几乎注定是低利润的,所以它必须做出一种根本性战略决策,向三种通用战略靠拢。一旦公司处于徘徊状况,摆脱这种令人不快的状态往往要花费时间并经过一段持续的努力;而相继采用三个战略,企业也注定会失败,因为它们要求的条件是不一致的。

第三节 价值链分析

价值链分析是一种战略性的分析工具。从战略成本管理的层面上看,由于企业成本的发生与其价值活动有着共生的关系,所有的成本都能够分摊到每一项价值活动之中,价值链分析可以衍生出企业的发展战略,并且该战略将会对企业的成本管理模式产生重大影响。

一、价值链的概念

价值链的概念最先是由美国学者迈克尔·波特于1985年提出。波特倡导运用价值链进行战略规划和管理,以帮助企业获取并维持竞争优势。波特指出,"每一个企业都是在设计、生产、销售、发送和辅助其产品的过程中进行种种活动的集合体。所有这些活动都可以用一个价值链来表明。"他将一个企业的经营活动分解为九项与战略相关的价值活动,其中:进料后勤、生产经营、发货后勤、市场销售服务为基本活动;采购、技术开发、人力资源管理、企业基础设施为支持性活动或辅助性活动。

波特认为每一个企业的价值链都是由以独特方式连接在一起的这九项活动构成。每一种价值活动都会对企业的价值链产生影响,这些相互联系的价值活动共同作用为企业创造利润,从而形成企业的价值链系统,如图17-2所示。

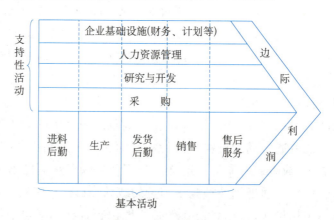

图17-2 价值链模型

波特的价值链通常被认为是传统意义上的价值链,较偏重于以单个企业的观点来分析企业的价值活动、企业与供应商和顾客之间可能的连接,以及企业从中获得的竞争优势。现有研究扩大了价值链的范围,认为价值链不应局限于企业内部,应放到整个行业中去审视,要考虑到最初的供应商、上游企业、下游企业及最终用户,甚至要对竞争者进行充分的分析,制定出能保证企业保持和增强竞争优势的合理战略。同时还应将会计信息置于价值链分析中,计算出价值链每一个环节的报酬率与利润,从而确定竞争优势之所在。

综上,价值链不仅包括从原材料采购到生产、销售、售后服务一系列创造价值的作业活动形成的链条,还包括企业内部和外部的多项作业活动。

二、价值链分析内容

价值链分析包括企业内部价值链分析、横向价值链分析和纵向价值链分析三个方面的内容。

(一) 内部价值链分析

内部价值链分析是分析的起点。企业内部价值链可分解为许多单元价值链,商品在企业内部价值链上的流转过程完成了价值的逐步积累与转移。每个单元价值链上都要消耗成本并产生价值,而且它们有着广泛的联系,如生产作业和内部后勤的联系、质量控制与售后服务的联系、基本生产与维修活动的联系等。深入分析这些联系可减少那些非增值作业,并通过协调和最优化策略的融洽配合,提高运作效率、降低成本,同时也为纵向和横向价值链分析奠定了基础。

(二) 横向价值链分析

横向价值链分析是企业确定竞争对手成本的基本工具,也是企业进行战略定位的基础。比如通过对企业自身各经营环节的成本测算,不同成本额的企业可采用不同的竞争方式。面对成本较高但实力雄厚的竞争对手,可采用低成本策略,扬长避短;而相对于成本较低的竞争对手,可运用差异性战略,注重提高质量,以优质服务吸引顾客,而非盲目地进行价格战。

(三) 纵向价值链分析

纵向价值链反映了企业与供应商、销售商之间的相互依存关系,对其进行分析可以为企业增强其竞争优势提供机会。企业通过分析上下游企业的产品或服务的特点及其与本企业价值链的其他连接点,可以十分显著地影响企业自身的成本,甚至使企业与其上下游共同降低成本,提高这些相关企业的整体竞争优势。例如施乐公司通过向供应商提供其生产进度表,使供应商能够将生产所需的元器件及时运来,同时降低了双方的库存成本。在对各类联系分析的基础上,企业可求出各作业活动的成本、收入及资产报酬率等,从而找到哪一作业活动较具竞争力、哪一作业活动价值较低,由此再决定并购其上游或下游的策略,或将自身价值链中一些价值较低的作业活动出售或转为外包,逐步调整企业在行业价值链中的位置及其范围,从而实现价值链的重构。

如果从更广阔的视野进行纵向价值链分析,就是行业结构的分析,这对企业进入某一市场时如何选择切入点及占有哪些部分,以及在现有市场中外包、并购、整合等策略的制定都有极其重大的指导作用。

总之,通过价值链分析,找出企业的优势链条,加大人力和物力投入,将其做大做强,从而形成企业的核心竞争力。然后找出企业的弱势链条,可以考虑通过招聘优秀专业技术人才,引进先进技术和设备,使其得到改善;如果不符合成本效益原则,可以考虑实行业务流程外包。

苹果公司细分市场打造价值利润链

作为硬件制造商,苹果一直是商业模式创新的标杆,当年一款备受大众宠爱的iPod,不仅将苹果从衰退之路上拯救回来,更通过结合iTune对音乐下载收费的模式,为苹果开启了互联网时代新的利润源泉。

最近,苹果的非授权官司更是揭开了苹果公司通过使用授权来面向庞大的配件产业链授权收费的秘密:凭借着苹果品牌的巨大影响力,苹果将业务的触角延伸到了配件产品产业链中,通过授权与配件厂商进行收入分成,赚取丰厚的回报。

就在苹果公司推出iPhone5的第2天,美联储推出了旨在提振美国经济的第三轮货币宽松政策QE3。不过,在摩根大通首席经济学家迈克尔·费罗利看来,这一轮"坐在直升机上撒钱"的印钞策略,仅能为美国第4季度的GDP贡献0.2%左右的增长,而苹果的iPhone5,却能为美国经济带来0.25至0.5个百分点的增长。

苹果公司这种创新型的产品,对经济的巨大影响显而易见,但遗憾的是,这一效应无法在中国被复制。因为即便占据了苹果全球供应商近10%的数量,中国企业能从苹果公司获得的利润少之又少。

在iPhone5发布后,有关分析机构很快公布了拆机后的成本分析报告。根据这一报告的统计,售价649美元的iPhone5,16G版本的成本是207美金,售价749美元的32G的成本是217美金,而价格为849美元的64G的成本是238美金。也就是说,每部iPhone5手机,苹果公司至少赚取了其中的400多美元。这是多么大的一个利润率。

价值链的重构,首先是基于价值,价值则是基于用户。在价值链的链主上,一定要坚持以用户为中心,把客户创造价值摆在第一位。企业之间的竞争,实际上是企业价值链和价值共创网络之间的竞争。聚焦于价值将为企业带来持续变革的活力,关注消费者的价值更能够使得企业针对瞬息万变的市场及时做出反应。因此,价值链设计、建设,以及随着环境条件的变化而进行重构和创新,就成为企业的一个重大战略问题。企业价值链的创新升级,能够提升价值链的价值创造能力,使企业获得更有利的竞争地位和更高的利润。

(资料来源:编者根据相关资料整理)

第四节 目标成本法

为更有效实现战略成本管理目标,成本管理与战略目标相结合,产生了目标成本法(target costing)。

一、基本概念

目标成本法是指以给定的竞争价格为基础,从而决定产品的成本,以保证实现预期的利润。目标成本法的核心工作是制定企业新产品的目标成本,并不断改进产品与工序设计,从而确保新产品的成本小于或等于目标成本。

二、基本原理

目标成本法是一种全过程、全方位、全人员的成本管理方法。

全过程是指供应链产品生产到售后服务的一切活动,包括供应商、制造商、分销商在内的各个环节。

全方位是指从生产过程管理到后勤保障、质量控制、企业战略、员工培训、财务监督等企业内部各职能部门各方面的工作以及企业竞争环境的评估、内外部价值链、供应链管理、知识管理等。

全人员是指从高层经理人员到中层管理人员、基层服务人员、一线生产员工。目标成本法在作业成本法的基础上来考察作业的效率、人员的业绩、产品的成本,弄清楚每一项资源的来龙去脉,每一项作业对整体目标的贡献。

总之,传统成本法局限于事后的成本反映,而没有对成本形成的全过程进行监控;作业成本法局限于对现有作业的成本监控,没有将供应链的作业环节与客户的需求紧密结合。而目标成本法则保证供应链成员企业的产品以特定的功能、成本及质量生产,然后以特定的价格销售,并获得令人满意的利润。

三、目标成本法实施主要步骤

(一)以市场为导向设定目标成本

根据新品计划和目标售价编制新品开发提案。一般新品上市前就要正式开始目标成本规划,每种新品设一名负责产品开发的经理,以产品开发经理为中心,对产品计划构想加以推敲。编制新品开发提案,内容包括新品样式规格、开发计划、目标售价及预计销量等。其中,目标售价及预计销量是与业务部门充分讨论(考虑市场变化趋势、竞争产品情况、新品所增加新机能的价值等)后加以确定的。只有在目标成本达到的前提下,才能进入最后的生产。

(二) 在设计阶段实现目标成本

目标成本与公司相关估计产品成本(即在现有技术条件下,不积极从事降低成本活动下产生的成本)相比较,可以确定成本差距。由于新品开发往往很多都是借用件,并非全部零部件都会变更,通常变更需要重估的只是一部分,所以相关产品成本可以现有产品加减其变更部分成本差额算出。目标成本与估计成本的差额为成本差距(成本规划目标),它是需要通过设计活动降低的成本目标值。

(三) 在生产阶段达到目标成本

新品进入生产阶段一段时间后,检查目标成本的实际达成情况,进行成本规划实绩的评估,确认责任归属,以评价目标成本规划活动的成果。至此,新品目标成本规划活动正式告一段落。进入生产阶段,成本管理即转向成本维持和持续改善,使之能够对成本对象耗费企业资源的状况更适当地加以计量和核算,使目标成本处于正常控制状态。

【**实务例题 17-1**】 M 企业为一家大型制造企业,主要生产 X、Y 两种产品。X、Y 两种产品均为标准化产品,市场竞争非常激烈。该企业高度重视战略成本管理方法的运用,拟通过成本领先战略助推企业稳步发展。相关资料如下:

(1) 随着业务发展和生产过程的复杂化,M 企业制造费用占生产成本的比重越来越大,且制造费用的发生与传统成本法采用单一分摊标准的相关性越来越小。M 企业自 2012 年以来采用作业成本法进行核算与管理。

2016 年 6 月,X、Y 两种产品的产量分别为 500 台和 250 台,单位直接成本分别为 0.4 万元和 0.6 万元。此外 X、Y 两种产品制造费用的作业成本资料如表 17-3 所示。

表 17-3 作业成本资料

作业名称	作业成本(万元)	成本动因	作业量		
			X 产品	Y 产品	合计
材料整理	200	人工小时	100	60	160
机器运行	400	机器小时	300	100	400
设备维修	100	维修小时	50	50	100
质量检测	150	质检次数	25	25	50
合计	850	—	—	—	—

(2) 通过作业成本法的运用,M 企业的成本核算精度大大提高。为此,企业决定通过作业成本法与目标成本法相结合的方式进行成本管理。通过市场调研,在综合考虑多种因素后,确定 X、Y 两种产品的竞争性市场单价分别为 1.85 万元和 1.92 万元;单

位产品必要利润分别为 0.20 万元和 0.25 万元。假定不考虑其他因素。

[要求]

1. 根据资料(1),结合作业成本法,分别计算 X、Y 两种产品的单位制造费用,并指出作业成本法及传统成本法下制造费用分摊标准的区别。

2. 根据资料(2),结合目标成本法,分别计算 X、Y 两种产品的单位目标成本,并说明企业确定竞争性市场价格应综合考虑的因素。

3. 根据资料(1)和(2),结合上述要求 1 和要求 2 的计算结果,指出企业应重点加强哪种产品的成本管控,并说明理由。

[分析]

1. X 产品的制造费用
=100×(200/160)+300×(400/400)+50×(100/100)+25×(150/50)(万元)

Y 产品的制造费用
=60×(200/160)+100×(400/400)+50×(100/100)+25×(150/50)=300(万元)

X 产品的单位制造费用=550/500=1.1(万元)

Y 产品的单位制造费用=300/250=1.2(万元)

区别:作业成本法下,制造费用根据多种作业动因进行分配;传统成本法下,制造费用主要采用单一分摊标准进行分配。

2. X 产品单位目标成本=1.85−0.20=1.65(万元)

Y 产品单位目标成本=1.92−0.25=1.67(万元)

应综合考虑的因素:客户可接受的价格、主要竞争对手情况、自身目标市场份额。

3. 企业应重点加强 Y 产品的成本管理。

理由:Y 产品的实际单位成本为 1.8 万元,大于目标成本 1.67 万元。

X 产品的实际单位成本为 1.5 万元,小于目标成本 1.65 万元。

本 章 小 结

从战略的高度将战略管理的分析方法同成本信息的产生和利用进行合理嫁接,构成战略成本管理的基本分析框架。竞争强度和成本是企业拟定不同战略所考量的两个重要因素。战略成本管理的分析工具主要有战略定位分析、价值链分析和成本动因分析。企业所处行业的竞争环境包含多种因素,通常使用的分析工具有 SWOT 分析矩阵和波特"五力模型"。竞争战略有总成本领先战略、差别化战略和目标集聚战略。

从战略成本管理的层面上看,企业所有的成本都能够分摊到每一项价值活动之中,价值链分析可以衍生出企业的发展战略,并且该战略将会对企业的成本管理模式产生重大影响。为进一步明确成本管理的重点,还需要找出成本的驱动因素,影响企业成本态势的动因可分为结构性成本动因和执行性成本动因,两类动因从不同角度考察影响企业的成本态势,从而为企业的战略选择和决策提供支持。

简答论述

1. 企业竞争战略有哪些?不同竞争战略对成本管理有哪些影响?
2. 什么是价值链?如何利用价值链进行成本管理?
3. 什么是目标成本法?简述目标成本法实施的主要步骤。

不定项选择题

1. 行业进入威胁的大小主要取决于(　　)。
   A. 行业内的竞争程度　　　　B. 退出壁垒高度
   C. 进入壁垒高度　　　　　　D. 现有企业的市场地位

2. SWOT 分析的目的是(　　)。
   A. 提供在市场中所处的地位分析　　B. 检测公司运营与公司环境
   C. 清楚地确定公司的资源优势和缺陷　D. 了解公司所面临的机会和挑战

3. 价值链的辅助业务包括(　　)。
   A. 采购　　　　　　　　　　B. 研究开发
   C. 售后服务　　　　　　　　D. 人力资源管理

4. 确定目标成本的方法有多种,假如以企业在长期的实践过程中确定的各项劳动定额、消耗定额为基础来制定目标成本,这种方法属于(　　)。
   A. 标准成本法　　　　　　　B. 定额法
   C. 计划法　　　　　　　　　D. 历史成本法

5. 目标成本法是由(　　)三个主要环节形成的一个紧密联系的闭环成本管理体系。
   A. 确定目标,层层分解　　　　B. 分析目标,设定标准
   C. 实施目标,监控考绩　　　　D. 评定目标,奖惩兑现

参考答案

1. C　2. A　3. ABD　4. B　5. ABD

道德问题思考

不行贿也是一种战略选择

《哈佛商业评论》中文版 2011 年第 2 期刊发了一篇文章——《不行贿的销售女皇》。这个"销售女皇"叫张立,她在食品包装设备行业做了 19 年的销售,销售了 400 多套进

口包装设备,几乎占据了这个市场的50%。她的销售秘诀居然是"从不行贿",而是扎扎实实依靠产品和服务赢得了消费者的满意,而且在业内形成了非常好的口碑。

张立代理的品牌并不是什么大品牌,价格也不具备优势。但她非常用心地去揣摩客户的需求,往往会以业内专业人士的身份,告诉客户需要注意哪些事项。同时,她也会把客户的需求反馈给厂商,促使厂商加紧研发和设计,尽可能满足客户的需求。这样的销售已经超越了传统意义上的销售,而结合了专业的咨询顾问、市场调研和产品管理等多重身份。

张立从不给设备购买方行贿。她的理由是:你可以通过行贿搞定一个人,但你不能搞定所有人,而大型设备的购买往往是集体决策。而且,大多数职业人士还是希望能获得职位晋升,因此帮助他们解决真实的问题往往是最重要的。而且,行贿往往会让决策者陷入"两难"——为了在团队面前显示公正,反而提出了更苛刻的要求,反而不利于公平竞争。

"不行贿"还有内部原因。张立很清楚,一旦公司允许行贿,销售人员就把精力放在向公司申请更多的钱打通关系上,如果没有拿到订单就抱怨"炮弹不够"。那些抱怨因为没有搞定客户关系而丢单的销售人员,实际上是在为自己的能力和工作投入不够找借口。一旦行贿成为一种惯例,那么企业就没有办法集中精力去改进自己的产品和服务了。

(资料来源:http://blog.sina.com.cn/s/blog_abfc6d6c0101orwq.html)

请思考:

1. 从道德规范角度分析不行贿的商业逻辑。
2. 有人认为"行贿"应该"去道德化",试评述这一观点。

 创新创业案例

"成本领先",你行不行?

欧华,车载导航行业的老牌企业。成立于2003年,经历过行业初期的暴利,也在2012年率先推出"4G云导航"而风光无限。2016年年初行业急速发展,欧华凭借"百变车机"回归行业视野,并以"大屏车机能做低价,也是一种能力!"的言论引来市场哗然,但与单纯低价的铤而走险不同,它的低价更多是一种企业实力的体现。

1.98元! 这是7月深圳国际汽车改装服务业展览会上某车机参展商给自己的主机标出的展会价格,这虽然只是个噱头,却也充分展示了后装车机领域价格大战的腥风血雨。

一方面是屏、处理器、内存、闪存等原材料不断涨价、缺货,另一方面是产品价格一降到底,一些厂商给出的公板套框主机报价甚至已在300元以下——这样的价位,除非在零部件上做手脚,否则已无任何盈利空间可言。双重挤压之下,行业洗牌在所难免,去年以来,因资金链断裂而倒闭的企业不在少数。

面对这样的行业格局，领军企业欧华的董事长徐应龙看上去颇为淡定。他的底气在于，在过去三年里，欧华坚决地执行"成本领先"战略，把成本领先做到了极致。在组织结构上所有管理人员都去掉了传统的头衔，每个部门都只保留两个"负责人"，即第一负责人和第二负责人。改为"负责人"之后，让责任到此为止，杜绝相互推诿，而且由于减少了组织层级，精简了人员，提高了决策效率，管理费用也因此大幅降低。

在设计环节，欧华只做最畅销的产品，而且要求产品型号尽量少，零部件尽量通用，"不该差异化的地方千万不要差异化"，争取通过把量做大来摊薄成本。欧华过去曾经在深圳、大连、东莞成立了三个研发机构，有80多位研发人员，现在则将设计外包，只保留了3个研发人员，让他们负责从市场上挑选最优秀的合作方，保证拿到最好的设计方案。

在制造环节，徐应龙不让工厂负责人去做各种预测和分析，而是让他们逐日将各项关键的成本、费用和效率的数字——记录下来，定期做环比分析，公司根据表现给予相应的激励。这样一来，工厂的人员开始主动关心数字，挑战自己，持续挖掘降本增效的潜力。日拱一卒，积累下来的效果是惊人的：原来每台主机的制造成本在50～60元之间（不含物料），现在已经降到了10元左右。

在市场环节，欧华之前和很多公司一样，搭建起了复杂的营销体系，设立了大区经理、区域经理、业务员等各种层级，在全国设立了100多家办事处，另外还尝试过SEO、电商等各种线上营销和销售途径。现在，徐应龙把这些统统砍掉，甚至连企业网站都关掉，只专心做代理商的生意。

在售后环节，一方面，欧华精选和严格管理供应商，从源头上杜绝质量问题；另一方面，把品质管理渗透到来料、过程、出货的各个环节，让大家共同参与品质改进。

在高度互联的今天，商业界五花八门的时髦概念层出不穷，你方唱罢我登场，企业家如果缺乏对战略与经营的深刻洞察，公司就很容易会被这些风潮带偏。欧华是幸运的，当很多公司还在为自己华而不实的策略付出高昂代价时，它已经通过坚决贯彻成本领先策略牢牢地站稳了脚跟。

（资料来源：编者根据相关资料整理）

思考：

欧华是如何执行低成本战略的？

第十八章 财务转型与财务共享服务中心

思政导语

习近平总书记指出,一个地方、一个企业,要突破发展瓶颈、解决深层次矛盾和问题,根本出路在于创新,关键要靠科技力量。要加快构建以企业为主体、市场为导向、产学研相结合的技术创新体系,加强创新人才队伍建设,搭建创新服务平台,推动科技和经济紧密结合,努力实现优势领域、共性技术、关键技术的重大突破,推动中国制造向中国创造转变、中国速度向中国质量转变、中国产品向中国品牌转变。企业要创新转型,财务工作亦要随之创新转型。

学习目标

- 理解财务转型的必要性和流程
- 理解财务共享服务中心的基本原理
- 理解财务共享服务中心的类型
- 掌握财务共享服务中心的实施流程

情境案例

传统会计转型已是大势所趋

人工智能、信息化时代的到来,让不少的财务人感觉到现在是一个机遇与挑战并存的时代。财务工作才逐渐朝着信息化、网络化、精细化方向发展,工作的内容也逐渐会被财务机器人取代。那么未来财务人如果不努力学习信息化的东西,不努力提升工作能力,不积极转换工作模式,那么只能被淘汰。

工作模式的转变对每一个财务人而言都是一个阵痛的过程。这过程中有些财务人无法跟上时代的步伐,不能熟练操作财务信息软件,更无法理解财务共享中心、ERP、财务机器人为何物,只把自己的工作内容放在重复的记账上,而没有意识转换工作模式,转向更高端的财务管理领域。

财会行业的发展也一直在变,而作为财务人应对变化最好的方法便是学会转变,学会抓住机遇。既然我们已经不能改变科学技术将颠覆行业的事实,但可以选择拥抱它,并找到新的增值方式来为提升自身价值。转变当前基础财务会计工作方向,向战略、决策转型,方是财务人员应对之道。

(资料来源:编者根据相关资料整理)

第一节 财务转型

一、财务转型的概念

财务转型是指企业在复杂多变的经营环境中,为适应企业生存和长期发展的需要,以战略性财务为导向,在加强现有财务管理工作基础上,通过前移财务管理工作,以提升价值创造能力、防范风险为目标,全面参与战略管理、营销管理以及资产管理等经营活动,强化对企业经营全过程的决策支撑和价值管控,从而实现企业经济增加值不断提升。

二、财务转型的必要性

(一)信息化时代对传统财务职能提出更高要求

数据是企业决策的基础,财务部门承担着公司生产、经营等各类数据的接收、转换和输出工作。在经济业务与财务业务齐步进行的背景下,企业生成的可辨识的财务与非财务数据非常庞大,经济业务的量化决策和科学决策对核算、监督、预测、评价等的传统财务职能提出了更高的要求。

(二)XBRL技术的推广应用为转型提供发展方向

从技术角度来讲,可扩展商业报告语言(extensible business reporting language,XBRL)是因特网采用的可扩展标记语言(extensible markup language,XML)在商业报告领域的应用。XBRL提供了可供参照的会计准则和其他相关信息源,描述了不同信息息之间的关系。该技术将单一信息整合为系统信息,把需要不断加工的信息改进为一次成型的信息,有助于财务部门整合现有系统资源,提升财务管理工作效率的同时积极参与到企业的经营管理中,为业务运营与企业决策提供支撑。

(三)信息系统的应用为财务转型提供技术支撑

随着以人工智能(artificial intelligence,AI)、区块链技术(blockchain technology,BT)

等为代表的企业信息化建设的不断推进,各类财务管理信息系统得以广泛应用,会计核算和财务管理工作得到极大促进,而且随着信息系统功能的提升、扩展,将在预算管理、经营分析等当前信息化程度较低的工作中发挥积极作用。

以区块链技术为例。区块链包括交易(transaction)、区块(block)和链(chain)三个子概念。区块链的主体部分是记录交易信息,头部是通过两个区块连接起来,第二个区块是第一个区块的哈希指针(hash pointer),把区块链连起来。由此可以追溯到最初的创始区块,形成完整数据链条,可查析任何一个区块的错误来源,保持信息一致。如果把数据库假设成一本账本,读写数据库就可以看作一种记账的行为,区块链技术就是在一段时间内找出记账最快最好的人,由这个人来记账,然后将账本的这一页信息发给整个系统里的其他所有人(即去中心化和去信任化)。这也就相当于改变数据库所有的记录,发给全网的其他每个节点,所以区块链技术也称为分布式账本(distributed ledger)。所有交易数据都可以交叉验证、被共同监督,保证数据真实,不可篡改。以后利用区块链技术的交易不需要工作人员就能自动核实,代码简单,核查边际成本为零。企业一旦利用区块链技术便可降低调整多方复杂的不同信息时的错误率。此外,区块链中的财务记录一旦生成就不能改变,即使是会计系统的管理员也无法更改。区块链技术工作原理如图18-1所示。

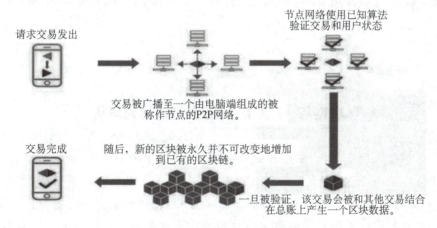

图 18-1 区块链技术工作原理示意

财务金融服务是区块链应用天然的理想场景,区块链技术的不断发展必将对会计信息系统产生深远影响。

三、财务转型的流程

(一) 从财务核算人员向管理会计综合人才转型

财务人员必须不断提高自身财务预算与预测、财务分析、决策支持、业绩评价等专业能力。拓展战略思维,拓宽金融、法律、经济、资本运作等知识技能;提高财务人员的多种技能,如沟通能力、谈判能力、协调能力、自我管理、职业道德等,推动财务在管理提升和财务资源配置上发挥更大的价值。

(二)财务和信息流程人员跨界流动

信息时代要求熟悉流程、内部控制、商业结构的信息化技术人员,能辅助财务部门开展财务信息化流程架构的设计、财务信息资源配置、预算决策模型、风险预警等工作。同时,财务人员为适应新系统的流程,也会加入信息化设计的过程中,参与到财务信息化软件编程、数据分析、战略管理、绩效评价等过程中。市场会出现懂财务、懂计算机编程维护人员的跨界流动。因此,部分有财务背景的专业人士转型为财务信息化流程的设计师,能促进财务管理工作,提升财务互联网运营效率。

(三)从财务高管到公司高管转变

信息时代财务的决策信息不仅依赖于历史财务数据,更需要商业背景、竞争对手分析、市场销售策略、生产经营信息等综合考虑。在基于历史数据分析的传统财务体系中,财务人员的发展经常停留在财务副总或财务总监层面,这很大程度上源于传统财务部门的职能及管理模式的局限性;信息时代财务部门在整个信息链条的价值被更有效地发掘,更多懂财务背景、熟悉信息化程序的高级管理人员向战略财务方向发展,最终走向公司 CEO 的角色,从公司更高层面来提升管理效率,发掘公司价值。

阅读材料

区块链与 AI 联手,财务人员该何去何从?

随着科学技术的发展,人工智能的不断成熟,人机共存的时代将不可逆转地来临。而当前社会环境下,还是有绝大多数的财务人停留在原始的会计核算阶段,并没有独立思考、判断、决策的能力。但随着财务机器人的出现,区块链在财会行业中的应用,财务人更需要拥有不可以被替代的能力才能在激烈的人才斗争中生存下来。一旦区块链和 AI 联手,将会对财务从业人员造成沉重的打击,那么当前情况下,财务人又该何去何从呢?

区块链技术对于财务、审计人员的影响是巨大的,未来区块链技术终于能够满足企业自身的交易需求,并且不需要信任第三方,也不需要中间人的操作。

之所以区块链将在未来成为互联网技术最大趋势,是在于区块链在传输真实数据的基础上还传递价值,这是人类历史上全新的一种传递价值的方式。未来区块链技术将会更紧密地应用于财会行业。

随着人工智能技术的不断成熟,财务机器人亮相财会行业,多家大型会计事务所纷纷推出财务机器人。财务机器人可以替代复杂的手工操作,管理与监控各自动化财务流程，录入信息、合并数据、汇总统计，根据既定的业务逻辑判断、识别财务流程中的优化点。财务机器人更加适合重复性、单维度、高频次的财务工作、需要更多地与机器进行互动的工作。那么这样重复性高、不具战略性的财务工作就会被财务机器人取代。

历史经验证明，新技术的崛起必然将淘汰部分人工工作，伴随 AI 对企业财务工作的影响逐渐深入，这一新老更迭也必将发生。AI 对财务人员的替代的进程与信息革命过程出现的会计电算化、ERP、流程化、财务共享中心一样，本质上并无差别。未来财务工作中简单、机械性、可重复性的工作，例如从事会计核算、记账这样的工作的财务人必然会被淘汰。

虽然目前 AI 只能替代处理简单的财务工作，但未来 AI 也有可能替代处理复杂的财务工作，但可能需要经历相对长的时间。同时，即使这一演变实现，人们依然需要在一些重要环节给出建议和判断，最终的决定也必然是人工来完成，这应该是未来人机结合的一个基本思路。

随着区块链以及人工智能的发展，众多的财务工作的种类中，区块链可能替代的是审计人员，财务机器人替代的是基础的财务会计工作，而具备独立思考、有前瞻能力的工作很难被机器替代。财务人员与 AI 的分工边界，主要考察的维度是任务频率、决策重要性、互动对象。那么低频、战略性、与人互动为主的决策任务，主要还是由财务人员进行处理，AI 承担辅助决策的角色。

这就意味着管理会计在 AI 时代将会成为企业着重培养的人才。管理会计不管是自身拥有的决策能力还是对于风险的把控能力都是 AI 所不能达到的，管理会计可以在 AI 时代保持自身的长久竞争力，真正为企业创造价值。

虽然我们已经不能改变科学技术将颠覆行业的事实，但我们可以选择拥抱它，并找到新的增值方式来提升自己的价值。

（资料来源：编者根据相关资料整理）

第二节　财务共享服务中心基本原理和类型

一、财务共享服务中心的基本原理

财务共享服务中心（finance shared service center，FSSC）的基本原理是，通过在一个或多个地点对人员、技术和流程的有效整合，将分散的、重复的财务基本业务，从企业集团成员单位抽离出来，集中到一个新的财务组织统一处理，实现公司内各流程标准化、流程化、高效率、低成本的一种创新手段。简言之，财务共享服务就是将集团内分散在各分公司、子公司的共同业务提取出来，放到财务共享服务中心完成。如图

18-2 所示。

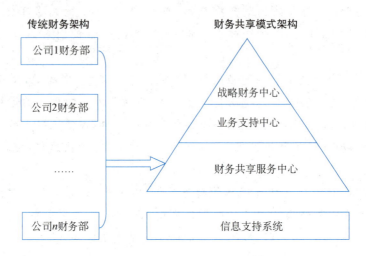

图 18-2　财务共享服务中心概念模型

财务共享中心一般为人员素质较高的制造业企业所属各分支机构、办事处。这些分支机构、办事处往往只承担销售任务，而无复杂的财务核算需求。例如，DELL 在中国各个地区的销售网点仅由一个销售团队及服务人员构成，通过设在厦门的总部统一处理标准订单业务，财务则可以共享至厦门。

二、建立财务共享服务中心的优势

（一）降低成本

降低成本主要来自以下三个方面：一是将资源、业务集中到共享服务中心处理后，一个员工可以处理几个单位或地区的相同岗位的业务，从而在业务量不变的同时减少了业务人员，或者是增加了业务量而人员不变。二是共享服务对业务流程和规则的优化消除了一些多余的、重复的、非增值的作业，分配到每一作业的时间就会减少，这也间接地降低了成本。三是业务操作得到细化、标准化甚至被简化，有些岗位低层次的人员就可以胜任，从而节约了人工成本。另外，共享服务中心可以同业务中心分离并选择建立在成本较低的地区，这些都在很大程度上降低了运作成本。

（二）提高服务质量与效率

集中规模使复杂的工作变得更简单、更标准、分工更细，工作效率和质量进一步提高了，它把传统的会计部门变成了"会计工厂"，把人事服务部门变成了"人事管理工厂"。在规模服务经营过程中，可以引进"六西格码"质量管理理念，开通客户服务热线，在共享下把服务作为工作的重点。甲骨文公司（Oracle）经过 6 年时间在全球建立了三个区域化的共享服务中心，只需要几天时间就可完成全球 65 家子公司的年末结账和合并，这一工作效率可能是大多数中国上市公司所无法想象的。

（三）促进核心业务发展

各业务单位或外部客户将那些繁琐的、重复性强的非核心业务（后台业务）交由共享服务中心运作后，自己可以专注于核心业务，努力提高顾客满意度。

（四）加速标准化进程

财务共享服务中心将原来分散在不同业务单位进行的活动、拥有的资源整合到一起，为企业的业务流程、内部服务工作流程的标准化以及各种管理数据的统一与综合提供了平台，有助于提高工作效率和服务质量水平。渣打银行在建立共享服务中心前，分布在各个国家的银行系统都采用不同的电脑管理软件和应用软件，造成提交的管理报表无法及时汇总。而在建立共享服务中心时，为使所有的银行前台输入的数据能立即为共享服务中心所用，渣打银行重新对各银行的计算机系统进行检查和整合，并在涉及共享服务中心的技术支持系统时，将其作为整个银行系统技术标准化的第一步。

（五）增强规模扩大潜力

企业将财务、人力资源、信息管理等职能集中到共享服务中心有助于企业更快地建立新业务，而不必考虑为新业务设立财务部、人力资源部等职能支撑部门，企业由此变得更加灵活，更具规模扩大的能力。

三、财务共享服务中心的类型

财务共享业务适用于标准化的交易处理业务，而高附加值的财务管理和分析业务不适合共享。现实企业中，应收账款、应付账款、总账、员工薪酬、费用报销、固定资产和资金管理等七类业务纳入财务共享服务中心基本业务处理部分；而对于基本决策支持的业务也有企业开始进行探索将其纳入共享范围，如图18-3所示。

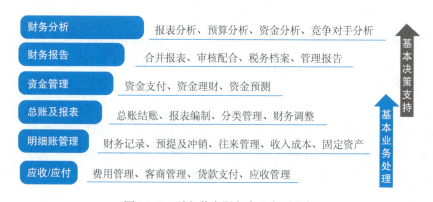

图18-3 财务共享服务中心主要业务

根据所处理共享业务内容不同,可以把财务共享中心的具体职能分为报账中心、核算中心、结算中心、系统支持中心四种类型,每一类型结合主要业务特点说明如下。

(一) 报账中心

报账流程是财务共享服务流程的始点,在各板块业务人员完成制单及网上报销系统填报后,将原始单据交由共享中心分支报账中心进行单据审核。经审核岗位审核后的业务会自动根据业务人员填报的责任主体与业务流程,按照各自公司规定的审批流程依次完成审批,并通过引入移动审批的方式,可以让公司领导实现办公环境及时间的任意选择,通过无纸化办公,降低管理成本。

(二) 核算中心

完成领导审批流程的业务单据会在审批流程结束后自动推送至核算中心,按照系统初始化前已经设置好的网报科目及核算科目映射关系自动生成记账凭证,核算人员再根据每张单据的具体情况审核自动生成的凭证并做适当微调,不落地的业务流程大大缩短了核算人员的单位凭证核算时间,提高了工作效率,也为每位业务人员同时负责多家公司账务核算提供了技术前提。生成完毕的凭证由核算人员根据核算单位的不同,分别将需要付款的凭证信息及支付明细推送至公司本部及各单位结算人员结算,并将结算后凭证过账,最后统一将完成全部流程的单据移交报账中心整理存档。

(三) 结算中心

结算中心负责公司本部及各业务板块单位的资金收支及银行对账业务;负责内部资金的上划与下拨;同时负责在保证公司内部资金流动性的前提下,集中资金开展理财业务,并通过资金结算系统完成公司内部资金拆借,调剂各单位资金余缺,提高了公司资金整体使用效益,充分发挥了公司结算中心资金"蓄水池"的作用,降低公司整体财务成本。

(四) 系统维护中心

系统维护中心是财务共享服务平台的信息技术保障中心,它不仅负责系统初始化阶段的大量流程定义设置及基础数据录入,还对系统的日常使用提供维修、维护及答疑服务,并做好用户权限的设置及变更、添加往来单位、做好核算验收等基础性工作。

通常,集团企业在财务服务共享中心建设过程中,可以根据实际情况,以核算业务、结算业务或者重点关注和比较规范的业务为起点,来逐步扩大共享业务范围,最终形成报账中心、核算中心、结算中心和系统维护中心一体化运作,如图18-4所示。

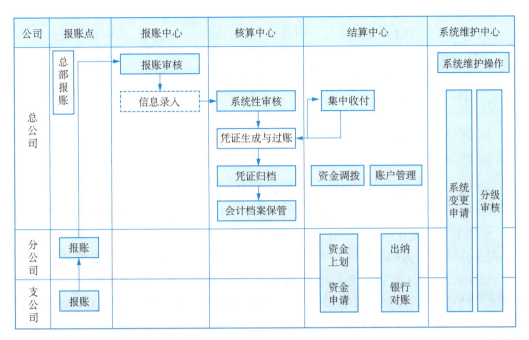

图 18-4 财务共享中心类型

第三节 财务共享服务中心实施流程

财务共享服务中心作为一种新的财务管理模式正在大型集团企业中兴起与推广。财务共享服务中心历经从无到有,从立项、评估、构建到系统维护,整个实施流程逻辑上包括战略定位、组织部署、流程再造、系统搭建和运营管理等五个主要阶段。

一、战略定位

战略定位是指为了配合公司整体经营战略而确定的财务共享服务中心未来工作的主要目标,以及为达成目标而采取的行动。战略定位主要包括财务共享服务中心的战略目标、运营模式和战略结构。战略定位是建立财务共享服务中心首先需要考虑的内容,对其他方面起着决定性的作用。

二、组织部署

组织部署是企业建立财务共享中心需要认真考虑的问题,也是很多集团企业在推进财务共享中心建设时面临的一大难题。在建立财务共享服务中心的时候,需要明确财务共享服务中心在集团整体架构中的具体位置,即需要定位财务共享服务中心与集团总部财务、子公司财务或地方公司财务之间的隶属或平行关系,明确职责划分及协作关系,需要按照流程职能专业化分工、管理跨度扁平化、管理人才专业化转型、后台支持职能专业化等原则,对财务共享服务中心的职责按照流程职能分组,形成财务共享服务中心运行的组织架构。

三、流程再造

流程是企业运作的基础,企业所有的业务都需要流程来驱动流程再造是流程管理的核心环节。流程再造是对企业财务的流程进行根本性再思考和彻底性再设计的一个过程,最终促进企业在财务工作的成本、质量、服务和速度等方面的改善。

财务共享服务的本质是流程的共享,财务共享服务中心建设的过程就是企业财务流程再造的过程。未实行财务共享前,企业的报账、核算、结算的流程都是分散在各业务单元单独进行的,每个业务单元都有自身的流程,而每个流程上的运行标准、效率和风险管理规范都不尽相同,体现出方向性、层次性等特点。

要建立财务共享服务中心,应按照统一标准或要求。横向上,调整各业务单元现有财务业务流程,通过标准化让每个公司或每个业务板块没有差异,业务财务做到一体化;纵向上,将简单的、日常性的会计核算工作向集团总部集中,将财务权限上收,缩减地方财务人员编制,并最终制定一套适合所有业务单元的业务流程。

流程再造主要针对总账管理、应付账款管理、应收账款管理、资产管理、成本管理、现金管理、费用报销管理等业务流程。每种业务流程可进一步细化,建立相对独立的子流程以及为其服务的辅助流程。以资产核算流程为例,资产核算流程属于一级流程,资产核算流程中所包含的固定资产核算流程就属于二级流程,而固定资产核算流程中更为细化的固定资产新增流程、固定资产减少流程、固定资产调拨流程、固定资产折旧流程就属于资产核算流程的三级流程。

四、信息系统搭建

信息系统和技术决定了财务共享服务中心的效率,一个集中、完善的信息系统平台是实现财务共享的基础和保障,是建立财务共享服务中心的物质基础。只有在信息系统的支持下,财务共享服务才能够跨越地理距离的障碍,向其服务对象提供内容广泛的、持续的、反应迅速的服务,才能够顺利完成组织和流程再造。

现代信息技术的发展带来系统和技术的快速发展,但财务共享服务中心并不是通过一套硬件设备或软件系统就可以一蹴而就。一方面,构建财务共享服务中心要有网上报账、财务核算、资金管理、会计核算等基础核算平台;另一方面,还要有档案管理、影像系统等相对专业和独立的辅助模块,同时要把这些不同业务的管理软件和硬件集成到一个平台体系。

在移动互联、云计算、大数据等新技术的应用背景下,财务共享服务的下一步发展趋势将走向云端,实现财务云。将财务共享管理模式与云计算、移动互联网、大数据等计算机技术有效融合,实现财务共享服务、财务管理、资金管理等多个职能部门合一,建立集中、统一的企业财务云中心,支持多终端接入模式,实现"核算、报账、资金、决策"在全集团内的协同应用。

五、运营管理

财务共享中心建成之后的首要任务,是规划财务共享中心的运营管理体系。财务共享服务中心和企业传统的财务组织不同,不能够再沿用传统的财务组织的运营管理方式,必须针对财务共享服务中心本身的特点,以及本企业的需要,重新建立财务共享服务中心的运营管理体系。财务共享服务中心的运营管理体系包括制定服务水平协议、绩效管理、人员管理、知识管理、制度管理、服务管理等。

本 章 小 结

信息化时代对传统财务职能提出更高要求,客观上要求财务转型。财务共享服务就是将集体内分散在各分公司、子公司的共同业务提取出来,放到财务共享服务中心完成。财务共享中心根据具体职能分为报账中心、核算中心、结算中心、系统支持中心四种类型。财务共享服务中心从立项评估到系统维护,整个实施流程逻辑上包括战略定位、组织部署、流程再造、系统搭建和运营管理等五个主要阶段。

 简答论述

1. 简述信息时代财务转型的必要性。
2. 简述财务共享服务中心基本原理。
3. 分析财务共享服务中心类型及其特征。
4. 分析财务共享服务中心实施每一流程包括的关键事项。

 不定项选择题

1. 以下( )不是实施财务共享服务的直接目的。
   A. 降低经营成本　　　　　　　　B. 降低经营风险
   C. 减少财会人员　　　　　　　　D. 提高决策效率

2. 有关财务共享服务阐述不正确的是(　　)。
   A. 财务共享服务是一种创新的管理模式
   B. 财务共享有助于推动企业核心业务发展
   C. 20世纪80年代,美国的福特公司率先建立了世界上第一个财务共享服务中心
   D. 为保证企业核心竞争力,财务共享服务中心应当只为企业内部各单位提供服务

3. 促进公司战略落实以及推动业财融合指的是(　　)。
   A. 财务共享服务中心   B. 业务财务
   C. 涉外财务   D. 集团总部财务

4. 企业应当建立(　　),确保会计资料的安全、完整和会计信息系统的持续、稳定运行。
   A. 电子会计资料备份管理制度   B. 数据保密制度
   C. 建立财务共享服务中心   D. 系统上机操作制度

5. 财务共享服务中心的工作流程是(　　)。
   A. 期初建账→票据录入→财税审核→纳税申报→档案管理
   B. 票据录入→期初建账→财税审核→纳税申报→档案管理
   C. 票据录入→期初建账→纳税申报→财税审核→档案管理
   D. 期初建账→票据录入→档案管理→财税审核→纳税申报

参考答案

1. C 2. D 3. B 4. A 5. A

道德问题思考

M公司实施财务共享模式为什么失败了?

　　M公司是一家国有企业,2015年年初,公司为达到降本增效的目标,开始探索实施财务共享服务中心建设。在初期起步阶段,考虑到自身的信息化技术水平较高,M公司一开始就将本部和分公司、子公司的财务部门撤销,只保留财务部门管理岗位(如财务主任),成立财务共享服务中心。随后,M公司通过业务量和岗位需求测算,明确财务共享服务中心所需的财务人员,将这些人员集中至财务共享服务中心,并对剩余人员采取离休、内退等方式进行安置。在人员调动、安置工作完成以后,M公司对外宣称财务共享已建成,并达到了减员增效的目标。

　　2015年6月,由于基层分公司、子公司和财务共享服务中心人员反对意见强烈,原因主要有三方面:一是财务共享业务流程标准不统一。由于M公司要求在短时间内建成财务共享服务中心,因此,财务共享模式实施前期工作未做足,没有花费充分的时间

去梳理、优化流程并进行标准化流程培训,导致共享业务流程标准不统一。财务共享服务中心中原各分公司、子公司的财务人员仍然按照各自原来的操作方法来处理原所属单位的业务,处理方式差别较大,造成共享服务质量较差,且人员的工作量加大(部分员工在成立共享中心期初被"辞退")、沟通工作难度也加大。也就是说,财务共享仅仅是实现了财务人员的集中。因此,财务共享服务中心人员反对情绪较大。二是原始凭证审核和传递困难。一方面,在具体业务处理时,财务共享服务中心人员在审核电子凭证(影像资料)后,仍然要审核原始单据,与实施财务共享前相比,工作量不减反增;另一方面,财务共享服务中心成立后,M公司要求全部单据要运至财务共享服务中心进行存放保管。由于原始单据数量庞大(经常需要整车运输),财务共享服务中心保存和保管单据的工作量和难度都较大,导致财务共享服务中心"单"满为患。三是分公司、子公司领导反对意见较大。由于分公司、子公司财务人员都被调到财务共享服务中心,管理人员没有下属执行相关工作,导致很多事情找不到人来做,财务领导感觉权力被"架空"。除此以外,分公司、子公司其他领导、业务人员等由于不能像以前一样与财务人员面对面交流,导致很多问题都难以得到及时、有效的处理,也纷纷表示不满。

  M公司在广泛听取基层意见和调研的基础上,将成立不到一年的财务共享服务中心撤销,财务共享服务中心人员全部返回原单位,恢复原有两级财务机构。

(资料来源:http://www.yidianzixun.com/article/0JAuZ6sY)

请思考:
1. 财务共享模式下所产生的财务人员"溢出"是否必然意味着"裁员"?
2. 针对案例中提到的反对原因,你认为顺利实施财务共享模式可采取哪些措施?

海尔集团:"人单合一"下的全球财务共享服务①

  海尔集团从开始单一生产冰箱起步,拓展到家电、通信、IT数码产品、家居、物流、金融、房地产、生物制药等领域,从制造产品逐渐转型为制造创客的平台。海尔集团业务包含五大板块:白色家电平台、服务投资孵化平台、金控平台、地产平台以及文化产业平台。

  财务是引领流程再造的部门,随着海尔集团的战略发展转型,如何提升财务管理水平显得尤为重要。而财务共享是财务管理转型的前提和基础。2006年年底,海尔集团的财务变革以共享服务为切入点,由原来的管钱、管物、管账会计型财务组织向能够规划未来的管理会计型财务组织转型。海尔集团财务共享服务中心(SSC)依托信息系统平台,以财务业务标准处理流程为基础,以优化组织结构、规范业务流程为实施手段,以建设统一的核算管理平台为标志,以价值创造能力和核心竞争力提升为主要关注方向,

---

① 资料来源:董兴荣.财资中国·财富风尚[J].2017年12月刊。有删改。

通过持续地建设和优化,提升财务管理效率,加强财务信息质量控制,有效降低财务风险,优化集团运营成本。

传统的财务组织是金字塔式的,人力成本高,而且运行效率较低。海尔集团以财务共享为切入点实施的财务转型将财务人员分成3类角色:业务财务、共享财务、专业财务,通过"人单合一"模式下的网状节点型的组织架构,使每个财务人员成为自己的CEO,在为用户创造价值的同时实现自身价值,并分享价值。

业务财务作为融入业务单元的财务专业人士,成为驱动业务发展和构筑行业领导地位的战略伙伴。

专业财务聚焦于各类财务模型的建立,通过建流程、立标准驱动业务,并利用税务、预算等专业知识创造价值。

共享财务作为后端的会计核算平台,通过集中管理下的规模效率和效益实现"集约型"转变,采购、销售、资产核算、资金收付、费用核销、总账报表等核算流程从原财务组织中剥离,实现了海尔财务"集中的更集中、分散的更分散"的运营模式。

通过交易集中、流程嵌入来强化企业风险管控能力,实现财务信息高效传递,提升资源使用效率和效益。

思考:

归纳概括海尔集团财务共享服务中心的经验做法。

主要参考文献

[1] 冯巧根.管理会计(第二版)[M].中国人民大学出版社,2013.
[2] 程柯,姚晖.管理会计[M].中国金融出版社,2021.
[3] 郭晓梅.高级管理会计理论与实务[M].东北财经大学出版社,2013.
[4] 查尔斯·T.亨格瑞,斯里坎特·M.达塔尔,乔治·福斯特,等.成本与管理会计(第13版)[M].王立彦,刘应文,罗炜,译.中国人民大学出版社,2010.
[5] 荆新,王化成,刘俊彦.财务管理学(第8版)[M].中国人民大学出版社,2018.
[6] 克里斯托弗·S.查普曼,安东尼·G.霍普伍德,迈克尔·D.希尔兹.管理会计研究[M].王立彦,吕长江,刘志远,等译.中国人民大学出版社,2009.
[7] 乐艳芬.成本管理会计(第二版)[M].复旦大学出版社,2010.
[8] 毛付根.管理会计(第二版)[M].高等教育出版社,2007.
[9] 齐殿伟.管理会计(第二版)[M].北京大学出版社,2017.
[10] 孙慧.运营管理(第二版)[M].复旦大学出版社,2016.
[11] 唐·R.汉森,玛丽安娜·M.莫温.管理会计(第8版)[M].陈良华,杨敏,译.北京大学出版社,2010.
[12] 唐勇军,张婕.管理会计[M].清华大学出版社、北京交通大学出版社,2019.
[13] 温素彬.管理会计:理论·模型·案例(第2版)[M].机械工业出版社,2014.
[14] 杨公遂,何敏,高玉荣.战略成本管理会计理论与实务[M].东北财经大学出版社,2013.
[15] 于富生,黎来芳,张敏.成本会计学(第七版)[M].中国人民大学出版社,2015.

图书在版编目(CIP)数据

管理会计:理论、实务与案例/程柯编著. —上海:复旦大学出版社,2022.1
(复旦卓越. 21世纪管理学系列)
ISBN 978-7-309-16034-5

Ⅰ.①管… Ⅱ.①程… Ⅲ.①管理会计-高等学校-教材 Ⅳ.①F234.3

中国版本图书馆CIP数据核字(2021)第241131号

管理会计:理论、实务与案例
GUANLI KUAIJI: LILUN, SHIWU YU ANLI
程 柯 编著
责任编辑/谢同君

复旦大学出版社有限公司出版发行
上海市国权路579号 邮编:200433
网址:fupnet@fudanpress.com   http://www.fudanpress.com
门市零售:86-21-65102580   团体订购:86-21-65104505
出版部电话:86-21-65642845
上海丽佳制版印刷有限公司

开本 787×1092 1/16 印张 23 字数 490千
2022年1月第1版第1次印刷

ISBN 978-7-309-16034-5/F·2853
定价:58.00元

如有印装质量问题,请向复旦大学出版社有限公司出版部调换。
版权所有 侵权必究